［錢基博集］

後東塾讀書雜志

HOUDONGSHU DUSHU ZAZHI

傅宏星／主編　傅宏星／校訂

2014年湖北省學術著作出版專項資金資助項目

華中師範大學出版社

新出圖證(鄂)字 10 號

圖書在版編目(CIP)數據

後東塾讀書雜志/錢基博著;傅宏星主編,傅宏星校訂.
—武漢:華中師範大學出版社,2014.12
(錢基博集)
ISBN 978-7-5622-6871-0

Ⅰ.①後… Ⅱ.①錢… ②傅… Ⅲ.①讀書筆記—中國—現代
Ⅳ.①G792
中國版本圖書館 CIP 數據核字(2014)第 292469 號

後東塾讀書雜志

錢基博著

傅宏星主編 傅宏星校訂

責任編輯:郭志剛 **責任校對**:羅 藝
封面設計:甘 英 **封面製作**:胡 燦
出版發行:華中師範大學出版社
社址:湖北省武漢市珞喻路 152 號 **郵編**:430079
電話:027—67863426(發行部) 027—67861321(郵購)
傳真:027—67863291
網址:http://www.ccnupress.com **電子信箱**:hscbs@public.wh.hb.cn
印刷:湖北恒泰印務有限公司 **督印**:章光瓊
字數:339 千字 **印張**:22.5 **插頁**:4
開本:787mm×980mm 1/16
版次:2014 年 12 月第 1 版 **印次**:2014 年 12 月第 1 次印刷
定價:44.00 圓

歡迎上網查詢、購書

錢基博先生晚年證件照

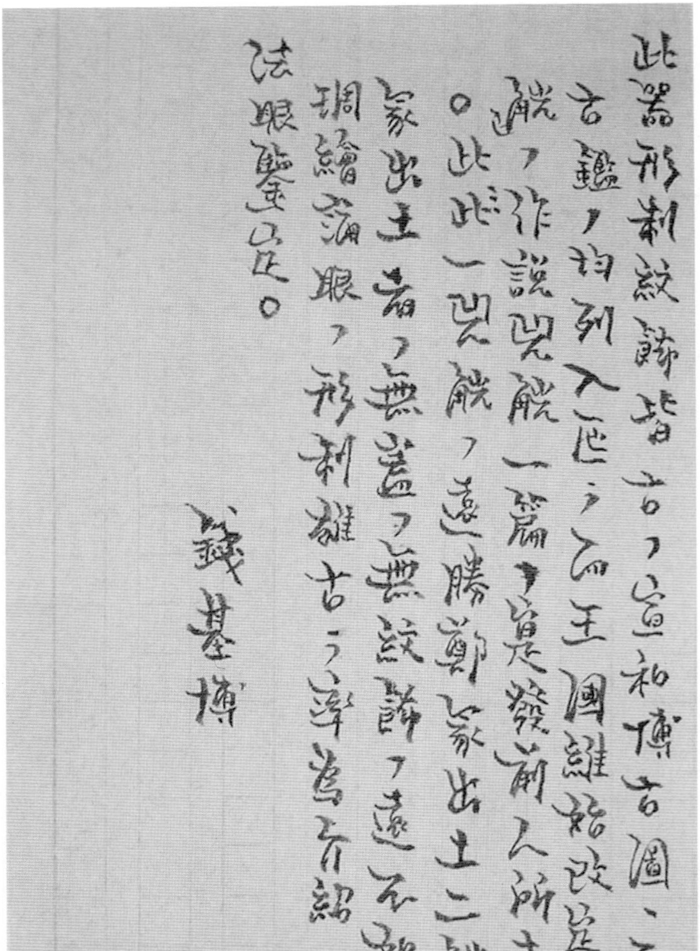

此器形制紋飾皆古，宜知博古圖、西清古鑑，均列入匜，而王國維始改定為兕觥，作說兕觥一篇，實發前人所未發。此比一兕觥，遠勝鄭家出土二觥。鄭家出土者，無蓋，無紋飾，遠不如此之琱繪彌眼，形制雖古，寧為介紹法眼鑒定。

錢基博

錢基博先生手迹

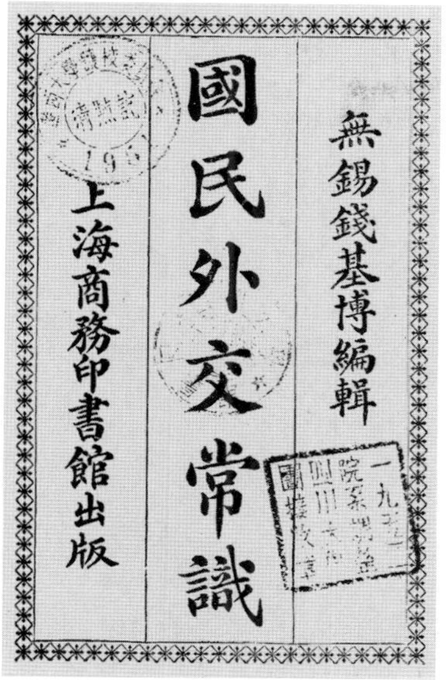

《國民外交常識》書影

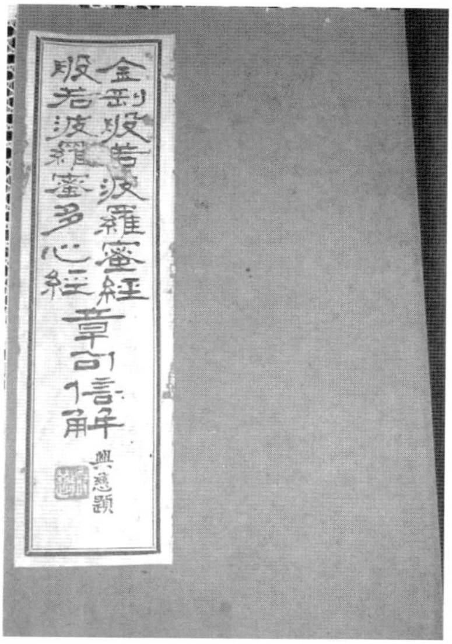

《金剛般若波羅蜜經
般若波羅蜜多心經　章句信解》書影

《孟子約纂》書影

《讀莊子天下篇疏記》書影

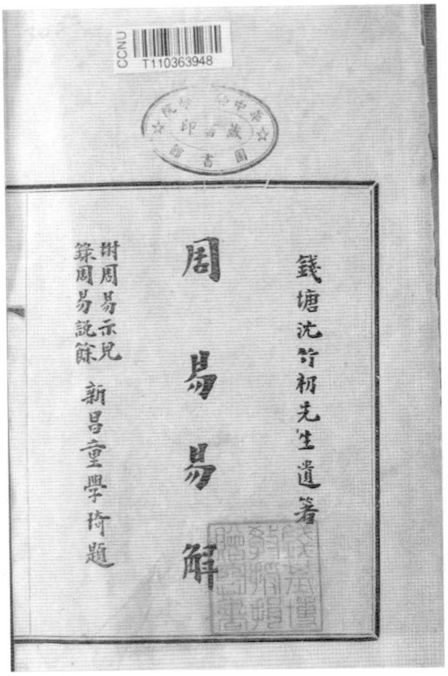

錢基博先生捐贈華中大學圖書館之部分古籍及捐贈書目

出版説明

錢基博先生(一八八七—一九五七),字子泉,號潛廬、老泉,江蘇無錫人。現代著名學者、文史專家和教育家。他一生勤奮讀書,博涉古今中西,治學領域極其廣泛,曾自述:“基博論學,務爲浩博無涯涘,詁經譚史,旁涉百家,抉摘利病,發其闔奥。自謂集部之學,海内罕對。子部鈎稽,亦多匡發。而爲文初年學《戰國策》,喜縱横不拘繩墨。既而讀曾文正書,乃澤之以揚馬,字矜句鍊;又久而以爲典重少姿致,叙事學陳壽,議論學蘇軾,務爲抑揚爽朗。所作論説、序跋、碑傳、書牘,頗爲世所誦稱;碑傳雜記,於三十年來民情國故,頗多徵見,足備異日監戒。論説書牘,明融事理,而益以典雅古遒之辭出之,跌宕昭彰。序跋則以生平讀書無一字滑過,故於學術文章得失利病,多抉心發奥之論。”誠爲先生終生治學生涯的實録。可是對於當今一般學人而言,恐怕衹會注意錢老先生“文在桐城陽湖之外,别闢一塗”和“集部之學,海内罕對”兩個方面,殊不知他在史學、經學、子學等方面亦造詣宏深,不僅著作數量多,而且門類齊全,幾乎無人能及。而錢先生生前,雖未能對自己的所有著作進行彙編出版,但從目前僅存的八册綫裝本《潛廬集》钞稿中,仍可以看出他對於出版文集是有所考慮和規劃的。據説,上世紀五十年代初,江蘇古籍出版社就擬議出版《錢基博全集》,可惜由於歷史的原因未能實現。一九六一年,先生之弟錢基厚亦曾爲之編訂《潛廬家藏遺文集》,可惜現在下落不明。最可嘆者,“文化大革命”運動中,先生遺留的五百餘册、綿歷數十寒暑的《日記》,遭到查抄、批判,並被付之一炬。因此,二十多年前,吴忠匡、周振甫、石聲淮等前輩學人就曾呼籲社會和有關學術團體、出版單位趕緊整理出版錢先生遺著,使其人其學不至湮没無聞。

一九八六年,臨近“錢基博先生誕辰百周年”的紀念日子,華中師範大學在章開沅先生的支持下,由錢先生弟子彭祖年、石聲淮、吴忠匡等人牽頭,做了大量富有成效的工作,如一九八七年底,華中師範大學以學報特刊的形式,首次將部分遺著結集面世,爲我們瞭解錢基博提供了極大的方便。同時,湖南岳麓書社又重新出版了錢先生的《現代中國文學史》、《近百年湖南學風》等著作。十年之後,我校曹毓英先生以此次整理工作爲基礎,精心策劃,於一九九七年十二月編輯出版了《錢基博學術論著選》,此書對推動國内錢基博研究的深入開展可謂功不可没。此後又是一個十年期，我們委托傅宏星先生陸續對錢基博遺著在全國各大圖書館的保藏情況進行了一番細緻的普查，一份相對完善詳備的著作編年目録也隨之形成了。

綜觀錢先生一生，出版各類學術專著二十六部，編撰各類教材十二部，雜著十二部，稿本、油印本等未公開發行的著作二十一部，約計七十一部，目前均分藏於全國各大圖書館、大学和民間私人手中；而他的大量學術論文、碑傳雜記、書信則散見於解放前出版的地方報紙、學術刊物、鄉賢著述、譜牒家乘和私人手中，無人問津，漸致散佚。雖然先生逝世至今，大陸方面，他的一些代表性著作多次再版，甚至影印出版，如《經學通志》、《版本通義》、《〈周易〉解題及其讀法》、《〈四書〉解題及其讀法》、《現代中國文學史》、《(增訂新戰史例)孫子章句訓義》、《近百年湖南學風》等。港臺方面，臺灣商務印書館等出版機構亦有多部錢著多次重印出版。但這些重版的著作還不到錢先生公開出版物總數的五分之一。

華中師範大學是中國真正具有百年以上歷史的少數知名大學之一。在其一百多年的發展過程中，有一批又一批篳路藍縷、披荆斬棘的先驅者，他們嘔心瀝血，殫精竭慮，爲華中師大的奠基與成長作出了無可磨滅的貢獻。

隨着我們對大學學脈與傳承精神的感悟日深，出版社將把挖掘百年老校豐富的學術資源作爲未來工作的重心之一。整理出版一代國學大師錢基博先生的文集，華中師範大學出版社責無旁貸。可以這麼説，正是在幾代學者的共同關心和努力下，經過二十年的醞釀和籌劃，二〇〇六年六月，我們才正式將《錢基博集》列爲我社在“十一五”期間的重點出版選題，計劃分輯推出。同時，精心組織，合理安排，從資料搜集、點校、專審和圖書設計四個方面加大資金和人員的投入，努力打造好此項精品工程。

華中師範大學出版社

二〇一〇年十二月

凡　例

一、《錢基博集》以公開出版著作爲基礎，增補了目前已發現的未公開發表的手稿本、油印本等，還包括大量散落在《新無錫》、《無錫新報》、《錫報》、《通海新報》、《南通報》、《力行日報》、《江蘇民報》、《武漢日報》等報紙，以及《婦女雜誌》、《小説月報》、《教育雜誌》、《新教育》、《東方雜誌》、《無錫縣教育年刊》、《約翰聲》、《甲寅》、《國學叢刊》、《清華學報》、《清華週刊》、《光華大學半月刊》、《青鶴》、《國立師範學院季刊》、《國立師範學院旬刊》等雜誌上的散文、小説、方志、序跋、書牘、碑傳等佚文。當然還包括目前我們能夠見到的地方教育雜誌、譜牒家乘、鄉賢著述中的序跋文函、碑傳雜記等，亦予以收録。

二、關於底本的選擇和確定。專著方面，有修訂本、增訂本的，以修訂本、增訂本爲底本；如果没有修訂本、增訂本，則需要比較初版、再版，取其較優者爲底本。當然，港臺的重印本、盜印本也在此遴選範圍之內。散篇方面，某一篇文章可能會在多處發表，文字或不盡相同，則酌情取捨，若影響到對句意的理解，則用脚注説明，以利讀者判斷。部分油印本還有複本，則取其較優者爲底本。各卷所據底本，一般無標點或僅用舊式圓點者，均重新標點；底本未分段者，一般不予分段。

三、各册散篇在前，專著在後。卷内各篇（專著和散篇），一般均按成文（成書）時間先後編次。凡有年月可考而日無可考者，列於各月之末；凡有年可考而月、日無可考者，列於各年之末；年份不詳者，列入各卷之末。爲節省篇幅，避免重複，凡已經被收入專著中的篇目，又没有必要單獨歸類或按單篇發表時間分列的，則只收録一次。有改動處，酌加注釋。凡輯入《錢基博集》者，一般仍采用原有標題，個别的酌加改動。新收録的論著亦遵此例，但未經發表的書信短箋則由編者根據内容或收信人另加標題。

四、各册部分專著，注明出版机构名稱、版期。凡輯於報刊之散篇者，注明所據報刊雜誌之名稱、版期。所標時間一律采用西曆。

五、凡收入本文集的作品，一般不做删改；作者的原用字、原譯名，習見的異體字、通假字，原則上保持原貌；標點符號用法，多依從作者習慣，未予改動。文集中的作品都具有史料性質和價值，難免帶有特定時代的印痕，部分文字甚至可能存在“政治偏向性”問題，請讀者和研究者閲讀和使用時注意鑑别。

六、《錢基博集》除署名主編之外，校訂者不一，亦同署名。各册由校訂者標點、校勘。底本原注用小字或（　）標明；錯别字、脱字、衍字等則用脚注予以説明；缺字用□標出。

目録

HOUDONGSHUDUSHUZAZHI

論　　文

專　　題

論　文 LUNWEN

説文①

伊上古之初肇，邇觀象于伏羲。啓圖書以成化，出龍馬而標奇。規虞姚之渾灝，實文章之始基。越殷盤與周誥，義詰屈而多疑。歌雅頌于《三百》，時莊誦而心維。識《春秋》之旨約，想筆削乎宣尼。總六經之窔奥，知斯文之在茲。

其託體也，來往商周，淵源游夏。智契包符，思超《蒼》《雅》。其爲功也，考古著作之林，發先聖賢之秘。擷千載之膏腴，貯百家之篋笥。時撫卷而流連，或柔情而淹漬。於是沈思披剔，若力士袒肩而引千鈞之弓；壹志遐觀，若弋人持繳而慕層鴻之至。既心目之交窮，終意匠之不類。知未得乎筌蹄，豈能忘乎擬議?

然後超心練冶，寄想微茫。養其根而自秀，濬其源而自長。寤寐以永其趣，定静以生其光。遲之歲月以竢其美，參之閱歷以盡其藏。或生長龍門之舊，或居近河洛之鄉。或於山見終南嵩華之高，於水見伊洛瀍澗之大且狂。皆足壯神智，助翰章。發卓犖之奇思，滌徑寸之枯腸。而欲指與物化，神與

① 據《潛廬集》，此文又名《賦文》。

天翔。則猶一隅之膠滯，未極四海之混茫。

則且與觀元圃之墟，游乎閬風之宇。遵乎赤水之濱，陟乎若木之府。望窅杳兮蒼煙，思迢遥兮天姥。悵美人兮未來，期帝子兮如睹。紉蕙茝與芰荷，擥申椒與芳杜。並滄海爲浮沈，與天風爲噓吐。信大塊之毋窮，頓塵壒之遠去。

則見愕然若有思，怡然若有得。即域外之馳觀，證素心之所憶。乃知夏蟲不可以語冰者，拘於時也。井蛙不可以語海者，囿於域也。晏雀不知天之高者，局於明也。曲士不聞道之大者，束於識也。爾乃罄發秘莊，率攄胸臆。真宰從心，化工爲則。因瓌材而究奇，乃發聲而作色。以訓詞爲根柢，以文言爲采飾。合濃淡而兼收，紛陸離其備式。譬登郢匠之門，如入良醫之室。

繼乃研尋妙諦，刊截巵言。樸不病簡，華不傷繁。稽合異同之儔，詳擇紀載之源。應孰先而孰後，宜何去而何存？故理愈真而愈淡，意彌常而彌新。恐貽譏于蕪穢，慮不免於囂塵。務珠聯而璧合，期注脉而交紋。歡則字與笑併，悲則聲共泣臻；怒則驚奇駭聽，怨則幽噫愁人。情毋幾而不發，言有觸而皆陳。疾徐應候而别，長短即氣而分。

故其爲文也，時岃崱而如峰，時平遠而如路。時奔放而如泉，時扶疏而如樹。宕之如雲行，縱之如峽注。斷之如岸分，連之如根附。粲粲乎錦繡春明，皎皎乎月華秋露。玲玲乎玉振金聲，飄飄乎鸞翔鳳翥。

或捃撦柔靡之體，采摭富麗之篇。豈原本于大雅，衹粉飾乎毫巔！雖連章而累牘，盡華説而浮烟。固毋當乎精藴，豈足語乎媸妍！

或馳騖乎新奇，窮思乎折拗。累斯籀以成文，學《滂憙》以矜妙。等郢説而燕書，殊越弦而楚調。徒詭怪之見譏，實累謗之自召。

或紛糅雜遝，大聲疾呼。嗤繩墨而不事，笑正柄之多愚。既不諧于聲律，復莫辨夫精麤。苟冲和之未極，迄渣滓之堪虞。

或株守專家，拘牽曲説。徒摘句而尋章，僅依聲而按節。縱體製之不乖，詎才藻之能絶。比候鳥與時蟲，聽細鳴之切切。

若夫綜古今以酌理，儲經史以富材。罄中藏之馥郁，繼前代之胚胎。不逐流以惑志，不競名以自媒。直毀譽之不顧，亦非笑之不回。傾群言之瀝液，咀六藝之瓊瑰。而後秉法家之式，運儒家之才。偶句與散文合度，方形偕圖體俱裁。歸自然之典則，非率意爲雄魁。恍孟荀之如接，直賈董之交推。光明耀乎曶爽，餘韻流于瑶台。宣皇風于億載，被雅曲于將來。

（原刊於《國粹學報》第 12 期，1905 年）

《桃花扇傳奇》考

愛新覺羅氏以非族入主中夏，民心未厭；而辛亥之役，以政治革命終，實以種族革命始！而《桃花扇傳奇》，則播種族革命之因於三百年前；而無錫顧彩之所作也。彩字天石，七歲能詩；年十二，已裒然成集；以選貢生入都；王公側席，崑山徐元文方柄國，以科舉招致之，欲彩出門下。彩乃曰："嘻！彼不師我而欲弟我！以弟博第，吾實恥之！且徐某安得以聲利輕天下士耶！"絶不通。既而客某鉅公所，小不適，輒辭去。某鉅公慚曰："吾誠不能客先生；然度諸貴人，無能禮先生者！"乃作書致衍聖公，走幣延聘。至曲阜，與孔尚任深相得。傳者謂《桃花扇》一書，爲孔尚任借侯朝宗、李香君點染，譜弘光遺事。其序之者，署名梁溪夢華居士；即彩也。序稱："云亭山人，以承平聖裔，京國閒曹，忽然興會所至，撰出《桃花扇》一書。"是彩亦明認《桃花扇》爲云亭山人作；無異辭也。至同縣顧光旭輯《梁溪詩鈔》，於彩傳，獨云"至《桃花扇傳奇》則嫁名孔東塘者"。是《桃花扇》實出彩作；而光旭於彩爲諸孫，聞見必確；其言當有所本。乃《桃花扇》後附云亭山人漫述此書本末，中一條云："前有《小忽雷傳奇》一種，皆顧子天石代余填詞；及作《桃花扇》時，天石已出都矣！"是當日亦有疑《桃花扇》之爲彩作；而山人此言若爲辨白者。然考之彩作《桃花扇》原序，稱："歲在甲戌，先生指署齋所懸唐朝樂器《小忽雷》，令余譜之。一時刻燭分箋，壘鼓競吹，覺浩浩落落，如午夜之聯詩，而性情加慁。翌日而歌兒持板待韻；又翌日而旗亭已樹赤幟矣！斯劇之作，亦猶是焉。"今玩"斯劇之作，亦猶是焉"二語；不惟《小忽雷》爲彩所譜；而《桃花扇》之譜，亦出於彩無疑焉。是彩雖不言《桃花扇》爲己作；而未嘗不認譜之自我出也。云亭山人於彩之一序，自始無異辭；而後忽云"作《桃花扇》時，天石已出都"；輕輕將序中"斯劇之作，亦猶是焉"二語抹過，而又不斥言其非是；又因欲攘《桃花扇》之爲己作，遂不恤爲《小忽雷》畫供，而質言之曰："顧子天石代余填詞"；殆所謂"作僞心勞日拙"，欲蓋彌彰者耶！云亭山人又云："顧子天石讀余《桃花扇》，引而申之，改爲《南桃花扇》，令生旦當場團圓，以快觀者之目；其詞華精警，追步臨川；雖補余之不逮，未免形余傖父；予①敢不避席乎！"是彩作《桃花扇》而後又作《南桃花扇》。《桃花扇》以張薇出家白雲庵爲侯李說法，二人醒悟修行，分住南北二山結局；而《南桃花扇》則改朝宗挈姬北歸，白頭偕老。按朝宗於順治癸卯尚應秋試，改之不爲無見，劇中諸人姓氏履歷亦真實不虛。而云亭山人之特舉以白於人人者，匪真爲《南桃花扇》表彰也！意若曰："顧子所作者，自是《南桃花扇》爾！至《桃花扇》一書，故云亭山人作也。"海陵沈成垣跋云："余竊怪顧天石爲云亭知己，而不解《桃花扇》之用意組織；漫改爲《南桃花扇》，令生旦當場團圓；則猶整看桃花而未能破耳！云亭作《桃花扇》，是讀破萬卷之時；其胸中浩浩落落，絶無全牛矣！太祖三百年天下，可謂整齊；而其終也若此！是天下不能常整也！天下不能常整，而兒女閨房之事，固能常整乎？讀《入道》一曲，云亭何難説幾句團圓話頭；而顧作如是筆墨。噫！山人胸中眼中，不啻齏粉於花團錦簇；而②所謂團圓者難以盡言耳！"是《南桃花扇》用意之深至，實不如《桃花扇》。而彩之作《桃花扇》，其始不過筆墨遊戲；故不恤嫁名云亭爲之；而不意云亭之以是獲大名也！迨晚歲改作《南桃花扇》，不過以示瑟歌之意云爾！云亭亦解此旨；故有"敢不避席"之語；陽示推崇以慰藉其意。今《南桃花扇》不傳，而

① 予，原作"步"，涉上"追步"之"步"而誤，今據《桃花扇》改。

② 而，原誤倒於"錦簇"二字上，今據《桃花扇》乙正。

《桃花扇》特著；人知《桃花扇》之爲云亭山人作；而不知爲彩之作！余故特表而出之以諗讀者；孔尚任，字聘之，號東塘，又號云亭山人；康熙間授國子監博士，累官户部員外郎。

（原刊於《無錫新報·雙十節特刊》，1922年10月10日）

论衡篇告逸民

潘君梓年大著《關於“中國文學”的幾個問題》，讀過，甚佩！竊執事之意，若慮僕不愜然者，此未爲知僕也！管窺蠡測之見，本不敢以自信；豈成問題。而梓年則鄭重出之曰《關於“中國文學”的幾個問題》，斯成文題矣！此僕之幸也！僕之所論不一事，而梓年之所不然者：一、“浪漫”、“現實”之區别；二、文章之“簡與盡”。是梓年之所不然者十二三，而不盡以爲不然者且十七八也！梓年又云：“此外他還有一段是講‘白話文學與現實文學’的。……錢先生這篇稿子，使我又驚又喜以至於發呆的地方；無過於這一段了！起初覺得他這麼一講，所掘發的寶藏真是不少呀！並且都是很重要的！這時真是驚喜欲狂了！但看到第二遍……以後，就愈看愈疑。”是即梓年之所不然者，且以爲足當一顧也。梓年嘗任吾邑縣二高教科。僕睹所著記，歎有思致！屢爲吾校長顧述之、陳谷岑兩先生言之；以爲後生之可畏者也！夫以可畏之後生，如吾梓年；不然其二三，而然其七八。僕欣幸之不暇；何不愜之有焉！雖然，僕不敢自信也！將布其全稿以求是正於大雅宏達。以爲然耶？則是愚千慮之一得也。不然耶？僕將有以竊人之然焉。

夫言，豈一端而已！莊子書稱物論之所以不齊，由於物皆自明而不明彼；

自明而不明彼，則自以爲是；自以爲是，則以彼爲非；此亦一是非，彼亦一是非矣。是以聖人和之以是非而休乎天鈞；是之謂兩行。兩行者，不顯此以耀彼；不捨己而逐物；從而任之，各冥其所能；故曲成而不遺也。物固有所然，物固有所可；無物不然，無物不可；故爲是舉莛與楹，厲與西施，恢詭憰怪，道通爲一。老子知其然也，故曰："上德不德，是以有德；下德不失德，是以無德。上德無爲而無以爲，下德爲之而有以爲。""以"者何"以"？即以"德"也。王弼注："德者得也。""上德不德"者，德其所德；不以我之有德而强人之德我德也；故"無爲而無以爲"。"下德不失德"者，如恐失其所德，而斷斷欲以我之德，强人之同者也；故"爲之而有以爲"。"以"者，自以其德也。《禮記・鄉飲酒義》曰："德也者，得於身也。"得於身，斯"有德"矣！"上德"是也。"下德"者，得於身矣；又欲奪人之德以德己德。既以證我執德之不宏；又以喪人之德，是以"無德"。堯之伐宗膾胥敖，是也。夫以宗膾胥敖之不德，以堯之聖伐之而不釋然。舜曰："夫三子者猶存乎蓬蒿之間，若不釋然，何哉！"莊子引此以證物論之可以不齊齊。郭象爲之注曰："物之所安，無陋也！則蓬艾，乃三子之妙處也。德，則無不得也；而今欲奪蓬艾之願，而伐使從己；於至道豈弘哉！故不釋然神解耳。若乃物暢其性，各安其所安；無遠近幽深，付之自若，皆得其極；則彼無不當，而我無不怡也。"老子曰："上禮爲之而莫之應，則攘臂而扔之。"堯之伐宗膾胥敖也，即爲之莫應，攘臂而扔之類也。後世之講學者，惟己之是，而思奪人之是；皆堯伐宗膾胥敖之儔也！僕不敢爲也！仲尼知其不可也，曰："攻乎異端，斯害也已。毋固！毋我！毋意！毋必！""固"、"我"、"意"、"必"之不能"毋"，即異端之攻矣！夫所謂異端者，即異於衆同者也。

嚴侯官譯英人穆勒約翰《群己權界論》，釋思想言論自由，以爲："凡在思想言行之域，以衆同而禁一異者；無所往而合於公理。就使過去來三世之人所言皆同，而一人獨持其異；前之諸同，不得奪其一異而使同；猶後之一異不得强其諸同以從異也。其所言爲是，則禁之者，使天下後世無由得是以救非；其所言爲非，則禁之者，使天下後世無由得非以明是。蓋事理之際，是惟得非，而後其爲是愈顯；其義乃愈不刊。夫自禁者言，則固以爲此一異非真理。然而言之者人也！禁之者亦人也！以人禁人，其説固不能常是而無非。天未嘗與禁者以判決是非之全智也；彼所判決者，他人亦得判決之。是故人有所言，而或禁之，抑置之於不見聽之地，曰：‘吾決其説之必非。’凡此皆以己所論定，爲無對不諍而莫與易者也！以無對不諍而莫與易自居，是人也，而自居爲至誠之上帝！”今世之講學者，罔不自是而決人之必非，皆以無對不諍而莫與易之上帝自居者也！僕不敢爲也！然則爲僕者若何？曰：言學問，有主張而毋爲把持。出辭氣，遠鄙倍而將以懇款。每竊怪今世學士篤舊者，人人欲爲“息邪説，正人心”之孟子，而忘孔子“攻異端”之有誡！而言歐化者，則又存一項羽“取而代”之心，而不思歐化之尊重人思想言論自由。則甚矣人心之失其平也！昔歐陽永叔嘗歎當世士夫，勸人君納諫而己未嘗容人諫！僕亦歎今之學者，日日罵政府專制，侵剥人民思想言論自由；而不知己即專制之一人，惟己之是而思奪人之是；稍不如志，訶斥及之矣！此其爲侵人思想言論自由何如者！僕尤而效厥罪彌甚！

嚴譯穆勒書又稱：“賢者之謀有賴，而衆人之計無俚。其不同居何等乎！賢者之謀，常任天下之指摘。異己之論，彼皆聞之，裒其是者以收其益。彼知考一事而欲窮其纖悉之變者，捨兼容並苞，令衆口各伸其所欲言，道無由也。”基博不敏，請事斯語。

宋蘇子瞻論王介甫之文，謂：“未必不善也，而患在於好使人同己。自孔子不能使人同。顔淵之仁，子路之勇，不能以相移。而王氏欲以其學同天下。地之美者，同於生物，不同於所生。惟荒瘠斥鹵之地，彌望皆黄茅白葦；此則王氏之同也！”今之爲“王氏之同”者又何多也！嗚呼！余欲無言！

（原刊於《無錫新報·文學月刊》，1922年12月1日）

致喆肫論史筆

承以陳君之命，索《常州學者傳》。先録一序并《倪瓚惲格傳》奉正。足下試取《明史·倪瓚傳》，大雲山房《南田家傳》讀之；方信拙筆别具爐錘也。

博謂記傳之作，有二宜焉：一曰宜有依據。二曰宜有剪裁。失所依據，是曰杜撰，不知剪裁，則爲鈔胥。博自信不爲鈔胥；或恐失據，用爲大厲。作《倪瓚惲格傳》，咸注所據。條以三例：曰據者，直據某書而書之也。曰參據者，參訂異同而書之也。曰見者，援本集所見也。雖然，見聞異辭，何所取材。得據非難，剪裁爲難。剪裁之難，厥有兩端：一曰剪裁異同，歸於一是；則卓識之難也。一曰條貫其事，言有章序；則載筆之難也。

歷來作者，不言援引，無以見其用心。所謂良工不示人璞也。獨温公《通鑑》别著《考異》，所以辜較異同，示人裁斷。燕居私論，謂深識之士，於"二十四史"精選傳記文①三四十首，仿涑水《考異》之例，詳注所本，衡其取舍。即可以觀史筆之會通，發凡起例，署之曰《史筆發凡》。此書若

① 文，原作"父"，今改正。

成，可與劉子《元史通》、章實齋《文史通義》驂駕而三矣。

余文質無底，然環顧當世，斐然述作，相過者鮮。故亦不妄自菲薄，今苦冗迫，無能爲役！其言之不慙，恃惠子之知我也。書不盡意，即問近佳。

（原刊於《無錫新報·文學月刊》，1923年6月1日）

記《漢書》後

《漢書》者，其先造自班彪。馬遷撰《史記》終於漢武，自此而後闕焉無續。班彪因之演成《後記》，以繼遷書，至子固乃斷。自高祖盡於王莽，爲十二紀、十志、八表、七十列傳，凡八十一萬言，勒成一史，目爲《漢書》。

昔虞夏之典，商周之誥，孔丘所序，皆謂之“書”。夫以“書”爲名，亦稽古之偉稱。惟書之所主，本於號令，所以宣王道之正義，發話言於臣下。故其所載，皆典謨、訓誥、誓命之文。題曰書者，爲言如也，許慎《説文解字》敘曰：“書者，如也。”謂如其心之所欲言也。而固則綜其行事，皆準遷書，其《叙傳》曰：“漢紹堯運，以建帝業，至於六世，史臣乃追述功德，私作《本紀》，編於百王之末，厠於秦項之列。太初以後，闕而不録，故探篹前記，綴輯所聞，以述《漢書》，綜其行事，……爲春秋考紀、表、志、傳凡百篇。尋其體例，規橅子長，但不爲世家，改書曰志而已。”然則册題記言之書，事續史公之記，繩之於古，名實離矣！

但班馬相衡，亦多乖違。昔賢有論，綜爲三事：

一、馬史述黄帝已來，至太初而訖，貫百王之統，成一家之言，通歷代而篹記，匪斷朝以爲限。如《漢書》者，究西京之首末，窮劉氏之廢興，包舉一代，撰成一書，匪同《史記》囊賅古今。《史記》五十二萬六千五百言，叙二千四百一十三年事；《漢書》八十一萬言，叙二百二十五年事。其違異一也！

二、又遷喜叙事，至於經術之文，幹濟之策，在所闕略，多不收録；至固則察人事之損益，究王迹之終始，衡政持論，苟關國故，選言爾雅，有裨學問，儻可網采，罔不裁篇；同傳一人，特多經綸，詢事考言，尤資參證，如《賈誼傳》之載《治安策》，《鼂錯傳》之《教太子疏》、《言兵事疏》、《募民徙塞下疏》、《賢良策》，《賈山傳》之《至言》，《鄒陽傳》之《諷諫吴王濞邪謀書》，《枚乘傳》之《諫吴王謀逆書》，《路温舒傳》之《尚德緩刑疏》，《韓安國傳》之《與王恢論伐匈奴事》，《公孫弘傳》之《賢良待詔上書》，如此之類，皆謨資經國；《史記》所無，《漢書》特載。其違異二也！

三、《史記》之有"太史公曰"者，皆史外之事，不爲褒貶。如太史公曰："觀張良貌如美婦人；項羽重瞳，豈舜苗裔？"此則别加他語，以補書中佚文。而班書以下，有括終始事迹，以明褒貶而爲贊論者。夫紀傳之中備載善惡，足爲鑑戒，何必紀傳之後更加褒貶。此乃諸生泱科之文，何施於著述？况謂爲贊，豈有褒貶？後之史家，或謂之論，或謂之序，或謂之銓，或謂之評，皆效班固不得不劇論固也。其違異三也！

然固之爲書，詳密有序，匪衹體仍馬史，間亦文學盲左。如叙霍光、上官相失之由，文與《左傳》記秦穆、晉惠之相失體氣逼肖。范蔚宗論其"贍而不穢，詳而有體，使讀之者亹亹而不厭"，豈不信哉！豈不信哉！

（選自《潛盧集》，作於1925年10月）

史籀爲周宣王太史辯

余讀海寧王國維《史籀篇疏證序》曰："班《志》、許《序》以史籀爲周宣王太史，其説蓋出劉向父子。考《周禮·春官》大史職、小史職、内史職，古之書皆史讀之。《説文》云：'籀，讀也。'又云：'讀，籀書也。'籀書爲史之專職。昔人作字書者，其首句蓋云'大史籀書'以目下文，後人因取首句史籀二字以名其篇，此古書之通例。'大史籀書'，猶云'大史讀書'；《太史公自序》言'紬石室金匱之書'，猶用此語。劉、班諸氏不審，乃以史籀爲著此書之人，其官爲大史，其生當宣王之世。"其説新穎可喜。然博按《漢書·藝文志·六藝略》載"《史籀》十五篇"，注："周宣王太史，作《大篆》十五篇，建武時亡六篇矣。"又曰："《史籀篇》者，周時史官教學童書也，與孔氏壁中古文異體。"舉凡作者之仕歷，篇數之存亡，暨於字體之奚異，罔所不備悉；是豈得曰不審《史籀篇》者？許君《序》稱："周宣王太史籀著《大篆》十五篇，與古文或異。"王氏則言："其所謂'籀文與古文或異'者，非謂史籀大篆與史籀以前之古文或異；而實謂許君所見《史籀九篇》與其所見壁中書時或不同。"見王氏《説文所謂古文説》。則是許君之見《史籀九篇》而審其與所見壁中書時或不同，王氏且明言之矣。蓋劉、班、許及見《史籀篇》原書，而王氏則就《説文》所存《史籀篇》遺字而爲臆測之辭；其曰“昔人作字書者，其首句，蓋云‘大史籀書’以目下文，後人因取首句‘史籀’二字以名其篇。”曰“蓋云”，蓋亦存疑而未敢論定之云焉爾。假如王氏所説“《史籀篇》之首語曰‘大史籀書’”，開宗明義，展卷可知；而“籀”、“讀”互訓，即出《説文》；許君豈如師丹之善忘，而胥待王氏千載以後之提命者？至王氏謂“《詩》、《書》及周秦諸子，大抵以首句二字名篇；此古代書名之通例”。然古人著書，以作者姓名爵謚題目，此亦古代書名之通例。而據《漢書·藝文志》所睹記：六藝則有《易》之《孟氏京房》十一篇，《京氏段嘉》十二篇；《禮》之《曲台后蒼》九篇。諸子則有儒家之《子思》二十三篇，《李克》七篇，《甯越》一篇，《公孫固》一篇，《陸賈》二十三篇，《劉敬》三篇，《賈山》八篇，《賈誼》五十八篇，《董仲舒》百二十篇，《兒寬》九篇，《公孫弘》十篇，《終軍》八篇，《吾丘壽王》六篇，《莊助》四篇，《臣彭》四篇；道家之《伊尹》五十一篇，《辛甲》二十九篇，《力牧》二十二篇，《曹羽》二篇；陰陽家之《公孫發》二十二篇，《南公》三十一篇，《張蒼》十六篇，《馮促》十三篇，《周伯》十一篇，《公孫渾邪》十五篇；法家之《鼂錯》三十一篇；名家之《鄧析》二篇；縱横家之《龐煖》二篇，《鄒陽》七篇，《主父偃》二十八篇，《徐樂》一篇，《莊安》一篇；雜家之《伍子胥》八篇，《由余》三篇，《尉繚》二十九篇，《東方朔》二十篇，《公孫尼》一篇；農家之《董安國》十六篇，《氾勝之》十八篇，《蔡癸》一篇。兵書則有權謀之《公孫鞅》二十七篇，《吴起》四十八篇，《范蠡》二篇，《娷》一篇，《龐煖》三篇，《兒良》一篇，《韓信》三篇；形勢之《蚩尤》二篇，《孫軫》五篇，《繇叙》二篇，《王孫》十六篇，《尉繚》三十一篇，《李良》三篇；陰陽之《封胡》五篇，《力牧》十五篇，《鬼容區》三篇，《東父》三十一篇，《萇弘》十五篇；技巧之《伍子胥》十篇。數術則有五行之《猛子閭昭》二十五卷。凡六十家龐煖、尉繚、力牧、師曠、伍子胥重出者不計。八百四十八篇二十五卷。其它著姓而冠以子或氏者，更難以僕數終也。此古書之以作者姓氏名號題篇者也。又六藝則有春秋之《太史公》百三十篇。諸子則有儒家之《魏文侯》六篇，《平原君》七篇；道家之《太公》二百三十七篇；陰陽家之《杜文公》五篇；農家之《神農》二十篇。兵書則有權謀之《廣武君》一篇；形勢之《魏公子》二十一篇；陰陽之《黄帝》十六篇，《風后》十三篇。凡九家三百二十五篇。此又古書之以作者爵謚官號名篇者也。至《史籀》十五篇，蓋古書之以作者之名題篇而冠以官位者；如此之類，蓋亦數見不鮮。諸子則有儒家之《周史六弢》六篇，原注：惠、襄之間，或曰顯王時，或曰孔子問焉。博按：六弢，疑大弢之譌；史之名也。《莊子・則陽》有仲尼問於大史大弢，疑即其人也。《鈎盾冗從李步昌》八篇；宋祁曰：冗當作冗。道家之《郎中嬰齊》十二篇；陰陽家之《宋司星子韋》三篇；墨家之《尹佚》二篇；王國維曰："尹字從又持丨，象筆形。持中爲史，持筆爲尹。内史之長曰内史尹，亦曰作册尹，其職在書王命與制禄命官；與太師同秉國政。故《詩・小雅》曰：'赫赫師尹，民具爾瞻。'見《釋史》。然則尹佚即史佚也。"縱横家之《秦零陵令信》一篇，《待詔金馬聊蒼》三篇；小説家之《師曠》六篇。兵書則有權謀之《大夫種》二篇；陰陽之《師曠》八篇；凡九家六十一篇。此古書之以作者之名題篇而冠以所官者也。曰史籀者，蓋史以著其官，籀以章其名，亦如《周史大弢》、《郎中嬰齊》、《尹佚》、《師曠》、《大夫種》諸家之比耳。奚獨以疑於史籀？考之記傳，言史某者不一：周有"史佚"見《周書・世俘》、《左氏・僖十五年傳》、《周語上》；"史扁"見《文選注》引《六韜》；"太史辛甲"見《左氏・襄四年傳》、《晉語》、《韓非》、《説林》；"太史周任"見《論語》、《左氏・隱六年傳》；"左史戎夫"見《周書》、《史記》；"史角"見《吕覽・當染》；"史伯"見《鄭語》；"内史過"見《左氏・莊三十二年傳》、《周語上》；"内史叔興"見《左氏・僖十六年、二十八年傳》、《周語上》；"内史叔服"見《左氏・文元年傳》；"太史儋"見《史記・老子傳》；"史大弢"見《莊子・則陽》；虢有"史嚚"，見《晉語二》；晉有"史趙"，見《左氏・襄三十年傳》；楚有"左史倚相"，見《左氏・昭十二年傳》；有"史皇"見《定四年傳》；趙有"史墨"，見《昭二十九年傳》，其它類此者衆，罔不冠"史"以著其官，曰"某"以章其名，皆史籀之比也；奚獨以疑於史籀？使執"籀"、"讀"之互訓，而可望文生義，臆説史籀曰"太史讀書"；使持"佚"有放失之義，而説"史佚"曰"史闕文"；"扃"有"閉關"之義，而説"史扃"曰"史閉門"；"墨"有"書墨"之義，而説"史墨"曰"史書墨"，謂一切無其人，可乎？博按劉向、歆仍父子相繼領校中五經秘書，見《漢書》本傳；《漢書・固叙傳》自稱"永平中爲郎，典校秘書"；而許君"以詔書校書東觀”，見許君《序》附沖書；豈皆不通古今者；其於史籀，表其官曰“太史”，著其生世曰“周宣王”，詞意鑿然，必有所據；未可以輓出意必之談而廢之也！

（選自《潛廬集》，作於1925年10月）

戰國時秦用籒文六國用古文辯

余讀海寧王國維《史籒篇疏證序》曰："《史篇》文字就其見於許書者觀之，固有與殷周間古文同者。然其作法大抵左右均一，稍涉繁複，象形象事之意少，而規旋矩折之意多；推其體勢，實上承石鼓文，下啓秦刻石，與篆文極近。至其文字出於《説文》者纔二百二十餘。然班固、許慎謂《倉頡》、《爰歷》、《博學》三篇文字，多取諸《史籒篇》。《史籒》十五篇文成數千，而《説文》僅出二百二十餘字，其不出者必與篆文同者也。考戰國時，秦之文字，如傳世《秦大良造鞅銅量》，乃孝公十六年作，其文字全同篆文。《詛楚文》摹本文字，亦多同篆文，而𣪊、𡚸、㓹、意四字，則同籒文。篆文固多出於籒文，則李斯以前秦之文字，謂之用篆文可也；謂之用籒文亦可也。則《史籒篇》文字，秦之文字，即周、秦西土之文字也。至許書所出古文，即孔子壁中書，其體與籒文、篆文頗不相近，六國遺器亦然。壁中古文者，周、秦間東土之文字也。然則《史籒》一書，殆出宗周文勝之後，春秋、戰國之間，秦人作之以教學童，而不行於東方諸國；故齊、魯間文字作法體勢與之殊異；諸儒著書口説，亦未有及之者；惟秦人作字書，乃獨取其文字，用其體例；是《史篇》獨行於秦之一證。"《戰國時秦用籒文六國用古文説》曰：

"秦之小篆，本出大篆；而《倉頡》三篇未出，大篆未省改以前，所謂'秦文'，即籀文也。六藝之書，行於齊、魯，爰及趙、魏而罕流布於秦，猶《史籀篇》之不行於東方諸國。其書皆以東方文字書之；漢人以其用以書六藝，謂之古文；而秦人所罷之文與所焚之書，皆此種文字；是六國文字，即古文也。觀秦書八體中有大篆，無古文，而孔子壁中書與《春秋左氏傳》凡東土之書，用古文，不用大篆；是可識矣。故古文籀文者，乃戰國時東西二土文字之異名。自秦滅六國以至楚漢之際，十餘年間，六國文字，遂遏而不行；漢人以六藝之説，皆用此種文字，又其文字爲當日所已廢，故謂之古文。此語承用已久，遂若六國之古文，即殷、周之古文，而籀篆皆在其後，如許叔重《説文序》所云者，蓋循名而失其實矣！"博按王氏謂"秦之小篆，本出大篆"。《漢書·藝文志》暨許君《叙》稱"秦丞相李斯等所作《倉頡》、《爰歷》、《博學》三篇，文字多取《史籀篇》，而篆體省改，或復頗異"，叙次本自明白。而許君《叙》"史籀著《大篆》十五篇"，廁之六書既備之後，箸於周宣王之世，而又爲秦篆之所本；則王氏所稱"《史籀》體勢，上承石鼓，下近秦篆，稍涉繁複，象形象事之意少而規旋矩折之意多"，亦固其所，無足怪者。惟《漢書·藝文志》曰："《史籀篇》者，周時史官教學童書也。"而王氏乃彊改之曰："《史籀》一書，秦人作之以教學童。"而不言何據。博按保氏教國子六書，箸於《周官》，而《禮記·内則》亦載"子十年出就外傅，學書計"，書謂六書；則是周制，教學童文字六書，典籍有徵。而秦人虜使其民，并心於進取，未嘗以文教爲意，何有作《史籀》以教學童之事？斯爲不根之譚，奚待論者？至王氏謂"古文籀文，乃戰國時東西二土文字之異名"。蓋以"六藝之書，皆書以東方文字，即古文，行於齊、魯，爰及趙、魏而罕流布於秦；猶《史籀篇》之不行於東方諸國。漢人以其用以書六藝，故謂之古文也。"斯尤鑿空無稽。而據博所睹記；則春秋、戰國之間，六藝之書，未嘗不流布於秦；而秦人未嘗艱通六國之文書。迨并天下以後，亦有書以秦篆之六藝，傳之其人，所謂今文家言者是也。何以知其然？按《史記·商君列傳》叙趙良見商君，再引"《詩》曰"，一引"《書》曰"；而商君曰"子不説吾治秦歟？"《樂書》："秦二世尤以爲娱。丞相李斯進諫曰：'放棄《詩》、《書》。'"則是《詩》、《書》豈罕流布於秦而爲所不稱説者耶？然李斯故楚人，而趙良或係六國人之客於秦者，未可爲信。博又按之《春秋左氏·僖十五年傳》載"秦伯伐晉。卜徒父筮之，吉，其卦遇蠱；曰：‘蠱之貞，風也；其悔，山也。’”注：“徒父，秦之掌龜卜者。”則是秦人卜用《易》，而《易》流布於秦之證也。《史記・秦本紀》：“由余觀秦。繆公怪之，問曰：‘中國以《詩》、《書》、《禮》、《樂》法度爲政。’”則是秦人稱説《詩》、《書》、《禮》、《樂》，而《詩》、《書》、《禮》、《樂》流布於秦之證也。又丞相李斯曰：“非博士官所職，天下敢有藏《詩》、《書》百家語者，悉詣守尉雜燒之。”則是秦禁《詩》、《書》流布民間而故藏博士之證也。且《詩風》采秦，康公有刺；《書》終《秦誓》，以休繆公；皆在春秋之世；而《詩》、《書》序删自孔子，六藝之文，亦有采及秦者；則是秦文流布東方諸國之證；而匪如王氏臆想“秦文《史籀篇》之不行於東方諸國，猶六藝之罕流布於秦”也。使如王氏所云“秦文《史籀》不行於東方諸國；故齊、魯間文字作法體勢與之殊異；諸儒著書口説，亦未有及之者”，則是東西二土，文字懸隔，而東方諸國之箸書，當非秦人所能通其讀者。然《史記・老莊申韓列傳》叙韓非善箸書；人或傳其書至秦。秦王見《孤憤》、《五蠹》之書，曰：“嗟乎！寡人得見此人與之遊，死不恨矣！”李斯曰：“此韓非之所著書也。”按韓非，韓之諸公子也；其寫定著書，自當用王氏所謂“六國文字”即“古文”者。然人或傳其書至秦，秦王見之而嗟，未嘗如漢宣帝之以《倉頡》多古字而召通《倉頡》讀者；則是秦人未嘗艱通六國之文書也。且韓非之著書，尚或有人傳至秦；寧有久經流傳之《詩》、《書》、“六藝”而罕流布於秦者？意者王氏生今之世，徒見東西洋文字之不同，遂懸想春秋戰國之間，東西二土文字之異，當亦如此。不知春秋百二十國，車塗同軌；下逮戰國七雄，合縱連横，亦壤土犬牙相錯；匪近日東西洋之重洋懸隔可比。而會盟交聘之事，無日不書；亦未聞大夫出疆，國書載聘，有如今日之象鞮寄譯。孔子生春秋之季，尚曰“今天下，書同文”；而七國之所謂“文字異形”，當不過段省别體，大同小異；如後世所見鐘鼎彝器刻文之或體耳。許君《叙》稱“李斯奏同，罷其不與秦文合者”。推言外之意，當必有七國文字與秦文合者，不在斯所奏罷之列；以其或有殊體，而推厥所自，同用史籀也。按《史記・秦始皇本紀》載：“二十六年，秦初并天下；書同文字。三十四年，丞相李斯奏：‘非博士官所職，天下敢有藏《詩》、《書》、百家語者，悉詣守尉雜燒之；有敢偶語《詩》、《書》，棄市。’”前後相距八年，方當李斯既奏同文字，未奏禁《詩》、《書》之日，《詩》、

《書》傳誦民間，自當用秦文寫定之本；功令所在，可斷言者。考漢之《今文尚書》，出故秦博士伏生。《漢書·藝文志·六藝略》稱“秦燔書盡學，濟南伏生獨壁藏之。漢興亡失，求得二十九篇，以教齊、魯之間。訖孝宣世，有歐陽、大小夏侯氏。《古文尚書》者，出孔子壁中。武帝末，魯共王壞孔子宅，欲以廣其宮，而得《古文尚書》，皆古字也。”則歐陽、大小夏侯所傳，伏生藏壁二十九篇之無古字，與《古文尚書》不同可知。《史記·儒林列傳》曰：“孔氏有《古文尚書》；而安國以今文讀之，因以起其家，逸書得十餘篇。”所謂“安國以今文讀之”者，《索隱》説：“安國以今文讎古篆隸推科斗，以定五十餘篇。”蓋據《古文尚書》二十九篇之今文所有者，因以推定古文某形之爲今文某文，逐字讎讀，明其大較；然後以讀今文之所無，而知二十九篇外之“逸書，得十餘篇”；是即伏生壁藏於秦燔書之日，而漢興求之之所亡失，故曰“逸書”也。然則安國之“以今文讀”者，乃據伏生二十九篇今文以考讀《尚書》古文之字；而匪如王氏所謂“句讀之讀”。見王氏《史記所謂古文説》。《漢書·儒林傳》增一“字”字，曰“孔安國以今文字讀之”，意益明顯。又《藝文志》稱“孔安國得《古文尚書》以考二十九篇，得多十六篇”；是即《儒林傳》所稱“孔安國以今文字讀之”者也。“今文”者，伏生二十九篇之寫定以秦篆書者也。則是《尚書》之有秦篆書本也。《藝文志》又叙“秦燔書，而《易》爲卜筮之事，傳者不絶。漢興，田何傳之，訖於宣、元，有施、孟、梁丘、京氏，列於學官。劉向以中《古文易經》校施、孟、梁丘經，或脱去‘無咎’、‘悔亡’”。則是《易》之有秦篆書本，與《古文易經》不同也。又《藝文志》稱：“漢興，高堂生傳《士禮》十七篇；訖孝宣世，后倉最明；戴德、戴聖、慶普皆其弟子，三家立於學官。《禮古經》者，出於魯淹中及孔氏，與十七篇文相似，多三十九篇。”猶《古文尚書》之以考二十九篇，得多十六篇。則是高堂《士禮》十七篇之爲秦篆書本，不同《禮古經》也。又《藝文志》載“《春秋古經》十二篇，《經》十一卷”；而“《經》十一卷”之下，注《公羊》、《穀梁》二家。《論語》“古二十一篇”，注“出孔子壁中，兩《子張》”；“《齊》二十二篇”，“《魯》二十篇”。《孝經》“古孔氏一篇”，注：“二十二章；師古曰：劉向云古文字也。”“《孝經》一篇”，注“十八章；長孫氏、江氏、后氏、翼氏四家”。叙稱“《孝經》者，漢興，長孫氏、博士江翁、少府后倉、諫大夫翼奉、安昌侯張禹傳之，各自名家，經文皆同；惟孔氏壁中古文爲異”。則是《春秋》公羊、穀梁之二家《經》十一卷，《論語》之《齊》二十二篇、《魯》二十篇，《孝經》之長孫氏四家皆用秦篆寫定其書，不同壁中古文也。由是觀之：自李斯奏同文字之後，而孔氏壁中書未發以前，六藝之書，祇有秦篆寫本；迨孔氏壁中書發於孝武之世，乃有古文本與秦篆本并行；而秦篆本謂之今文，以別於壁中書之古文；馬《史》、班《書》，臚敘甚明；何有如王氏所稱“漢人以六藝之書皆用古文”之事？王氏又謂“《藝文志·六藝略》諸經之冠以古字者，所以別其家數，非以其文字”；見王氏《漢書所謂古文説》。此尤似是而非之談也。不知經學之所以別今古文者，其初本起於文字之不同而後因以別其學派。《漢志》所稱“劉向以中《古文易經》校施、孟、梁邱《經》，或脱去‘無咎’、‘悔亡’”；“《古文尚書》者，出孔氏壁中，皆古字也”；“《孝經》長孫氏等各自名家，惟孔氏壁中古文爲異”；所謂“古文”者，皆明指文字而言；豈如王氏所言“非以其文字”乎？斯又“遁辭知其所窮”者矣！

（選自《潛廬集》，作於1925年11月）

書王國維《史記所謂古文説》後

余讀許君《説文解字叙》曰："孝宣皇帝時，召通《倉頡》讀者，張敞從受之。涼州刺史杜業、沛人爰禮、講學大夫秦近亦能言之。孝平皇帝時，徵禮等百餘人，令説文字未央廷中，以禮爲小學博士①。"博按此可以證古文之在漢時，非盡人所能通讀。而金壇段玉裁爲之注曰："《藝文志》曰：'《倉頡》多古字，俗師失其讀。宣帝時，徵齊人能正讀者，張敞從受之。傳至外孫之子杜林爲作訓故。'按云'《倉頡》多古字'者，謂《倉頡篇》中大半古文大篆。'俗師失其讀'者，失其音義也。'正讀'者，正其音義。張敞字子高，河東平陽人。杜業字子夏，本魏郡繁陽人也，其母張敞女；從敞子吉學問，得其家書。吉子竦，又從業學問，亦著于世，尤長小學。業子林，亦有雅材，其正文字過於業、竦。《孝平紀》：元始五年，徵天下通知逸經、古記、小學、《史篇》教授者，在所爲駕一封軺傳，遣詣京師，至者數千人。《王莽傳》曰：'元始四年，徵天下通一藝教授十一人以上，及有逸禮、古書、《毛詩》、《周官》、《爾雅》、《史篇》文字通知其意者，皆詣公車，令記説庭中。'紀傳所

---

① "博士"應爲"元士"之誤。"博士"下原衍一"此"字，今删。

説，正是一事。爰禮等百餘人説文字未央廷中，正其時也，禮等通小學《史篇》文字者也。《史篇》，孟康曰史籀所作十五篇，古文書也。”蓋倉籀古文者，三代之所以而秦之所廢絶。迨漢，俗師失其讀，故徵能通讀者，尊顯之以爲罕貴也。乃海寧王國維作《史記所謂古文説》，謂：“武昭以后，古文之書學者如劉子政父子，皆未聞受古文字學而均能讀；是古文訖于西京之末，尚非難識。嗣是訖後漢如杜伯山、衛敬仲、徐巡、班孟堅、賈景伯、馬季長、鄭康成之徒，皆親見壁中書，或其傳寫之本；然未有苦其難讀者。是古文難讀之説，起于王仲任輩未見壁中書者。其説至魏晉之間而大盛，不知漢人初未嘗有是事。”此矛盾無稽之談也。使王氏之言而信，博誠不解《漢書・藝文志》所稱“《倉頡》多古字，俗師失其讀者”何指，孝宣皇帝召通《倉頡》讀者何事？而張敞從受又何爲？王氏謂劉子政父子未聞受古文字學，獨不知張敞之好古文字。美陽得鼎，按其銘勒而謙曰：“臣愚不足以迹古文。”師古曰：“尋其文迹言迹，古文之難也。”見《漢書・郊祀志》。而其從受通《倉頡》讀者，則見《藝文志》及許君此叙，固人人之所熟聞也，寧獨張敞？《太史公自序》曰：“年十歲，則誦古文。”《漢書・儒林傳》曰：“孔氏有《古文尚書》，孔安國以今文字讀之，因以起其家。”而司馬遷從安國問故，遷書載《堯典》、《禹貢》、《洪範》、《微子》、《金縢》諸篇，多古文説。此司馬遷受古文字學之證！《左氏傳》多古字古言。見《漢書・劉歆傳》。而司馬遷據《左氏》、《國語》見《漢書・司馬遷傳贊》。成一家之言，亦以古文誦習之有素也。不能以史不言向、歆父子誦古文，而没司馬遷誦古文、司馬遷從安國問故、張敞從受通《倉頡》讀者三事置不提而遽斷漢人未嘗有古文難讀之事。且王氏既謂漢人初未嘗有古文難讀之事矣，顧又曰：“古文難讀之説，起于王仲任輩未見壁中書者”，不知王仲任是漢人乎？抑非漢人乎？博按《後漢書・王充傳》叙王充字仲任，師事扶風班彪，其著《論衡・正説篇》謂：“魯恭王得百篇《尚書》於屋壁中，使使者取視，莫能讀者。”自指壁中書初發見，而未經孔安國讀以今文字之時而言，或者即本所師班彪之説。班彪者非它，班孟堅之父也。寧有如王氏所稱“壁中書或其傳寫之本”，班孟堅之所得親見而王仲任與之同時同學目未經見者！此又不可通之論也。

（選自《潛廬集》，作於 1925 年 11 月）

書王國維《説文所謂古文説》後

余讀許君《説文解字叙》謂："壁中書者，魯恭王壞孔子宅而得《禮記》、《尚書》、《春秋》、《論語》、《孝經》。又北平侯張蒼獻《春秋左氏傳》。郡國亦往往於山川得鼎彝，其銘即前代之古文，皆自相似；雖叵復見遠流，其詳可得略説也。而世人大共非訾，以爲'好奇者也，故詭更正文，鄉壁虚造不可知之書，變亂常行以耀於世'。諸生競逐説字解經誼，稱秦之隸書爲倉頡時書，云：'父子相傳，何得改易?'乃猥曰'馬頭人爲長'、'人持十爲斗'、'虫者屈中也'。廷尉説律，至以字斷法，苛人受錢，苛之字，止句也。若此者甚衆，皆不合孔氏古文，謬於《史籀》。"許君此言所以明《説文》所收古文之依據有自。其所依據者：一曰"壁中書"；二曰《春秋左氏傳》；三曰郡國山川鼎彝。而郡國山川鼎彝之所以可依據者，以其銘即前代之古文也。所以知其銘，即前代之古文者。以許君見"孔子書《六經》、左丘明述《春秋》，皆以古文"；而郡國山川所得之鼎彝，其銘"皆自"與"壁中書"、《春秋左氏傳》相似故也。"自"之爲言自然相似，不待考釋也。"皆自相似"之"皆"，即"皆以古文"之"皆"。"皆"之爲言，概"壁中書"、《春秋左氏傳》二者而言也。文氣直貫而下，連讀意自明，而鼎彝，漢之所得，史文可徵者。《史記·封禪書》、《漢書·郊祀志》叙武帝即位，李少君見："上有古銅器，問少君。曰：'此器齊桓公十年陳於柏寢。'已而按其刻，果齊桓公器。"師古曰："刻謂器上所銘記。"又《郊祀志》叙宣帝即位，"美陽得鼎，獻之，下有司議。"張敞好古文字，按鼎銘勒而上議曰："鼎有刻書曰：'王命尸臣，官此栒邑，賜爾旂鸞黼黻琱戈。尸臣拜手稽首曰：'敢對揚天子丕顯休命。'臣愚不足以迹古文。竊以傳記言之：'此鼎殆周之所以褒賜大臣，大臣子孫刻銘其先功。"又有漢武帝元鼎元年，得鼎汾水上一事，以其文鏤無款識，故不識录。許君叙所謂"郡國亦往往於山川得鼎彝，其銘即前代之古文"者，正指此類而言。惟許君叙曰"亦往往"，蓋致言郡國所得之多，當不止此二事；而史佚不見。吴縣潘祖蔭《攀古樓彝器款識序》謂"許君書中古文本於經文者，必言其所出。其不引經者，皆憑古器銘識"。其説是也。惟海寧王國維《説文所謂古文説》謂"許君書所有重文古文五百許字，皆出壁中書及張蒼所獻《春秋左氏傳》，其在正字中者亦然，未嘗據鼎彝。漢代鼎彝所出無多。"然則許君叙稱"郡國往往於山川得鼎彝"；"往往"二字，豈"無多"之意？將許君造誑以耀於世者耶？縱來者之可誣，寧時論所得容？曰"郡國於山川得"，當有其物；曰"郡國往往於山川得"，必夥其數；耳目畢睹，豈容耀誑？此必不然之事也。王氏謂"許君叙'壁中書者，魯恭王壞孔子宅而得《禮記》、《尚書》、《春秋》、《論語》、《孝經》。又北平侯張蒼獻《春秋左氏傳》'，其示《説文》所收古文之淵源，最爲明白矣。至其述山川鼎彝，又分别言之，曰：'其銘即前代之古文，皆自相似。'云'前代之古文'者，所以别於孔壁之古文；云'皆自相似'者，以明與孔壁古文不甚相似也。"特王氏斷章取義，不知通貫上下文讀而有云耳！博知許君意不如此也。自其分别而言，則許君叙之於《春秋左氏傳》，曰"北平侯張蒼獻"，曰"又"；此亦所以别白於"壁中書"而判其殊出也。寧祇鼎彝云爾哉？其述鼎彝曰"郡國往往於山川得"，則所以别白於"壁中書"之"魯恭王壞孔子宅而得"，《春秋左氏傳》之"北平侯張蒼獻"也。至曰"其銘即前代之古文，皆自相似"，則非别白之辭，而所以會其大同。所謂"前代"，即指許君叙上文所稱"五帝三王之世"，在漢代以前者；而非别有所謂"前代"。所謂"前代之古文"，即許君上文叙"宣王太史籀箸《大篆》十五篇"所"或異"之"古文"；亦即"孔子書《六經》、左丘明述《春秋》"所"皆以"之古文也。易言之，曰"即前代之古文"云者，即"孔子壁中書"

之古文，《春秋左氏傳》之“古字古言”在漢代以前者也。故正言之曰“即”。按《史記·項羽本紀》漢王曰：“吾與項羽約爲兄弟，吾翁即若翁。”“即”之爲言“即此無它”也；推許君之意，謂郡國所得山川鼎彝之銘，即“孔子壁中書”之“古文”，《春秋左氏傳》之“古字古言”，皆自相似也。使如王氏所言“山川鼎彝之銘自相似，而非與孔壁古文相似；前代之古文，非孔壁之古文”；然則所謂“即”者何“即”？而許君於“其詳可得略説也”句下續申之曰：“而世人大共非訾，乃猥曰‘馬頭人爲長’、‘人持十爲斗’、‘虫者屈中’、‘苛字止句’，若此者甚衆，皆不合孔氏古文，謬於《史籀》。”此正所以反證“郡國所得山川鼎彝，其銘即前代之古文，皆自相似”之不爲“馬頭人長”、“人持十斗”、“虫屈中”、“苛止句”；而合孔氏古文，不謬於《史籀》之“即前代之古文”；段玉裁注“鼎彝之銘，則合於孔氏古文”者是也。至王氏引吴縣吴大澂謂：“《説文》中古文，皆不似今之古鐘鼎；亦不言某爲某鐘，某爲某鼎字。以響拓以前，古器無氈墨傳布；許君未能足徵。”此又未然。按王氏言：“拓墨之法，始於南北朝之拓石經，浸假而用以拓秦刻石。”則三代之無石拓可知。然古者封泰山七十二家之文，歷見《韓詩外傳》、《史記·封禪書》暨許君此叙所徵引者，豈叚石拓而能足徵耶？且許君叙引“封泰山者七十有二代靡有同”，而以徵“五帝三王之文改易殊體”；儻非目驗七十二家之文者，當不能言之鑿鑿若此！方此之時，寧有石拓耶！況鼎彝銅器，輸致匪難，橅寫益易。許君曾以詔書校書東觀，或藏彝器，如所稱“齊桓公器”、“美陽鼎”者以資臨橅，亦意中事。至謂“《説文》中古文皆不似今之古鐘鼎”，然余不能以數千年①後今日所見之不似，而遂武斷許君叙稱“山川鼎彝，其銘即前代古文，皆自相似”之出虛造也。不知自其似者而言，後世出土鐘鼎之文，由許君書以考釋者何限？而自其不似者而言，寧衹《説文》中古文，與所見鐘鼎有不似；而鐘鼎之文，其體亦互有異；此如魏碑之有别體耳！寧得以所見魏碑之别體，而謂一切字書有譌訛耶？故曰“吾斯之未能信”。

（選自《潛廬集》，作於 1925 年 11 月）

① “年”字原脱，今據錢基博《國學文選類纂·许慎〈説文解字叙〉考證》補。

讀班固《兩都賦》

昔漢高御宇，定都長安；世祖重光，廼更河洛。而關中耆老咸懷怨思，猶望朝廷西顧，而盛稱長安舊制，有陋洛邑之議。班固感前世相如、壽王、東方之徒造構文辭，終以諷勸，乃盛稱洛邑制度之美，以折西賓淫侈之論，而成《兩都賦》。

劉勰《文心·詮賦》有作，以爲“詩有六義，其二曰賦。賦者鋪也，鋪采摛文，體物寫志”，“受命於詩人，拓宇於楚辭也。於是荀況《禮》《智》，宋玉《風》《釣》，爰錫名號，與詩畫境。六義附庸，蔚爲大國。遂客主以首引，極聲貌以窮文。斯蓋别詩之原始，命賦之厥初也。”

至固之所作，宏我漢京，臨以王制，憲章稽古，所謂“體國經野，義尚光大”。兩語亦出《文心》。崇禮官，考文章，睹漢官之威儀；分州土，立市朝，知京洛之有制。事拾史志之闕，體承古詩之流，其文有斐焉！其事則史焉！昔馬遷記史，抒騷情於史筆；而今誦固作，裁賦篇爲史志，異曲同工，咸稱絶構。後來平子《兩京》、太沖《三都》，體仍孟堅。韓退之云：“後皆指前公，相襲雖工，弗貴矣！”

（選自《潛盧集》，作於1925年11月）

讀蔡邕《郭有道碑》

按碑始見《檀弓》曰："公室視豐碑。"鄭玄注："豐碑，斲大木爲之，形如石碑，於椁前後四角樹之，穿中於間爲鹿盧，下棺以繂繞。"《釋名·釋典》："藝碑被也。"本葬時所設轆轤，以繩被其上，以引棺也。臣子追述君父之功，美以施其上，後人因焉。故建於道陌之頭顯見之處，名其文就謂之碑也。此碑乃琢大木爲之，匪刻石也。《管子》曰："無懷氏封泰山，刻石紀功。"而《史記·始皇本紀》上鄒嶧泰山皆云刻所立石，不言立碑，後世之有墓碑，蓋因喪禮豐碑之制。然歐陽修《集古録》曰："欲求前漢時碑碣不可得，則冢墓碑自後漢始有也。"

《文心雕龍·誄碑篇》云："後漢以來，碑碣雲起，才鋒所斷，莫高蔡邕。"《後漢書》邕本傳歷舉所著詩賦、碑誄、銘讚、連珠、箴弔、論議、獨斷、勸學、釋誨、叙樂、女訓、篆執、祝文、章表、書記，凡百四篇；而於今傳者，最多墓碑，曰碑，曰銘，曰神誥，曰哀讚，其實一也。自云爲《郭有道碑》，獨無愧辭。而亦以《郭有道碑》最膾炙人口。

《文心雕龍》論："屬碑之體，資乎史才，其序則傳，其文則銘。標序盛德，必見清風之華；昭紀鴻懿，必見峻偉之烈。此碑之制也！"然茅坤譏《韓文公碑序》異史遷，此非知言。大抵碑版之文，其體本於《詩》，歌頌功德，其用施於金石，表揚風烈。前人多以詞飾爲長，其書法則惟書其學行大節，小善寸長則皆弗録，固與史傳有别。中郎文章雅練，揚扢徽懿，以施金石，允爲相宜。而有道爲人以德量勝，不以事功顯，寫其高致，出以渾雅，辨給足采，含毫邈然。中郎碑文大率類此。隋唐以前，奉爲楷模。自後韓愈有作，迺綜行事，雖取證史，實匪碑體。昔姚鼐譏退之《韓宏碑》諛墓已甚，不知銘之義，稱美不稱惡，諛墓何嫌施碑？史傳乃取實録。古人文章亦各有宜，但無美而稱斯之謂誣。苟飾觀聽，君子弗由耳！

（選自《潛廬集》，作於1925年11月）

讀孔融《論盛孝章書》

昔虞夏之典，商周之誥，孔丘所序，皆謂之書。《文心雕龍・書記篇》云："蓋聖賢言辭，總爲之書。書之爲體，主言者也。揚雄曰：'言，心聲也；書，心畫也。聲畫形，君子小人見矣！'故書者，舒也。詳總書體，本在盡言。言以散鬱陶，託風采，故宜條暢以任氣，優柔以懌懷，文明從容，亦心聲之獻酬也。"

獨唐宋八家好爲議論，文章殊健，而書記未能翩翩。魏禧《日録・論文》稱："蘇明允《上田樞密書》豪邁足賞，然自占地步，峻嶒逼人，使人忌而生厭。蓋既爲進干求知之事，而又爲傲岸不屑之言也。八家中自昌黎作俑，而近世學步者愈可厭憎。如此篇首句'天之所以與我者，豈偶然哉'，便已無體。書以道情，開口一句挺然便出議論，直作論耳！書雖文，要與面談相似。"而曾國藩《求闕齋日記》亦謂："古文中惟書牘一門竟鮮佳者，八家中韓公差勝，然亦非書簡正宗，此外，則竟無可采。諸葛武侯、王右軍兩公書翰，風神高遠，最愜吾意；然患太少，且乏大篇，皆小簡耳！"

然余讀漢魏人人書翰不乏大篇，儘多佳者，以孔融體氣尤高妙。魏文帝《典論・論文》稱："孔氏卓卓，信含異氣，筆墨之性，殆不可勝。"雖理不勝辭，議論好持不根，而氣有餘埶，書記信爲卓犖，其與魏武帝《論盛孝章書》，辭氣紛紜，雄稱阿瞞，風采可觀，信書記之雋也。惟魏文《典論》雖稱融“體氣高妙，有過人者”，而亦詆其“不能持論，理不勝辭，以至乎雜以嘲戲”。然雖不根於持論，未必不適體於裁簡也。劉彦和謂“文舉屬章，半簡必録”，獨恨傳者少耳!

（選自《潛廬集》，作於1925年12月）

讀魏武帝《短歌行》樂府二首

《詩》三百篇，皆可以被諸管弦、協於音律而爲樂。自漢以下，乃以其所賦五言之屬爲徒詩，而其協於音者則謂之樂府。《漢書·禮樂志》云：“至武帝乃立樂府，采詩夜誦，有趙代秦楚之謳。以李延年爲協律都尉，多舉司馬相如等數十人造爲詩賦，略論律呂以合八音之調，作十九章之歌。”此樂府之所以自始也。

古樂府命題皆有主意，崔豹《古今注》云：“長歌短歌，言人生壽命長短定分，不可妄求。而短歌行之傳後世者，始魏武帝。”吴兢《樂府古題要解》云：“魏武帝‘對酒當歌，人生幾何’，晉陸士衡‘置酒高堂，悲歌臨觴’，皆言當及時爲樂。此短歌行之義也！”然余讀魏武[1]《燕歌行》曰：“短歌微吟不能長。”自亦以聲之低促而言，當不徒人生幾何，壽命不長之義也。

按裴松之《三國志》注引《魏書》按《魏書》有王沈《魏書》、夏侯湛《魏書》，裴注不詳誰氏也。曰：“太祖御軍三十餘年，登高必賦；及造新詩，被之管弦，皆成樂章。”則是樂府者，魏武之所擅也。獨劉勰《文心·樂府》有篇則稱：

---

① 魏武，當作“魏文”。

“魏之三祖，氣爽才麗，宰割辭調，音靡節平。觀其‘北上’衆引、‘秋風’列篇，或述酣宴，或傷羈戍，志不出於淫蕩，辭不離於哀思。雖三調之正聲，實《韶》、《夏》之鄭曲也。”玩厥辭旨，若有憾焉。然此之一篇題以短歌，言志依永，不離哀思，雖音靡而節平，庸何傷於大雅乎？蓋相題制文之道則然也，君子知言，當曉斯指。

（選自《潛廬集》，作於 1925 年 12 月）

讀曹子建《樂府》四首

按第一首《文選》題《箜篌引》，李善注："《漢書》曰：'塞南越，禱祠太一后土，作坎侯。坎，聲也。'應劭曰：'使樂人侯調作之，取其坎坎應節也。因以其姓號名曰坎侯。'蘇林曰：'作箜篌。'"信若所云，則是坎者聲也，侯者工人姓也。後語訛"坎"爲"空"。鄭樵《通志》辨其不然，曰："以臣所見，今大樂有箜篌，器何得如此說?"

博按《箜篌引》一名"公無渡河"，崔豹《古今注》曰："《箜篌引》，朝鮮津卒霍里子高妻麗玉所作也。子高晨起刺船而濯，有一白首狂夫，被髮提壺，亂流而渡，其妻隨呼止之不及，遂墮河水死。於是援箜篌而鼓之，作《公無渡河》之歌，聲甚悽愴，曲終自投河而死。霍里子高還，以其聲語妻麗玉。玉傷之，乃引箜篌而寫其聲，聞者莫不墮淚飲泣焉。麗玉以其聲傳鄰女麗容，名曰《箜篌引》焉。"此叙《箜篌引》之所由起。曰"箜篌引"者，蓋取箜篌寫聲之義耳!

而吴兢《樂府古題要解》題曰："公無度[1]河者，蓋據其本事也。"鄭樵

---

[1] "度"通"渡"，後同。

采焉。然而揆之植此篇，亦有不合者。唐庚《文録》中有《論樂府命題》曰："古樂府命題皆有主意，後之人用樂府爲題者，直當代其人而措辭，如《公無度河》，須作妻止其夫之辭。"其言極爲有理。推之植所作它樂府，《美女篇》言美女采桑歧路之妖閑，《白馬篇》言壯士厲馬高坡之雄駿，《名都篇》言少年豪遊京洛之侈縱，皆於題義有關。獨《箜篌引》此篇，絶不見"公無度河"之意。

吴兢《樂府古題要解》不以此篇爲《箜篌引》，或曰《公無度河》，而題以《野田黄雀引》，曰魏曹植《置酒高殿上》始言"豐膳樂飲，盛賓主之獻酬"；中言"歡樂極而悲，嗟盛時不再"；終歸於"知命而不復憂焉"。郭茂倩《樂府詩集》以植此篇《置酒高殿上》與《高樹多悲風》並題，曰《野田黄雀行》。然《高樹多悲風》一篇中，有"黄雀得飛飛"語，題曰"野田黄雀行"可也。至此篇曰"置酒高殿上，親友從我遊"，何野田之有？曰"主稱千金壽，賓奉萬年酬"，於黄雀何與？而以"野田黄雀行"爲題，亦復不可解，則亦無事强作解人，姑以不解解之可矣！

（選自《潛廬集》，作於1925年12月）

書魏文帝《典論·論文》後

按陳壽《三國志·魏書·文帝紀》稱："帝好文學，以著述爲務，自所勒成垂百篇。"不言《典論》。而裴松之注引王忱《魏書》曰："帝初在東宫，疫癘大起，時人彫傷。帝深感歎，與素所敬者大理王朗書曰：'生有七尺之形，死惟一棺之土，惟立德揚名，可以不朽；其次莫如著篇籍。疫癘數起，士人彫落，余獨何人，能全其壽?'故論撰所著《典論》、詩賦，蓋百餘篇。"則陳《志》《文紀》云"自所勒成垂百篇"者，當賅《典論》在内。此《典論》之所由作也。

注又引胡沖《吴曆》曰："帝以素書所著《典論》及詩賦餉孫權，又以紙寫一通與張昭。"亦見《文帝紀》。《明帝紀》："太和四年春二月戊子，詔太傅三公，以文帝《典論》刻石，立於廟門之外。"《齊王芳紀》："景初三年二月，西域重譯獻火浣布。"裴松之注引《搜神記》曰："漢世西域舊獻此布，中間久絶。至魏初，時人疑其無有。文帝以爲火性酷烈，無含生之氣，著之《典論》，明其不然之事，絶智者之聽。及明帝立，詔三公曰：'先帝昔著《典論》，不朽之格言。其刊石於廟門之外及太學，與石經並，以永示來世。'至是西域使至，而獻火浣布焉。於是刊滅此論，而天下笑之。臣松之昔從征，西至洛陽，歷觀舊物，見《典論》石在太學者尚存，而廟門外無之。問諸長老，云：‘晉初受禪，即用魏廟。移此石於太學，非兩處立也。’竊謂此言爲不然。”此《典論》之可考信於陳《志》、裴《注》者也。

《隋書·經籍志》及《舊唐書·經籍》、《新唐書·藝文》兩志皆列於子部儒家，爲書五卷，至《宋史·藝文志》始不著録，疑佚於宋也。今《典論》不可見，而遺文之可考覽於陳《志》、裴《注》者四事：一、《文帝紀》評“才藝兼該”，注引《典論》“帝自叙曰”云云，辭詳以悉，或完篇也。一、《袁紹傳》：“紹愛少子尚貌美，欲以爲後而未顯。”注引《典論》曰：“詳著尚事。”一、《劉表傳》：“表及妻愛少子琮，欲以爲後，而蔡瑁、張允爲之支黨，乃出長子琦爲江夏太守。”注引《典論》曰：“詳著琦事。”一、《華陀傳》末注引文帝《典論》論郤儉等事曰：“議叙間出，亦有首尾。”觀《文選》著録此篇，題曰《典論·論文》；而合之裴注《華陀傳》引文帝《典論》論郤儉等事，曰：“意者《典論》分目皆系‘論’字以題篇耶?”至清代瀋陽孫馮翼《問經堂叢書》中，緝其零章斷句都四十九事，而陳《志》、裴《注》引之四事與焉。然獨《論文》見采《文選》，篇章完具。

劉勰《文心雕龍·序志篇》曰：“詳觀近代之論文，魏《典》密而不周。”而《才略篇》則曰《典論》“辨要”。雖衡量全帙，語無餘議，而詳觀《論文》，辭若有憾。然鄧林一枝，罕而見珍；而況彌綸群言，兼綜七子，慕文章之經國，慨年壽之時盡，情深文明。與裴注引王忱《魏書》載《與王朗書》相發，斯可以明《典論》述作之所自乎？又《文選》著録文帝《與吴質書》稱：“昔年疾疫，親故離災。徐、陳、應、劉，一時俱逝!”因論遺文，七子得六，徐幹偉長、應瑒德璉、陳琳孔璋、劉楨公幹、阮瑀元瑜、王粲仲宣。獨遺孔融。句語小異，意者此之一書，殆先《論文》而有作者耶!

（選自《潛廬集》，作於1926年1月）

辨曹子建《洛神賦》

昔人傳魏東阿王求婚甄后不得，太祖回與文帝，植殊不平。黄初中入朝，帝示植甄后玉鏤金帶枕；植見之，不覺泣，時已爲郭后讒死。帝意亦尋悟，因以枕賫植。植還，度轘轅，少許時，將息洛水上，思甄后。忽見來獻珠於王，王答以玉珮，悲喜不能自勝，遂作《感甄賦》。後明帝見之，改爲《洛神賦》。李善之注《文選》本焉，然齊東野人之語也。

按陳壽《三國志·魏書·文昭甄皇后傳》稱："后失意有怨言，帝大怒，遣使賜死。"而《賦序》稱黄初三年朝京師，還作。歲月差合，雖男女相悦容，爲情之所不無，而形勢扞格，斷爲事之不可能。陳《志》植本傳稱："植年十歲餘，誦讀詩論及辭賦數十萬言，善屬文，太祖甚異之。植既以才見異，而丁儀、丁廙、楊修等爲之羽翼。太祖狐疑，幾爲太子者數矣。而植任性而行，不自彫勵，飲酒不節。文帝御之以術，矯情自飾，宫人左右並爲之説，故遂定爲嗣。文帝即王位，誅丁儀、丁廙并其男口。植與諸侯并就國。黄初二年，監國謁者灌均希指，奏'植醉酒悖慢，劫脅使者'。有司請治罪。帝以太后故，貶爵安鄉侯。其年，改封鄄城侯。三年，立爲鄄城王，邑二千五百户。四年，徙封雍丘王。其年，朝京都。"《上責躬應詔詩表》，辭極危苦。裴松之注引《魏略》曰："植科頭負鈇鑕，徒跣詣闕下。及見之，帝猶嚴顔色不與語，又不使冠履。植伏地涕泣。"是時，黄初三年，當文帝即位之初，方有意督過於植，貶爵治罪。不自知命在何日，豈有公然感甄，顯露文字而不以爲嫌者哉！此必不可信之事也。

植《自叙》稱："濟洛川，古人有言，斯水之神，名曰宓妃。感宋玉對楚王神女之事，遂作斯賦。"自是實情。如此，猶之太沖《三都》襲體孟堅，子雲《羽獵》亦仿長卿。文人相因，自古而然，何疑於子建哉？王世貞《藝苑卮言》云："'頩薄怒以自持，曾不可乎？犯干目略微眄，精彩相授，志態横出，不可勝記'，此玉之賦神女也！'意密體疏，俯仰異觀，含喜微笑，竊視流眄'，此玉之賦登徒也！'神光離合，乍陰乍陽，進止難期，若往若還，轉眄流清，光潤玉顔，含辭未吐，氣若幽蘭'，此子建之賦神女也！其妙處在意而不在象，然本之屈氏'滿堂兮美人，忽與余兮目成，既含睇兮又宜笑，子慕余兮善窈窕'，變法而爲之者也。"又不厘是，曰："遠而望之，皎若太陽升朝霞；迫而察之，灼若芙渠出渌波。"即《神女賦》所謂"其始來也，耀乎若白日初出照屋梁；其少進也，皎若明月舒其光"，而句法少變者也。"襛纖得衷，修短合度"，即襲《神女賦》"襛不短，纖不長"之語，而峭潔不如者也。其它"婉若游龍，腰如束素"，辭之襲宋賦者，更難以僕終。然氣餘於彩，辭饒有妍，能以生氣見高，故自不慙前賢耳！

（選自《潛盧集》，作於1926年1月）

讀嵇康《與山巨源絶交書》

按陳壽《三國志·魏書·王粲傳》曰："譙郡嵇康文辭壯麗，好言老莊，而尚奇任俠，至景元中坐事誅。"然不言所坐何事。裴松之注引孫盛《魏氏春秋》曰："大將軍嘗欲辟康，康既有絶世之言，又從子不善，避之河東，或云避世；及山濤爲選曹郎，舉康自代，康答書拒絶，因自説不堪流俗而非薄湯武。大將軍聞而怒焉。初，康與東平吕昭子巽及巽弟安親善，會巽淫安妻徐氏，而誣安不孝，囚之。安引康爲證，康義不負心，保明其事。安亦至烈，有濟世志力。鍾會勸大將軍因此除之，遂殺安及康。"則是嵇康與山巨源絶交一書，蓋殺身之媒也。

今按其言，不過自陳直性狹中，多所不堪，不如山公傍通，多可而少怪，乃以人之相知貴識其性相望耳，匪甚有所急言極論，干冒時忌也，乃至不免於殺身。何哉？梁元帝《金樓子·雜記篇》曰："魏操誅文舉，晉相誅嵇康，此豈關大盜者！深防政術，腹誹心謗，不可全也。"大抵魏代之有嵇生，猶漢末之有孔融。《後漢書·孔融傳》稱："融既見操雄詐漸著，數不能堪，故發辭偏宕，多致乖忤。操疑其所論建漸廣，益憚之；然以融名重天下，外相容忍，而潛忌正議，慮鯁大業。山陽郗慮承望風旨，以微法奏免融官。因顯明仇怨，操故書激厲融。”融報辭極遜，而誅戮隨之者。徒以高名，天下歸望，不見用於我，便思爲我難，故不容不誅耳。奚所待於急言極論哉！司馬昭之殺嵇生，魏武帝之害文舉，奸雄忌才，同一用意也。

余讀劉勰《文心·書記》之篇曰：“文舉屬章，半簡必録。”又曰：“嵇康《絶交》，實志高而文偉矣。”二君之嬰極禍同，工書記亦同。然文舉俊發，文贍而義明，人之盡也；嵇生渾化，語疏而情密，天之全也。文舉精拔軼蕩，嵇生樸屬微至。各擅其美，莫能相上；若欲軒輊，後來者勝乎！何也？天人之别也。九原有作，必許知言。

（選自《潛廬集》，作於1926年2月）

讀嵇康《幽憤詩》

按陳壽《三國志·王粲傳》載嵇康，裴松之注引孫盛《魏氏春秋》曰："初康采藥於汲郡共北山中，見隱者孫登。康欲與之言，登默然不對。踰時將去，康曰：'先生竟無言乎?'登乃曰：'子才多識寡，難乎免於今之世!'及遭吕安事，爲詩自責，曰：'性不傷物，頻致怨憎。昔慙柳下，今愧孫登。内負宿心，外赧良朋。'"此嵇生《幽憤詩》之本事。

蓋方幽繫於獄而發憤有作，故題之曰《幽憤詩》也。大指同《絶交書》，而辭加危苦；其尤顯明者，《絶交書》言："直性狹中，多所不堪，不如山公傍通，多可而少怪。"此詩云："大人含弘，藏垢懷耻。民之多僻，政不由己。惟此褊心，顯明臧否。感悟思愆，怛若創痏。"《絶交書》言："少加孤露，母兄見驕。縱逸來久，情意傲散。"此詩云："母兄鞠育，有慈無威。恃愛肆姐，不訓不師①。爰及冠帶，憑寵自放。"《絶交書》言："又讀《老》、《莊》，重增②其放，故使榮進之心日頹，任實之情轉篤。"此詩云："託好老莊，賤物

---

① 師，原作"肆"，涉上"肆"字而誤，今據《嵇中散集》改。

② 增，原作"憎"，今據《嵇中散集》改。

貴身。志在守樸，養素全真。”《絶交書》言：“無萬石之慎，而有好盡之累。久與事接，疵釁日興。”此詩云：“萬石周慎，安親保榮。世務紛紜，祗攪予情。”如此之類，意多相襲。大抵《絶交書》兀傲自喜之情勝，而《幽憤詩》則嗚咽自傷之意多，不徒辭意儘襲，而韻散攸殊也。鍾嶸品詩，嵇生列中，謂：“過爲峻切，訐直露才，傷淵雅之致。”然匪所論於《幽憤》也。嵇生此詩，危苦責躬，辭不嫌乎峻切，意何有於訐直哉！

大抵四言之作，拘於模擬者，則有蹈襲風雅辭意之譏；涉于理趣者，又有銘贊文體之誚。采吴訥《文章辯體》語。獨此篇《幽憤》辭意融化而一出於性情，跌宕昭彰，故爲難也。

（選自《潛廬集》，作於1926年2月）

讀阮籍《咏懷詩》

按《晉書·阮籍傳》曰："阮籍字嗣宗，陳留尉氏人也。籍本有濟世志，屬魏晉之際，天下多故，名士少有全者，籍由是不與世事，遂酣飲爲常。鍾會數以時事問之，欲因其可否而致之罪，皆以酣醉獲免。作《咏懷詩》八十餘篇，爲世所重。"

蓋黄初之後，詩雜仙心；何晏之徒，率多浮淺；獨阮籍《咏懷》，骨力高騫，可追建安，而遭時不若，婉轉拊物，語多隱痛，特不可曉。劉勰《明詩》，嵇阮並稱，謂"嵇旨清峻，阮旨遥深"，然阮詩非不能爲清峻也，特寄旨於遥深以自全而遠害耳！鍾嶸《詩品》：嵇以峻切厠中列，而阮超上品。以爲其詩："出於《小雅》，無雕蟲之功；而《咏懷》之作，可以陶性靈，發幽思，言在耳目之内，情寄八荒之表。洋洋乎會於風雅，使人忘其鄙近，自致遠大，頗多感慨之辭。厥旨淵放，歸趣難求。"故彦和以"遥深"許之也。顔延年、沈約咸爲注解，獨延年發其指趣曰："嗣宗身仕亂朝，常恐罹謗遇禍，因茲發咏，故每有憂生之嗟。雖志在刺譏，而文多隱避，百代之下，難以情測。故粗明大意，略其幽旨也。"生逢厄會，嵇生以峻切賈禍，豈與夫子桓兄弟憑藉寵靈，五言騰踊，惟取昭晰之能者哉！时移事異，故爾有殊。孟子曰：

“以意逆志，是謂得之。”吾於阮生亦云。

（選自《潛廬集》，作於1932年8月）

讀阮籍《大人先生傳》

顧炎武《日知録》曰："列傳之名，始於太史公。蓋史體也！梁任昉《文章緣起》言傳始於東方朔作《非有先生傳》，是以寓言而謂之傳。"今觀阮籍《大人先生傳》，輕世肆志，藉寓言以寄意，亦非有先生之儔，非實有其人，而傳之如太史公比也。

《晉書》籍本傳謂："籍容貌瓌傑，志氣閎放，傲然獨得，任性不羈，而喜怒不形於色。或閉户視書，累月不出；或登臨山水，經日忘歸。博覽群籍，尤好莊老。……著《達莊論》，叙無爲之貴。"今觀其傳大人先生之所以大，亦《莊子・天下篇》所稱"上與造物者遊，而下與外死生無終始者爲友"之指也。

又籍本傳叙《大人先生傳》之作，謂："籍嘗於蘇門山遇孫登，與商略終古及棲神道氣之術。登皆不應。籍因長嘯而退，至半嶺，聞有聲若鸞鳳之音響乎巖谷，乃登之嘯也。遂歸，著《大人先生傳》。其略曰：'世之所謂君子，惟法是修，惟禮是克。手執圭璧，足履繩墨，行欲爲目前檢，言欲爲無窮則。少稱鄉黨，長聞鄰國。上欲圖三公，下不失九州牧。獨不見群蝨之處褌中，逃乎深縫，匿乎壞絮，自以爲吉宅也。行不敢離縫際，動不敢出褌襠，自以爲得繩墨也。然炎邱火流，焦邑滅都，群蝨處於褌中而不能出也。君子之處域内，何異乎蝨之處褌中乎?’此亦籍之胸懷本趣也。”

其説是矣，然而有未盡者。蓋籍傳大人先生以諷孫登，大人先生以自況。既斥君子以非禮法之士，又稱隱士以喻登，言隱士之憤俗而遺世，固不屑屑於君子。然不如大人先生之獨與天地精神往來，而不傲倪於萬物，此則籍之胸懷本趣也。寧祇禮法之君子，爲所不屑屑哉!

（選自《潛廬集》，作於1926年3月）

讀潘岳《哀永逝文》

按《晉書·潘岳傳》稱："岳字安仁，滎陽中牟人。少以才穎見稱，辭藻絶麗，尤善爲哀誄之文。"

《文心雕龍·哀弔篇》云："賦憲之謚，短折曰哀。哀者，依也，悲實依心，故曰哀也。以辭遣哀，蓋不淚之悼。""建安哀辭，惟偉長差善。《行女》一篇，時有惻怛。及潘岳繼作，寔踵其美。觀其慮贍辭變，情洞悲苦，叙事如傳，結言摹《詩》，促節四言，鮮有緩句，故能義直而文婉，體舊而趣新。"今觀《哀永逝文》，所以祖送其婦之殯而爲之辭也。長短句如《楚辭》之《九歌》，其文以哀痛爲主，緣以歎息之辭；則輓歌之類，情洞悲苦而已，漢魏故事，大喪及大臣之喪，執紼者輓歌，摯虞以爲輓歌，因唱和而爲摧愴之聲。不見所謂"叙事如傳，結言摹《詩》"也。

余讀岳悼亡之詩，其大指同《哀永逝文》；尤顯著者，如《悼亡詩》一章云："望廬思其人，入室想所歷。帷屏無髣髴，翰墨有餘迹。流芳未及歇，遺掛猶在壁。"此文則曰："思其人兮已滅，覽餘迹兮未夷；昔同塗兮今異世，憶舊歡兮增新悲。"又《悼亡詩》一章云："悵怳如或存，周遑忡驚惕。"二章云："獨無李氏靈，髣髴覩爾容；撫衿長歎息，不覺涕霑胷；霑胷安能已，悲懷從中起；寢興目存形，遺音猶在耳！”此文則曰：“想孤魂兮眷舊宇，視倏忽兮若髣髴，徒髣髴兮在慮，靡耳目兮一遇。是乎非乎何皇？趣一遇兮目中。既遇目兮無兆，曾寤寐兮弗夢。”《悼亡詩》一章云：“寢息何時忘，沈憂日盈積。庶幾有時衰，莊缶猶可擊。”此文則卒以重曰：“已矣！此蓋新哀之情然耳！渠懷之其幾何？庶無愧兮莊子。”如此之類，雖造語不同，而歸趣則一。惟《哀文》作於祖殯之當日，而《悼詩》抒於改服之卒歲；故《哀文》迫切之情勝，而《悼詩》眷戀之意多，此其異也。

（選自《潛廬集》，作於1926年3月）

讀陸機《辯亡論》

按《晉書·陸機傳》曰："陸機字士衡，吴郡人也。祖遜，吴丞相；父抗，吴大司馬。機身長七尺，其聲如雷；少有異才，文章冠世；伏膺儒術，非禮不動。抗卒，領父兵，爲牙門將；年二十而吴滅，退居舊里，閉門勤學，積有十年。以孫氏在吴而祖父世爲將相，有大勛於江表，深慨孫皓舉而棄之，乃論權所以得，皓所以亡；又欲述其祖父功業，遂作《辯亡論》二篇。"

劉勰以爲陸機《辯亡》效《過秦》而不及，語著《文心雕龍·論説篇》；然而有不同於賈生者。賈生《過秦》，陳古以監今，凜覆車之戒，其言明且清；士衡《辯亡》，發憤以抒慨，有亡國之恫，其辭慨以慷。異者一也。又，賈生汲先秦蘇張之流，其氣縱橫軼宕，而檢以鋒穎精密；士衡襲東漢班蔡之緒，其文雅鍊典贍，而出以天才秀逸。異者二也。《過秦》三篇，相爲首尾，而義存轉注；《辯亡》二論，各爲機杼，而格嫌複出。異者三也。

張華之謂機曰："人之爲文，常恨才少，而子更患其多。"劉勰衡其才略，著之《文心》，以爲："陸機才欲窺深，辭務索廣，故思能入巧，而不制繁。"檢誦斯論，諒不誣也。

（選自《潛盧集》，作於1926年3月）

書陳壽《上〈諸葛亮集〉表》後

按《晉書·陳壽傳》云:“陳壽字承祚,巴西安漢人也。少好學,師事同郡譙周。仕蜀,爲觀閣令史。及蜀平,司空張華愛其才,舉爲孝廉。除佐著作郎,出補陽平令。撰《蜀相諸葛亮集》,奏之。除著作郎,領本郡中正。撰魏、吴、蜀《三國志》,凡六十五篇。”世所傳者,獨魏、吴、蜀《三國志》六十五卷,而所撰《蜀相諸葛亮集》不傳。《三國志》亮本傳載《諸葛氏集目録》二十四篇,并此上表,尾署“平陽侯相臣陳壽上”。而《晉書》壽傳稱:“補陽平令,撰《蜀相諸葛亮集》奏之。”未識壽奏上《蜀相諸葛亮集》時,是陽平令,抑平陽侯相?意當以表爲正。《隋書·經籍志》“集部”著有《蜀丞相諸葛亮集》二十五卷,梁二十四卷。《唐書·藝文志》“丁部集録”有《諸葛亮集》二十四卷,皆壽所撰二十四篇本也。

亮起隆中,所作文章,前、後《出師表》最著。壽撰《諸葛亮傳》,録其《前表》;而《後表》厪見裴松之《注》引,且繫之曰:“此《表》亮集所無,出張儼《默記》。”所稱“亮集”自指壽所撰集,而言則亦有遺漏不收者矣。然壽所撰集目録之附亮傳後者,其中厪《與孫權書第十四》、《與諸葛瑾書第十五》、《與孟達書第十六》,其題目明白言之;餘如《開府作牧第一》、《權制第二》、《南征第三》、《北出第四》，如此之類，皆隱括其事爲題目。《出師前表》亦未見《目録》，而據裴松之《注》引《後表》云："此《表》亮集所無。"則似《前表》見亮集者。意者其在《北出第四》篇中耶？蓋據亮傳載，亮以建興五年，率諸軍北駐漢中，臨發，上也。

《晉書·陳壽傳》叙壽撰《三國志》，引或云謂其索米丁氏之子，不獲，竟不與丁儀、丁廙立傳。又謂："壽父爲馬謖參軍。謖爲諸葛亮所誅，壽父亦坐被髡。諸葛瞻又輕壽，壽爲亮立傳，謂亮將略非長，無應敵之才。言瞻惟工書，名過其實，議者以此少之。"意當日時議如此。然修《晉書》者，不據此爲傳信，而冠之以"或云"。"或云"也者，疑而未定之辭也。下語亦有斟酌。其後朱彝尊《曝書亭集》有《陳壽論》，杭世駿《道古堂文集》有《論丁儀丁廙》，王鳴盛《十七史商榷》有"陳壽史皆實録"一條，皆壽《志》訟冤之辭。其杭氏論之涉丁儀丁廙者，不具著。朱彝尊《陳壽論》曰："街亭之敗，壽直書馬謖違亮節度，舉動失宜，爲張郃所破。"初未嘗以父參謖軍被罪，借私隙咎亮。至謂亮應變將略，非其所長，則張儼、袁準之論皆然，具見亮本傳評《三國志》注引。非壽一人之私言也。"王鳴盛《十七史商榷》曰："壽入晉後，撰次亮集表上之，推許甚至。本傳特附其《目録》并上書表，創史家未有之例，尊亮極矣！評中反覆盛稱其刑賞之當，則必不以父坐罪爲歉。亮六出祁山，終無一勝，則可見爲節制之師于進取稍鈍，自是實録。"信平允之論也。

今按壽所上《〈諸葛亮集〉表》，謂"科教嚴明，賞罰必信，無惡不懲，無善不顯。至於吏不懷奸，人懷自厲"，繹其辭氣，寧有絲毫以父坐罪爲歉之意？至云"亮才於治戎爲長，奇謀爲短；理民之幹，優於將略"，則亦何嘗以"將略非長"一語抹摋。觀壽之欲云"奇謀爲短"，而先之以"治戎爲長"。既云"奇謀爲短"，而繼之曰"理民之幹，優於將略"，反復申論，短長不掩，即此足證良史之筆，字字稱量而出，不虛譽，不溢貶，謹慎之至也。又云："所與對敵，或值人傑，加衆寡不侔，攻守異體，故雖連年動衆，未能有克。蓋天命有歸，不可以知力争也。"則於亮無應敵之才，更爲之竭力斡旋，而明非戰之罪矣！乃議者不察，猶以小人之心度君子之腹，此太史公《與任少卿書》所爲發憤於"可與知者道，難與俗人言"也。

今壽所撰《蜀相諸葛亮集》之"二十四篇本"，既不傳世，所傳者四本：

一清初常熟朱璘編《諸葛丞相集》四卷，《四庫全書存目》最舛漏；一康熙己丑儀封張伯行編《諸葛武侯文集》四卷，第四卷附録蜀主策謚三詔并諸人與亮書，視朱本揀汰稍净，然論《心書》真爲亮作，則亦未爲深識也。一清道光時武威張澍《諸葛忠武侯文集》四卷、《附録》二卷、《諸葛故事》五卷，後出差勝，張之洞《書目答問》存録者也。一光緒己卯金谿趙承恩編《武侯全書》二十一卷，而冠以首卷則爲蜀主策武侯之詔，馬謖、法正諸人與武侯之書，搜采頗廣，而猥雜尤甚。中如《黄陵廟記》、《心書五十條》、《武侯十六策》，皆《四庫書目》斥爲顯然僞託者也。顧亦取以苟充卷帙，則亦卑之無甚高論矣！

（選自《潛廬集》，作於 1926 年 3 月）

《論語》文學示例

文章之妙，全在簡而能盡。然文之簡者，往往不能盡意；而能盡意者，又苦辭繁不殺。余讀蘇明允《上歐陽内翰書》曰："孟子之文，語約而意盡；不爲巉刻斬絶之言，而其鋒不可犯。"輒好誦舉其言，以爲極文章之能事！然余讀孟子之文，其鋒固自不可犯，而未嘗不爲巉刻斬絶之言；曰"盡意"則有之，而"語約"尚未也！獨《論語》簡而能盡，千古無對！何以千頭萬緒之事理，祇《論語》三兩言即能了當？何以不必詳説而意無不盡？能于此留心，則可悟文章之貴以簡馭繁。《尚書》曰"辭尚體要"；此之謂也。

文章之用有三：曰叙事，曰發論，曰抒情。然有工抒情而不善記事發論者。有善記事而不工抒情者。亦有能發論而不善記事者。惟《論語》則兼擅其勝。試舉其例：

（甲）叙事。　叙事之法有三：曰直叙其事，曰先叙後議，曰先議後叙。

（一）直叙其事。　太史載筆，據事直書，善惡自見，寧用夸虚！

例 1　子路有聞，未之能行，唯恐有聞。

例 2　子食於有喪者之側，未嘗飽也！子於是日哭，則不歌。

例 3　子不語怪力亂神。

例 4　廄焚。子退朝，曰："傷人乎?"不問馬。

（二）先叙後議。　叙以立案，議以發義。君子有曰，《左傳》繫事。

例 1　子貢欲去告朔之餼羊。子曰："賜也！爾愛其羊！我愛其禮。"

例 2　季文子三思而後行。子聞之曰："再，斯可矣!"

例 3　微子去子。箕子爲之奴。比干諫而死。孔子曰："殷有三仁焉!"

（三）先議後叙。　議以立斷，事曰佐證，言必有據，否則巧佞！

例 1　子曰："孰謂微生高直？或乞醯焉。乞諸其鄰而予之!"

例 2　子曰："孟子反不伐！奔而殿。將入門，策其馬，曰：'非敢後也！馬不進也!'"

例 3　子曰："片言可以折獄者，其由也歟!"子路無宿諾。

（乙）發論。　發論之法有三：曰直抒己見，曰兩相比較，曰按而不斷。

（一）直抒己見。直道而行，不爲兩可。是非片言，斯之謂果。

例 1　子曰："《詩三百》，一言以蔽之，曰：'思無邪!'"

例 2　子曰："放於利而行，多怨!"

例 3　子曰："不患無位，患所以立！不患莫己知，求爲可知也!"

例 4　子曰："吾未見好德如好色者也!"

（二）兩相比較。　貌同心異，豈曰珠連！以彼形此，賢否較然。

例 1　子曰："道之以政，齊之以刑，民免而無恥！道之以德，齊之以禮，有恥且格!"

例 2　子曰："學而不思，則罔；思而不學，則殆!"

例 3　子曰："質勝文則野！文勝質則史！文質彬彬，然後君子。"

例 4　子曰："晉文公譎而不正。齊恒公正而不譎。"

（三）按而不斷。含毫邈然，可以意會。得意忘言，超之象外。

例 1　子曰："臧文仲居蔡，山節藻梲，何如其知也!"

例 2　子游爲武城宰。子曰："女得人焉爾乎?"曰："有澹臺滅明者，行不由徑，非公事，未嘗至於偃之室也!"

例 3　曾子曰："以能問於不能，以多問於寡，有若無，實若虛，犯而不校；昔者吾友嘗從事於斯矣!"

（丙）抒情。　抒情之方有四：曰喜，曰怒，曰憤，曰哀。

（一）喜。　盛德形容，不可思議。歡喜讚歎，言不盡意。

例 1　子曰："吾與回言終日，不違如愚。退而省其私，亦足以發。回也不愚！"

例 2　子曰："賢哉回也！一簞食，一瓢飲，在陋巷；人不堪其憂；回也不改其樂！賢哉回也！"

例 3　子在齊聞《韶》，三月不知肉味，曰："不圖爲樂之至於斯也！"

（二）怒。　怒發而罵，急不擇音！責善之過，亦見情深！

例 1　宰予晝寢。子曰："朽木，不可雕也！糞土之牆，不可圬也！於予與何誅！"子曰："始吾於人也①，聽其言而信其行。今吾於人也，聽其言而觀其行。於予與改是！"

例 2　季氏富於周公；而求也爲之聚斂而附益之。子曰："非吾徒也！小子鳴鼓而攻之，可也。"

例 3　子路使子羔爲費宰。子曰："賊夫人之子！"子路曰："有民人焉，有社稷焉，何必讀書，然後爲學！"子曰："是故惡夫佞者！"

（三）慨。憤時嫉俗，辭有餘慨。遺世不能，傷心無奈。

例 1　孔子謂："季氏，八佾舞於庭；是可忍也！孰不可忍也！"

例 2　子曰："事君盡禮，人以爲諂也！"

例 3　子曰："天生德於予，桓魋其如予何！"

（四）哀。哀極而傷，如聞嗚咽。至性所寄，此恨緜緜！

例 1　哀公問："弟子孰爲好學？"孔子對曰："有顔回者好學，不遷怒，不貳過；不幸短命死矣！今也則亡！未聞好學者也！"

例 2　伯牛有疾。子問之，自牖執其手；曰："亡之，命矣夫！斯人也，而有斯疾也！斯人也，而有斯疾也！"

例 3　顔淵死。子曰："噫！天喪予！天喪予！"

例 4　顔淵死。子哭之慟。從者曰："子慟矣！"曰："有慟乎？非夫人之慟而誰爲！"

要之叙事貴簡峭，議論貴明白，抒情貴真摯。而《論語》則叙述不爲煩

① 也，原作"人"，今據《論語》改。

冗，說理不爲鉤棘，抒情不爲夸飾。言盡意止，文章之能事畢矣！雖然，猶未足以盡《論語》之妙也！試進而論文章之美：

余讀湘鄉曾國藩《求闕齋日記》，謂文章之美，有陽剛，有陰柔。而陽剛之美，莫要於雄、直、怪、麗。陰柔之美，莫要於茹、遠、潔、適。條繫以贊，語妙天下矣！茲示例於《論語》，而分冠曾氏之贊以資衡論：

（甲）陽剛之美。

（一）雄。　劃然軒昂，盡棄故常。跌宕頓挫，捫之有芒！

例 1　子曰："巧言令色，鮮矣仁！"

例 2　或曰："雍也仁而不佞。"子曰："焉用佞！禦人以口給，屢憎於人。不知其仁，焉用佞！"

例 3　子曰："吾未見剛者！"或對曰："申棖。"子曰："棖也慾，焉得剛！"

例 4　季路問事鬼神。子曰："未能事人，焉能事鬼！""敢問死？"曰："未知生，焉知死！"

（二）直。　黄河千里，其體仍直。山勢如龍，轉換無迹。

例 1　子曰："好勇疾貧，亂也！頓挫。人而不仁，轉。疾之已甚；亂也！"

例 2　子曰："學如不及；頓挫。猶恐失之！"轉落。

例 3　孔子於鄉黨，恂恂如也，似不能言者！頓挫。其在宗廟朝廷，便便言，一轉。唯謹爾！"再轉。

三章之妙在直起直落；而潛氣内轉，泯然無迹。上元梅曾亮曰："文氣貴直，而其體貴屈。不直則無以達其機。不屈則無以達其情。"殆亦深悟此中消息而可與曾氏之言參證者也。然而知之者鮮矣！故特爲詳説之。

（三）怪。　奇趣横生，人駭鬼眩！易玄山經，張、韓互見。

例 1　子游問孝。子曰："今之孝者，是謂能養！至于犬馬，皆能有養！不敬，何以别乎？"

例 2　子謂仲弓曰："犁牛之子騂且角，雖欲勿用，山川其舍諸！"

例 3　子曰："觚不觚，觚哉！觚哉！"

（四）麗。　青春大澤，萬卉初葩。《詩》、《騷》之韻，班、揚之華。

例 1　子曰："鳳鳥不至，河不出圖，吾已矣夫！"

例 2　子曰：“歲寒，然後知松柏之後彫也！”

例 3　曾皙曰：“暮春者，春服既成；冠者五六人，童子六七人，浴乎沂，風乎舞雩，詠而歸。”

例 4　楚狂接輿歌而過孔子，曰：“鳳兮鳳兮，何德之衰！往者不可諫，來者猶可追。已而已而！今之從政者殆而！”孔子下，欲與之言；趨而辟之；不得與之言。

《論語》文以質直勝，不貴摛藻；然右舉四例，皆咏味不盡，饒有詩意。而“暮春者”一例，尤絶妙一幅晚春郊遊寫真也！然寥寥數筆，語無枝葉，如老梅著花，别有嫵媚。生平最喜誦之，以爲此境不易到也！

（乙）陰柔之美。

（一）茹。　衆義輻湊，吞多吐少。幽獨咀含，不求共曉。

例 1　子曰：“君子無所爭，必也射乎！揖讓而升，下而飲；其爭也君子！”

例 2　子在川上曰：“逝者如斯夫。不舍晝夜！”

例 3　色斯舉矣！翔而後集，曰：“山梁雌雉，時哉時哉！”子路共之。三嗅而作。

例 4　子曰：“禮云禮云，玉帛云乎哉！樂云樂云，鐘鼓云乎哉！”

（二）遠。　九天俯視，下界聚蚊！寤寐周、孔，落落寡群！

例 1　子曰：“攻乎異端，斯害也已！”

例 2　子欲居九夷，或曰：“陋，如之何？”子曰：“君子居之，何陋之有！”

例 3　“唐棣之華，偏其反而！豈不爾思，室是遠而！”子曰：“未之思也！夫何遠之有！”

（三）潔。　冗意陳言，類字盡芟。慎爾褒貶，神人所監。

例 1　子曰：“以約失之者鮮矣！”

例 2　子曰：“仁遠乎哉！我欲仁，斯仁至矣！”

潔者《論語》所擅。惟潔非難，潔而情韻不匱則難。兹特擇文字簡潔而情韻不匱者以當舉隅。吕本中引東坡曰：“意盡而言止者，天下之至言也。然言盡而意不止，尤爲極至。”姜夔説詩云：“句中無餘字，篇外無剩語，非善之善者也！句中有餘味，篇中有餘意，善之善者也。”嗚呼！此《論語》之文所以爲善之善而不可及也！

（四）適。　心境兩閒，無營無待！柳記歐跋，得大自在！

例1　子曰："飯疏食，飲水，曲肱而枕之，樂在其中矣！不義而富且貴，於我如浮雲！"

例2　子擊磬於衛。有荷蕢而過孔氏之門者；曰："有心哉！擊磬乎！"既而曰："鄙哉硜硜乎！莫己知也，斯己而已矣！深則厲，淺則揭！"子曰："果哉！未之難矣！"

例3　逸民伯夷、叔齊、虞仲、夷逸、朱張、柳下惠、少連。子曰："不降其志，不辱其身，伯夷、叔齊歟！"謂："柳下惠、少連降志辱身矣！言中倫，行中慮，其斯而已矣！"謂"虞仲、夷逸隱居放言，身中清，廢中權"，"我則異於是，無可無不可！"

昔賢治《論語》，鮮言文章者；蓋尊之爲經，而不敢屨以文章目之也。自余之少耽文章，遍誦六經子史百家之言，而以爲天下文章之美，無有過於《老子》、《論語》、《檀弓》三家者也。《老子》發道奥，《論語》通世故，《檀弓》明禮意，三家之所爲言不同。《老子》神逸而致遠，《論語》情深而文明，《檀弓》旨雋而辭峻，三家之所以言又不同。要其簡而能盡，則無不同！後世韓、柳、歐、蘇窮老盡氣，急言竭論所不能寫之狀，與不能達之情與意；而三家者行所無事，寥寥短章了之；信有如蘇明允所云"語約而意盡，不爲巉刻斬①絶之言，而其鋒不可犯"者；殆文章之聖，百家之冠乎！余授諸子《論語》，而述義猝未附寫官；有起而難《論語》之文章，疑若淡無味者；應機立教，拈此講題；退則省其説，亦足以發，爰整比而爲是篇。

（原刊於《清華週刊》十五周年紀念增刊，1926年）

---

① 斬，原作"所"，形近而誤，今據《嘉佑集》及首段引文改。

《文史通義》講授記

先生教授《文史通義》，輯有《〈文史通義〉解題及其讀法》一編，故凡《解題及其讀法》所有，本篇概不録入，以示範圍；再本篇雖名曰“講授記”，然筆記行文，鄙意所至，亦不嫌淺陋，一律附入，擴成是篇，但以付印倉猝，未經先生審定，疏忽之處，概由鄙人負責。

漢學之反響——浙東派史學之背景

孟子曰：“誦其詩，讀其書，不知其人可乎?”是則學者於未讀《文史通義》一書之前，固不得不考章學誠氏學之所由出矣。余觀章氏《文史通義》之學術，一言以蔽之曰：“乃戴東原東漢古文學之反響也。”何也？蓋有清學術之變遷，約可分爲四期：順治、康熙、雍正爲第一期；乾隆、嘉慶爲第二期；道光、咸豐爲第三期；光①緒至近代爲第四期。先是顧亭林衍程頤、朱熹之緒，而排擊王陽明、陸九淵，斥爲流於虛無，不足爲訓；然黄黎洲繼軌王、

① “光”字原脱，今補。

陸，力主尊德性之説，其勢復足以相抵抗，然終非顧敵也。其後戴氏東原，鑑宋學義理之空虚，而救以漢學，考證之學震於時矣！自是而後，人才輩出，姚鼐創桐城派，以研文學爲主；莊存輿、劉逢禄創常州派，以革戴氏漢學爲西漢經學爲宗；章學誠别樹浙東派，以“六經皆史”爲號召；此皆所謂盛極則反，戴氏漢學之反應也。

附録：

一、戴氏本意以訓詁通名物，以名物通古人大義，誠所謂有志問道，當先從事於字義制度名物，以通《六經》也；故其致力於名物訓詁者，所以爲塗徑耳；後人不審戴氏之意，而以名物訓詁爲止境，欲通古人大義之誼，遂告絶矣。

二、各學派之代表者

休寧派考證學之代表——戴震、江永、段玉裁、王念孫、孔廣森（注一）、周永年、郝懿行、俞樾、孫詒讓

桐城派文學之代表——姚鼐、方東樹

常州派經學之代表——莊存輿、劉逢禄、宋翔鳳、龔自珍、魏源、王闓運、廖平、康有爲、梁啓超

浙東派史學之代表——邵晉涵、章學誠、張爾田、孫德謙

注一：

孔廣森名雖列戴氏之門，然實致力《公羊春秋》，工駢儷之文，於常州學派爲近，而與戴氏之樸學，適得其反；故説者謂孔氏乃常州派經學之前導也。

朱子之學本出漢儒

朱子之學，本出漢儒；《答張敬夫》曰：“漢儒可謂善説經者，不過只説訓詁，使人以此訓詁，玩索經文，不相離異，只做一道看了，直是意味深長也。”《語類》曰：“某尋常解經，只要依訓詁説字。”（卷七十二）“漢初諸儒，專治訓詁，如教人亦只言某字訓某字，自尋義理而已。”（卷六十七）《語孟集

義序》曰："漢魏諸儒，正音讀，通訓詁，考制度，辨名物，其功博矣，學者不先涉其流，則亦何以用力於此。"則是朱子道問學功夫，全本漢儒也。

漢儒之學不薄程朱

讓清惠、戴諸儒，爲漢學大宗，惠周惕、子士奇、孫棟三世傳經，棟所造尤邃，著《周易述》、《古文尚書考》、《春秋補注》、《九經古義》等書，論者擬之漢儒，在何邵公休、服子慎虔之間；而惠氏紅豆山齋楹帖云："六經宗孔孟，百行法程朱。"是惠氏之學未嘗薄程朱也。戴震著[①]《毛鄭詩考正》、《考工記圖》、《孟子字義疏證》、《儀禮正誤》、《爾雅文字考》，兼通歷算聲韻，爲皖派開山；其學本出江永，永自漢經師康成，罕其儔[②]匹，永嘗注朱子《近思録》，所著《禮經綱目》，亦本朱子《儀禮經傳通解》。戴震作《原善》、《孟子字義疏證》，雖與朱子説經抵牾，亦只是力争辨一理字；《毛鄭詩考正》（即《毛詩補傳》）嘗采朱子説。段玉裁受學於震，議以震配享朱子祠，又跋朱子《小學》稱："或謂漢人言小學，謂六書非朱子所云，此言尤悖。夫言各有當，漢人之小學，一藝也；朱子之小學，蒙養之全功也。"段以精研《説文》之人，而不以漢人薄朱子小學，是江、戴、段之學，未嘗薄朱子也。惠、江、戴、段爲漢學幟志，皆不敢將程、朱抹殺。至江藩《國朝漢學師承記》，焦循貽書諍之，謂當改《國朝經學師承記》，立名較渾融，江藩不從，方東樹遂作《漢學商兑》以反攻漢學，是謂漢、宋之争所由始。

浙中之漢宋折衷派

清儒漢宋之學，至嘉、道而極，獨浙中承黄宗羲、萬斯大、斯同之緒，言禮多兼雜漢宋，嗣竟成爲一派。德清戴望，由治今文而出入宋五子，且表章顔習齋學説，早世不禄，聲施未宏，獨定海黄以周最善言禮，而爲學不拘漢宋，成《禮書通故》百卷，欲以禮學救漢宋之流弊，稱江東大師。於是番

① 著，原作"注"，今改正。
② 儔，原作"侍"，今改正。

禺陳澧、南海朱次琦輩，講學粤左，折衷漢學，若相桴應，終爲晚清學術之樞也。

俞樾《老子》釋“常”作“尚”辯正

清之爲休寧、高郵之學者，憑據佐驗得一孤證，即可間執承學之口，而不必問其全書宗旨之如何；不通，則引伸假借以説之；又不通，則錯簡衍文以遷就之；不信者，試一檢俞樾《諸子通義》《老子》釋“常”作“尚”一例，可以靡然返矣。

清俞樾釋《老子》“道可道，非常道；名可名，非常名”篇云：樾謹按“常”與“尚”古通，《史記·衛綰傳》“劍尚盛”，《漢書》“尚”作“常”；《漢書·賈誼傳》“尚憚以危爲安”，《賈子·宗首篇》“尚”作“常”，並其證也。尚者，上也；言道可道，不足爲上道，名可名，不足爲上名，即上德不德之旨也。河上公以上篇爲《道經》，下篇爲《德經》，《道經》首云“道可道，非尚道”，《德經》首云“上德不德”，其旨一也。

余按：常者，不變之謂也；亦即與天地同生，而不與天地同滅之謂也；且非《易》主變之謂也。《韓非·解老》詁釋甚明①。今若訓常作尚，則其意謂無名先於有名，而言可道之道，不是上道，可名之名，不是上名矣；須知《莊子·天下篇》言老子之道術曰：“建之以常無有”，是則常者，遮絶有無而爲言，非上義也。見《老子覈詁》。況老子全書“常”字之見者，數十；而俞氏《諸子平議》中之見者，惟六；且有未加注者二，是則其常作尚之勉强附會，不能貫穿全書也明矣。至於“《道經》首云‘道可道，非尚道’，《德經》首云‘上德不德’，其旨一也”之言，則亦不知老子者矣！蓋當老子之著書也，本强而行之，非出於本意之自然也（注一）；則其應口而出，不加思索者明，而奚暇治修辭對偶哉！況老子著書之時，老子猶不名經也。殆老子既歿，道門弟子尊之而奉以爲經也，是則《道經》、《德經》之判，本於後人，非老子之本意也！故“‘道可道，非尚道’，‘上德不德’，其旨一也”之言，皆後人之作爲耳！俞氏不察，而姑意擾亂本旨，則其亦不免休寧、高郵得孤證不審大

① 明，原作“名”，今改正。

義之譏矣！

注一：

《史記·老子列傳》云："……老子修道德，其學以自隱無名爲務。居周久之，見周之衰，乃遂去。至關，關令尹喜曰：'子將隱矣，强爲我著書。'於是老子乃著書上下篇，言道德之意五千餘言而去，莫知其所終。"

浙東學術之篇字句商兑

《文史通義·浙東學術篇》云："浙東貴專家，浙西尚博雅。"是言雖章氏具有宗旨所在，然質之兩派今日之遺書，則大謬不然。何也？試觀浙西嘉定學派，研史之必究於名物訓詁疏證，如錢大昕之《二十二史考異》可爲浙西史學代表。與浙東史派之研史必究於義例，如章學誠之《文史通義》可爲浙東史學代表。可以知之矣。故曰"浙西貴疏證，浙東尚博通"之句，似改之較原書爲妥云。

章學誠之斥汪中《述學》是否得當

章學誠斥汪中《述學》分内外篇爲妄之文曰："今觀汪氏《述學》所謂内篇，大約雜舉經傳小學，辨别名詁義訓，初無類例，亦無次序，苟使全書果有立言之宗，恐其孤立而鮮助也；雜引經傳以證其義，博采旁搜以暢其旨，則此紛然叢出者，亦當列於雜篇，不但不可爲内，亦并不可謂之外也。古人著書内外分篇，蓋有經緯，内篇必立所言之宗，而外雜諸取與内篇之旨，相爲經緯，一書只如一篇，無泛分内外之例。汪氏之書，不過説部雜考之流耳，何以爲内篇哉！觀其外篇，則序記雜文泛應辭章，斯乃與述學標題，如風馬牛，列爲外篇，以擬諸子，可爲貌同而心異矣。"見《章氏遺書》卷一《文史通義》外篇一《立言有本》。觀乎此，似覺章氏之言，皆持之有故，言之成理者，然實章氏批評自批評，不足爲汪氏病也！何也？蓋汪氏今傳之《述學》，本非汪氏之本意也；質之包世臣氏之原序，可以靡然返矣。序曰："《述學》者，容甫弱冠後，節録以備遺忘之類書，於册首題曰《述學》一百卷，已成者才數卷。

至乾隆五十五年，容甫自檢說經辨妄之文，并雜著傳記若干篇，以世人皆聞《述學》，冒其名而刊於世，見《安吴四種》。即今所傳謂之《述學》者也。”

儒家、儒生之别

司馬遷《史記》列傳《儒林傳》，而仲尼弟子七十七人不與者，以其身通六藝而不專治一經也。《漢書・藝文志・六藝略》曰：“古之學者耕且養，三年而通一藝，存其大體，玩經文而已，是故用日少而畜德多，三十而五經立也。”《諸子略》曰：“儒家者流，……。游文於六經之中。”則是儒之名家者在能游文六經，而不專一經也。《論衡・超奇篇》曰：“能治一經者爲儒生。”今按《儒林列傳》者，能治一經者爲儒生也，儒之不名家者也。班固作《漢書》，亦重儒家，輕儒生。所謂儒生者，專治一經爲章句訓詁，如《易》之有施、孟、梁丘，《書》之有歐陽、大小夏侯，《詩》之有齊、魯、韓、毛，《禮》之有大小戴、慶氏，《春秋公羊》之有嚴、顔，列入《儒林傳》者皆是，亦謂辟儒。《藝文志・諸子略》稱：“然惑者既失精微，而辟者又隨時抑揚，違離道本，苟以嘩眾取寵，後進循之，是以五經乖析，儒學寖衰，此辟儒之患。”辟之爲言偏也，謂其偏治一經，而不游文六經，是以“五經乖析，儒學寖衰”也。又《六藝略》稱：“後世經傳既已乖離，博學者又不思多聞闕疑之義，而務碎義逃難，便辭巧説，破壞形體，説五字之文至於二三萬言。後進彌以馳逐，故幼童而守一藝，白首而後能言，安其所習，毁所不見，終以自蔽，此學者之大患也。”亦指儒生而言。若儒家者流，則不專一經，不爲章句，《漢書・藝文志》所稱“存其大體，玩經文而已”。游文六經，留意仁義，務於通經致用，其著書則録入諸子，不專經而名家，其人則助人君，順陰陽，明教化，而特顯專傳，若賈誼、董仲舒、劉向、楊雄者也。

一九二八年九月至一九二九年一月

（原刊於《中國學術研究季刊》第1期，原標題爲“錢子泉先生《文史通義》講授記”，後署“陳松茂記録”，1929年）

駢文漫話

漫話者，無當弘旨；尋章摘句，亦足以發，其出前人，或識別，或亦不復；零珠碎璣，聊資談雋而已！

昌黎云："惟古於詞必己出。"譚何容易！曹植《洛神賦》，詞意多襲宋玉《高唐》、《神女》兩賦，人之所知；而其格調，則有摹蔡邕以出變化者。蔡邕《篆勢》曰："頹若黍稷之垂穎。蘊若蟲蛇之棼縕。"又曰："遠而望之，象鴻鵠群遊，絡繹遷延。迫而視之，端際不可得見，指撝不可勝原。"而《洛神賦》："髣髴兮若輕雲之蔽月，飄飄兮若流風之迴雪。遠而望之，皎若太陽升朝霞；迫而察之，灼若芙蕖出緑波。"其格調即摹蔡也。惟蔡出之以質重；而曹抒之以輕麗；即此可悟文章鑪錘在我，自出變化之法。

孔稚珪《北山移文》曰："高霞孤映，明月獨舉。"王僧達《祭顏光禄文》曰："逸翮獨翔，孤風絶侶。"造詞雖同，用意不一。孔以喻空山之寂寥，王以況才士之不群。託興不同，而磊落英多則一！

駢文以妃黄儷白爲工麗，亦有以粗枝大葉臻古逸者。如北魏孝文帝《與太子論彭城王詔》曰："清規懋賞，與白雲俱潔。厭榮舍紱，以松竹爲心。"吴均《與朱元思書》曰："風煙俱淨，天山共色。從流飄蕩，任意東西。"沈炯《經通天臺奏漢武帝表》曰：“甲帳珠簾，一朝零落。茂陵玉盌，遂出人間。”麗語能樸，綺語能疏，是也。駢文以驚紅駭緑爲華采；亦有以淡裝素抹見雅練者。如謝莊《月賦》曰：“白露傻空，素月流天。”又曰：“氣霽地表。雲斂天末。洞庭始波，木葉微脱。”江淹《别賦》曰：“春草碧色，春水緑波。送君南浦，傷如之何！”梁元帝《采蓮賦》曰：“夏始春餘，葉嫩花初。”庾信《小園賦》曰：“一寸二寸之魚，三竿兩竿之竹。”又曰：“落葉半床，狂花滿屋。”又曰：“燋麥兩甕，寒菜一畦。”樸語能麗，質語能雋，是也。姿采幽茂，古力蟠注，是六朝人真實本領。

駢文之奇語生撰者，未能葩采迅發；而葩采迅發者，又非奇語生撰。鮑照《登大雷岸與妹書》曰：“陵跨長隴，前後相屬。帶天有匝，横地無窮。”又《石帆銘》曰：“崩濤山墜，鬱浪雷沈。”又《飛白書勢銘》曰：“絶鋒劍摧，驚勢箭飛。”江淹《建平王聘隱逸教》曰：“迹絶雲氣，意負青天。”突兀嶔嵚，操調險急，此之謂“奇語生撰”。謝朓《辭隋王子隆牋》曰：“白雲在天，龍門不見。去德滋永，思德滋深。唯待青江可望，俟歸艎於春渚；朱邸方開，效蓬心於秋實。”梁元帝《蕩婦秋思賦》曰：“愁縈翠眉斂，啼多紅粉漫。”徐陵《玉臺新咏序》曰：“玉樹以珊瑚作枝。珠簾以玳瑁爲柙。”又曰：“琉璃硯匣，終日隨身。翡翠筆牀，無時離手。”庾信《謝趙王賚白羅袍袴啓》曰：“程據上表，空論雉頭。王恭入雪，虚稱鶴氅。未有懸機巧緤，變縟奇文。鳳不去而恒飛，花雖寒而不落！”又《梁東宫行雨山銘》曰：“樹入床頭，花來鏡裏。草緑衫同，花紅面似。”綺藻宣茂，舉體華贍，此之謂“葩采迅發”。顧未有葩采既能迅發，而句法又極生刻者。惟吴均《與顧章書》曰：“森壁争霞，孤峰限日。幽岫含雲，深谿蓄翠。”劉令嫻《祭夫徐悱文》曰：“雹碎春紅，霜雕夏緑。”造語既極生刻，葩采亦復迅發，二難之并，得未曾有！

庾信“草緑衫同，花紅面似”之句，與劉令嫻“雹碎春紅，霜雕夏緑”，同一紛紅駭緑。然庾猶見景生情，文人慣技。劉則翻空出奇，詞筆非常。梁書《劉孝綽傳》：“悱妻文尤清拔。悱，僕射徐勉子。爲晉安郡，卒，喪還京師，妻爲祭文，辭甚悽愴。勉本欲爲哀文，既睹此文，於是閣筆。”可謂奇才！

邱遲詩，鍾嶸《詩品》，謂其“點綴映媚，似落花依草”。今讀邱遲《與陳伯之書》，通篇情文並茂，中曰："暮春三月，江南草長，雜花生樹，群鶯亂飛。見故國之旗鼓，感平生於疇日，撫弦登陴，豈不愴悢！"借景生情，真有"點綴映媚，落花依草"之致。

自古名篇，不嫌依放。江淹《詣建平王上書》，依放鄒陽《獄中上書自明》。梁簡文帝《與劉孝儀令》，陳後主《與江總書》，依放魏文帝《與朝歌令吴質書》。不止司馬相如《子虛》、《上林賦》爲揚雄《羽獵》、《長楊》兩賦之藍本也。徐陵《上梁元帝表》，有曰："青羌赤狄，同畀豺狼；胡服夷言，咸爲京觀。"而《與王僧辯書》，亦用此一聯。駢文之作，造語爲難；雖一人爲之，不免録舊。不止庾信《三月三日華林園馬射賦》"落花與芝蓋齊飛，楊柳共春旗一色"句，爲王勃《滕王閣序》"落霞與孤鶩齊飛，秋水共長天一色"兩句之套調也。

孫德謙《六朝麗指》曰："駱賓王《代徐敬業傳檄天下》，文爲當時傳誦。後世亦多稱之。其中用'良有以也'、'豈徒然哉'"，以數虛字作對。六朝文則無是也。梁簡文帝《與劉孝儀令》："惟與善人，此爲虛説。天之報施，豈若是乎？"蕭子良《與荊州隱士劉虬書》："有是因也，何其暢歟！"又梁元帝《與武陵王書》："儻遣乎使，良所遲也。"凡若此類，不過以跌宕出之；未有行之屬對中者。嘗觀《李義山文集》，亦時有賓王句調。然後知唐代駢體，易失寬博，不及六朝之散逸矣！

李白、杜甫以蓋代詩名，鼓吹盛唐；其文遠不逮其詩。然當四傑之後，而不規規於四傑之窠臼，則李杜之駢文，亦足以自樹一幟矣！李白集中，《送蔡十序》，有"朗笑明月，時眠落花"一聯。《送張祖監丞序》，有"紫禁九重，碧山萬里"一聯。大抵涉筆成趣，不待規削而自圓。唐之駢文，間以散文；猶漢之散文，間以駢文耳！杜甫之文，如《畫馬讚》之類，四言雅鍊，雖不足以比兩京，視六朝則有過之矣！

元稹、白居易皆能古文。元稹滔滔清絶，白居易灑灑敷詞，皆可傳誦。其駢體亦擅場。而文詞每多浮麗，求其典重者，如元稹《追封宋若華河南郡君制》曰："司徒之妻有禮，齊加石窕；廷卿之母有德，漢置封邱。"《授牛元深冀等州節度制》曰："鷹隼擊則妖鳥除，弧弓陳而天狼滅。"皆字字矜鍊矣！白居易《太湖石記》曰："有盤物秀出如靈邱鮮雲者，有端嚴挺立如尊官神人者，有縝潤削成如珪瓚者，有廉稜鋭劌如劍戟者。"奇峭幽挈，句句錘鍊，尤爲古調獨彈者也！

明瀟湘張燧和仲《千百年眼》曰："杜牧之《阿房宫賦》云：'六王畢，四海一。蜀山兀，阿房出。'陸傪作《長城賦》云：'千城絶，長城列。秦民竭，秦君滅。'傪輩行在牧之前，則《阿房宫賦》又祖《長城》句法矣！牧之云：'明星熒熒，開妝鏡也。緑雲擾擾，梳曉鬟也。渭流漲膩，棄脂水也。煙斜霧横，焚椒蘭也。雷霆乍驚，宫車過也。轆轆遠聽，杳不知其所之也！'盛言秦之奢侈。楊敬之作《華山賦》，有云：'見若咫尺，田千畝矣！見若環堵，城千雉矣！見若杯水，池百里矣！見若蟻垤，臺九層矣！蜂窠聯聯，起阿房矣！小星熒熒，焚咸陽矣！'《華山賦》，杜司徒佑已常稱之。牧之，乃佑孫也，當是傚敬之所作，信矣！文章以不蹈襲爲難也！"

宋錢唐釋文瑩道温撰《玉壺清話》載："杜審琦，昭憲皇太后之兄也，建寧州節；一旦請覲。審琦視太祖太宗，皆甥也。一日，陳内宴於福寧宫。昭憲后臨之。祖、宗以渭陽之重，終宴侍焉。及爲壽之際，二帝皆奉觴列拜。樂人史金著者，麤能屬文，致詞於簾陛之外；其略曰：'前殿展君臣之禮，虎節朝天。後宫伸骨肉之情，龍衣拂地。'"眼前指點，亦自得體。又載："錢熙，泉南才雅之士，進《四夷來王賦》萬餘言。太宗愛其才，擢官職。有司請試。上笑曰：'試官前進士趙某親自選中。'嘗撰《三釣酸文》，舉世稱精絶。略曰：'渭川凝碧，早抛釣月之流；商嶺排青，不逐眠雲之侣。'又曰：'年年落第，春風徒泣於遷鶯。處處羈遊，夜雨空傷於斷雁。'其千言，率類於此。卒，鄉人李慶孫爲詩哭之曰：'四夷妙賦無人誦，《三釣酸文》舉世傳。'"全文不見。就其斷句，調采葱青，亦可玩誦。又曰："曾魯公垂八十，筆力尚完；時曾子宣内翰守鄱陽；手寫一柬慰之，略云：'扶摇方遠，六月去而不息；消長以道，七日自當來復。'吾友中秘書楊經臣博贍才雅，嘗誦之經日，謂余曰：'此非知其然，而爲神驅氣使之爲爾！'"

曾慥撰《高齋漫録》載："董禹川濬長於四六。嘗有云：'八十日歸去來兮，九萬里轉扶摇者。'又云：'聲聞於天，方類在陰之鶴；時控於地，有同決起之鳩。'又云：'考父再命而僂，靡獲循墻。孟軻千里而來，敢云利國。'"語亦渾脱。

金華吕祖謙伯恭撰《宋文鑑》，而楊億表啓，亦見采録。億爲文春容大雅，無唐末五代衰颯之氣，其《駕幸河北起居表》曰："毳幕稽誅，鑾輿順動。羽衛方離於象魏，天威已震於龍荒。慰邊氓徯后之心，增壯士平戎之氣。臣聞涿鹿之野，軒皇所以親征。單于之臺，漢帝因而耀武”云云。鏗鏘鼓舞，可謂有典有則矣！《賀刁秘閣啓》曰：“群玉之府，圖籍攸歸。承明之廬，俊賢所聚。自非兼該文史，洞達天人，擅博物之稱，負多聞之益，則何以掌蘭臺之秘記，辯魯壁之古文。克分亥豕之非，榮對鬼神之問，允資鴻博，式副選掄”云云。詞筆爽潔，頗有逸氣。厥後歐蘇四六皆以氣行，晁無咎又以情勝，各自名家。

南宋駢文，德興汪藻彦章《浮谿[1]集》爲最著。藻學問博贍，爲南渡後詞臣冠冕。統觀所作，大抵以儷語爲最工。其代言之文，如《隆祐太后手書》、《建炎德音》諸篇，皆明白洞達，曲當情事。詔令所被，無不悽憤激發，天下傳誦以比陸贄，説者謂其措辭得體，足以感動人心。如所稱《隆祐太后手書》，告天下以立康王之故，其警句曰：“漢家之厄十世，宜光武之中興；獻公之子九人，惟重耳之尚在。”一時推爲雅切，又《宋齊愈責詞》曰：“義重於生，雖匹夫不可奪志；士失其守，或一言幾於喪邦。”又《張邦昌責詞》曰：“雖天奪其衷，坐愚至此；然君異於器，伐匱可乎?”跌宕昭彰，皆當時所謂四六名篇，膾炙人口者。其次當推鄱陽洪适景伯《盤洲集》。适以詞科起家，工於儷偶。其弟邁嘗舉所草《張浚免相制》、《王大寶致仕制》、《浙東謝表》、《生日詩詞謝啓》諸聯，載於《容齋三筆》。然考适自撰小傳，自其少時擬《復得河南賀表》，即有“齊人歸鄆讙之田，宣王復文武之境”句，爲作者所稱。其内外諸制，亦皆長於潤色，如紹興間知制誥，草《親征》詔有曰：“歲星臨於吴分，冀成淝水之功；鬥士倍於晉師，當決韓原之勝。”隸事穩稱，辭亦遒健。陸游以詩名，而文不甚著。然觀其《賀禮部鄭侍郎啓》，有曰：“文關國之盛衰，官以人而輕重。籲俊尊上帝，豈止在上玉鐘鼓之間；斂福錫庶民，其必有典謨訓誥之盛。”抑揚爽朗，可謂工雅得體者矣！文人之筆，不足爲依據，以其言不由衷也。如汪藻《賀李綱右丞啓》云：“精忠貫日，正二儀傾側之中；凜氣横秋，揮萬[2]騎笑談之頃。……既名高而衆媢，乃讒就而身危。士訟公冤，亟舉幡而集闕下；帝從民望，令免胄以見國人。”其推崇可

① “谿”字原脱，今補。

② “萬”字原脱，今據汪藻《浮溪集》補。

謂至矣！及綱爲張浚所誣落職，藻草制云："朋姦罔上，有虞必去於驩兜；欺世盜名，孔子先誅夫正卯。專殺尚威，傷列聖好生之德；信讒喜佞，爲一時群小之宗。"同一人也，前則是美諛之如彼，後則醜詆之如此。而皆持之有故，言之成理，尚論者何所適從乎？又秦檜在相位，建一德格天閣，有朝士賀以啓云："我聞在昔，惟伊尹格於皇天；民到於今，微管仲吾其左衽。"詞極渾雄。然試問秦檜足以當之乎？

秦檜子熺狀元及第，李劉賀以啓曰："一經教子，素欽丞相之賢；累月笞兒，敢起鄰翁之羨。"檜大喜。而汪藻賀啓則曰："三年而奉詔策，固南宫進士之所同；一舉而首儒科，蓋東閣郎君之未有。"檜[1]父子大怒，遂以得罪，編管湖湘。同一頌諛，而論筆仗，則汪尤健於李也。

自六代以來，箋啓即多駢偶，然其時文體皆然，非以是别爲一格也。至宋而歲時通候，仕宦遷除，吉凶慶弔，無一事不用啓，無一人不用啓。其啓必以四六，遂於四六之内，别有專門。南渡之始，吾郡孫覿仲益《内簡尺牘》，一時稱勝，猶存古意。迨崇仁李劉公甫《四六標準》出，惟以流麗穩貼爲宗，無復前人之典重，沿波不返，遂變爲類書之外編，公牘之副本，而冗濫極矣！然劉之所作，頗爲隸事親切，措辭明暢，在此體中，可謂名家。

汝陰王銍性之撰《四六話》二卷，其書皆評論宋人表啓之文。六代及唐，詞雖駢偶而格取渾成。唐末五代，漸趨工巧，如羅隱代吾祖吴越武肅王《賀唐昭宗更名曄表》，所謂"右則虞舜之全文，左則姬昌之半字"，當時以爲警策，是也。宋代沿流，彌競精切，故銍之所論，亦但較勝負於一聯一字之間。至周必大等承其餘波，轉加細銍。終宋之世，惟以隸事切合爲工，組織繁碎，而文格日卑，皆銍之論導之也。稍後上蔡謝伋景師撰《四六談麈》一卷，其論四六，則以命意遣詞分工拙。以視銍之尋章摘句者，所見爲遠勝之。至謂："四六施於制誥表奏文檄，本以便宣讀，多以四字六字爲句。宣和間多用全文長句爲對，習尚之久，至今未能全變。前輩無此格。"又謂："四六之工，在於翦裁，若全句對全句，何以見工？"尤切中南宋之弊。

遜清駢文，名家者甚多，然亦時有利鈍。福州梁章鉅茝林《退庵隨筆》曰："四六文純用六朝體格亦恐非宜，惟有分唐四六、宋四六兩派，各就性之

① 檜，原作"櫓"，今改正。

所近而學之。唐四六又當分爲兩層：有初唐之四六，王子安勃爲之首，以雄博爲宗，本朝之陳維崧似之；有中唐以後之四六，李義山商隱爲之首，以流麗爲勝，本朝之吴綺似之。宋四六無專家，各以新巧爲工，近南昌彭文勤公所輯《宋四六選》已具崖略。本朝之章藻功似之。今欲爲四六專家，則當先讀《蕭選》及徐、庾二集，而参以初唐《四傑集》，李義山《樊南甲乙集》，彭文勤公《宋四六選》，以及《陳檢討四六》，《林蕙堂集》吴綺著、《思綺堂集》章藻功著，則源流正變自可了然於胸。”又曰：“近人四六體格，以孔㢲軒檢討廣森爲最正。檢討嘗言：‘駢體文以達意明事爲主。不爾，則用之婚啓，不可用之書札；用之銘誄①，不可用之論辨。真爲無用之物！六朝文無非駢體，但縱横開闔，與散體文同也。’”又曰：“徐、庾集必須熟讀，此外四傑即當擇取，須避其平實之弊。第一音節近古，庾文‘落花與芝蓋齊飛，楊柳共春旗一色’，爲王子安所襲用，若删却‘與’、‘共’二字，便成俗響。陳其年維崧‘四衛皆王母靈禽，一片悉嫦娥寶樹’，此調殊惡，在古人寧以兩‘之’字易‘靈’、‘寶’二字也。又舉楊炯《少夷廟碑》云：“蔣侯三妹，青溪之軌迹可尋；虞帝二妃，湘水之波瀾未歇。”以爲：“未歇”二字耐人玩讀，今人必不能到。”至云“不可用經典奥衍之字②及制舉文柔滑之句”，則不足於宋四六一派矣！包書臣③《答董晉卿書》曰：“僕家無藏書，少不涉事，獨好《文選》，輒效爲之。以古爲師，以心爲範，後乃得唐以④來賦千餘首，檢其長篇鉅製，殊無可觀，惟韓退之《感二鳥》、張文潛《酷暑》，差當意耳！成童事斯，越三四年，内省外方，邈爾無偶。暨出遊江淮間，乃見近人竇東皋侍郎光鼐作，駸駸有慕古之意，伐材近而隸事雜，氣象窘迫。大興朱相國珪有《進御文》五十餘首，華贍勝竇氏，意卑不能尊其體。張孟遲進士騰蛟步趨朱氏而加修飭，然貪多之弊更甚，尊舅氏張皋文編修惠言研字諧韻，而外腴内竭。金朗甫庶常式玉承編修之指授，用意秀宕，而怯薄無以自立。斯數君者，固已魁然迥出，卓立頹流，質諸古人柔厚之旨，未窺一間。僕以奔走風塵，

①　誄，原作“誅”，今改正。

②　字，原作“嗣”，今據錢基博《駢文通義》改。

③　包書臣，當爲“包世臣”。

④　自“林《退庵随筆》”至“後乃得唐以”一段文字，原脱。今據《駢文通義》補。

弱冠廢學，常嘆生秉殊分，使不迫於飢寒，以三年餘暇沉浸遺編：源於風騷以端其旨，以息其氣；播於子史以廣其趣，以飭其勢；通於小學以狀其情，以壯其澤；匯於古集以練其神，以達其變。則雖不能追蹤漢魏，力崇淳質，悱惻雅密，接武鮑庾，其庶幾矣!”此其言雖爲論賦而發，然賦者，鋪采摛文，駢文之大宗。朱一新《無邪①堂答問》曰：“文章未論工拙，先論雅俗，如蓮裳樂鈞《答王痴山書》，有云：‘眼與碧疏，意將紅斷。’欲學齊梁，乃落俗調。凡此皆可類推。”細籀三君之論，則於駢文之取逕及雅俗，可以得其指要，舉一反三，所貴好學深思，心知其意耳。

自來爲駢文者，非博之難，而雄爲難。然不雄而博，喜用古事，彌見拘束。鍾嶸《詩品》曰：“大明、泰始中，文章殆同書抄，近任昉、王元長融等詞不貴奇，競須新事。爾來作者，寖以成俗，遂乃句無虚語，語無虚字，拘攣補衲，蠹文已甚。”此則博而不雄之弊也。然則如何而能爲雄也？毛先舒爲《湖海樓儷體文序》曰：“能於屬詞隸事之中，極其開闔，不外紬青媲白之法，自行跌宕，政如山陰楷書而具龍跳虎卧之奇。杜陵排律，乃得歌行頓挫之致。”陳維崧之文，未能臻此，然真狀寫得“雄博”二字出。

康熙中，安南國進貢，其表文云：“外國之丸泥尺土，不過中國飛埃；異域之勺水蹄涔，原屬天家雨露。”嫣潤有致。乾隆中，有某鎮李總岳，詔賜以御製詩全部，謝表有云：“乍聆天語，真目所未睹之奇；欲贊微詞，凜口不能言之懼。”渾脱瀏亮，妙在適如其分。

高映川丈汝琳爲余言：咸同間，吾邑有鄒鉞者，字少儀，工筆札，爲人作乞貸書，有曰：“燃眉之急，無過於目前；援手之恩，有待於足下。”開闔動宕，真有彈丸脱手之妙，不廑隸事穩稱已也。

晚清駢文，以南皮張之洞孝達爲大家，刊有《廣雅堂駢文》。其撰《書目答問》，江陰繆荃孫筱珊捉刀。入後《姓名略》，於駢體文家注曰：“國朝彭元瑞《恩餘堂經進稿》，用宋法；今人《示樸齋駢文》，則用唐法。”按《示樸齋駢文》，歸安錢振倫楞仙作也，坊間有刻本。

侯官陳衍石遺爲《廣雅堂駢文注叙》曰：“凡人讀書，各有其專之處，不

① 邪，原作“雅”，今改正。

審其所專注，有引用並非僻書而瞠目莫曉者。乾嘉間①，孔㢲軒治《大戴》，則專用《大戴》中語。孫淵如星衍治《墨子》，則輒用《墨子》中語。㢲軒又喜用《新序》、《説苑》中語，初非僻書也。余友許豫生□□注吴山尊鼒所選《八家四六文》，若問字堂《孫星衍集》之‘呼嘯若瑾’，儀鄭堂之‘不兵霍虎’、‘設妃若廟’，皆闕如，不知其爲作者所常用之書耳！張廣雅相國在近代達官中，最稱博洽，四部罔不探，而尤熟《資治通鑑》，詩文駢散罔不作。余常以爲奏議第一，詩次之，駢體文次之。生平文字預博大昌明，不爲奥衍僻澀以號稱高古，而用事尤見雅切。故往者爲駢文壽李少荃相國，先使屠敬山大令寄屬稿，篇二千言，廣雅易其八九。敬山駢文在近賢中不作第二人想，此篇刻在《結一宧集》中，風格視廣雅爲高。然廣雅作光明俊偉，切當自己身分，非屠作所及。兩文並存，可以方鄭亞之改李義山，昌黎之改盧玉川矣。”論讀書各有專注，可爲駢文家作注者法。

談駢文者莫備於烏程孫梅松友《四六叢話》，而惜其辭涉曼衍，又限於四六一體。僕兹所陳，遜其繁富，而亦無其支曼，蘄於啓示塗徑，津逮來學。詞出談屑，指歸挈要，而鎔裁自我，語無相襲。雖非鉅軼，要爲别裁。

（原刊於《光華大學半月刊》第2卷第5期、第6期，1933年12月10日、1934年3月15日）

① 間，原作“閲”，今改正。

《離騷》講話

近爲諸生説《離騷》，我行我法，不爲選學之瑣碎，不涉文人之弔詭。而就《騷》言《騷》，觀其會通，述《〈離騷〉講話》。

《史記·屈原[1]賈生列傳》曰："屈平憂愁幽思而作《離騷》。離騷者，猶離憂也。信而見疑，忠而被謗。屈平之作《離騷》，蓋自怨生也。"怨生爲《離騷》一篇主旨。而語其何以怨生，則亂之所謂"國無人莫我知兮，又何懷乎故都？既莫足與爲美政兮，吾將從彭咸之所居"，醒出怨生之意，爲一篇結穴。曰"莫我知"，爲一己言之也；"莫足與爲美政"，爲天下國家言之也。"莫我知"不過一己之放廢，"莫足與爲美政"，則死喪無日，大亂隨之矣！望絶心死，而號曰："已矣哉！"曰："吾將從彭咸之所居。"斯其怨生也，非爲一己也，爲天下國家也，與後世之歎士不遇者異趣矣！

屈平自占身分，分三層意思，曰"重之以修能"，曰"年歲不吾與"，曰"不改乎此度"，而皆於首段一氣趕出。下文曰："昔三后之純粹兮，固衆芳之所在。雜申椒與菌桂兮，豈惟紉夫蕙茝。"此言古人修能之重。曰："余既滋

① 此處原有衍文"原"，今删。

蘭之九畹兮，又樹蕙之百畮。畦留夷與揭車兮，雜杜衡與芳芷。”此言一己修能之重而已。“重之以修能”，由於效法古人，故曰：“謇吾法夫前修。”曰：“民生各有所樂兮，余獨好修以爲常。”曰：“余雖修姱以鞿羈兮，謇朝誶而夕替。”曰：“汝何博謇而好修兮，紛獨有此姱節。”曰：“兩美其必合兮，孰信修而慕之。”曰：“苟中情其好修兮，何必用夫行媒。”曰：“豈其有他故兮，莫好修之害也。”“修”字處處明點，此“重之以修能”也。曰：“冀枝葉之峻茂兮，願竢時乎吾將刈。”曰：“老冉冉其將至兮，恐修名之不立。”曰：“及余飾之方壯兮，周流觀乎上下。”曰：“苟歲不吾與”也。曰：“余固知謇謇之爲患兮，忍而不能舍也。”此“年余情其信姱以練要兮，長顑頷亦何傷。”曰：“亦余心之所善兮，雖九死其猶未悔。”曰：“寧溘死以流亡兮，余不忍爲此態也。”曰：“雖體解吾猶未變兮，豈余心之可懲。”曰：“阽余身而危死兮，覽余初其猶未悔。”曰：“惟茲佩之可貴兮，委厥美而歷茲。”曰：“芳菲菲而難虧兮，芬至今猶未沬。”此“不改乎此度”也。

至於感慨身世，分兩層意思：曰“知謇謇之爲患”，曰“哀衆芳之蕪穢。”“知謇謇之爲患”一層意思淺；“哀衆芳之蕪穢”一層意思深。而一層又分兩層：曰：“民好惡其不同兮，惟此黨人其獨異；户服艾以盈要兮，謂幽蘭其不可佩；覽察草木其猶未得兮，豈珵美之能當；蘇糞壤以充幃兮，謂申椒其不芳。”猶是“世溷濁而嫉賢”之常，乃至“蘭芷變而不芳兮，荃蕙化而爲茅。何昔日之芳草兮，今直爲此蕭艾也。豈其有他故兮，莫好修之害也。余以蘭爲可恃兮，羌無實而容長。委厥美以從俗兮，苟得列乎衆芳。椒專佞以慢慆兮，樧又欲充夫佩幃。既干進而務入兮，又何芳之能祗。固時俗之從流兮，又孰能無變化。覽椒蘭其若茲兮，又況揭車與江離。”則是小人道長，君子道消；君子化爲小人，衆芳胥變蕪穢。“惟茲佩之可貴兮，委厥美而歷茲。芳菲菲而難虧兮，芬至今猶未沬。”世人皆濁我獨清，衆人皆醉我獨醒，此“芳佩偃蹇”之卒爲衆薆然所蔽，而衆芳蕪穢之所以可哀也。然而世之衰也，讒邪高張，君子中庸。始也小人“背繩墨以追曲”。其既，君子“競周容以爲度”。委美從俗，無實容長者，比比而是。幾見“菲菲難虧”、“芬猶未沬”者乎？“哀衆芳之蕪穢”，感不絶於予心。王逸注以“椒蘭”爲司馬子蘭、大夫子椒；實指其人，轉落呆境。

“不撫壯而棄穢兮”句，“撫壯”承上“恐美人之遲暮”；“棄穢”照下

“哀衆芳之蕪穢”。

中篇“忽反顧以遊目兮，將往觀乎四荒”兩句，開出下半篇文章；言既不容於朝廷，將遊目以觀四荒，爲上下半篇一大關捩也。所謂“遊目往觀”，又分兩層寫。“跪敷衽以陳詞兮”至“爾何懷乎故宇”，寫觀乎國内也。“邅吾道夫崑崙兮”至“蜷局[1]顧而不行”一段，寫觀乎國外也。觀乎國内，則高丘既無女，下女不可貽，祇見時溷濁而嫉賢，好蔽美而稱惡，“國既無人莫吾知兮，何必懷乎故宇”。觀乎國外，“假日媮樂”，則“陟陞皇之赫戲兮，忽臨睨夫舊鄉。僕夫悲余馬懷兮，蜷局顧而不行”，終覺父母之國不可去也，與前半篇“忍而不能舍也”、“余既不難離别”，一氣混成。

去國之思，自開首第二段“余既不難離别”，已有決然舍去之意。“將往觀乎四荒”，自己主意打定。“爾何懷乎故宇”，又來靈氛勸駕。然而欲行不行，屢作臨去秋波。終乃不得不嚼齒誓行，曰“吾將遠逝以自疏”，吐出此語，節節頓挫，若履危石而下，落紙遲重絶倫，而卒乃“蜷局顧而不行”。“忍而不能舍”之意，直是徹前徹後，寫得十分酣足。

末段：“及余飾之方壯兮，周流觀乎上下。”而一則曰：“夕余至乎西極”；再則曰：“詔西皇使陟予”；三則曰：“指西海以爲期”。李光地曰：“是時山東諸國，政之昏亂，無異南荆。惟秦强於刑政，收納列國賢士。士之欲急功名，舍是莫適歸者；是以所過山川，悉表西路。然父母之邦可去，而仇讎之國不可依；況貴戚之卿，義與國共者哉！卒之死而靡他。淮南所謂‘日月争光’者，此也。”姚永樸曰：“李文貞以爲西指秦言，是也。當時六國之必并於秦，無智愚皆知之。《荀子·彊國篇》言之尤詳。”“國無人莫我知兮，又何懷乎故都”，戰國策士之所同也。若“陟陞皇之赫戲兮，忽臨睨夫舊鄉。僕夫悲余馬懷兮，蜷局顧而不行”，則屈子之所獨也。“既莫足與爲美政兮，惟有從彭咸之所居”耳！此屈子之所以沈湘而不悔也。若商鞅、范睢，則何有焉？

篇中“不量鑿而正枘兮，固前修以葅醢”兩句：“不量鑿而正枘”，照前“何方圜之能周”句來。“固前修以葅醢”，跟前“謇吾法夫前修”句來。屈平以芳馨自潔，而云“謇吾法夫前修”，又照定上“昔三后之純粹兮，固衆芳之所在。雜申椒與菌桂兮，豈惟紉夫蕙茝”四句。《離騷》驟看無頭緒，而實前

[1] 局，原作“曲”，今據後文及《楚辭補注》改；下同。

後相銜。外文綺交，内義脉注。亂以“吾將從彭咸之所居”句結。而中段“謇吾法夫前修兮，非時俗之所服。雖不周於今之人兮，願依彭咸之遺則。”“前修”句既照定上文“彭咸”句，又直注亂結。又如亂稱“又何懷乎故都”，遠照“余既不難離别兮”，“爾何懷乎故宇”諸句，一意相生；近承“陟陞皇之赫戲兮，忽臨睨夫舊鄉。僕夫悲余馬懷兮，蜷局顧而不行”四句，翻騰作勢。劉彦和所謂“啓行之辭，逆萌中篇之意；絶筆之言，追媵前句之旨”。映帶有情，足徵《離騷》之妙。

“高丘無女”，以喻高位之無賢；“下女可貽”，或幾在野之有人。乃覽觀於四極，聊浮遊而求女。宓妃既康娱以淫遊，有娀又不好而佻巧，滔滔者天下皆是。亂“既莫足與爲美政兮”一句，全篇結穴。“高丘無女”，則在位匪人；下女何貽，則在野無賢。黨人既不諒，群芳又從俗；上天下地，滿肚皮不合時宜。孰足與爲美政者乎？一口憤氣，惟有沈湘。説《離騷》至此，字字句句著落，真有如土委地之樂。講者色舞，聽者神會。

（原刊於《光華大學半月刊》第3卷第1期、第2期）

陶淵明集

甲、《陶淵明集》之本子

《淵明集》之本子，通常所見者有四種：(一)《四部叢刊》景印宋巾箱本李公焕箋注《陶淵明集》；(二）安化陶澍《靖節先生集》集注本；(三）丁福保《陶淵明詩》箋注本；(四）常熟毛扆摹刻蘇文忠公書《陶淵明文集》本；此外，嚴可均《全上古三代漢魏南北朝文》[①] 及丁福保《全漢魏南北朝詩》[②]，頗有淵明之殘篇斷句，爲集所無者。而《淵明集》四本之中，字句頗有異同。蓋陶安化集注本與李公焕箋注本同，蘇文公書本與丁福保箋注本同，而丁箋注本出宋紹熙壬子曾集所刊大字本，較其字句，實勝李箋注本也；而注則以陶安化本爲完備。

乙、昭明太子之選陶詩

昭明太子《文選》，雖録淵明詩，而未能賞會，以《文選》義歸翰藻，而淵明詩則薄詞藻而崇澹雅；《文選》所録，僅其整鍊渾厚者耳。

---

① 即《全上古三代秦漢三國六朝文》。

② 即《全漢三國晉南北朝詩》。

丙、鍾嶸《詩品》之評陶詩

鍾嶸《詩品》中批評淵明詩云："宋徵士陶潛，其源出於應璩，又協左思風力。"今誦淵明詩，不矜左思之風力，亦異應璩之諷諭；祇是自抒胸懷，樸實説理，以枯淡出腴潤，含悲涼於解脱；張華、陸機，視之爲靡；左思、劉琨①，又遜其和；平淡而不爲駑鈍，遒亮而出以渾雅：漢魏南北朝之間，可比淵明者，僅陳王曹子建耳！《詩品》稱："陳王骨氣奇高，詞采華茂。"而淵明則骨氣不矜奇高，而特爲超逸；詞采不喜華茂，而發之朗秀。子建華貴而發以沈鬱，淵明感慨而發以高渾。

丁、陶詩之作風

陶詩亦不一律，約而言之，可分兩種：

（一）蕭散沖淡。即所謂以枯淡出腴潤，含悲涼於解脱者，又别爲二：

1. 即景生情，如《歸園田居》、《移居》諸詩，從琢鍊見本色，所以耐咀味。

2. 觸機得悟，如《形影神》、《連雨獨飲》、《還舊居》、《飲酒》、《挽歌》詩，以曠邈爲感慨，斯能發深省。

如此之類，就淺景寫得入妙，就淺意寫得入奥，大約皆以儻來得趣，百鍊下筆，洗浄鉛華，自然發艷。

（二）慷慨激切。此則不啻長歌當哭者，如《擬古雜詩》，近人陳衍謂"淵明以仲宣之筆力，寫嗣宗之懷抱"者也，然嗣宗之懷幽鬱，而淵明之辭爽朗。

戊、陶淵明之文

淵明不僅以詩見長，而其文章亦甚佳，如《桃花源記》、《五柳先生傳》，隨筆抒寫，自然雅令，辭興婉愜，别自名家。近人章太炎評魏晉文學以"散朗"二字；其實，魏晉文章，足當散朗之稱者，惟淵明耳！而就魏晉文家全體論，則整鍊者多，而散朗者實不多見，故散朗僅可謂爲魏晉文學之一部，而非魏晉文學之全體。

（原刊於《光華大學半月刊》第 3 卷第 3 期，1934 年 11 月 10 日）

① 劉琨，原作"劉崑"，今改正。

《古詩十九首》講話

《昭明文選》録十九首，不題名氏。李善注："云'古詩'蓋不知作者，或云枚乘，疑不能明也。"詩云："驅車上東門。"又云："遊戲宛與洛。"此則辭兼東都，非盡是乘，明矣！然曰非盡是乘，則猶辭存然，疑其間必有出乘者。劉勰《文心雕龍·明詩篇》曰："古詩佳麗，或稱枚叔；其《孤竹》一篇，則傅毅之詞，比采而推，兩漢之作乎？徐陵《玉臺新咏》録枚乘詩九首，内有"西北有高樓"、"東城高且長"、"行行重行行"、"涉江采芙蓉"、"青青河畔草"、"庭前有奇樹"、"迢迢牽牛星"、"明月何皎皎"八首，俱在《十九首》中。而"青青陵上柏"、"驅車上東門"兩篇之辭兼東都者不與焉。按"上東門"見《文選》阮嗣宗《咏懷詩》"步行上東門"。李善注引《河南郡圖經》曰："東有三門，最北頭曰上東門。"而"青青陵上柏"一篇，言"遊戲宛與洛"，洛中冠帶、王侯、兩宫、雙闕之足以"極宴娱心意"，自是東都之作無疑。大抵《十九首》不出於一手，作於一時，劉彦和比采而推兩漢之作之説，最爲得之。而鍾嶸《詩品》謂："舊疑是建安中曹王所製。然詞氣温厚，非建安所及。"明胡應麟《詩藪》已明辨之矣！至其結體散文，鍾記室原其出於《國風》，而彦和則以爲直而不野，婉轉附物，怊悵切情。蓋比興意多，而出以柔厚，此風人以來嫡脈相傳之法。柔則意婉，而不爲蘇、黄之傾瀉；厚則味長，而不爲郊、島之寒瘦。不能不言，而又不欲竟言，託物寓意，於是乎有比興。王闓運《詩法一首示黄生》，以爲："詩者，持也。持其志，毋暴其氣；掩其情，毋露其辭。直書己意，始於唐人；宋賢繼之，遂成傾瀉。歌行猶可粗率；五言豈容屠沽？毋如往而復之情，豈動天地鬼神之聽？"旨哉言乎！顧以蘇、李爲宗，而蘇、李激楚殆甚，已開傾瀉之漸，則何如《十九首》之清音獨遠乎？

"東城高且長"一首，前後意若不屬。"何謂自結束"以上，秋士遲暮之感；"燕趙多佳人"以下，有女懷春之思，截然兩橛，不知何以併作一首？則十九首當作二十首。

二十首括以四事：一曰懷春：凡五首，如"燕趙多佳人"爲處女；"冉冉孤生竹"爲聘妻；"青青河畔草"爲蕩婦；"迢迢牽牛星"爲静女；"西北有高樓"爲寡婦；身分不同，而懷春同，寫來各見情致。二曰傷離：凡七首，如"行行重行行"爲初别；"庭中有奇樹"爲感春；"凜凜歲雲暮"爲入夢；"孟冬寒氣至"、"客從遠方來"爲得書；"明月何皎皎"爲促歸；"涉江采芙蓉"爲望鄉；同一别離，而居人之念，行子之悲，又各不同如此。三曰悲窮：得兩首，"明月皎夜光"憤世情之炎涼，"今日良宴會"恨年紀之摧頽，辭獨激楚。四曰哀逝：凡六首，如"青青陵上柏"、"東城高且長"言行樂之及時；"生年不滿百"、"驅車上東門"明長生之無術；"去者日以疏"并墳墓而不能保；"迴車駕言邁"疾没世而名不稱，意極沈痛。今以《春秋》屬辭比事之法，紬詩教温柔敦厚之篇，一意相生，味之無窮。

（原刊於《光華大學半月刊》第3卷第4期，1934年11月25日）

《史記》之分析與綜合

今日所講之題——《史記》之分析與綜合，如一部二十四史，無從說起。蓋《史記》一書，内容豐富，昔賢有終身研誦，而不能盡其藴者。今姑就我之讀《史記》，睹記所及以爲同學啓塗轍。

據劉知幾《史通》，史有二種：一曰編年，一曰紀傳。而《史記》也者，則革編年而爲紀傳，以爲廿四史中之鼻祖，此以體製而論也。若以文章衡廿四史，可分兩派，如陳壽《三國志》，姚思廉《梁書》、《陳書》，李延壽《南北史》，歐陽修、宋祁《新唐書》，歐陽修《新五代史》，托克托《宋史》、《遼史》、《金史》，宋濂《元史》，張廷玉《明史》，斯皆推本《史記》，文學史公者也；餘如范曄《後漢書》，房喬《晉書》，沈約《宋書》，蕭子顯《南齊書》，魏收《魏書》，李百藥《北齊書》，令狐德棻《周書》，魏徵《隋書》，劉昫《舊唐書》，薛居正《舊五代史》，斯皆追蹤《漢書》，文隸班固者也。前者辭體解散，於疏縱中見雄快；後者體裁綺密，於偶整中見凝鍊。此固《史》、《漢》文章之别，亦廿四史文章之兩大派也。唯《漢書》紀傳，體同《史記》；而班文整密，則異史公。

夷考先史公而作史者，則有《尚書》、《春秋左氏傳》、《國語》、《國策》

在。其中《左傳》紀事，餘皆紀言，然《尚書》、《左傳》、《國語》，文屬一類，而《國策》之文，則另闢一塗也，欲知馬、班之異同，不可不明此二者之别。《尚書》之文，奇偶相生，音韻克諧，而《左傳》亦整齊多偶句，《國語》則《左傳》草藁，文亦如之，蓋皆散中帶駢者也。惟《國策》之文，句不限於長短，而氣多出於縱横。班氏之文，衍《尚書》、《左氏》，寓偶於奇；而史公則出《國策》，化堆砌爲烟雲，變整密爲疏蕩者也。然則就史體言，史公革編年而爲紀傳；就史筆言，史公革排偶而爲雄肆；惟古於詞必己出，但開風氣不爲師，史公亦人傑矣哉！則試進而述《史記》之讀法。

南皮張之洞嘗言："讀書不知要領，勞而無功。"而予則謂讀書欲得要領，貴乎能觀其會通。然欲觀其會通，必先分部互勘，非然，則以籠統爲會通矣！兹就予讀《史記》之法，貢諸同學，於同學讀《史記》時，或可事半而功倍也。昔東坡教人一書作幾番讀，每一番作一意讀，如《漢書》，以掌故作一番讀，又以文章作一番讀，如是反覆讀之，一部書貫澈，四通六闢。余讀《史記》有三法，曰就研究義例讀，曰就研究文化讀，曰就研究文學讀，是也。

（一）就研究義例讀

余嘗謂《昭明文選》，須與劉勰《文心雕龍》同讀，而《史記》亦須與劉知幾《史通》同讀。庶幾例有實證，義不空發，《史通·六家篇》云："《史記》家者，其先出於司馬遷，自《五經》間行，百家競列，事迹錯糅，前後乖舛，至遷乃鳩集國史，采訪家人，上起黄帝，下窮漢武，紀傳以統君臣，書表以譜年爵，合百三十卷，因魯史舊名，目之曰《史記》。尋《史記》疆宇遼闊，年月遐長，而分以紀傳，散以書表。每論家國一政，而胡越相懸；叙君臣一時，而參商是隔，此其爲體之失者也。兼其所載，多聚舊記，時采雜言，故使覽之者，事罕異聞，而語饒重出，此撰録之煩者也。"又《二體篇》云："《史記》者，紀以包舉大端，傳以委曲細事，表以譜列年爵，志以總括遺漏，逮以天文地理、國典朝章，顯隱必該，洪纖靡失，此其所以爲長也。若乃同爲一事，分在數篇，斷續相離，前後屢出，於《高紀》則云'語在《項傳》'，於《項傳》則云'事具《高紀》'。又編次同類，不求年月，後生而擢舉首帙，先輩而抑歸末章，遂使漢之賈誼，將楚屈原同列，魯之曹沫，與燕荆軻並編，此其所以爲短也。”則劉氏於《史記》義例，頗致不滿：如劉氏以本紀爲編年之體例；而《史記》本紀，則非限於編年，有本紀之名，而具列傳之實者，如《項羽本紀》是也。又劉氏以爲世家宜以國家世次序述，而《史記》列傳①，又不盡然，則有如《陳涉世家》之無世可次者，又屬變例焉。諸如斯類，不勝僕舉，於是若能以《史通》、《史記》並讀，非特正例可明，且變例得曉矣，熟讀深思，詳爲剖析，心知其意，嚴以考覈，馬遷作史之意，由是而得焉。

（二）就研究文化讀

予從前授學聖約翰大學時，同事有苦於《史記》無從教者。予教以先設計編一目録，如《五帝三王本紀》、《魯周公世家》、《孔子世家》、《七十二弟子列傳》、《孟荀列傳》、《儒林列傳》、《老莊申韓列傳》、《孫吴列傳》，由是而《禮書》、《樂書》，以及史公《自序》，逐篇抽繹，順序而讀，斯於中國文化之淵源，可得一鳥瞰矣！否則，眼光不能集中。予又勸爲新注，蓋以爲《史記索隱》、《史記集解》等書，皆重訓詁，至於大義，罕有補益。若仿裴松之《三國志注》之例，以馬驌《繹史》等書爲藍本，廣蒐異聞，補其闕失，功積力久，必有異境，可以自怡，可以教人。

（三）就研究文學讀

《史記》評本，夥頤沉沉！涉獵所及，足意者，恨無一二，蓋《史記》文章，非劃段落，明句讀，可以盡得其神妙者也。何則？以其文章往往見意於比合耳。所謂比合者，於合縫中見旨，於兩篇内比意，若隻篇單讀，驟不易領會。如《項羽本紀》可與《高祖本紀》對讀，推之《平原君傳》與《信陵君傳》，《淮陰侯傳》與《蕭何張良傳》，《李廣傳》與《衛、霍傳》，《酷吏傳》與《遊俠傳》，兩兩比讀，或事叙在此，而義見於彼，此非比合不易知也。史公《自序》“總括六藝百家之言”，而余則謂《史記》文章，鬱勃之情，得之

① 列傳，當爲“世家”。

《離騷》；雄肆之筆，本於《國策》；借古人之事實，抒自我之塊壘；沈鬱頓挫，略同《離騷》，而諷議時政，則本《小雅》。所謂史書之體，而詩騷之文也。今之人徒以考據言《史記》，又豈知史公者耶！

總之，廿四史中，《史記》、《南北史》、《五代史》同屬通史，唯馬《史》上起黄帝，下迄漢武，而李《書》、歐《史》，時亘五朝，地亘南北，又以通史而兼國别史矣。至於"四史"，亦各自别：《史記》獨爲通史，餘書皆屬斷代。馬《史》、陳《志》，文歸一類；班《書》、范作，另自一徑，而文章則以馬、陳爲最。蓋《史記》於雄肆處運氣，班、范於整密處植骨，而《三國志》則於疏朗處見俊也。《史》、《漢》筆多用力，間有板重之習；而《三國志》隨意寫去，不衫不履，時多俊逸之句。史公筆意矜張，如《平準書》、《貨殖列傳》等，能於極尋常事物寫其不尋常；陳壽筆意雅淡，如關羽、張飛、諸葛亮等傳，能於不尋常人物寫其尋常。前者衍而爲唐宋八家之文，後者衍而爲《世説新語》、《水經注》之作也。大抵時經西漢之雄肆，復經東漢之整儷，能文之士若陳壽者，則變而爲平淡，蓋亦文之一張一弛耳。

（原刊於《光華大學半月刊》第 4 卷第 3 期，1935 年 11 月 10 日）

史可法之八股文

史可法之《復清攝政睿親王書》，嘗傳誦人口，比於文天祥之《正氣歌》；而不知其所爲八股文，義理精純，偉抱獨抒，乃爲俞長城《百二十名家稿》之所未采。余尤服誦其《子曰：若聖與仁，則吾豈敢？抑爲之不厭，誨人不倦，則可謂云爾已矣》一文，起講云：

"嘗聞能受人益易，無受天損難！是故全乎人，不若全乎天；然而全乎天，曷若全乎己？天下事必自我操之，則四海無功；不自我深之，則百年無學！聖人於此治己之學，救弟子之窮；即以弟子之學，救聖人之窮，由此道也！"

其下領題起中六股云：

"聖仁之統，雖以夫子而終；然學人之修，實以夫子爲始。使其託聖仁而孤處焉，無論仰之彌高，將疑大道之窮；抑亦從之末由，究致學統之絶；夫子所爲。觀一身以觀天下，而以爲誨爲弟子告也！就聖仁之欲竟者，借爲誨以續之，而至極之理，始不絶於孤！且聖仁之已見者，得爲誨以新之，而日變之逾，愈莫窮其致！此所以不厭不倦也。夫極神化於一往，則意氣感孚，即是他人共趨之途；而化演流於不知，則教學相長，亦誰不在變通之内？"

束髮受舉業，亦漫誦之；老而追懷，每爲一復。抉經心，執聖權，信足以恢張學風，樹立師範。近人每以八股爲詬病，如此八股文章，開拓萬古心胸。當此學風日敝，師道不立，青青子衿，張脈僨興，祇慮“四海無功”之必“自我操”，而不思“百年無學”之已“自我荒”！凡我共學，有志師範，正不嫌書萬遍，誦萬遍爾！

（原刊於《力行日報》，1944年4月28日）

《孽海花》匡謬

常熟曾孟樸綴拾同光間儒林故事，撰《孽海花》小説。人以其與常熟尚書翁同龢同鄉世好，言必有據；而不知其信口開口之多不情不實也！

《孽海花》第三、四兩回叙龔定庵父子事，尤爲荒唐滑天下之大稽；而按之本集，無一非誣！其稱："定庵之死，事由暱太清西林春，事洩，連夜動身回南，過了幾年，倒也平安無事，戒備漸忘，爲明善主人遣人所毒！"言之鑿鑿！按明善主人，爲清高宗曾孫弈繪，自號太素道人，又號幼園居士；嘉慶中，襲爵貝勒，累官正白旗漢軍副都統；風雅好事，有《明善堂集》。太清西林春，姓顧氏，蘇州人，才色雙絶，爲弈繪側福晉，有《天遊閣集》；所作詞名《東海漁歌》。合兩人集觀之，太清與貝勒同生於嘉慶己未；《明善堂詩》編至戊戌，而貝勒薨；則太清之寡，恰四十齊頭矣！近人冒廣生有《記太清遺事》六絶句，其第一絶云："如此佳人信莫愁，出身嫁得富平侯。九年占盡專房寵，四十文君儻白頭！"正謂貝勒之薨在戊戌，而太清之寡已四十也！戊戌爲道光十八年，而按之吴倉石所撰《定庵年譜》，則是年定庵官禮部，安然在都，明善已死，而太清亦已美人遲暮；安有眷暱事洩，倉皇出走之事！明年己亥，定庵回南；不及兩年，遂遭父憂，旋亦身死；亦並非如《孽海花》

所云“回南過了幾年，倒也平安無事”，經若年之久也！《定庵譜》載：“先生二子，曰橙，曰陶。橙字昌匏，更名公襄，字孝拱。陶後更名寶琦，字念匏，官江蘇金山知縣。”而《孽海花》叙孝拱以論學與父不合而鬧意氣，出走不回家；有一兄亦音信不通；及父之死，而讀父書，意有不合，扑其木主以示警；尤爲誣誕不經！不惟按之年譜，孝拱有弟而無兄；與《孽海花》稱有一兄者不合！而讀《定庵續集·己亥雜詩》自注：“兒子昌匏書來，以四詩答之。”其一曰：“艱危門户要支持，孝出窮家信有之！茫汝心光淳閟在，皇天竺胙總無私！”其二曰：“雖然大器晚年成，卓犖全憑弱冠争！多識前言畜其德，莫抛心力貿才名！”其三曰：“儉腹高談我用憂，肯肩樸學勝封侯！五經爛熟家常飯，莫似而翁歠九流！”其四曰：“圖籍移從肺腑家，而翁學本段金沙。丹黄字字皆珍重，爲裹青氈載一車！”既許以支持門户之孝，而又望其“肯肩樸學”；父子相詔，詞無□[①]逆！又兒子昌匏書來問《公羊》及《史記》疑義，答以二十八字，其詞曰：“欲從太史窺《春秋》，勿向有字句處求！抱微言者太史氏，大義顯顯則余休！”觀其父子之間，商量舊學，一脈相傳，不同漢儒劉氏向、歆之父子異學；寧有以論學不合而出走之理！己亥爲道光十九年，是年定庵四十八歲；定庵以道光二十一年辛丑七月卒，年五十。答昌匏詩之作，當在己亥十月以後；以其詩之排次而知之：距其卒不[②]足二年；其間定庵往來吴越，席不暇暖；旋丁父艱；更不容有父子參商，孝拱出走之暇！及定庵卒；而寫定遺集，拮据刊布，全出孝拱！余讀仁和譚獻《復堂日記》云：“閲《定庵文集》七卷畢。定公舊見於孝拱所及魏默深刺史案次者，稿本盈尺。遊閩，識林薌溪教授；教授客杭，曾假讀全集，刺取若干篇；孝拱令寫人録贈，即此本也。予借教授本傳寫一道。時江浙陷賊，孝拱蹤迹不相聞；恐全集遂散失；既存其略，德清戴子高來福州，又録一本去。會稽趙益甫避難至，亦録一本；因各有蒐討之約。亂定，知孝拱流寓上海，楹書無恙；寫本置行篋，循誦[③]而已！林鈔本無目録；予從《定庵初集》刻本目録，補其未刻諸篇，佚者尚多；其他略仿《初集》義類次第之。戊辰五月出都，重見孝拱，則爲言杭州有刻龔文者曹老人籀云！孝拱言：‘曹老人者，曾賣墨京

① “無”下疑闕一“悖”字或“忤”字。

② 不，原作“之”，今據《〈孽海花〉考信録》改。

③ 循誦，原作“誦循”，今據《〈孽海花〉考信録》乙正。

師，爲先君子食客，粗識字而已；謬託知交，所刻不知何本，貤繆可想！'屬①予歸訪之。蓋②曹老人前自益甫得此本，懵不知流傳端緒，寫工又簡略，慫吴曉帆方伯刻之，謬謂龔先生手定。刻既成，觸手譌敗！龔先生一世班揚，傳人有子，全③書繁重，傳世有待！刻百十篇以饜學子先睹之心，未始非盛舉；而曹老人譎觚熒眩，出自意外！孝拱既懟此舉，拮据料④量，刻布全書；則曹老人實激成之，亦功臣矣！"然則孝拱眷眷先集，珍護傳布；寧有懟其死父，扑作教刑之理！近來文人無行，男女媟瀆以爲女子解放；父子交鬩以爲家庭革命；遂不恤誣古人以自蒐假；亦小人之恥獨爲小人而已！

《孽海花》第十三回叙吴縣尚書潘祖蔭爲會試總裁，欲得南通張謇爲榜首；而誤中武進劉可毅，以爲大恨；揚言："老夫衡文十多次，不想倒上⑤了毗陵傖父的當！"可毅造謁，再三不得見；及不得已出見，口説："好箇揣摩家，佩服！佩服！"可毅大窘，趨而出。傳者以爲口實！然按張謇《自撰年譜》：劉可毅中光緒十八年壬辰會元；總裁爲常熟尚書翁同龢；而潘祖蔭先⑥以十六年庚寅十一月卒於官；安得有誤中劉可毅而大恨面斥之之如《孽海花》所云！太倉唐蔚芝先生文治爲余言："君舅孫叔葢⑦先生以光緒十五年己丑舉進士；會試總裁則吴縣尚書；讀先生卷，以謂：'沈著高華，非張某不辦！'榜出，知爲先生，乃大懊恨！及先生謁門，吴縣出見，摇首連聲説：'我瞎眼了！'常府同鄉聞之不平；而以吴縣齒德尊，無如何！"叔葢先生，名鼎烈，余舅氏也；以翰林院庶士散館出知會稽縣。今按張謇之子張祖怡編其父傳記，稱："光緒十五年，我父三十七歲的會試總裁是潘公；他滿意要中我父；那曉得無端誤中了無錫的孫叔葢！"則是吴縣誤以余舅氏爲張謇，蔚芝先生之言有徵！而《孽海花》乃誤舅氏爲劉可毅；而於是劉可毅之名乃大著！傳記又稱："到了第二年光緒十六年會試，場中又誤以陶世鳳的卷子當作我父，中了陶的

---

① 屬，原作"民"，今據《〈孽海花〉考信録》改。
② 蓋，原作"盡"，今據《〈孽海花〉考信録》改。
③ 全，原作"科"，今據《〈孽海花〉考信録》改。
④ 料，原作"全"，今據《〈孽海花〉考信録》改。
⑤ "上"字原脱，今據《〈孽海花〉考信録》補。
⑥ "先"下原衍一"先"字，今據《〈孽海花〉考信録》删。
⑦ 孫叔葢，原作"孫叔益"，今據《孽海花》改。

會元！到了光緒十八年四十歲的會試，又誤中了劉可毅的會元。”總裁則常熟尚書；而《孽海花》又誤常熟爲吴縣。常熟小心寅畏，不如吴縣之故立崖岸；即懊恨在心，當無駡座之理！而按之常熟日記，載：“四月十一日晴。寅正一刻開龍門；戌正填五魁；三刻畢；會元，武進劉可毅也！”四月十六日，記“劉荷真來”；二十三日，記“會元劉葆真來”；端午日記“劉可毅來見”；並未有杜門却謁，不認門生之事！惟四月十三日，記“始知張季直在馮心蘭手，未出房”；略見微意；然云“未出房”，則亦非如《孽海花》所云：“竟把先定元的那一本撤了；及填榜，見是劉可毅；子佩却去揀了那本撤掉的元卷，拆開彌封一看，可不是呢？倒明明寫著章騫[①]大名！”而張祖怡所撰其父傳記，亦云：“我父的卷子，在第三房馮金鑑那裏，早早因爲詞意寬泛，被他斥落了！”與常熟日記合。其實陶文庸熟，既異張謇之嶔崎；劉文矜鍊，亦殊張謇之雄快；詞筆絶然不同，而暗中摸索，誤爲一手；則其衡文之無真賞而徇虚聲，殊足令人齒冷！陶，字端翼；亦吾錫人。同縣顧涵若先生恩瀚撰《竹素園叢談》，亦載陶劉誤中事，而以爲：“劉之學問，陶之品格，實出張謇上！張工於標榜，晚節頗不協人望，比之華歆龍頭！”此亦鄉曲阿好之談！張有擔當，有魄力，得失與天下人見！陶與劉未嘗任事，故彈射不及！劉死庚子義和團之亂；而劉葆真太史稿，有人貽余，餖飣[②]，以矜雅練，知其人必喜修飾邊幅而無大作爲！至陶系出於錢，於余爲族兄，長余二十年，執禮於余父甚恭，而以弟撫余。其人一八股先生，長厚而腐，不敢作惡，亦不能爲善；文章經濟，不足爲科名重；以視張謇，寧啻跛鼈之與騏驥！余持論不爲假借，以此與世多迕；然直道之公，不可泯也！

至以“考中書互[③]争門下士”，與“誤下第遷怒座中賓”配作回目；而稱：“這回章直蜚、聞韻高都没有中！”聞韻高即文廷式；其實文廷式，早在一科光緒十六年庚寅，以一甲第二人授編修。常熟日記載：“光緒十六年庚寅，四月二十日，宣下派爲殿試讀卷官。二十四日卯正，召見讀卷官於勤政殿東屋；拆封至第二，奏文廷式名。上云：‘此人有名，作得好！’二十六日

① 章騫，原作“張騫”，今據《孽海花》及本文末段“章騫”改。按：“章騫”係錢基博所謂《孽海花》中人物姓名同聲假借之例。

② “飣”字原脱，今據《〈孽海花〉考信録》及文意補。

③ 互，原作“誤”，今據《孽海花》改。

己初，詣禮部恩榮晏；而鼎甲不欲行叩拜禮；文廷式力言：'古者拜非稽首。'引《説文》字義，與禮部司員辯。兩協辦皆怒！往復久之。迨余等出，而鼎甲三揖；余等一揖；觀者愕然！徐相桐欲傳三人狀元吴魯、榜眼文廷式、探花吴蔭培至翰林院中申斥之；其實何足道！"至十八年壬辰，又記："五月初二日己初，到禮部赴恩榮晏，朝服將事。新貢士皆叩頭，不似上科之費詞也！""上科"即指十六年庚寅一科；"費詞"，則謂鼎甲不欲行叩拜，文廷式力言古者拜非稽首云云。吾邑楊味雲先生壽枏著《花寮雜記》，稱："文本江西名士，爲翁文恭公所賞；庚寅成進士，殿試對策，誤書閭閻爲'閭面'。讀卷某尚書疑之，將加簽。翁曰：'此兩字有出典，記某書有之，以簷牙作對。'遂以榜眼及第。余親見原策作'閭面'也。旋爲御史彈劾，讀卷官皆得處分。翁本欲置文第一。或謂：'宋之文天祥，明之文震孟，皆在末季！文姓作狀元，非國之祥！'乃置第二。然文得鼎甲後二十年，而清社亦屋矣！"則是文廷式以前一科庚寅得鼎甲；亦並非如《孽海花》所云"這回章直蜚、聞韻高都没有中"；而聞韻高考中書第一也！

《孽海花》以侍郎吴縣洪鈞文卿之妾傅彩雲，世稱賽金花者爲綫索；用恩施樊增祥雲門前、後《彩雲曲》本事。惟《彩雲曲》云："女君維亞喬松壽，夫人城闕花如錦！海上蛟龍盡外孫，虜中鸚鵡稱天后。……雙成雅得君王意，出入椒庭整環佩。……鳳紙宣來鏡殿寒，玻璃取影御床寬。誰知坤媪山河貌，衹與楊枝一例看！"似以英女皇維多利亞與賽金花攝影；而《孽海花》則云："聯邦帝國大皇帝飛蝶麗的皇后，世界雄主英女皇維多利亞的長女維多利亞第二，爲德后。"按洪鈞以光緒十三年夏五月，奉旨充出使俄德奥和①國大臣；十七年，回國；命在總理各國事務衙門行走，足迹未嘗履英；自以《孽海花》爲是！《孽海花》影射人物姓名，多以同聲通假之例；就闻见所知者：金雯青，即洪文卿。潘八瀛尚書，即潘伯寅。潘曾奇勝芝，即伯寅之從父曾祁②。黎石農，即李芍農。莊小燕，即張樵野。唐常肅，即康長素。王恭子度，即黄公度。過肇廷，即顧緝庭。吕萃芳，即李經方。匡次方，即汪芝房。謝山芝，即謝綏之。許鏡澂，即許景澄。袁尚秋，即袁爽秋。雲仁甫，即容純甫。

---

① 和，即荷兰。荷兰舊又譯爲和兰。

② 曾祁，原作"曾奇"，今據《孽海花》改。

貝效亭，即費幼亭。成木生，即盛杏生。李台霞，即李丹崖。吕順齋，即黎蒓齋。馬美菽，即馬眉叔。李任叔，即李壬叔。汪蓮孫，即王廉生。成伯怡，即盛伯熙。段扈橋，即端午橋。而薛淑雲，則吾邑薛叔耘。徐忠華，則吾邑徐仲虎。其他如錢端敏唐卿，即汪鳴鑾柳門。陸潤祥莘如，即陸潤庠鳳石。何太真珏齋，即吴大澂清卿。米繼曾筱亭，即費念慈屺懷。姜表劍雲，即江標建霞。余同余中堂，即徐桐。傅容傅狀元，即徐郙。莊佑培崙樵，即張佩綸幼樵。莊芝棟壽香，即張之洞香濤。王仙屺憶莪，即王先謙益吾。祝溥寶廷，即寶廷竹坡。黄禮芳叔蘭，即黄體芳漱蘭。黄朝杞仲濤，即體芳之子紹箕仲弢。繆平寄坪，即廖平季平。連沅荇仙，即聯元仙蘅。荀曾植子佩，即沈曾植子培。章騫直蜚，即張謇季直。聞鼎儒韻高①，即文廷式芸閣。蘇胥鄭龕，即鄭孝胥蘇堪。林勛敦古，即林旭暾谷。楊遂淑喬，即楊鋭叔喬。吕成澤沐庵，即李盛鐸木庵。李治民純客，即李慈銘蒓客。而龔和甫尚書，則翁同龢叔平。曾孟樸之父名令璋，字君表；與翁同龢同鄉世好；又與李慈銘爲文字交。《孽海花》中人物，多見姓名於翁文恭日記及《越縵堂日記》。儻以《孽海花》與翁、李日記對勘，必更有以發其謬者，姑就記憶所及，考訂一二於此。

（原刊於《武漢日報·文史副刊》第13期，1946年12月26日）

① 韻高，原作“芸高”，今據《孽海花》改。

《孽海花》考信録

余好讀書而怕見人；常熟曾孟樸先生亦不能例外，《孽海花》不下十過，而先生則未見一面！不意先生歸道山，而余亦得一訃；秀才人情，輓以一聯曰："《孽海花》成傳史外，虞山翠落黯人間！"頗有賞其穩稱。成問"史外"何義？余應之曰："史外者，謂其外於史以成小説也。"史以傳信；而小説以傳奇；傳奇者，固無事乎傳信；然而憑空結構以傳奇，可也；依託事實以使人誤爲信史，不可也；《孽海花》，則依託事實，此中有人，呼之欲出，而好爲捕風捉影之談！其中涉龔定庵父子事，則尤投合青年淺薄之心理以談家庭革命，男女媟瀆，傳誦一時；而莫知其爲誣！

龔定庵之子孝拱，傳乃翁雜博之家學，而亦傳乃翁詭僻之性行，具體而微，遂多傳説！獨長洲王韜仲弢撰《淞濱瑣話》，中第五卷龔蔣兩君軼事一篇，記龔孝拱、蔣劍人，爲近情實，足備儒林掌故，不同捕風捉影！《孽海花》第三、四兩回叙孝拱生平，與王記互有詳略。獨《孽海花》叙孝拱不慊乃父之學問文章，扑其木主以示儆；則爲王記之所無，而恐出於好事之已甚！余讀仁和譚獻《復堂日記》，謂："閱《定庵文集》七卷畢。定公文，舊見於孝拱所及魏默深刺史案次者，稿本盈尺。遊閩，識林薌溪教授；教授客杭，曾假讀全集，剌取若干篇；孝拱令寫人録贈，即此本也。予借教授本傳寫一通。時江浙陷賊，孝拱蹤迹不相聞；恐全集遂散失，既存其略。德清戴子高來福州，又録一本去。會稽趙益甫避亂至，亦録一本；因各有蒐討之約。亂定，知孝拱流寓上海，楹書無恙；寫本置行篋，循誦而已。林鈔本無目録；予從《定庵初集》刻本目録，補其未刻諸篇，佚者尚多；其他略仿《初集》義類次第之。戊辰五月出都，重見孝拱，則杭州有刻龔文者曹老人籀云！孝拱言：‘曹老人者，曾賣墨京師，爲先君子食客，粗識字而已！謬託知交，所刻不知何本，貤繆可想！’屬余歸訪之。蓋曹老人前自益甫得此本，懵不知流傳端緒，寫工又簡略，慫吴曉帆方伯刻之，謬謂龔先生手定。刻既成，觸手譌敗！龔先生一世班揚，傳人有子，全書繁重，傳世有待！刻百十篇以饜學子先睹之心；未始非盛舉；而曹老人譎觚熒眩，出自意外；要當備述以告讀者！孝拱既懟此舉，拮据料量，刻布此書；則曹老人實激成之，亦功臣矣！定庵先生收食客之報，在彼不在此！”然則孝拱放誕任情則有之；而觀其惓惓先集，珍護傳布；寧有懟其死父，扑作教刑之理；《孽海花》叙孝拱，又説：“他祇爲學問上和老太爺鬧翻了，輕易不大回家！有一哥哥向來音信不通！”王氏《瑣話》則稱：“有弟曰念匏，以縣令候補江蘇，亦不相睦！”則是孝拱有弟而無兄，與《孽海花》不合！而按之仁和吴昌綬倉石所撰《定庵年譜》，末云：“先生二子，曰橙曰陶。橙，字昌匏，更名公襄，字孝拱。陶後更名寶琦，字念匏，官江蘇金山知縣。”則與王氏《瑣話》合。而《孽海花》謂孝拱以學問與乃翁鬧翻，其説尤爲悠謬不根！按《定庵續集・己亥雜詩》自注：“兒子昌匏書來，以四詩答之。”其詩曰：“艱危門户要人持，孝出貧家信有之！茫汝心光淳悶在，皇天竺胙總無私！”一“雖然大器晚年成，卓犖全憑弱冠争！多識前言畜其德，莫抛心力貿才名！”二“儉腹高談我用憂，肯肩樸學勝封侯！五經爛熟家常飯，莫似而翁歠九流！”三“圖籍移從肺腑家，而翁學本段金沙。丹黄字字皆珍重，爲裹青氈載一車！”四又兒子昌匏書來問《公羊》及《史記》疑義，答以二十八字；其詞曰：“欲從太史窺《春秋》，勿向有字句處求！抱微言者太史氏，大義顯顯則余休！”觀其能讀父書，商量舊學，一脈相傳！不同西漢劉氏向、歆之父子異學。而定庵且以“孝出貧家”、“皇天竺胙”爲言；寧有以學問與乃翁鬧翻之理！己亥爲道光十九年，是年定庵四十八歲。定庵以道光二十一年七月卒，年五十，答昌匏詩之作，當在己亥十月以後，以其詩之排次而知之：距其卒不足二年，其間定庵往來吳越，席不暇暖，旋丁父艱；更不容有父子參商，孝拱出走之暇！

《孽海花》又叙定庵之死，謂：“由暱太清西林春事洩，連夜回南；過了幾年，倒也平安無事；戒備漸忘，爲明善主人遣人所毒！”其事亦不可信。明善主人爲清高宗曾孫奕繪，自號太素道人，又號幼園居士；嘉慶中，襲爵貝勒，累官正白旂漢軍副都統；風雅好事，有《明善堂集》。太清西林春，則奕繪側福晉，顧氏，蘇州人，才色雙絕，有《天遊閣集》；所作詞名《東海漁歌》。近人如臯冒廣生有《記太清遺事》六絶句，首絶云：“如此佳人信莫愁，出身嫁得富平侯！九年占盡專房寵，四十文君儻白頭！”注云：“太清與貝勒同生於嘉慶已未；明善堂詩編至戊戌；則太清之寡，恰四十齊頭矣！”言其盛年已過，紅顏將凋也。戊戌爲道光十八年，實已亥之前一年；是年定庵官禮部，安然在都；明善已死，而太清亦已美人遲暮；安有眷愛事洩，倉皇出走之事！明年已亥，定庵回南；不及兩年，遂遭父憂，旋亦身死；亦並非如《孽海花》所云“回南過了幾年，倒也平安無事”，有若干年之久也。捕風捉影之談，重誣古人；而傳者乃以爲信史，傎已！

人以孟樸先生與常熟師傅翁同龢同鄉世好，中朝故事，耳熟能詳，言必有據；而不知其中涉常熟師傅，即有不可信者！如第十三回“誤下第遷怒座中賓，考中書互争門下士”一回；考中書，指文廷式；而誤下第，惜張謇，寫吳縣尚書潘祖蔭爲會試總裁，欲得張謇爲榜首；而誤中武進劉可毅。潘氏大恨，揚言：“老夫衡文十多次，不想倒上了毗陵傖父的當！”可毅造謁，再三不見；及不得已出見，口稱：“好個揣摩家，佩服！佩服！”可毅大窘出走。傳者以爲口實！然按張謇《自撰年譜》，載劉可毅中光緒十八年壬辰會元；總裁爲常熟師傅。而潘祖蔭先以十六年庚寅十一月卒於官；安得有誤中劉可毅而大恨面斥之之如《孽海花》所云！同鄉唐蔚芝前輩爲我言：“尊舅孫叔盉先生以光緒十五年舉進士；會試總裁則吳縣尚書；讀先生卷，謂：‘沈著高華，非張某不辦！’榜出，知爲先生，乃大懊恨！及先生謁門；吳縣接首連聲說：‘我眼瞎了！’江蘇同鄉聞之不平；而以吳縣齒德尊，無如何！”孫叔盉先生，名鼎烈，余舅氏也；散館，授知縣；歷知浙江之會稽、新昌諸縣，有能聲。而張謇之子祖怡，撰乃翁傳記，稱：“光緒十五年，我父三十七歲的會試總裁是潘公；他滿意要中我父；那曉得無端誤中了無錫的孫叔盉！”則是吳縣誤以我舅氏爲張謇，蔚老之言有徵；而《孽海花》乃誤舅氏爲劉可毅；於是劉可毅之名乃大著！傳記又稱“到了第二年光緒十六年的會試，場中又誤以陶世鳳的卷子當作我父，中了陶的會元。到了光緒十八年四十歲的會試，又誤中了劉可毅的會元”。總裁常熟尚書；而《孽海花》又誤常熟爲吴縣。常熟小心寅畏，不如吴縣之故立崖岸；即懊恨在心，當無駡座之理！而按常熟日記，載：“四月十一日，晴。寅正一刻，開龍門。……戌正，填五魁，三刻畢也。會元，武進劉可毅也。”而十六日記“劉可毅來”；廿三日記“會元劉葆真來”；端午日記“劉可毅來見”；並未有杜門却謁，不認門生之事！可毅亦江南名士；未第前，佐河督許振禕，筦奏記，以文章有名；而中會元，實以第三場策對博洽，不同多士之套語濫調；特爲常熟識拔而疑之爲張謇也！惟四月十三日記“始知張季直卷子在馮心蘭手，未出房”；略見微意；然云“未出房”，則亦非如《孽海花》所云“竟把先定元的那一本撤了，及填榜，子佩却去揀了那本撤掉的元卷，拆開彌封一看，倒明明寫着章騫的大名！”而按之祖怡所撰乃翁傳記，亦云：“我父的卷子，在第三房馮金鑑那裏，早早因爲詞意寬泛，被他斥落了！”與常熟日記合。其實陶文庸熟，既異張謇之卓犖；劉文清奥，亦異張謇之雄深；詞筆絶然不同，而暗中摸索，誤爲一手；則其衡文之無真賞而徇虚聲，殊足令人齒冷！陶世鳳，字端翼；亦無錫人。吾錫顧恩瀚涵若撰《竹素園叢談》，亦載陶劉誤中會元事，而以爲：“劉之學問，陶之品格，實出張謇上！張工於標榜，晚節頗不協人望，比之華歆龍頭！”此真鄉曲阿好之談！張有担當，有魄力，得失與天下共見！劉葆真太史稿，余曾誦之；餖飣以爲弔詭；倘人如其文，必喜修飾邊幅而無大作爲！至陶則錢陶一姓，呼吾父爲叔；長余三十年而以弟畜余。余十五六歲時，每相見，必執余手，謂：“弟弟方面大耳，神似吾溥老師良，相必發！”又許余筆下快，有才氣；謂：“如有督撫延司章奏，可成名幕府！”吾父聞之頗色喜。然其人篤實而不輝光，文彩不豔；中會元《四書》首藝“大哉孔子”題文，乃録封翁雲組先生作。先是邑中東林書院師課，以“大哉孔子”命題。雲組先生與吾家叔懋孝廉咸以子弟名應課；揭榜，雲組先生名次第七，而叔懋孝廉第一。及庚寅同赴禮部試，同録舊作；而叔懋被放；陶則翹然特出以冠天下士；叔懋每言之氣湧！陶散館得兵部主事，不騖聲利，澹泊自甘，一官三十年，白首郎署；至民國二十一年乃卒。余以挽聯曰：“君子之道闇然，何必文章天下伯；諸弟視余已矣，誰爲煦嫗眼中滋！”自謂得其實也。然其人長者，小廉曲謹，不敢作惡，亦不能爲善；文章經濟，兩無是處；而與張謇度長①挈短，甯啻跛鼈之與麒驥！余持論不肯假借，頗以召鬧取怒；然直道之公，不可泯也！

至文廷式，則與陶同中光緒十六年庚寅進士，殿試得榜眼。而按常熟日記載：“光緒十六年庚寅四月二十日，宣下，派爲殿試讀卷官。廿四日卯正，召見讀卷官於勤政殿東室，拆封至第二，奏文廷式名。上云：‘此人有名，作得好！’廿六日己初，詣禮部恩榮晏，而鼎甲不欲行叩拜禮；文廷式力言：‘古者拜非稽首。’引《説文》字義與司員辯。兩協辦皆怒！往復久之；迨余等出，而鼎甲三揖；予等一揖；觀者愕然！徐相桐欲傳三人狀元吴魯、榜眼文廷式、探花吴蔭培至翰林院中申斥之；其實何足道！”至十八年壬辰，又記：“五月初二日己初；到禮部赴恩榮晏，朝服將事。新貢士皆叩頭，不似上科之②費詞也！”上科即指十六年庚寅一科；費詞，則謂鼎甲不欲行叩拜，文廷式力言古者拜非稽首云云。同鄉楊味雲前輩著《花寮雜記》稱：“文本江西名士，爲翁文恭公所賞；庚寅成進士，殿試對策，誤書閭閻爲閭面。讀卷某尚書疑之，將加簽。翁曰：‘此兩字有出典，記某書有之，簷牙作對。’遂以榜眼及第。余親見原策作閭面也。旋爲御史彈劾，讀卷官皆得處分。翁本欲置文第一。或謂：‘宋之文天祥，明之文震孟，皆在末季，文姓作狀元，於國不祥！’乃置第二。然文得鼎甲後二十年，而清社屋矣！”則是文廷式以劉可毅前一科庚寅得鼎甲；亦並非如《孽海花》所云“這回章直蜚聞韻高都没有中”；聞韻高考中書第一也！《孽海花》中人物，多見姓名於常熟師傅翁文恭《日記》及會稽李慈銘蒓客《越縵堂日記》；倘以《孽海花》與翁、李《日記》對勘，必更有以匡其謬者！

《孽海花》以侍郎吴縣洪鈞文卿之妾傅彩雲世稱賽金花者爲全書綫索；用恩施樊增祥雲門前、後《彩雲曲》本事。惟《彩雲曲》云：“女君維亞喬松壽，夫人城闕花如錦！河上蛟龍盡外孫，虜中鸚鵡稱天后。……雙成雅得君王意，出入椒庭整環佩。……鳳紙縇來鏡殿寒，玻璃取影御床寬。誰知坤媪

① 長，原作“張”，今改正。

② “之”字下原衍一“之”字，今删。

山河貌，衹與楊枝一例看!”似以英女皇維多利亞與賽金花攝影；而《孽海花》則云“聯邦帝國大皇帝飛蝶麗的皇后，世界雄主英女皇維多利亞的長女維多利亞第二”，爲德后。按洪鈞以光緒十三年夏五月，奉旨充出使俄德奥和①國大臣；十七年回國，命在總理各國事務衙門行走；未嘗使英；自以《孽海花》爲是。洪鈞，即書中金雯青；金即名之偏旁；雯青則影射鈞之字。書中影射姓名，多取同聲通假之例；而參以誼類相比。其可考見者：余同余中堂，即徐桐。傅容傅狀元，即徐郙。龔和甫尚書，即常熟師傅翁同龢叔平。潘八瀛尚書，即吴縣潘祖蔭伯寅，潘曾奇勝芝，即祖蔭之從父曾祁。錢端敏唐卿，即汪鳴鑾柳門。陸潤祥莘如，即陸潤庠鳳石。何太真珏齋，即吴大澂愙齋。米繼曾筱亭，即費念慈屺懷。姜表劍雲，即江標建霞。李治民純客，即李慈銘蒓客。莊佑培崙樵，即張佩綸幼樵。莊芝楝壽香，即張之洞香濤。黄禮芳叔蘭，即黄體芳漱蘭。黄朝杞仲濤，即體芳之子紹箕仲弢。祝溥寶廷，即寶廷竹坡。連沅荇仙，即聯元仙。王仙屺憶莪，即王先謙益吾。荀春植子佩，即沈曾植子培。章騫直蜚，即張謇季直。聞鼎儒韻高②，即文廷式芸閣。蘇胥鄭龕，即鄭孝胥蘇堪。楊遂淑喬，即楊鋭叔喬。吕成澤沐庵，即李盛鐸木庵。繆平寄坪，即廖平季平。易鞠緣常，即葉昌熾鞠裳。黎石農，即李文田勺農。莊小燕，即張蔭桓樵野。吕順齋，即黎庶昌蒓齋。許鏡澂，即許景澄。袁尚秋，即袁昶爽秋。汪蓮孫，即王懿榮廉生。段扈橋，即端方午橋。王恭子度，即黄公度。李任叔，即李壬叔。過肇廷，即顧緝庭。吕萃方，即李經方。匡次方，即汪芝房。謝山芝，即謝綏之。雲仁甫，即容純甫。貝效亭，即費幼亭。成木生，即盛杏生。李台霞，即李丹崖。成伯怡，即盛伯熙。劉毅，即劉可毅。馬美菽，即馬眉叔。唐常肅，即康長素。至如薛淑雲，徐忠華，則吾錫之薛福成叔耘，徐建寅仲虎也。其他可以類推；姑就記憶所及而聊疏之如此。

（原刊於《子曰叢刊》第5輯，1948年10月）

---

① 和，即荷兰。荷兰舊又譯爲和兰。见《清史稿》、《泰西新史攬要》。

② 韻高，原作“芸高”，今據《孽海花》改。

歐文講録

宋文學爲唐文學之變，而歐陽修實有開創之功。宋之古文衍韓愈一脈而自爲變化；雖是急言竭論而無艱難勞苦之態，以自在出之，行所無事。此則宋人之所特長而開前古未有之蹊徑。然有開必先，不得不推歐陽修。宋之四六，亦與唐異。唐則皮傅故事，宋則剪裁成語；唐則四六爲句，宋則不爲所限；而歐陽修實爲開山，以議論爲瀾翻，其原出唐之陸贄。宋詩以蘇、黄爲大家，而蘇、黄亦原本歐陽修。自來論詩者知分唐、宋，而不知唐、宋之異，乃杜、韓之不同。宋人詩學韓而成家者自歐陽修始；而蘇與黄或熟或生，各得其一體。宋詞以晏、歐開宗，然晏蜕南唐，歐參花間；而馳俊爽之筆，力破餘地以放而爲東坡，則歐開其端也。

宋自柳開、穆修以韓文爲天下倡，往往澀僻蹇驁，詰屈不可讀，宋祁《新唐書》其著也。至石介更益以狂蕩，不中繩墨。及歐陽修而變爲平淡閑易，文格一變。蘇軾序其文曰："論大道似韓愈，論事似陸贄，記事似司馬遷，詩賦似李白。"其實四六條達疏暢出陸贄，内外制醇古明白出元稹。獨古文則學韓愈而自爲變化。韓愈之不可及者，在雄快而發以重難；而修之不可及者，在俊邁而出之容易。韓愈雄其詞，沛其氣，舉重若輕；修則舒其氣，暇其神，以輕馭重。韓愈風力高騫，修則風神駘蕩。

歐陽修之文，特工唱歎，或低回往復，發人深慨，如《秋聲賦》、《五代史伶官傳序》、《釋秘演詩集序》、《釋惟儼文集序》、《江鄰幾文集序》、《尚書屯田員外郎張君墓表》、《河南府司録張君墓表》、《張子野墓志銘》、《黄夢升墓志銘》、《送楊寘序》、《祭石曼卿文》是也。然亦有抑揚咏歎之作，優遊緩節而特出於摹韓愈者，如《渤海縣太君高氏墓碣》之模韓愈《馬少監墓志》是也。或雍容揄揚，繫人思慕如《豐樂亭記》、《有美堂記》、《相州晝錦堂記》、《洛陽牡丹記》、《題薛公期畫》、《瀧岡阡表》是也。悲愉如量，因事抒感，神韻欲流，最曠而逸。至其《五代史》發論必以"嗚呼"，此亂世之書也。

歐文之蒼堅雄遒者，大多模仿韓愈。《集古録目序》仿韓愈《獲麟解》及《雜説一》，《送田畫秀才寧親萬州序》仿韓愈《送董邵南序》及《送廖道士序》，《送廖倚歸衡山序》則力模愈《送廖道士序》，《本論上》仿愈《原道》，《與張秀才第一書》模愈《答竇從事書》，《王彦章畫像記》模愈《張中丞傳後序》，《祭蘇子美文》仿愈《祭柳子厚文》，《渤海縣太君高氏墓碣》模愈《馬少監墓志》。

《朋黨論》

歐陽修議論之文，因事抒議，而工於辨析①，條達疏暢，理愜情饜，不爲韓愈之盛氣强辯。修之爲《朋黨論》，互殊類使之相勘，序異端使不相亂。而韓愈則煩辭以相假，盛氣以相陵，巧譬以相炫，闔人之口，奪人之心，使不及思。愈以雄肆逞意氣，辯之彊，争之疾；修則寓辨折於激昂，辯之明，引之達。韓愈汲孟子七篇之流，修則爲眉山三蘇之祖。

歐公議論之文，善用辨折。辨者，剖析分明也。折者，提頓轉折也，折之爲用，可以反正互勘，情事曲盡。因辨而筆以折，因折故辨之明。

《爲君難論》

凡爲文，假史實以抒論議者，其道有二：一虚引，如《朋黨論》檃括以爲想像是也。一實舉，如此篇援引以證所見是也。

《資政殿學士文正范公神道碑銘》

韓愈碑誌，蒼堅邁古，然文而非史，宋祁《新唐書》列傳之不合史裁，

① 辨析，據下文當作"辨折"。

即以其剽擬韓愈碑誌句法也。獨歐陽修據事直書，詞無鉤棘，不乖傳體而可入史。特出筆雖坦迤，而下語極矜慎，雖碑誌之文稱美不稱惡，而無不稱量以出，不苟徇子孫之意以爲諛墓。《宋史》將相大臣如王旦、陳堯佐、晏殊、胡宿、范仲淹、王德用、杜衍、王堯臣、吴育、余靖、杜杞、蔡襄，儒林宿學如孫復、石介、胡瑗、石延年、尹洙、劉敞、蘇舜欽①，多用修誌文。

"吾豈苟哉"以上叙公一生政績，而先虚摹公之人格，振挈全篇，予讀者以想像而見公之爲政，乃處處有一人格表現。以下衹順次叙去。

《太尉文正王公神道碑銘》

范文正與王文正，皆大臣而有德望，然歐陽修所以描寫其性行者不同。范公有才有德而勇於任事，以爲朋黨所困；王公有德有福而智足周身，以爲天子所任。范勞而無功，王無爲而治。范有肝膽，有作爲；王特老成，能不爲。描寫如繪，令人想見其爲人。《范碑》讀之，令人氣振；《王碑》讀之，令人意消。

一起叙受命作碑，其文略仿《書》誥，典重稱體；叙歷庶官以迄爲宰相，中以"公爲人嚴重"，一筆作振提，虚摹相度、相望，以爲下文相業蓄勢；看似隨事作波，而神氣貫注全篇。真有手揮五弦、目送飛鴻之妙。"故天下至今稱賢相"以上，叙公無事而治，以措天下於太平，爲相業之大。而下文叙薦士之多。須看他虚虚實實，得烘雲托月之妙。其中描寫其人格之各方面，皆先虚摹大意，而後以事實之。此《范文正神道碑》之全篇立局也。觀此可悟大篇之結構，皆以大陣包小陣，合之則一氣渾成，分之則各自立格。

《胡先生墓表》

《胡先生墓表》、《徂徠石先生》及《孫明復先生墓志》，三人皆名儒也，名儒以德量勝，與大臣之以功業顯者不同，故只虚摹風采，引人想像，而以事實爲點綴烘托。不如范、王兩《神道碑》之以事業爲鋪張揚厲，虚虚實實。相題行文，亦各有當。此蔡中郎郭有道、陳仲弓兩碑法也。歐之於蔡，文格迥異，而結篇則同。

歐陽修《胡先生墓表》及《石、孫二先生墓志銘》皆從虚處描寫而以實事點綴。然《胡表》、《石誌》就當身絢染，如蔡中郎《郭有道碑》；《孫誌》

① 欽，原作"飲"，今改正。

從旁面烘托，如《陳太丘碑》。則又同而不同。

“不問可知爲胡先生也”以上叙先生之師法，而只虛寫以見過化存神之盛。“路上嗟歎以爲榮”以上叙先生之歷官而仍回顧湖學、太學，以先生之爲名師也。末叙東歸之“送行者皆執弟子禮”，不惟絢染爲文章生色，而直激映上文“先生之徒最盛”句，打成一片。

《徂徠石先生墓志銘》

此篇較《胡先生墓表》尤爲閎肆，一起就徂徠先生借題生波，加倍渲染以振挈全篇，此尊題法也。寫先生之性行，運實於虛，虛處見神，實事取影。入後實叙其事，虛者實之。結以“魯人之欲也”，與起“魯人之志也”句相應，一氣呵成，見得鄉評之公而非出朋友之私，措辭得體。

《孫明復先生墓志銘》

起段叙先生之學行，爲全篇最精采處，從旁面烘襯而以石介爲正襯，以李丞相、孔給事爲陪襯。叙先生之出仕，借石介口中出“先生非隱者，欲仕而未得其方”，以束上挈下。

《石曼卿墓表》

《范、王兩文正碑》重事實，《胡先生表》，《石、孫兩先生志》，尚描寫，雖虛實不同，而同於叙述。至《石曼卿表》、《尹師魯志》則夾叙夾議，雖事實多，議論少，却不以叙述爲主，而以議論爲主。所以破皮相之論，明其人之真也。

“卒於京師”以上，虛籠大意而寫其人生平。中間“少亦以氣自豪，而不知其才之有以用也”兩句爲一篇之柱。以氣自豪，蓋盡人所見。落落可奇之石曼卿而才有以用，則歐公之所獨知也。一結重惜其才之有以用而不克施，抑揚感喟，得史公之神。

《尹師魯墓志銘》

《石表》重寫“其才之有以用”，而以“喜酒自豪，落落可奇，人人之所知”爲旁襯；《尹志》欲寫“天下未必盡知之”，而以“天下之稱師魯者非才能，亦未盡知之”爲反托。要以闢人云亦云之知，而以伸我之所獨知，則兩文所同也。

修於文無所不學，不惟學太史公，學韓退之，於古有獲。而《徂徠石先生墓志銘》震盪陵厲，而辭氣特爲矜張，即以仿石之學韓也。《尹師魯墓志銘》抑揚咏歎，叙次出以簡要，亦以尹爲文章簡而法也。

文章有集外之結構，如顧炎武《日知録》稱“劉夢得序柳子厚文集，曰凡子厚名氏與仕與年暨行己之大方，有退之之志若祭文在。”修志尹師魯墓，不云“近日爲古文自師魯始者，以有范文正公之祭文在，故不復詳”，而叙其知兵，以免重出。彼此照映，意不相犯。

《梅聖俞墓志銘》

歐公《梅聖俞墓志銘》可與韓公《貞曜先生墓志銘》參觀，《湖州長史蘇君墓志銘》可與韓公《柳子厚墓志銘》參觀。同是文人不遇，同是低回怨慕，而歐公有意别出一格，以見自家本色而不同於韓。韓雋桀廉悍，無筆不峭厲；歐切近的當，無語不坦迤。於此可觀韓、歐文之不同。

一起寫其病死，破空而來，極意形容問病送死之朝貴煊赫、車馬絡繹，爲下文以詩窮老反面烘托。銘詞跟志來，“非詩能窮人，殆窮者而後工”兩句一氣貫注，乃覺字字騰躍而出。

《湖州長史蘇君墓志銘》

梅聖俞人人皆知其才而無人能薦之起，蘇子美人人皆知其冤而無人能起其廢，皆爲才士之不幸。此歐公所爲低回永歎，如泣如訴，而深致其惋惜者也。然梅不過懷才不遇，而蘇且爲奸人所中，則蘇之不幸，抑尤甚焉。故《梅志》之辭婉，而《蘇志》之氣激。此歐公所以稱情而立文也。

銘分兩節，根“屈於生，屈於人間；伸於死，伸於地下”來。前節就“屈”而言，後節就“伸”而言。而又以“伸於死，伸於地下”自爲開合。

《河南府司録張君墓表》

以上所講諸碑誌，或實叙如《范、王兩文正碑》，或虚摹如《石表》，《胡、孫兩志》，或夾叙夾議如《尹志》、《石表》，而要以所志之人爲主，發潛德之幽光。蓋志墓之作，所以告千百世後不知誰何之人，章其懿美，而蕲於不毁其墓。此碑誌之正體。獨《河南府司録張君墓表》、《張子野墓志銘》則感喟於盛衰死生之際，自己發慨，而所志之人，不過如點水蜻蜓，煙波渲染，體同哀祭而非碑誌之正格。韓公《馬少監墓志》實爲之先路焉。

《張子野墓志銘》

此文與《河南府司録張君墓表》篇外互爲結構，它若《蘇子美文集序》與《湖州長史蘇君墓志銘》、《梅聖俞詩集序》與《梅聖俞墓志銘》亦然。

《黃夢升墓志銘》

歐公此文與《張堯夫墓表》、《張子野墓志銘》同一感喟於盛衰死生之際，而《黃志》就夢升一生之盛衰死生發慨，與《張志》之以盛衰死生發己慨者不同。

《黃夢升墓志銘》可與韓公《試大理評事王君墓志銘》參觀，皆寫豪士不得志以死，而性行各别，文格亦異。韓寫王以意氣自豪，歐陽寫黃以文章意氣自豪。韓寫王之意氣自豪分兩層："干諸公貴人"爲一層，"趨直言試"又是一層。歐陽寫黃則以文章爲一層，意氣又是一層。韓寫王之意氣，用正寫；歐陽寫黃之文章意氣，用反寫。韓文特琢煉生峭，而歐文隨筆曲注，出以暢肆。韓句短，歐句長。韓純叙事，歐則寓議論於叙事，而以唱歎出之，音節之美，句句可歌。

《瀧岡阡表》

此文一切事都從太夫人口中叙出而爲代言體，後來曾國藩《金陵湘軍陸師昭忠祠記》一切事都從諸將口中説出，略同此體也。

此文以太夫人爲主，然言太夫人必兼及崇公。而叙父之德，述自母之教；章父之所以爲德，即顯母之所以爲教。觀此可悟兩意並一意，一層化兩層之法。

下半篇歷叙得官、封贈，乃爲起段"蓋有待也"句渲染作一著落。神迴氣合，自然老成。

《祭資政范公文》

祭文之作，不出二體：其一四言，原本《詩》之"雅"、"頌"，韓退之祭文多仍之而出以刻劃，自爲變化。其二長短句，原出《楚辭》之《九歌》，賈誼《弔屈原文》、韓退之《祭田横文》皆學其體者也。至運散文之長短句，夾叙夾議以叶韻，錯綜震蕩，而變韓文之密栗堅峭者，自歐陽修始。如《祭尹師魯文》、《祭石曼卿文》其著也。

此文辭圓而勁，乃歐公本色文字。

《祭尹師魯文》

《祭尹師魯文》純係散文，與《祭石曼卿文》之雜以賦語者不同。

《祭蘇子美文》

《祭蘇子美文》蓋蛻韓退之《祭柳子厚文》而自爲變化。起句“哀哀子美，命止斯耶”，明用韓文“嗟嗟子厚，而至然耶”起語。《祭范公文》是宋格，此乃唐調也。

《祭石曼卿文》

歐公祭蘇、石兩文，騷情而非騷調。韓公《祭田横墓文》，騷調而非騷情。

《豐樂亭記》

秦觀言歐陽修《醉翁亭記》是《醉翁亭賦》，非記也。此固明於辨體。然歐陽公雜記雍容揄揚，皆有賦意。蘇東坡雜記抑揚爽朗，皆爲論筆。

《真州東園記》

《豐樂亭記》、《有美堂記》、《真州東園記》三文，皆以地方長官所營建而爲名勝，皆就所在地渲染生色，以爲文章。特《豐樂亭記》尊時，結穴於“所以安此豐年之樂者，幸生無事之時也”一句。《有美堂記》尊地，結穴於“錢塘兼有天下之美，而斯堂者，又盡得錢塘之美焉”一句。故《豐樂亭記》居今以追昔，而爲時間之比較。《有美堂記》由寬而漸緊，以爲空間之比較。此所以尊時、尊地有異也。至《真州東園記》則尊人而結穴於“三君子之材賢”云云一段。其實記事之文，不外時間、空間之錯綜，而人物經緯於其間。苟能善爲布置，出以匠心，於文章思過半矣。

《李秀才東園亭記》

此記亦就所在之地，渲染生色，與《豐樂亭》、《有美堂》、《真州東園記》同。特三記雍容揄揚以致其頌，綽有賦意。而此則流連低回，以發吾慨，却無賦意。《豐樂亭記》撫今追昔，以幸今日之太平；而此撫今追昔，以慨人物之非舊。《有美堂記》尊地以致美，而此則抑地以尊人。

《遊儵亭記》

《李秀才東園亭記》抑地以歸重於李氏，《遊儵亭記》則尊地以尊人。而稱其兄“胸中浩然，不以汪洋爲大，不以方丈爲局”，此真所謂方寸之木，可使高於岑樓也。是加倍渲染法。

《菱谿石記》

此記感於人物之廢興，而撫今以追昔，與《李秀才東園亭記》同一機杼。惟《東園亭記》撫今追昔，以發己慨；而此則撫今追昔，以爲世戒。用意微有不同。

《浮槎山水記》

此記以考證參議論，與《菱谿石記》同，是記之又一格。惟入後以“富貴之樂”、“山林之樂”，兩者不得兼，而致頌於李侯之兼取於物；則與《有美堂》之以山水登臨之美與夸都邑之雄富二者不得兼，而歸重於錢塘兼有天下之類，同一機杼。特《有美堂記》以地言，而此以人言耳。

《硯譜》

歷叙硯十一，不過隨筆寫去，若不經意，而其實匠心經營，分類叙次而出以錯綜變化。硯有石硯，有瓦硯，有天然之硯，有人造之硯，各自爲類。而以發墨、不發墨，反正相生，貫串十硯作綫索。其中石硯六枚，以端硯、歙硯爲尤有名，故以穿插六硯作波瀾，而兩相勘論之特詳，以爲主也。入後叙瓦硯，而總縮一筆，曰：“自是凡瓦硯皆發墨，優於石爾。”筆有斷制，而前後映帶；語無枝葉，老筆紛披。而有記事，有論斷，夾叙夾議，乃以太史公《遊俠》、《刺客》、《貸殖》類傳之法，而以記薄物細故，筆力嶄絶，此真大手筆也。可爲雜記文之正體，與以前諸記之托物寄興，借題抒慨者不同。蓋諸記以賦爲記，只是别裁，不如此之以傳爲記之正也。

《洛陽牡丹記》

《花品序》序花之品，四方互勘，而以洛陽爲第一，著重做“洛陽牡丹”四字，而推論所以，夾叙夾議。《花釋名》則叙而不議，歷叙洛花之名而釋其所以名。蓋極類叙之能事者也。類叙之法，蓋欲以簡單化複雜，而事物錯綜，以類爲分，則頭緒自明。韓退之《畫記》以人、馬、物分爲三類，歐陽修《硯譜》以石硯、瓦硯爲類，皆類叙也。而此《花釋名》則用兩法以爲類，起以氏，以州，以地，以邑，以旌其所異者，咸融於“以色”之中。而每一色又分爲千葉、多葉、單葉，不類而類，類而不類，可謂極錯綜複雜之妙。《風俗記》則以洛陽之俗，大多好花，樹骨、插花、觀花、進花，所以明其好也。而因推及接花、種花、澆花、養花、醫花之法，所以善其好也。結篇布局，似學《周官·考工記》。

《秋聲賦》

此賦借草木飄零之戕以秋聲，而反剔人之以知自戕，不待秋聲而衰老自至。因題發慨，以議論爲瀾翻，而寄意所在，乃在童子。歐陽子“悚然而聽”，而童子衹以“四無人聲”，淡淡作答，已恎主人之無端驚怪。及歐陽子長言永歎，而童子衹“垂頭而睡”。兩兩相形。又有慨於童子之不識不知，忘懷得喪，遠勝於已登高作賦，多愁善感，以無事尋事也。論其意境，勝於蘇子前後《赤壁賦》。蓋前後《赤壁賦》蜕老莊之意境，墮永嘉之理障。前賦入後一大段議論，著意翻騰，尤嫌費力。不如此文以“童子莫對，垂頭而睡”數語淡淡作收，耐人咀味也。大抵宋人作賦，喜參議論，非獨歐陽爲然。而歐公此賦，不拘律體，以破唐賦之規，别創一格也。

《與尹師魯書》

曾滌生每言“唐宋八家書牘，無可取者”。以其瀾翻不竭，好爲議論，而不近情理也。所以文章儘好，而書牘非體。歐陽公此書，隨筆抒寫，曲盡情事，而不矜文章，如十五好女粗頭亂服，自然嫵媚。韻致絶高，不失爲好書牘也。歐、蘇集中，自有好書牘，而選家則選其矜才使氣，議論瀾翻者，不知其於人情，失之遠矣。

《集古録目序》

强調健筆，作色張之，層折層緊，排奡跌蕩，蓋有意與韓争雄，略似韓之《獲麟解》、《龍説》筆意。然韓用力輕而有餘於力，歐用筆重而故張其勢。蓋一則境造渾化，一則力爲雄變耳。《獲麟解》以“祥不祥”翻騰作煙波，《龍説》以“靈不靈”翻騰作煙波，結篇雖同，而《龍説》轉换無迹，層波疊浪，尤臻渾化也。

《送田畫秀才寧親萬州序》

此文起勢雄遠，爲無結構之結構，小題大做，亦是一格。其氣調與韓退之《送董邵南序》相近。雖愈送董，特爲短幅，而永叔此序較長，然直起直落，寄興無端則一。惟《送田秀才序》發慨於沿途所經，以生煙波，《送董邵南序》則寄感於所往之地，以爲洄瀾。

後段“乃可愛也”之“乃”字，與上文“尚未爲山川之勝者”之“尚未”字相呼應，辭氣一貫。“當王師伐蜀時”，以“當”字作提筆，蓋出史公、左氏所無也。左氏多用“初”以追溯往事，史公好用“當”以振挈下文。

《五代史伶官傳叙》

此文前後以盛衰相形結篇，暗蜕賈誼《過秦論上》。特賈生發以瑰麗之詞，豪氣之邁，雄駿閎肆，自是先秦之遺。而永叔易以唱歎之筆，宕逸之致，紆折停頓，遂爲宋人之文。曾滌生《湖口縣楚軍水師昭忠祠記》篇法，又蜕永叔此序。

《釋惟儼文集序》

此序與《秘演詩集序》皆詳其身世，令讀者想見其爲人。乃以傳爲序，原本孟子“誦詩讀書，知人論世”之旨。唐人詩文集序多如此。推而上之，《文選》中任彦升《王文憲集序》亦傳體也。更溯而上，小學如許慎，史家如司馬遷、班固叙所著書，莫不如此。歐公此兩序開合動盪，妙能茹含，尤得史公之神。而兩人皆嗜酒，與曼卿交，故以曼卿相經緯，一筆渾灑，而鉤貫映帶，乃史公合傳法也。

《釋秘演詩集序》

《惟儼文集序》從惟儼側到曼卿，而爲互勘，筆勢平中帶側，借賓定主。而《秘演詩集序》從曼卿側到秘演，而綰合自身。《惟儼序》惜其將老，而《秘演序》則曰“予亦將老”。無限煙波，轉換無迹。惟儼與曼卿寫其異，秘演與曼卿寫其同，筆意變化，極縱横離合之致，匠心經營，而出以坦迤，如行所無事，文入化境。

永叔《兩釋詩文序》皆寫其有用世之志與才，而隱於浮屠無所用，皆以石曼卿爲絢染。而《惟儼文序》從惟儼出曼卿，先主後賓；《秘演詩序》從曼卿出秘演，借賓定主。《惟儼文序》寫曼卿、惟儼性行之不同；《秘演詩序》則寫曼卿、秘演性行之相契。《惟儼文序》以“惜其將老也已”致其慨歎；《秘演詩序》則以“余亦將老矣”並致其嗚咽。意相犯而筆不相犯，筆相犯而意不相犯，可以悟文章變化之法。

《蘇氏文集序》

歐公此文寫蘇子美之厄，而深致其惋惜，嗚咽之意，與韓退之《柳子厚墓志銘》同。雖一序一志，文體不同，而層轉層落，隨寫隨提，沈鬱頓挫，而出以渾浩流轉，則一色。惟同一夾叙夾議，而《蘇序》以議論爲經，叙事爲緯，《柳志》以叙事爲經，議論爲緯，體各攸宜。然其要歸於文章傳世，足以慰其生平之困阨，則又不同而同者也。

此文以“恨”、“惜”、“悲”三字爲一篇之眼，而“惜”與“恨”一正一反，自爲開合。論子美文章傳世，可以無恨；論國家之遺才，則深可痛惜。抑由“惜”字逼出“悲”字，全文節節聳動。

《五代史職方考序》

敘數十年之間，易世者五，列國以十數，其所當州郡分割，極頭緒紛繁之事，而極條次精整之能，提挈有法，指畫如掌。以視史公《漢興以來諸侯年表序》，雖雄鶩跌宕，遜其筆勢之奇；而簡嚴易直，自得史體之正。明人茅坤謂“史公所欲爲而不能”，未爲不知言。然於永叔文，則爲變格。蓋永叔固善學《史記》之宕，以妙造筆情之逸者也。

（原刊於《華中師範大學學報（紀念錢基博先生誕生百周年專輯）》，1987年出版）

東坡文講録

錢基博先生講　吴忠匡記

一九三八年秋，予侍先師無錫錢基博先生（1887—1957）教授湘中，先生爲諸生誦説韓柳歐蘇文，抉發文心，張皇幽眇，講筵側聆，曾爲之記。程子云："以書傳道，與口相傳，煞不相干。相見而言，因事發明，則並意思一時傳了，書雖言多，其實不盡。"其言甚是。兹所記録，不過存先生講説之萬一爾。

宋人之文，所以異於唐者，遣言措意，切近的當，不惟無齊梁綺靡之語，抑亦袪韓柳茁軋之習。紆徐委備，往復百折，而條達疏暢，無所間斷；氣盡語極，急言竭論，而容與閒易，無艱難勞苦之態；此蘇軾與歐陽修之所同也。惟歐陽修俯仰揖讓，妙能茹含，而引人吟味；蘇軾跌宕昭彰，善於透闢，而發人深省。歐陽修工於唱歎，雖頌美之文，亦發以唱歎；軾則好爲嘻笑，雖羈愁之文，亦出以嘻笑，蕭然物外，逸趣横生，栩栩焉神愉而體輕，令人欲棄百事而從之遊焉。

策　類

策之爲言設計也。蘇氏爲策，必先極陳當世之弊，而後自出議論以陳救弊之策，然後語無汎設，辭來切今，其原出於西漢賈鼂。

蘇氏父子策論，按之上古，驗之當世，原始要終，究切利害，欲坐而言以起而行，足以抗衡周秦諸子，而成一家之言。

宋人策論，蘇氏父子外，秦觀、葉適皆不墮空論，亦有可觀。

《策略一》（自斷），先陳時弊而後説救弊之方。《策略四》（破庸人之論）則先提救弊之方而後切究時弊以推其所以。

《策略五》（結天下之心），先陳養安無事之弊而後陳救弊之策，與《策略一》同。惟《策略一》凴空發論，此則觀之上古，驗之當世，上下古今，往復百折，特詳於論古而略於驗今。一入本朝，條舉五事以陳辦法，而不復詳闡其所以，蓋其所以陳此辦法之故，已詳於論古，反復已盡，故祇以“方今治平之日久矣”承上“養安無事之可畏”，虚逗一筆，此詳略之法也。

東坡《策略》，每以一意經緯諸篇，如《策略一》提一“動”字爲諸篇之綱。《策略四》“破庸人之論，以開功名之門”，所以鼓天下之動，必先“通上下之情”，而有《策略五》焉。反復陳説，亦只是動與不動。“非經營禍亂之足憂”，動也；以“養安無事爲可畏”，不動也。一意經緯，原始要終，此諸子著書之法。

《策別八》（決壅蔽），先論壅蔽之害，而後陳所以決之之方。觀之上古，驗之當世，與《策略五》同。由無壅蔽而説到有壅蔽，由有壅蔽而説到壅蔽之所在，然後陳二策以決之，反正相生，層轉層深而語有歸宿。議論之文，當以爲法。

《策別十一》（無沮善），先陳無沮善之策，而後推論時制之足以沮善者有二：一曰“用人以必得”，如“制策之及等、進士之高第，一日之間而決取終身之富貴”是也。一曰“絶人以必不可得”，而又分爲三，以歸納入二類：“州縣之吏，一陷罪戾則終身不遷”，“府史賤吏，補之外官而限其所至”。此二者用之則不宜絶也。“入貲而仕”，則絶之而不宜用也。前半篇推明善之何以無沮，憑空發論，看似羌無故實，其實洞明世故，融貫史實而抒爲抽象之理論，此所謂言之有物，持之成故也。東坡之論，皆是如此，豈必侈考證、羅名物而後言之有物哉！吾見考據家之文，往往詳證博引，語無歸宿，愈侈爲有物，愈見其中枵耳。

《策別十八》（省費用），一起陳“天下未嘗無財”，脱胎賈山《至言》而稍變其意。賈山以周秦爲互勘，而蘇則以周之盛衰互勘，用其意，用其調，而變其事，此可悟用古變化之法。此篇前半原財用之不足，由於用之不省，則所以足之之策，惟有省財用，陳弊而策已具。然後往復推論，入後列陳可省之目，議論明切而不涉於泛。

《策別二十》（蓄材用），第一段陳“無材用”之弊，反逼題中“蓄”字，近逗下段“致”字。第二段陳“蓄材用”之策，而所以不得蓄，由於不得致，故吃緊在論所以致。全篇前後究切時弊，而中陳救弊之策，局陣稍變。無才必先致才，致之以名，較之以實，擇其才也。蓄以待用，此蓄之之義也。題中蓄字，全篇未嘗一見，前言所以致，末言所以較，而篇中“多致天下之才而擇之，以待一旦之用”一句虛逗“蓄”字，如雲中龍露一鱗一爪，而神情躍躍，文字極伸縮離合之妙。

《策別二十一》（練軍實），先論古代民兵之制，以反形後世募兵之弊，然後按切當世而陳救弊之策。由三代而後世而今日，順歷史自然之演變，前後相形，以遞推勘，水到渠成，自成章法。此順遞以結篇者也。

《策別二十二》（倡勇敢），逆折而入，獨抒所見，陳勇敢之如何倡。然後折到勇敢之不倡，而極陳今日之弊。《練軍實》妙在徵實而不爲誦數，《倡勇敢》妙在泛論中有實理。破空而來，曲折縱送。其神遠，使人莫測其發端所由；其氣直，使人不覺其轉換所在。匠心經營，細意部勒，極結構之文而極變化之妙。

論　類

策以策今，可援古以證今；論以道古，亦託古以諷今。賈誼《過秦》而卒之曰：“觀之上古，驗之當世，參以人事，察盛衰之理，審權勢之宜。”東坡之策以此，論亦以此。惟策之援古以證今，其旨在證今；而所以援古者有二道：明引古事，如《練軍實》之明證古者兵出於農；《教戰守》之明證唐去兵而致安禄山之禍一也。隱括史實，如《倡勇敢》之言倡，《策斷》之言計二也。至論之所爲作，如《荀卿》、《賈誼》、《鼂錯》諸論，雖意或諷今，而論不離古。而所以論古者亦有二：或借論一事以推類其餘，如《周平王東遷論》、《魯隱公論》、《秦始皇論》是也。或假設一例，以網羅史實，如《戰國任俠論》、《大臣論》是也。雖論一人一事，而要非爲一人一事而發，蘄於囊括古今，觀其會通，而有以見天下之賾，人情之隱。知此者乃可增長史識而與論古以推陳出新，豈陳陳相因以漫爲嚼死人哉！

《荀卿論》，題内無文，事外有致，論一事而必知他事之相爲因果，論一人而必知他人之互受影響。論荀卿而上推孔子，下及李斯。荀卿，孔子之徒，而李斯，荀卿之弟子。然荀卿自託於仲尼之徒，孔子不敢放言高論，荀卿則“喜爲異説，敢爲高論”，明白相承，其實相反。李斯師荀卿，“於其師之道，不啻若寇讎”。“荀卿明王道，述禮樂，而斯以其學亂天下，其高談異論，有以激之也”。看似相反，其實相承，一反一正，兩面烘託，而荀卿之爲人，躍然如見。

《韓非論》論韓非而原本老聃，猶之論荀卿而上推孔子。惟荀卿之於孔子，學派相承，宜同而異；韓非之於老聃，流别有異，似異而同。反正激映，各極其致。

《范蠡論》，范蠡“身退而心不能自放”，魯連“貧賤而輕世肆志焉”，則身退而心能自放者也。論荀卿而以孔子爲烘託，論韓非而以老聃爲烘託，學術之相關也。論范蠡而以魯仲連爲烘託，性行之相類也。然荀卿之於孔子，相承中論其不相承；韓非之於老聃，不相承中看出相承；而范蠡之於魯連，同一功成名遂，潔身以去，則於相類中明其不類。論之爲言倫也，辨析異同而明其倫類，此治學之要，亦作論之秘耳。

一張冷面孔，却是一片熱心腸。

《周平王論》，借東遷以明遷都之未有不亡，網羅史實，而平王東遷，隨手穿插，如蜻蜓之點水，如畫龍之點睛，不黏住本題，而亦不抛荒本題，文章極離合之妙。《韓非論》吃緊做“所由”二字，此則吃緊做“未有”二字。古人文字，無不胸中先有全局而後下筆。

文中“其餘避寇而遷都”四句，上下不接，而見佐證於末段，此斷續之筆也。

《魯隱公論》兼及晉里克、秦李斯、魏鄭小同、晉王允之，只是論小人不可與作緣，君子之宜見幾而作；與《周平王東遷》皆雜引古事，錯綜成篇。而《周平王東遷》論自古遭寇難，或遷或不遷，相爲勘論，猶是反正相形；《魯隱公論》自古受小人之禍，似類似不類，通其倫類，尤極錯綜之妙。《荀卿論》、《韓非論》借一人以推類其他，以人爲主；《周平王》、《魯隱公》借一事以推類其他，以事爲主。

《伊尹論》，只是憑空發論，自抒所見，伊尹不過藉以自證其所見之有據。莊子、孟子援古以立論，皆是如此。豈真張皇古人，祇是自抒其抱負，自證其識。此姚惜抱所以謂"論原於古之諸子，各以所學著書詔後世"也。

《留侯論》，與《伊尹論》皆吃重"所挾持者甚大"。《伊尹論》之"狹天下"即挾持甚大之義也。惟《伊尹論》以明"高世之行"，不顧天下之所盡顧；《留侯論》以明"過人之節"，能忍天下之不能忍。《伊尹論》從《孟子》"非義非道，禄以天下不顧"之論生出；《留侯論》從《孟子》"王請毋好小勇"之論生出。惟《伊尹論》明引而别出一義；《留侯論》暗胎而意無所更。可悟古人讀書得間，運古入化之法。論留侯，著論遇圯上老人，闕其受書之罔，而誦其納履之忍，忽出忽入，忽主忽賓，忽斷忽續，而納履一事，祇隨文勢帶出，不再作正面文字；亦如論伊尹，著眼於廢太甲，亦祇隨文勢帶出。蓋以自己議論爲主，以題事爲證，此作論之又一法也。

"且其意不在書"句乃上文收筆，非下文提筆，獨成一意，與上下文意似不相稱，而其勢相連，惟太史公書有此神來之筆。

書牘類

曾滌生每論書簡文字，推王右軍，以謂唐宋八家集中書簡非正宗，以其長篇大論，刻意爲文，愈是好文字，愈不近情理。然如歐陽修《與尹師魯書》及蘇軾《答李端叔書》，信手拈來，不成片段，極瑣碎之文，而極高渾之致，極本色之語，而極詼詭之趣，超然淵覽，而出以蕭散，不爲矜張，又極洞明世故，此等意境，却於魏晉人書簡文字以外，别闢蹊徑。其他歐蘇集中，盡有好尺牘，惟不能於長篇大論、人人傳誦之古文中求耳。

所謂高渾之致者，有篇章之高渾，有氣韻之高渾，兩者能相兼者，厥惟

《史記》。魏晉人文字，氣韻高渾，而篇章未能也。極瑣碎之文，而極高渾之致者，後世惟歸有光志傳雜記時有之。

書犢如此，家書尤須如此。自來家書之極本色而又極詼詭之趣者，以鄭板橋家書爲首選。曾滌生、左季高皆有家書，左之本色中有倔强豪放之意，不比曾之猶有矜張也。

《答李端叔書》，此書信筆書意，别趣横生，妙在極老實之語，而得詼詭之味，此其所以本色中有别趣也。同時惟黄山谷尺牘，後來惟鄭板橋家書，同其詼詭而不害老實。

贈 序 類

君子贈人以言，贈序蓋書牘之别體，惟書則瑣聞細事，隨筆抒寫，不必成章以出，長篇大論，轉爲非體。而贈序則就其人其事成章以出之，義主諷規，不害議論。東坡工議論，尤善設喻，其原出於孟子之告時王，忠告善道而或出以婉諷，或抒爲切論，於贈序爲宜。而究其所以設喻者有二：或援古以況今，如《太息送秦少章》是也；或託物以取譬，如《日喻贈吴彦律》、《稼説贈張琥》是也。妙在援引史實，屬辭比事，能近取譬；尤巧構思，他人所百思不到者，既讀之而適爲人人意中所有，軒爽洞達，如與曉事人語，中邊俱徹。雖曰贈序之作，只是策論之技。

《太息送秦少章》，爲送秦少章而作，却著意做“太息”二字，以致嘅於士習。起援孔融“今之少年，喜謗前輩”語爲當代士風作一影子，入後一層緊一層，由孔融、盛孝章跌到歐陽修，由歐陽修跌到自己，由自己跌到張文潛、秦少游，由張文潛、秦少游跌到秦少章，借賓定主，急脈緩受，極憤慨之情而極遊衍之致，紆徐往復而工唱歎，蓋有意學歐陽者也。

《日喻贈吴彦律》，蓋以勉士於學而引孔子言“君子學以致其道”作一篇主骨。設爲兩喻：日以喻道之可致而不可求，没水以喻致道之必以學，而學之必以日積月累以俟其自至，如没水者之日與水居也。“日與水居”之居，亦承“百工居肆”之居而來，喻雖兩設而意則一貫；而以“孔子曰”關鎖兩喻，入後乃拍合吴之有志於學以點明作意。急脈緩受，結篇與《太息送秦少章》同。

《稼説贈張琥》，亦勉人於學而與《日喻》之所以爲勉者不同：《日喻》以戒士之應舉者求道而不務學，《稼説》則以戒士之得舉者自足而不求學。《日喻》之意詼詭，《稼説》之辭惕厲，一莊一諧，各極其致；而先遊衍後緊湊，則兩篇之佈局相同。

碑 傳 類

東坡之文，工於策論，疏於碑傳。策論則橫放桀出，實能以條暢臻雄恣，焯有波瀾；碑傳則平鋪直叙；未能提拔出精神，實傷冗絮。憔《表忠觀碑》氣躋蒼堅，辭能勁斂，卓犖爲集中之冠。其次《萬石君羅文傳》仿韓愈《毛穎傳》，雖遜其古茂而得其波瀾；又次則《富鄭公神道碑》，代張文定公作《故龍圖閣學士滕公墓志銘》，又《趙康靖公神道碑》，雖差有振提，而已傷爛漫。至於《陳公弼傳》、《司馬温公行狀》、《范景仁墓志銘》、《張文定公墓志銘》、《趙清獻公神道碑》雖爲《宋史》諸傳所本，而辭煩不殺，不知所以裁之，剌剌生厭。獨《方山子傳》以議論爲煙波，《亡妻王氏墓志銘》絮而不冗，淡而能摯。條達是其所長，簡潔是其所短，可以抒議論而不可以作碑傳。

《方山子傳》，頓挫往復作一筆書，真有水到渠成之樂，想見文入妙來無過熟，熟極而流之境，看似實叙，只是以議論爲機杼，脱然畦封，神氣畢出，可謂筆妙，然而非體，只似贈序而不得謂之傳也。如必謂之傳，亦只是太史公一則傳贊而擴充篇幅耳。

《表忠觀碑》，論文格，於東坡爲别裁，論作法，仍東坡之本色。碑明觀所以作之由，不得不寓議論於叙事，以申表忠之義。特以趙抃之奏已詳，故剪裁趙奏以見議論，而寓堅蒼古厚之韻，於抑揚爽朗之中，筆老而韻流，真乃力撫西漢者。東坡集中，殊所罕見。

《潮州韓文公廟碑》，乃運四六於散行，而以散行疏其氣，以四六植其骨者也。

“自東漢以來”至“所不能者人也”一段，隱括韓公生平以爲首段實證。蓋首段極意張之，不免夸大，如無此段證實，無徵不信，則成膚詞廓調矣。此文章之虚實所以貴相生也。

雜 記 類

東坡雜記亦以議論爲主，而引物連類，參以賦意。以賦爲雜記，亦昉歐陽修。惟歐陽修好爲唱歎，其情幽眇，一唱三歎有餘音；而蘇工於語言，其趣曠真，洞爽軒闢無遺意。軾以議論爲賦，融理入景，以境爲主；而以議論作記，隨題生波，以事爲經。

《超然臺記》，主議論，乃論説文先斷後案，與《荀卿》、《留侯》諸論同一格局，而記事不過以爲案證耳。記事亦呼應起段，而以議論爲瀾翻，無所往而不樂，其旨在齊哀樂，與《赤壁賦》同。惟《赤壁賦》極樂生悲而得超悟，此則不樂能樂，以遊物外；《赤壁賦》賦意多，此則議論多耳。入後放意肆志，稍參賦意。“放意”句承上“遊於物之外”句來。

《醉白堂記》，純以議論爲主，先記後論，乃論説文之先案後斷，與《周平王東遷》、《魯隱公》、《范蠡》諸論同其格局。其旨在遊物外以齊哀樂，與《超然臺記》同。惟軾之自錢塘移膠西，不樂能樂，固人之所疑，而韓公之相三帝，安天下，樂而不樂，亦人之所未易曉也。

《遊桓山記》，蓋有激而發，或爲王安石與謝安石争墩而發。安石爲相，不理於人口，而士大夫之禍日急，故以桓魋害孔子爲況。魋以桓山而惡不磨，正以刺安石爭墩而亦必遺臭也。通篇抑揚頓挫，句不協律，無一賦語而却是賦格。歐陽修《醉翁亭記》，以賦爲雜記而有賦語；東坡此記，亦以賦爲雜記而不作賦語。神而明之，存乎其人。

《石鐘山記》，以繪聲爲主，而以寫景爲渲染。中間以“余方心動欲還”，跌出“大聲發於水上”，筆情酣足。看似實叙而中寓辨難，乃是一篇疏證文字，而煙渡無際，絶無漢學家誦數之習，此真神化之筆。

《記承天寺夜遊》，東坡雜記，有寂寥短章而涵虚神於實叙，意到、筆到、神到，字裡行間，自然韻流，有在筆墨蹊徑之外者，如《記承天寺夜遊》、《題鳳翔東院畫壁》，似約而豐，似寂寥而酣足，筆惰蕭閒，其原蓋出《檀弓》。須看他意在筆先，神餘篇終。東坡勸黄山谷熟讀《檀弓》則文章自好，知其用力者深矣。

賦　類

東坡之策論，以議論抒抱負；東坡之賦，亦以議論抒抱負。惟策論重在論事，茹古涵今；兩賦蕲以明理，體物寫志。而要原於洞明世故，練達人情，題材不離於眼前事物而識見不囿於眼前事物，此所以愜心貴當，如人人意中所欲言。

東坡之賦，體物而言志，固爲比興；東坡之論，援古以況今，亦何嘗非比興。惟東坡之論，極言竭論，往復百折，其體勢原於孟子；東坡之賦，體物寫志，縹渺多姿，其原出於莊子。

賦之爲言鋪也，鋪文侈藻，體物寫志也。兩漢之賦，志在鋪文侈藻，以博麗爲雄茂；魏晉之賦，多偏體物言志，以蕭散易茂典；而東坡之賦，則原本魏晉而不同兩漢，雖仍主客之體，而出以秀美之致。

《前赤壁賦》，境則水月流光，情則哀樂相生，理則物我共適，却從哀樂之相生以得悟，即水月之流光以指點，眼前景物，情境兩融。全文分三段：第一段寫樂，自篇首至“望美人兮天一方”。第二段寫樂極悲來，自“客有吹洞簫者”至“託遺響於悲風”。第三段寫因悲生悟。

歐陽修《醉翁亭記》以賦爲雜記，蘇軾前、後《赤壁賦》以雜記爲賦。

《後赤壁賦》，以“曾日月之幾何，而江山不可復識”反挑《前赤壁賦》“自其不變者而觀之，則物與我皆無盡也”作翻案文字。以“顧而樂之”起，以“赤壁之遊樂乎”結，而中間著一“悄然而悲”，通篇亦以哀樂相生。然前賦之“如怨如慕”，哀從客生；後賦之“悄然肅然”，悲從中來。哀從客生，得己以解；悲從中來，索解不得；故前賦入後著議論，後賦更不著議論，衹以“一鶴横江”見意，見得己之囿於眼耳鼻舌身意，哀樂無端，不如鶴之縱翱翔之所如，齊哀樂而大適，坡之所悲，鶴之所笑也。前賦看似超悟，而意尚淺露；後賦衹是叙述，而意更超絶。

《黠鼠賦》　《赤壁賦》就景之幻變，以齊哀樂；《黠鼠賦》就物之機智，以齊智愚。《赤壁賦》叙述多，點化少；《黠鼠賦》議論多，叙述少。

《颶風賦》　《赤壁賦》善叙述，《黠鼠賦》主議論，而《颶風賦》鋪張排比，於賦體爲近。《赤壁賦》齊哀樂，《黠鼠賦》等智愚，而《颶風賦》則齊大小，其意襲《逍遥遊》。昔姚惜抱以謂論辨類原出周秦諸子，各以所學著書詔後世；而吾則謂東坡之賦，引物連類，即小以喻大，理趣洋溢，其原亦出諸子著書，不僅論辨也。惟東坡之論，原出諸子之孟荀賈董；而東坡之賦，原出諸子之莊列。此以見讀書多，積理富，而驗之物理，體以人情，自能相題行文，無旋不宜耳。

四　六　類

東坡四六，委曲旁達，以議論爲波瀾，抑揚爽朗，一洗西崑楊劉拘對組儷之習。歐陽修《六一詩話》稱東坡四六，述叙委曲精盡，始得斯人，及見爲幸。其原出於陸贄，雖是四六述叙，而明切事情，卷舒自在，則與策論，波瀾莫二。然四六之變楊劉，實始歐陽修而成於蘇。楊劉承李商隱而謹四六之格，歐蘇原本陸贄而破四六之體。楊劉比附古典而語必己出，歐蘇鎔鑄成語而裁以新意，語句不妨現成，氣調必出生拗。邵博《聞見後録》卷十六曰："本朝四六，以劉筠、楊大年，爲體必謹四字六字律令，故曰四六。歐陽公深嫉其體，俳曰四六非修所好，少爲進士時不免作，及第遂棄不作。如公之四六云：'造謗於下者，初若含沙之射影，但冀陰以中人；宣言於庭者，遂肆鳴梟之惡音，孰不聞而掩耳。'俳語爲之一變。至蘇東坡於四六則曰：'禹治兖州之野'云云，其力挽天河之力以滌之，偶儷甚惡之氣一除，而四六之法則亡矣。"

《乞校正陸贄奏議上進劄子》，東坡四六，妙能以議論爲叙述，即如《賀河平表》、《乞校正陸贄奏議上進劄子》，茹古涵今，紆徐委備，而出以抑揚爽朗，夾叙夾議，一氣卷舒，脱盡排比組偶之迹。

《謝南省主文啓·王内翰一首》，東坡之文，只是上下古今，以善生發爲議論。此首只是尋常謝啓四六，而以議論爲頌諛，頌本朝取士之備，頌内翰知遇之難；尤妙在寓身價於頌諛，頌人即以自頌。頌本朝取士之備，則論取士之道，古難其全，以見己之爲全才也；頌内翰知遇之難，則論直言無忌，對所不悦，以見己之爲直士也。然而措辭有體，寓抗於卑，不令人嫌。

東坡書牘之不爲四六者有二：其一急言竭論，有識有筆，同策論之氣體，如《上富丞相書》、《上韓太尉書》、《上王兵部書》、《上劉侍讀書》、《上知府王龍圖書》、《上梅直講書》、《應制舉上兩制書》，抗其氣，振其詞，於文章則健筆，於書啓爲非體，而唐宋八家書之入文集者皆如此。雖似有識有筆，而實不情不理。其一隨事抒懷，不衫不履，乃書簡之正宗，如《與謝民師推官書》、《答張文潛縣丞書》、《答李廌第二首》、《管舒堯文尺牘第二首（黄州）》、《答畢仲舉尺牘第一首（黄州）》。觀其《與謝民師推官書》曰："文理自然，姿態橫生，孔子曰：'言之不文，行之不遠。'又曰：'辭達而已矣'。夫言止於達意則疑若不文，是大不然。求物之妙如繫風捕影，能使是物了然於心者，蓋千萬人而不一遇也，而況能使了然於口與手者乎！是之謂辭達。辭至於能達，則文不可勝用矣。揚雄好爲艱深之詞，以文淺易之説，若正言之，則人人知之矣。此正所謂雕蟲篆刻者！"韓愈喜稱揚雄，爲文章力摹心追，而東坡則以艱深文淺陋譏之，不以奇文奧句爲尚，此宋文之所以異於唐，而東坡之别出於韓以自名家者也。

（原刊於"四川大學學報叢刊"之六《蘇軾研究專集》，1980 年 11 月出版）

《史記》講録

一九三八年，余侍先師無錫錢基博先生（1887—1957）教授湘中。明年暑假，先生應國民黨南嶽抗日幹部訓練班教育長李默庵將軍之請，有南嶽講學之行，無錫高君昌運與余實從。至則寓舊聖經書院三日，先生爲講兵家孫子書，援古證今，暢發“先爲不可勝，以待敵之可勝”之旨，以謂：“勝負何常，禍福相倚。倘知日本之勝不貴久，斯可以知日本之必可敗；知我國之勢不終敗，斯可以知抗戰之必可勝。”其後本此以著《孫子章句訓義》一書。講事畢，因登嶽頂，觀日出，宿上封寺者又七日。入夜，涼風習習，雲海茫茫，一燈晶熒，諸天肅穆，先生樂焉，因爲吾兩人誦說《太史公書》，究極其旨趣，探討其文章，寺僧智圓亦每預聞。余爲志其概要。一九五七年十一月，先生以咽喉之疾遽歸道山，越十年而昌運復下世。記《二程語録》：“伯淳嘗與子厚在興國寺講論終日，而曰舊日曾有甚人於此間講此事。”言念昔遊，怳兮如昨，而奄忽幾五十年於茲矣。因發篋取舊記理董一過，自卷首《五帝本紀》至卷八十《荆軻列傳》，凡三十事，爲海内成學治《史記》者考覽焉。

1.《堯本紀》：堯曰："悉舉貴戚及疏遠隱匿者。"衆皆言於堯曰："有矜在民間，曰虞舜。"《集解》引孔安國曰："無妻曰矜。"蓋非也。矜字《説文》作"矛柄"。孟子曰："使諸大夫國人皆有所矜式。"則矜字乃敬也，有可持之意。有矜在民間者，民間相矜式於舜也。蓋舜之能和以孝，彌謹而篤，民間早有聲聞，用相矜式也。故堯曰："然，朕聞之也。"安國解"無妻"者，以下文有"堯妻之二女"句故云，不免穿鑿矣。

2.《夏》、《殷》、《周本紀》皆剪裁《詩》、《書》以成文，尚未見史公筆法。

3.《項羽本紀》："夫搏牛之蝱，不可以破蟣蝨。"諸解模胡。蓋謂蝱之欲搏牛者，不以破蟣蝨，非不可也，乃不欲也，志在大不在小也。喻欲滅秦，不一戰勝章邯軍也。

4.《項羽》、《高祖本紀》寫高祖多涉神怪。如《項紀》之"范增曰：吾使人望其氣，皆爲龍虎成五采"，楚迫漢軍睢水上，"圍漢王三匝。於是大風從西北而起，析木發屋，揚沙石，窈冥晝晦，逢迎楚軍。楚軍大亂壞散，而漢王乃得與數十騎遁去。"《高紀》之"其先劉媪嘗息大澤之陂，夢與神遇。是時雷電晦冥，有蛟龍於其上，已而有身。"又高祖"醉卧，武負、王媪見其上常有龍。"又"嫗曰：吾子白帝子，化爲蛇當道，今爲赤帝子斬之。嫗忽不見。"又"吕后曰：季所居上常有雲氣"云云，皆以實證項王"天亡我，非戰之罪"一語。而《高紀》："高祖病甚，良醫入見，高祖嫚罵之曰：吾以布衣提三尺取天下，此非天命乎！"物證旁證之不足，並借高祖自己口中喝出"此天命"語，與項王"非戰之罪，天亡我"語兩相炤映，言下見得高祖並無功德，所以得天下，不過命當貴，得天獨厚耳。

5."高祖道逢得孝惠、魯元，乃載行。楚騎追漢王，漢王急，推墮孝惠、魯元車下，滕公常下收載之，如是者三。"雖爲忙中偷閒之筆，實與後段"項王欲烹太公。漢王曰：吾翁即若翁，必欲烹，幸分我一杯羹"同一綫路，以反貼"漢王聞義帝死，袒而大哭"段，一骨肉至情，一項氏所立帝，一忙迫，一閒中，而用情判若兩人，此皆史公用心處。然此兩節又可與項王"坑新安及田榮降卒"對看，項王不仁，漢王豈得謂仁乎！而項王坑卒屠城，又可與"歸漢王父母妻子"對看，活繪出項王"婦人之仁"。

6."項王瞋目叱樓煩"及"垓下斬將"，皆極寫項王。"渡河沈舟破釜，大破秦軍”，與“垓下，項王笑曰：籍與江東子弟八千人渡江而西，今無一人還”遥相呼應。

7. 項王封天下侯王，敘其事功，史公補叙法，亦附傳法也。

8. “此沛公左司馬曹無傷言之，不然，籍何以至此。”寫項王之剛直不善用人，而爲後來陳平設計反間范增做勢。

9.《高紀》：“遂西入咸陽，欲止宫休舍，樊噲、張良諫，乃封秦重寶財物府庫。”一語點破鴻門宴高祖飾詞。

10. 高祖臨卒，應吕后問相之對，乃史公極寫沛公知人處，以應高祖“吾能用三傑，故得天下”段。

11. 項王既殺宋義，“諸將皆慴服，莫敢枝梧。皆曰：首立楚者，將軍家也，今將軍誅亂。”此句下即接“乃相與共立羽爲假上將軍”。語不相接。范雲吉曰：“此未了語，正得諸將莫敢枝梧神理。”亦叙次便捷處。

12. 漢高得天下，大赦行封外，古昔聖王規制，一切未聞。其置酒未央，則群臣呼萬歲，大笑爲樂。又“高祖崩，四日不發喪①，吕后與審食其謀曰”云云皆是也。

13. 高祖擊布過沛，悉召故人父老子弟縱酒，自爲歌詩，可與項王垓下之歌對看。項王兵敗垓下，英雄末路；高祖底定天下，威加海内，宜其志得意滿，孰意諸將紛叛，東征西討，不遑寧息，“安得猛士兮守四方”，蓋亦傷心蒿目之甚也。

14. 班氏《漢書·高帝紀》與《項籍傳》事迹文字，多刊《史記》之文而添減其助詞。《史記》俊邁恢奇，《漢書》秩然嚴整；《史記》義必相輔，氣不孤伸，感慨憤發，多弦外之音，《漢書》正面叙述，忠實報道，後代史家之例，皆由此出。就文論，推《史記》；就史論，首《漢書》也。

15.《吕后本紀》寫吕后之酷毒，至斷戚夫人手足，去眼煇耳，飲瘖藥，使居廁中，命曰人彘。又幽殺少帝及趙隱王如意、幽王友，雖紀實，寫吕后却仍在高祖“分我一杯羹”一語上生發騰挪也。《漢書》全不載。

16.《孝文本紀》於張武口中再點出高祖所用大將“習兵，多謀詐”而已。於宋昌口中追叙“秦失其政，諸侯豪傑並起，人人自以爲得之者以萬數，

① 喪，原作“表”，形近而誤，今據《史記》改。

然卒踐天子之位者，劉氏也”，再喝出“此乃天授，非人力也”，仍與《項紀》、《高紀》前後互應以爲脈絡。

17.“薄昭還報曰：信矣，毋可疑者。代王乃笑謂宋昌曰：果如公言。”一笑字見得代王無限喜悦，神情躍然，而爲後來一再遷封宋昌占地步。

18.“孝文帝從代來，即位二十三年”一段所叙列，視前諸段爲小，故總束於後。韓歐墓志，多用此法。《漢書》置入論贊，並啓唐宋八家及桐城義法。

19.“帝欲自將擊匈奴”，特筆也。史公於未竟行之事而特著之，皆極意匠心處。

20.《孝景本紀》，《史》《漢》頗見詳略，而《史記》不免闊略。方望溪謂申屠嘉、周亞夫皆以卒書，信乎此紀之爲褚少孫所補，太史公實録多直筆，此類不宜曲諱也。

21.《孝武本紀》，衛宏云：“史公紀孝景，極言其短及武帝過，帝怒削去。此紀乃元成間褚少孫取班書補之者。”顏師古則謂“褚少孫不至是愚陋謬妄，張晏定爲褚先生補，亦臆説也。”紀中多述封禪敬鬼神之祀，漢之孝武，後世以儗唐之太宗，乃帝王之英傑，萬代之冠冕，豐功偉烈，照耀萬世。此紀艸率殊不稱。《漢書》頗完整，隱約處亦得史公之似：“元朔六年六月詔曰：今大將軍仍復克獲，斬首虜萬九千級，受爵賞而欲移賣者，無所流貤，其議爲令。”傳注者以應劭之説爲是，蓋謂軍吏之受爵賞多者，欲移賣與而苦無明文規定，無法移賣，臣下其妥議之之意。於是有司乃請置武功賞官，以寵戰士，名曰武功云。“元狩六年六月詔曰：日者有司以幣輕多奸。”此可用鼂錯奏中“其爲物輕微易藏，此令臣輕背其主而民易去其鄉，盜賊有所勸亡，逃者得輕資也”諸句爲注，諸家注未透切。“元封元年冬十月，遣使者告單于曰：南越王頭已懸於漢北闕矣，單于能戰，天子自將待邊，不能，亟來臣服。何但亡匿幕北寒苦之地爲？”揚兵耀武，盛氣淩人，頗見漢家威儀。“天漢三年春二月，初榷酒酤。四年秋九月，令死罪入贖錢五十萬，減死一等。”不言國家財用竭，不足以奉戰士，而府庫之空虚自見。武帝勤於巡幸封禪，豈不以開疆拓土，連歲用兵，以祈天之佑福，抑以民死争戰，扶循以示惠好耶？

22.諸表序，文見於此，起義在彼，跌宕昭彰，文詞軼蕩有奇氣。其中以《六國表》、《秦楚之際月表》爲最。《六國表》“《傳》曰：法後王”段，蓋以漢興一仍秦法而不返諸古，史公傷之，不敢正言，因詭其詞以見意，非果以秦爲可法也。又稱“論秦之德義，不如魯衛之暴戾者，量秦之兵，不如三晉之强也。然卒并天下，非必險固便，形勢利也。蓋若天所助焉。”以天助歸之秦，而以德義與兵兩層不如夾出，正與《秦楚之際月表》“以德若彼，用力如此”兩語對照，爲漢作影子。而卒之曰“戰國之權變，亦頗有可采者，何必上古！秦取天下多暴，然世異變，成功大，傳曰法後王，何也，以其近已而俗變相類，議卑而易行也。”意尤躍然，以見秦取天下多暴，而爲漢所取法，漢之治天下，不過承戰國之權變，襲秦之故耳。

23.《建元以來王子侯者年表》：“太史公曰：盛哉，天子之德！一人有慶，天下賴之。”語峭而盡刺諷之能事。

24.《禮書》、《樂書》蓋皆著禮壞樂淫、無復三代之氣象而重致其感慨。所以有“豈人力也哉”之歎，“讀《虞書》而流涕也”。

25.《禮書》云：“叔孫通頗有所增益減損，大抵皆襲秦故”句跟定上文“秦有天下，悉内六國禮儀，采擇其善，雖不合聖制，其尊君抑臣，朝廷濟濟，依古以來”。論秦則明著雖依古以來，却不合聖制。論漢則曰“大抵皆襲秦故”，其中消息可知。而上文更曰“周衰，禮廢樂壞，大小相踰，管仲之家，兼備三歸”，以見周末禮法，已是蕩然。管仲賢大夫之家，尚且如此，其他可知，無論六國，更無論秦矣。而上文又曰：“仲尼歿後，受業之徒沈湮而不舉，或適齊楚，或入河海，豈不痛哉！”又曰“余至大行禮官，觀三代損益”，明言守禮者不爲時君所重，遂爲世所擯，三代之禮俱存，而後之爲民上者，苦其拘縛，專意淫侈，私意損益，以自製禮可知也。

26.“天子誅錯以解難”，舉事實爲證，見得無禮之甚。“乃以太初之元改正朔”云云以應制詔中“追俗爲制”句，明知與三代禮法相去過遠矣，故曰：“漢亦一家之事，典法不傳，謂子孫何?”以自遮蓋而不知彌彰也。末段與起適成正反，可參觀。

27.《樂書》“高祖過沛詩《三侯之章》，孝惠、孝文、孝景無所增更。至今上即位，作十九章，令侍中李延年次序其聲。皆集會《五經》家，相與共講習讀之”云云，見得朝廷唯樂是圖。

28. 春夏秋冬四時之歌著其名曰：“世多有，故不論。”而述《太一之歌》、《馬歌》及汲黯正直之言，公孫宏諂諛之論以結。以見漢樂更無可言者矣。兩書若褒若諷，極盡文章之能事，義不孤伸，筆皆雙注，此真史公之文，而非後世之所能及也。

29.《孫子世家》“孔子晚而喜《易》”至“若是我於《易》則彬彬矣”，疑當置“子云：吾不試，故藝”下，錯簡在前。

30.《荆軻列傳》荆軻“至秦，持千金之資幣物，厚遺秦王寵臣中庶子蒙嘉”，因見秦王。及後“論功，賞群臣及當坐者各有差”，未見明罪蒙嘉，不免疏漏。秦舞陽究竟，亦未見交代。然寫荆軻刺秦王一節，悲慨壯烈，是史公得意筆墨。

司馬遷之文所以卓絕千古、自成一家者，徒以敘事之中有唱歎而已。一推其原，蓋本於《詩三百》，所謂“言之不能盡，而發於咨嗟咏歎之餘”者是也。《國風》而後，屈原得之。《楚辭》而後，太史公得之。香草美人，靈均藉以抒幽憤；《刺客》、《滑稽》，史遷假以發牢騷。其所①抒發者不同，而所抒發者則一。《太史公自序》稱“屈原放逐，著《離騷》；《詩三百》大抵賢聖發憤之所爲作。此人皆意有所鬱結，不得通其意，故述往事，思來者。於是卒述陶唐以來，至於麟止。”然則《太史公》百三十篇，其文則史記，其情則《詩》、《騷》，故有唱歎；因有唱歎，故有不盡之意；因有不盡之意，故有神韻。後世得此神韻而發之於卓犖②爲傑者，韓愈也。其次才力稍遜，而蓄之以紆徐之妍者，歐陽修、歸有光也。昔賢論江西詩派一祖三宗，祖者杜甫，三宗者黄庭堅、陳師道、陳與義也。倘以桐城派爲衡，曰韓愈、歐陽修、歸有光，庶幾桐城之三宗也。所謂一祖者，惟司馬遷足當其人耳！

《史記》文章，尤着意於比合。所謂比合者，於合縫中見旨，於兩篇内比意，若隻篇單讀，驟不易領會。如《項羽本紀》可與《高祖本紀》對讀，推之《平原君傳》與《信陵君傳》，《淮陰侯傳》與《蕭何、張良傳》，《李廣傳》與《衛、霍傳》，《酷吏傳》與《遊俠傳》，兩兩比讀，或事叙在此，而義見於彼，此非比合，不易知也。史公自序“總括六藝百家之言”，而余則謂《史記》文章，鬱勃之情，得之《離騷》；雄肆之筆，本於《國策》；借古人之事

---

① “所”字下當脱一“以”字。“其所以抒發者不同”承上言，“所抒發者則一”啓下言。

② 卓犖，原作“良犖”，形近而誤。《昌黎先生文集》有“卓犖爲傑”之語，今據改。

實，抒自我之塊壘；沈鬱頓挫，略同《離騷》；而諷議時政，則本《小雅》；所謂史書之體而詩騷之文也。今之人徒以考據言《史記》，又豈知史公者耶！

四史之中，《史記》獨爲通史，餘書皆屬斷代，馬史陳志，文歸一類；班書范作，另自一徑，而文章則以馬陳爲最，蓋《史記》於雄肆處運氣，班范於整密處植骨，而《三國志》則於疏朗處見俊也。《史》、《漢》筆多用力，間有板重之習，而《三國志》隨意寫去，不衫不履，時多俊逸之句。史公筆意矜張，如《平準書》、《貨殖列傳》等，能於極尋常事物寫其不尋常；陳壽筆意雅淡，如關羽、張飛、諸葛亮等傳，能於不尋常人物寫其尋常。前者衍而爲唐宋八家之文，後者衍而爲《世説新語》、《水經注》之作也。大抵時經西漢之雄肆，復經東漢之整儷，能文之士若陳壽者，則變而爲平淡，蓋亦文之一張一弛耳。

（原刊於《華中師範大學學報》，後署“錢基博講，吴忠匡記”，1985年第5期）

蘇洵文講録

先師無錫錢基博先生舊嘗爲及門誦説韓柳歐蘇文，抉發文心，張皇幽眇，而于文章流别，辨之尤嚴。予既重理講記爲《東坡文講録》，刊諸四川大學學報叢刊《蘇軾研究專集》。茲又檢尋所記蘇洵文，續爲《蘇洵文講録》，用存先生講説之萬一爾。

蘇洵以文章游歐陽修之門，而二子軾、轍受知爲弟子。顧文章體勢，與修不同。修好爲不盡，而蘇洵父子則肆爲盡。洵尤峻健，不同修之優遊。爲文章特工議論，如《幾策》之《審勢》、《審敵》，《權書》之《心術》、《法制》、《强弱》、《攻守》、《六國》、《項籍》，《論衡》之《御將》、《廣士》、《養才》、《申法》、《議法》，六經之《易》、《樂》、《詩》、《春秋》四論，《史論》上中下，《諫論》上下，《管仲論》、《明論》、《上韓樞密書》、《上田樞密書》、《上王長安書》、《上歐陽内翰第一書》、《蘇氏族譜引》，指事類情，婀娜百折，煙波無限，令人往復而不厭，其學原本兵家之權謀，法家之刑名，而抒以縱横家之捭闔，切事情，明是非，其筆力一出一入，王安石目爲戰國之文，可謂知言。特以清暢肆辨折，而不爲《國策》、蘇、張之瑰奓。同一抵掌而談，縱横跌宕，而一雄麗，一清遒，縱筆所之，風馳雨驟，極揮斥之致，而機勢圓轉如轆轤。同韓愈之馳騁雄邁，而無其沈浸醲郁，此所以爲宋人之文也。然洵之文，有學韓愈而極神似者：《張益州畫像記》有意爲愈之峻重而不爲馳騁，仿佛《柳州羅池廟碑》、《鄆州谿堂詩序》筆意。《木假山記》有意爲愈之盤鬱而力躋詭變，仿佛《送廖道士序》、《藍田縣丞廳壁記》筆意。而《送石昌言爲北使引》、《名二子説》，亦得韓愈嶔崎之致；知其用力於韓者深也。特其所以異軍突起而成一家之言者，自在《策論》，觀之上古，驗之當世，參以人事，而察盛衰之理，審權勢之宜，洞爽軒闢。而曉暢戎機，尤善論兵：如《權書》之《心術》，詞約而意賅，天下之兵説，皆歸其中，蓋孫武以來所未見也。

《六經論》於經術甚疏，而《易》、《樂》、《詩》三論，持論不根，一説以臆，讀之娓娓，若人之言固當然者。特以洞明世故，悏理饜情，而行文縱横，往往空中布景，絶處逢生，令人有陵雲御風之意。歐陽修態有餘妍，洵則筆有餘勁。而《上韓樞密書》、《上歐陽内翰第一書》得《國策》之雄詼，參韓非之峭勁，肆意有所作，而語有斷制，出入西漢賈、鼂，雄放當爲宋人書中第一云。洵爲人聰明辨智，遇人氣和而色温，而好爲策謀，務一出己見，不肯躡故迹。談兵尤喜自負，慨然有志於功名者。顧不遇而肆之爲文章，每於其窮達得喪，憂歎哀樂，念有所屬，必發之於此。於古今治亂興壞、是非可否之際，意有所擇，亦必發之於此。於應接酬酢萬事之變者，雖錯出於外，而用心於内者，未嘗不在此。蓋少或百字，多或千言，其指事析理，引物託喻，侈能盡之約，遠能見之近，大能使之微，小能使之著，煩能不亂，肆能不流，而要由於筆力之勁，以躋於此。

論説類

蘇氏父子敷陳治道，善議論，其原出於孟子，惟老蘇以韓非之峭深，參孟子之俊邁，其氣肆，其筆拗。大蘇以莊生之駘宕，化孟子之激切，其神曠，其機圓。老蘇瘦硬通神，東坡瀟灑自在。

《易論》於經家無家法，而於世故有神解，出入起伏，縱横如志，尤妙在置字换字，一意相生，轉換無迹。

《樂論》承《易論》生根，而别出一意。以互勘爲議論，以置字换字見手法，亦與《易論》同。然《易論》開首即揭明"《禮》爲之明而《易》爲之幽"一句以醒出主意。《樂論》則議論瀾翻，層層推勘，至篇末逼出"《禮》之所不及而《樂》及焉"一句以唤醒篇旨。筆法、句法、字法不變而篇法變。《易》之神在乎幽而不可窺，《樂》之神在乎入耳而心通。神不同而所以救《禮》之不信，以濟其窮則同。"神"字爲兩篇關鎖。

《詩論》承《易論》、《樂論》而别出一意。《易》之用在幽，《樂》之用在聲，而《詩》之用在通。以《禮》爲襯，以置字换字爲煙波，機抒相同。然《禮》爲之明而《易》爲之幽，篇首喝醒《禮》之所不及而《樂》及焉，篇末結醒而此聖人之道嚴於《禮》而通於《詩》，則點在中權。筆法、字法不變而篇法又變。入後以"舟濟橋之不及"爲喻，融貫三篇，一氣呵成，大力控摶，筆力奇肆。

韓愈之論，筆力雄肆而稍欠辨折，歐陽修則擅辨折而筆力未極雄肆，惟蘇洵詞辨以折，氣沛以浩，須玩其寓文理密察之智於渾浩流轉之詞，風馳雨驟，極縱横揮斥之致，而機勢圓轉，如珠走盤。然無一語無陵，無一筆含糊。即如三論無中生有，絶無依據而實有以見人情世故之迹，觀其會通。此真智者之文也。

《六國論》，蘇洵《易》、《樂》、《詩》三論不拘圬經學而自出議論，《權書》諸史論不呆舉史實而衹以引證，皆以我駕馭題事，而不以題事縛我，縱横揮斥，所謂六經注我、非我注六經也。明乎此後可以識文心。即如《六國論》之"賂秦而力虧"以影射宋之賂遼而力必虧，而原其故，衹緣"積威之所劫"。題曰六國，而其實上下古今、貫串數千年史實，借六國以爲楔子。然而就題做題，只是論六國，須看他高瞻遠矚，而出以細針密縷，識力大而心思細處。

《項籍論》，蘇洵論項籍"無取天下之慮"，曰"不有所棄"，曰"不有所忍"。戰鉅鹿以"與秦將争一旦之命"，此不有所忍也。救趙以全鉅鹿，而不知争關中以得天下之勢，此不有所棄也。以項籍不争關中以得天下之勢，而因論諸葛亮入蜀"未見大險"，起以"曹操無取天下之量，劉備無取天下之才"與"項籍無取天下之慮"互勘，結以諸葛亮未見大險，爲項籍不得天下之勢正襯。《六國論》首尾互應，極部勒之能，此則起落無端，盡横肆之致，破空而起，不分賓主。後幅以孔明作結，更不回顧曹操、劉備。蘇氏父子作史論，皆不爲一人一事而發，而特借一人一事發端，以貫串史實，上下古今，觀其會通。非特辭筆之雄，抑亦識力之偉也。非讀書多、積理富不能辦。

《御將》，蘇洵《六國》、《項籍》兩論，借論一事以貫串古今史實，舉一隅而反三隅，無不合轍。《御將》則立一例以囊括古今史實，振一綱而張萬目，必歸一致。此可見古人高瞻遠矚，讀書有會，駕馭事實而不爲事實所眩。周秦諸子著書，無不如此。特蘇氏父子變其體以爲策論耳，而其用思之術一也。

蘇洵作論之妙，不外兩端：一曰布幻若真，一曰運實於虛。如《易》、《樂》、《詩》三論，不根之談，羌無故實，而假設想像，杜撰出之。顧高睨大談，粗讀之固若有其事，細按之亦確有其理，不害空中布景。此布幻若真也。又如《六國》、《項籍》、《御將》三論，史實俱在，不容杜撰，而洵却剪裁史實，入之議論，以議論熔鑄事實，而不以事實拘牽議論，夾叙夾議；如鹽入水，融化無迹。此運實於虛也，不僅用筆之妙，抑亦運思之精。

《上韓樞密書》，蘇洵《上韓樞密書》與《御將》似。書、論體異，然觀古人已往成敗之迹，而假設一例，曰："古者非用兵決勝之爲難，而養兵不用之可畏。"互勘爲論，則與《御將》設一例以囊括古今史實，同一篇法、筆法。觀之上古，驗之當今，而望太尉以所宜施，此所以爲書也。特其文章，大力控搏而細筋入骨，其氣雄沛，其筆廉悍，孟軻有其雄沛而無其廉悍，韓非有其廉悍而遜其雄沛。此真深入晚周諸子之室而登其堂、窺其奥者也。劉海峰謂"此篇雄放，當屬宋人書中第一"，尚爲知其一而未知其二。

《上歐陽内翰書》，此文不過欲見以求知，只是尋常干謁之文。而前半説欲見，以范、富、余、蔡、尹襯歐陽。後半講求知，以歐陽襯自己，以韓、孟、李、陸襯歐陽。而以己之於道，將成、未成、有成、粗成貫串前後作綫索，見得己之欲見求知，不同尋常干謁。兀傲自喜，如一筆出，而文勢由寬入緊，離合擒縱，變化不可方物，可謂盡文章之能事矣。

《族譜引》，蘇洵文字，特擅辨裁，《族譜引》略仿《公》、《穀》傳經之體，以明其義例。而以拗折爲辨析，道韻峭致，乃覺《公》、《穀》不免庸俗。

《名二子説》，寥寥數行，而無語不轉，以拗折爲辨裁，寓感慨於□期。質言之，只是説大兒子享福，小兒子不遭禍耳，極鄙俗之意，而極詼詭之致。

以上所選屬論説類。

記 事 類

《送石昌言北使引》，此文先叙舊交，以見氣誼；次抒議論，以明北使之不可不知北情。《張益州畫像記》，先叙張之治益州，以安其民，然後議論以闡明畫像之意，結篇相同。惟《送石昌言北使引》詞氣寬博，實爲老蘇變格。《張益州畫像記》筆力較瘦硬，不脱老蘇本色。

《族譜後録》，譜爲史之支餘流裔，而於書志爲别出。蘇明允《族譜後録》歷叙蘇氏得姓之源，而明其以小宗爲譜，不以議論爲瀾翻，衹是説明；不徇事實作煙波，衹是叙述。隨叙述，隨剖析，篇幅雖長，而筆極簡老；頭緒雖繁，而語極分明，二十四史書志中惟歐陽修《唐書》、《五代史》臻此。史公《八書》，好弄神通，班書諸志，亦欠分明，不如明允之老筆紛披，語無枝葉。方望溪比之材龍門之桐，高百尺而無枝，庸學不能識。□知富哉。

以上所選屬記事類。

（轉録於互聯網資料，後署“錢基博先生講，吴忠匡記”，原出處不詳）

評杜詩

總　評

漢魏以前，詩格簡古。世間一切細事瑣語，皆著不得。陶淵明詩能著細字瑣語，而限於田園，未能振奇於市井遊俠，以力破餘地。獨杜甫抒所欲言，意到筆隨，人則文武旦醜，事則朝市戶庭，景則田園山水，物則蟲魚鳥獸，殫見洽聞，以盡天下之情事，泛應而曲當，遇物寫難狀之景，抒情則不説之意，習俗之所共見共聞，而古詩之所未説未寫，借古的確，感時深遠，繼往開來而爲詩宗。其後韓愈、黃庭堅得其拗强，白居易、蘇軾得其疏宕，杜牧、李商隱得其贍麗，皆衍甫之一體。

陶淵明詩吐屬天成，意思安閒，無意於爲詩者也。杜甫詩局陣嚴整，匠心經營，有意於爲詩者也。讀陶詩須玩其不經意而自然雅練，以自然爲雕琢；讀杜詩須玩其用力而自然渾成，以雕琢爲自然。

陶淵明詩只有四言五言，而杜甫則五七言古、五七言律、五七言絶無體不備。

《奉贈韋左丞丈二十二韻》

賦也。意韋左丞必嘗以甫之才誦言於執政，而莫之許，遂決計遠引，而奉贈以告别也。氣調岸異。通篇自抒平生，而奉贈韋左丞意只入後一點。無端感喟，破空而起，而筆力横絶，貫注篇末，全體振聳。以賦起而以比結。以白鷗没浩蕩自況，真有昂頭天外之概。遭際儘管蹭蹬，而辭亦不乞憐。韓愈三上宰相書，跌宕俊邁，其文雖雄，爲詞哀而志氣以摧沮。而甫此詩沈鬱頓挫，其遇盡困，陳義高而風骨甚雋上。杜詩韓文，韓却輸杜也。

《贈衛八處士》

賦也。寫久别相見之喜，而以“人生不相見，動如参與商”起，以“明日隔山嶽，世事兩茫茫”結，亦寫喜事帶淚眼之一例也。悲喜交並，情景如繪。深情摯語，不假雕琢。若不經意，而自然淵永。亦學陶。

《自京赴奉先縣詠懷五百字》

賦也。自京赴奉先縣詠懷，就題布局，以詠懷起，以詠懷終，而以自京赴奉先縣穿插中間。起“杜陵有布衣，老大意轉拙”二句，揭明詠懷之旨。“當今廊廟具，構廈豈云缺”，“君臣留歡娱，樂動殷膠葛”，而杜陵布衣，許身稷契，獨“窮年憂黎元，歎息腸内熱”，“憂端齊終南，澒洞不可掇”，此所以爲“老大意轉拙”也。感慨而出以悱惻，跌宕而不失爽朗。似乎放筆爲直幹，而千回百結，無語不頓挫。字字如履危巖而下，落紙乃遲重絶倫。

《述懷》（“去年潼關破”）

賦也。述懷與詠懷不同。詠懷者，非所得懷而詠也。述懷者，所得懷而述也。詠懷以憂國，述懷以思家。“去年潼關破，妻子隔絶久”，此所懷也。“柴門雖得去，未忍即開口”，此所以懷也。無一句閑語，只平平説去，而有聲有淚，悱惻動人。情真摯而語樸老，氣浩直而筆拗蟠，沈鬱蒼涼，最是杜公所長，非古人所能到。

《北征》

賦也。《自京赴奉先縣詠懷五百字》與《北征》皆以長篇夾叙夾議，惟《自京赴奉先縣詠懷》通體議論而以叙事穿插，《北征》一路叙事而以議論爲輔。蓋曰詠懷，自以議論爲主，曰北征，自以叙事爲主也。省家，本事也。憂國，本懷也。以省家爲經，以憂國爲緯，錯綜成篇。分四大段。第一段珊按：自起句至“憂虞何時畢”。叙將北征，於全篇爲題前文字，而全篇神情已倒掇而出。所以北征蒼茫問家室，而時遭艱虞，乾坤瘡痍，憂何時畢，見得國事多艱，不遑將家，直貫篇末，以祝太平之日至。第二三兩段珊按：第二段自“靡靡逾阡陌”至“殘害爲異物”，第三段自“况我墮胡塵”至“生理焉得説”。叙北征以交待題面，而第二段承第一段“乾坤含瘡痍”句寫沿塗所見。第三段承第一段“蒼茫問家室”句細意描繪。第四段珊按：自“至尊尚蒙塵”至篇末。從到家而回憶遠照“憂虞何時畢”，以祝太平之至。盡是直起直落，而千回百折；高睨大談，不漏細碎；痛哭流涕，雜以詼詭。於文章可比太史公。沈鬱蒼涼，開詩家未有之境。

《羌村三首》

賦也。而第一首第三首託興起，樸而雋，以真摯見風趣。亦是陶意。惟陶出以閒適，而此則爲苦語。陶詩抒悲憤多帶笑容，面冷而心熱；杜詩寫喜樂每帶淚眼，情深則語摯也。

《新安吏》

賦也。起處不叙初選正丁，突提次選中男行。男絶短小，見丁已無壯可抽。先以人民之怨恫告君上，次以在上之恩情慰征夫。所謂宣上德而達民隱也。小雅怨悱而不亂，愈慰藉而意愈沈痛。沈鬱瀏亮，得未曾有。

《石壕吏》

李固篤曰：響悲意苦，最近漢魏。

賦也。《新安吏》前半記事，後半記言。《新婚别》通體記言。而此則首尾各四句叙事，中間記言。託老婦口吻，挺身應役，老翁首尾一見，而中段老婦口中，逐個家人一一數説而無一字及老翁。然則前云："老翁逾牆走"，後云："獨與老翁别"，明明有一老翁而匿之。蓋翁不匿則老亦不免，婦出應則走乃可脱也。偏云力衰備炊，偏不告哀祈免，而挺身以出，隱情難説。辭愈抗爽，意愈沈痛。看似直書其事，而中有難言之隱。調響而意迫。鮑明遠有其警挺而無此古直。

《新婚别》

賦而比也。比體起比體結，而中間正文全用賦寫一新嫁娘心事，忽自抒悲憤，忽致怨父母，忽勖慰夫子。心緒紛亂。含羞難言之情，而出以放聲長號；盡情抉露之詞，而不礙新人羞口。筆力矯健，筆情警細。

《垂老别》

賦也。與《石壕吏》用意相反而以相形。石壕之婦以智脱其翁；垂老之别以憤舍其家。《石壕吏》之意哀，《垂老别》之氣激。而振筆直書，以古直發警挺，亦正異曲同工。

《無家别》

賦也。《新婚别》婦語夫，《垂老别》夫語婦，尚有家可别也。無家可别，只有自言自語。前半寫無家可歸，後半叙無家可别。而入後"雖從本州役"六句爲一篇之眼，言遠去固迷於近行，而内顧無攜，孑然一身，等是無家，則亦遠近非所計矣。久亂回鄉情景如繪。此筆人人所無，此境人人所歷，難在極淒寂之境寫以極浩落之筆。

《佳人》

賦也。以史傳爲詩篇。静女其姝，自然愛好，乃知曹子建《美女篇》故作身分之不免誨淫。第二句“幽居在空谷”領起全篇。“那聞舊人哭”以上叙所以幽居在空谷之因由。“在山泉水清”以下叙如何幽居在空谷之情。在山清，出山濁，語帶比興。以下融情入景，淒神寒骨，想見其人。此感實有之事以寫寄慨之情。

《前出塞九首》

賦也。事賦徵兵，意諷開邊。第一首“君已富土境，開邊亦何多”，第六首“殺人亦有限，立國自有疆”，前後映帶，乃九首寓諷本旨。意謂兵以戍疆，匪以開邊；戰爲防衛，不爲侵略也。其中第一首應徵，第二、三、四首上路，第五首入營，第六首矢志。未涉行軍臨陣之事，先寫殺敵致果之志，筆情警拔，局勢開張。第七首行軍出兵，第八首臨陣有功，第九首有功不録。九首一筆駛轉而意境層出，忽喜忽憤，忽悲忽壯。第一首悲，第二首壯，第三首悲而轉壯，第四首悲而轉憤，第五首苦而欲振，第六首壯而自勵，第七首苦而思家，第八首壯而逐北，第九首憤而明志。隨筆曲注，神理都悲，筆力以雄直而見高渾，筆情以委曲而爲縈帶。用心入細，放膽爲文。是融曹陳王之渾古，鮑明遠之警遒，而别出手眼，自成家數者。

《後出塞五首》

《前出塞九首》寫一徵兵勉强應徵，起第一首寫的悲；《後出塞五首》寫一志願兵自起應募，起第一首寫得興會。須玩其各如其身分，各具神理。

賦也。寫一逃兵以應募始，以脱歸終。五首渾灝流轉，作一筆書，而意有轉而無竭，筆以拗而得雄。第二首與第一首意正反相生，第四首與第三首意正反相生。第一首寫應募時之豪情勝概。而第二首入後著“壯士慘不驕”

五字，便覺鋭氣挫。然大將得人，尚可依隨建功。故卒之曰："借問大將誰，恐是霍嫖姚"，振提一筆，束上起下。第三首一則曰"豈知英雄主，出師亘長雲"，再則曰"誓開玄冥北，持以奉吾君"，似乎廟算將略，君臣一德。而第四首入後稱"主將位益崇，氣驕凌上都"乃成驕將跋扈，道路以目。然後第五首折到逃歸故里，但有空村，惡名僅幸脱免，而窮老無兒孫。躍馬二十年，不知所爲何來，一場成空，索然氣盡。前後反映，驚心動魄。《前出塞》末一首以有功不録而安固窮，其志皦然，已爲動心忍性。《後出塞》末一首以驕將孤恩而幸脱身，其意蹙然，更爲操心慮危矣。《前出塞》交河之役，其情苦，故叙别家之在路特詳；《後出塞》薊門之役，其氣壯，故叙跋涉行程較略。

《暇日小園散病將種秋菜督勒耕牛兼書觸目》

賦而比也。滿腹塊壘，消釋不得，而任性自然，出之有意無意之間，是學陶而得其神者。朱子所謂看似平淡，豪放得來不覺。疑其時憂讒畏譏，託病杜門，有感而作。"畏人嫌我真"五字立一篇之骨。入後"飛來雙白鶴，暮啄泥中芹，雄者左翮垂，損傷已露筋"，此雄即自比。而曰"一步再流血，尚驚繒繳勤"，繒繳以喻讒譏而爲"畏人嫌我真"之畏字寫照也。按古樂府《飛鵠行》曰："飛來雙白鵠，乃從西北來。"十十五五，羅列成行。妻卒被病，行不能相隨。"五里一反顧，六里一徘徊。我欲銜汝去，口噤不能開。我欲負汝去，羽毛何摧頹。"實爲甫詩"飛來雙白鶴"所本。惟古樂府爲人擔憂，而甫則自抒憤慨，同其物而異其意，可悟用古之法。

《寫懷二首》

賦也。跌宕昭彰，以曠放爲牢騷，的是學陶。

詩家重古體而輕近體，詩格尊五言而卑七言。杜甫間以七言近體供戲筆。至於五言，則如禮法之士，冠佩端紳，動作不苟，無疾言急調，無弛筋懈骨，厚重有古大臣風。前人言匆匆不暇草書，如杜可言匆匆不暇五古矣。最輕易是七絶，以供戲筆。七律間爲吴體。七古别有崎嶇拗折之調以叙俗情。蓋七言最爲後起近詩，故可遊戲出之。至於五言，則篇篇莊重，不肯一字輕佻，於體裁上煞爲認真。

曾仲珊補記：錢先生對杜詩的這些評論，發抉文心，議論精當透徹，讀者自能知之，無煩贅言。聽説錢先生耗去幾十年心血的五百多大册日記（其中有許多是讀書提要），在十年浩劫中全部焚毁，這實在是文化學術界不可彌補的損失！我這裡記下的只是一鱗半爪。謹以此紀念錢先生。記録如有錯誤，請當時聽課的還健在的學長糾正。

2000年3月

（原刊於《文史拾遺》總42期，原標題爲“錢子泉先生評杜詩”，後署“曾仲珊記録”，湖南文史館主辦，2000年第4期）

專　題 ZHUANTI

精忠柏石室文話[1]

博少好治文字，於此中消息，不能無所窺見也。暇日無事，拉雜録之，無宗旨，無體例，聊以備遺忘，誌一得，道其所道而已。安所得天下之知言者，一與上下古今而揚榷諸。民國七年四月無錫錢基博識。

博去年來爲及門諸子講《禮記》、《左傳》，於文字深有悟入處。常以爲做文字，初學不能用力，進而能用力，又進而不必用力，如司馬遷、揚雄、韓愈、王安石諸家文字，用盡十二分氣力做者也，可謂能矣！然少一種恬適之趣。及進而讀《禮記》之《檀弓》、《樂記》，《左傳》，功深養到，祇閒閒寫去，而意無不盡，語無不老到，不必用十分氣力者也。博生平文字甚以氣力自雄，今讀《禮記》、《左傳》之文，乃知我佛如來，叱馭龍象，亦[2]祇低眉，何曾怒目，作如許張致，方是天下神力！而獅子搏兔，亦用全力賣弄通身本事，終是獅子愚耳！四月二十四日夜八時筆記。

---

① 本文又名《潛廬文話》。

② “亦”字，據《潛廬文話》補。

顧生裳吉告博方讀經。詢讀何經。曰《四書》。博則告之曰："先儒讀《四書》，以《學》、《庸》、《論》、《孟》爲序，當有用意。然如有志治文字，據鄙意，須先讀《大學》，次《孟子》、《論語》，而以《中庸》殿焉。何也?《大學》是極有繩墨文字，看他頭緒儘紛繁，却如網在綱，有條不紊。讀一過，於古人謀篇成章，必有多少悟入處。然後讀《孟子》，長篇大論，局陣迷離，如五花八門，忽覺得另換一付眼光，須看他如何神明變化於規矩繩墨而不離規矩繩墨，所謂用法能得法外意也。次取《論語》讀之，却三言兩語，以少許勝孟子多許，絢爛極而歸平淡，又是一番境界。而終之以《中庸》者，姑無論其説理之精，敻莫與京，即文字亦程子所謂其書始言一理，中散爲萬事，末復合爲一理，放之則彌六合，卷之則退藏於密。其味無窮，天下之至文也。善讀者玩索而有得焉，于文章之道，思過半矣!"二十七日夜十時筆。

《孟子》奇而縱，《論語》簡而盡。《孟子》英華發外，不可逼視；《論語》含蓄不盡，淡而彌旨。《孟子》七篇，是孟子極意匠心做好文字做出來的；《論語》却只是孔門記言之作，老老實實，有一句記一句而已。同日筆記。

偶在講筵示諸生作文之法，引曾湘鄉語曰："義緒最要一貫。"諸生志鵬起問曰："何謂義緒?"博曰："此却曾湘鄉未有解説，然以余推之：義，即意也；絲端曰緒；所謂義緒云者，殆謂義之甲乙相引於無窮，如絲之抽其緒爾。凡作文字必有主義：如韓文公《平淮西碑》，以'斷'字作骨；柳子厚《封建論》，着眼一'勢'字；蘇長公《司馬温公神道碑》，祇用'誠一'二字。曾湘鄉所謂'萬山旁薄，必有主峰；龍衮九章，但挈一領'是也。然則所謂主義者，殆一言決耳！而必多其緒者。須知天下事物之理，百出而不窮，吾人之立一義也。方其未立此義之先，必幾經考索而後推定此一義。及其既立也，又有因此一義連帶關係，不得不推類而及之他義。若是乎一義之不能成文，猶單絲之不成綫也！故曰：'物相雜之謂文。'然一文之中，諸義互見；必有一爲主義。主義云者，義之主腦之謂；而其餘諸義，不過爲此主義之所推類引伸；而亦不可不本此主義推類引伸者也。即如今日講此篇《無逸》，周公開宗明義第一句，便曰：'君子所其無逸。'如何而能無逸？曰：'知小人之依。'無逸之效若何？曰'無逸則壽'。非然而生則逸，又將若何？曰'逸則殀'。其曰'小人之依'，曰'壽'，曰'殀'，凡此諸義，要皆無逸一義之所引伸者也。雖其一篇之中，波瀾起伏：忽而'相小人'，忽而'殷三宗'，忽而'厥後立王'，忽而'周太王王季文王'，忽而'繼自今嗣王'，而大意總不出'無逸'二字。'無逸'二字，即此篇義之緒也；即主義也。設義之所主本在此，忽舍而説一絶不相關之義，是兩緒也，譬如一繭之絲，不能兩緒。兩緒，則雙宫繭而廢不能抽矣！文之義緒不一貫者視之。二十九日晨八時筆。

午前十時課諸生誦《蘇秦説趙王》一文。問曰："汝曹於此文有嫌乎?"一生應曰："冗!"曰："若何而冗?"曰："此篇正文，不過一韓、魏、齊、楚、燕、趙六國從親擯秦一段，何不爽爽快快直截説出，却先説許多不相干話頭，洋洋七八百言，多費周折，故曰冗也。"博告之曰："看似多費周折，其實急脈緩受，厚蓄其勢，而説之所以得行也。只看他拋撇正經主意不説，却先極意張揚説聽臣如何如何利，利者人人之所欲也。已覺聲聲入耳，翻轉來又説不聽如何如何害，害者人人之所懼也。此時聽者胸中利害交戰，已是七上八下，亟欲聽如何打算是好，却仍不説，偏又將利害來計較一番，曰：'破人之與破於人也，臣人之與臣於人也。'豈可同日而言之哉！聽與不聽，任他自擇。此時聽者十分心輸，只覺此人爲我謀甚忠，衹一説出主意，自無不言聽計從之理。此真蘇秦揣摩人情處也！須知蘇張説六國文字，如今人説平話者然，一拍手又説起，只管任意説去，説到有興頭處，便歌唱起來，不可以尋常文章家之尋行數墨眼光讀之。"五月一日下午六時筆。

吴江沈穎若先生爲博言，《孟子》精警，《論語》婉約。博應之曰然，《孟子》無一字一句肯落平境，《論語》却無一句不平實。同日下午八時又筆。

一生問：讀文如何能得力？曰："最要能融貫。"曰："如何是融貫?"博曰："古人作文字儘不相襲；然字法、句法、章法儘變，而道理則一；亦儘有其同似之處，而其同之中，又必有其特異之處。學者必細意體會，即異見同，同中證異，乃能神明於法而不爲法所拘。每讀一篇文字，儻能取從前誦習過文字來比較過一番如何是同，如何是異，久之必能籀出許多公例來。竊本斯意以誦古人文字，悟得作家下筆，無不自佔地步，如人要在高處立。然一參悟比較，覺得高之中尤有高；譬如人强中更有强中手。即如韓文公以一將仕郎守國子四門博士。與于襄陽書，猶之今日以一學校教師上書李督軍也；其分位絶不相侔；而文公書中稱'下之人，負其能，不肯諂其上；上之人，負其位，不肯顧其下；故高才多戚戚之窮！盛位無赫赫之光！'驟看似將自己作信人與于襄陽受信人兩人扭成一片平談去；實則字字針鋒相對，大有意思。

‘下之人，負其能，不肯諂其上’；不害爲君子。‘上之人，負其爲，不肯顧其下’；不免爲小人。‘高才多戚戚之窮’，則是君子而安貧賤。‘盛位無赫赫之光’，則是庸人而苟富貴。其所以自處者極高！猶之蘇老泉以一草茅新進上書田樞密，開口即喝破‘天之所以與我者豈偶然’以壓倒田樞密使相之尊也。惟韓文公與于襄陽書尾，歸根到吃飯主意，曰‘愈今者惟朝夕芻米僕賃之資是急’，此却大倒威風，落低身分不少，枉費了前半篇文字之力争上流！此等處，蘇老泉便比韓文公高。《上田樞密書》中段稱：‘竊怪夫後之賢者不能自處其身，飢寒困窮之不勝而號於人!’便隱隱撇倒韓公一流人。而末尾更申言‘有山田一頃，足以自老；不肖之身不足惜，而天之所與者不忍棄，且不敢褻’。便顯得抱負非常，别無他意；絶非韓文公急芻米僕賃之資者可比。是韓公占得地步雖高，不免自倒架子。而蘇老泉視韓公高多矣！先賢論人：‘無欲則剛’，吾於文字亦云。一也。又古人文字，無不有賓有主，請陪客用作襯筆；所請陪客却甚不草草，譬之主人請客，客人之位望高，而後主人之身分尊。此一定之理也。即如老泉《上田樞密書》，意在説明‘天相與之不偶’；以孔孟之栖皇來作自己正襯。以‘後之賢者飢寒困窮之不勝’，作自己反襯；猶之蘇長公上梅直講書，通篇拈一樂字爲主旨；而以孔子師弟相得之樂，正襯出歐梅與自己之樂；却以周召、管蔡之不相得來反作襯。其所稱引，何莫非古之聖賢人也！夫以聖賢人自況，則其自待也不薄！以聖賢人方人，則其期許人也不苟。借賓定主，方寸之木，可使高於岑樓。取譬之人賢聖，則篇中主人之地位，不患占得不高。老蘇小蘇，其揆一也。寧祇有是父，必有是子！他如韓文公《後二十九日復上宰相書》以周公來陪時宰。《送楊少尹序》，以疏廣、受二子來陪少尹。《送高閑上人序》，以閑善草書，請出草聖張旭來作陪。皆非苟然！又一也。韓文公《諱辨》叠用‘乎’字作反詰口氣。柳柳州《桐葉封弟辨》亦然。蓋孟子所謂‘余豈好辨’，其義主於反覆詰難，務達己意而止。三也。古人作文字，往往於兩層意思夾縫中夾出一層意思來。《桐葉封弟辨》以當封不當封夾出不然意思；猶之范文正公《岳陽樓記》，一段淒風苦雨，感極而泣；一段風光明媚，其喜洋洋；兩層夾出仁人之心，無所悲喜來。又一也。古人作文字，往往數篇文字，分之則各成章法，合之則成一篇段。此不僅賈長沙《過秦論》上、中、下三篇爲然。即韓文公《送温處士赴河陽軍序》，跟定《送石洪處士序》做；逼出大夫烏公一鎮河陽而東都處士之廬無人一句[①]。五也。凡此之類，不勝枚舉。茲不過舉人人爛熟幾篇文字，聊示塗徑，舉一三隅反，惟女自勉之。”五月三日夜九時筆。

午前九時，沈穎若先生來，談次，論《漢書·霍光傳》最佳。先生因爲博言：“‘風行水上，雲破月來’，俱從逆處生出至文，即如此傳叙尚書令讀奏數昌邑王罪，洋洋千言，半中腰間，忽横插入‘太后曰：“止！爲人臣子當悖亂如是耶！”王離席伏。尚書令復讀曰’數語，如横風吹斷，而水波忽興，如雲翳忽消，而月在高梧。此與《春秋左氏傳·僖九年》葵丘之盟，叙‘王使宰孔賜齊侯胙曰’云云，話未説完，逆搶齊侯將下拜横截中間，同一機杼，故知班掾脱胎有自。”此論極精，足見先生讀書細心。先生又爲博言：“《史記·蕭相國世家》，叙‘民道遮行上書，言相國賤彊買民田宅。上至，相國謁。上笑曰：“夫相國乃利民。”民所上書，皆以與相國。曰：“君自謝民！”’寫漢高一面説，一面取民所上書。一面與，又一面説，神致如生，亦是妙文。”博應之曰：“此亦有所本，《春秋左氏傳·昭元年》取鄆，叙晉樂桓子求貨叔孫，使請帶。叔孫稱曰：‘鮒也賄，弗與不已。’召使者裂裳帛而與之。曰：‘帶其褊矣！’”寫叔孫一面説，一面召使。一面裂與，又一面説。光景與此同一機杼，乃知盲左筆妙，無在非馬班藍本。五日夜十時。

壬子之冬，博客京口，同縣顧楣樑部郎適自京師歸道此，相過譚曾文正公文。博曰：“曾公修辭造句，戛戛獨造，功夫似不下韓文公。然大氣包舉，渾灝流轉；故當勝之。此實胸次之闊狹爲之，不可强也。”部郎頗善余言；因曰：“然則子觀曾公《湖口水師昭忠祀》一記何如？”博卒不曉所以，曰：“似佳。”部郎曰：“此文選家多録之，以爲經世大文。其實此文中間最興會處；曰：‘方其戰爭之際，礮震肉飛，血瀑石壁，士飢將困，窘苦拘囚。群疑衆侮，積淚漲江，以求奪此一關而不可得；何其苦也！及夫祠成之後，裸荐鼓鐘，士女瞻拜。名花異卉，旖旎啾瑲。江色湖光，呼吸萬里，曠然若不復知兵革之未息者；又何樂也！’云云。一段苦，一段樂，套范文正《岳陽樓記》一段悲，一段喜。模擬之迹太似，未能妙造自然。不可爲訓一也。且范公一記妙處，不在描寫悲喜，全在前後盤折跌頓制勝。須知滕子京謫守，不免牢騷：一悲一喜，正是摹寫子京當日胸次作惡，借景物排遣一番形景。‘去國懷

① 《灊廬文話》“五也”上有“柳柳州山水諸記亦然”九字。

鄉，憂讒畏譏'，俱明指子京。范公於此，大有諷意。看他開首'巴陵勝狀，氣象萬千'，見得如此勝地，大足開拓萬古心胸，更何長戚戚之有！而斷一筆曰：'此則岳陽樓之大觀也。'頓住。忽憑空叫起'然則北通巫峽，南極瀟湘，遷客騷人，多會於此；覽物之情，得無異乎？'六句，開下一悲一喜；尤妙在頓挫出之；如怒弦持滿，已令人心力眼力，一齊注下。及其既寫悲喜也，便趕緊喝轉曰：'嗟夫！予嘗求古仁人之心，或異二者之爲，何哉？不以物喜，不以己悲。'已明是教子京無戚戚矣。忽又一筆作轉曰：'居廟堂之高，則憂其民。處江湖之遠，則憂其君。'又教子京不可不憂。文章至此，已如山窮水盡；乃一筆繳轉曰：'是進亦憂，退亦憂；然則何時而樂耶？'層轉層緊，跌出'先天下之憂而憂，後天下之樂而樂'作結穴，如大河九曲歸海，渾灝流轉；如獅跳虎卧，通身作舞勢，故妙。今曾公却不然。其先以不能無端提苦樂來説，不得不敘水師戰績作引。乃筆下不能斬截，刺刺百數十字；已振不起。及其描寫苦樂既畢，又無力作提掇，乃不得已順拖下，敷衍兩句；曰：'時乎安樂，雖賢者不能作無事之顰蹙。時乎困苦，雖達者不能作違衆之驩欣。人心之喜戚，夫豈不以境哉！'語無聊賴，便爾索然寡味；又一也。此以知文章總須自立間架。體規畫圓，準方作矩，終無是處。"博於部郎爲鄉里後進，然讀部郎文，頗心輕之！今聞其背誦二家文如瀉水，評論得失，尤發人未發，不覺俛首到地。追録以志吾過。部郎名棟臣，前清學部郎中。十五日下午六時筆。

日前有四年級同學數人來，稱吾儕行卒業矣！承沈師殷勤教誨，於文字好醜，差能識别。然自己總無把握做好。沈師常教吾儕用功讀古人文字。吾儕非不知勤讀之要；然一經把管臨文，腹中熟文字儘記得多，亦是無用；即或牽强拉扯，用得幾句，亦是不倫不類，無一是處。博應之曰："文字要會做，先要會讀；此一定之理。不佞豈有以易沈師！豈惟不佞！即一代文豪如歐陽文忠公答孫莘老覺問文字如何能好？亦云：'無他術！惟勤讀書而多爲之自工。世人患作文字少，又嬾讀書，每一篇出，即求過人，如此少有至者。疵病不必待人指摘，多作自能見之。'這句話實有道理。據不佞日常經驗：要文字做得好，似不可不先於讀時下工夫考究。然非自己作文時，於作法上曾經焦心苦思過一番；即日日讀古人文字，於古人章法綿密慘澹經營處，亦必仍無悟入。桐城姚惜抱先生勸人將自己文字與讀過的古人文字較量過一番，自然曉得如何是得，如何是失。此言最好！然自己且未做過文字，亦拿何物來與古人較量得？故歐陽公説個‘勤讀’、‘多做’兩件事，實實缺一件不可。讀古人文字，工夫須分作幾番做：第一層工夫，看他一篇的主意所在，一篇文字，儘管長得如賈長沙《陳政事疏》，王荆公《萬言書》；結穴處必有個主意；譬如家有個主，國有個王一般。第二層工夫，再看他如何旁敲側擊，引證敷佐，來洗發此主意。須知《易・繫傳》稱：‘物相雜，故曰文。’《國語》云：‘物一無文。’即是説文章一意不能孤行，不可不藉敷佐引證。曾文正公説：‘司馬子長《河渠》、《平準》、《封禪書》，《伯夷》、《孟子》、《屈原》、《酷吏》、《遊俠列傳》文字，從四面八方寫來，似無倫次；如入漢武帝建章宫、隋煬帝迷樓；而正言止瞥然一見，在空際蕩漾；恍若大海中日影，空中雷聲。’此語形容得最好！第三層玩索他如何句調鏗鏘，應弦合節。如此作數番理會過，於古人文字，自有悟入處。此譬如着棋的打譜。譜打得多，打得熟；自然棋子也總有一着兩着過人。讀古人文字讀得細緻，自然自己文字亦作得不醜。此是一定不易的道理。等到自己做文字，亦須如此數番做過：第一層命意。先將做的題，通前澈後，思過一番；須要自己拿出眼光看透此題的道理，定下一個主意。先輩每稱：‘作文發意，第一番來者，陳言也，掃去不用。第二番來者，正語也，停之不可用。第三番來者，精意也，方可用之。’如此做去，所謂撇去常解，獨抒已見，意固不患不精。然據鄙意：文字將作未作，且須醖釀最妙。如何醖釀？即如不佞日常須作一文，往往不暇即作，却未嘗不將題在胸中打算；事來則置之，暇則復思。每經思過一番，必有一番新理解；既得一新理解，必將與舊理解來比較融貫；或矛盾須去其一；或俱可用；如俱可用，便須定何者爲主意。此主意能否如貫珠之索，貫穿其他餘意？如此思之思之，必有一日胸中思潮怒發，驟覺手癢不可耐；握管一揮，如桐城方植之所稱‘思積而滿，乃有異觀溢出爲奇’。此譬如暑雨將至，必先悶熱，蒸山川氣出雲，以醖釀雨勢；醖釀之久而油然沛然，雨來益狂。此秘頗自詡獨得。及主意既定，然後牢牢靠定此主意布局；如何先擒後縱，如何反正相生，如何逐層推敲，總須語不離宗。《國語》説“個物一無文”，吾人更當知物無一則無文。蓋一乃文之真宰，必有一在其中，斯能用夫不一者也。到末了方纔講到字句修飾；如此做去，即不能完粹無疵，而大段規模已具。然百工治器，必幾經轉换而後器成。我輩作文，亦必幾經潤改而後能脱稿。其理無異。惟請人改，不如自家改。何也？一篇文字，既字字經作者心中營造出，其中甘苦，無不自喻。在他人未經窮思力索過，驟然看去，總不免霧裏看花，有不真切處。一也。且此文之應潤改，經人一看便出者，必係不可掩之大疵病。作者稍能文字，於此等處必知加意。而不佞日常經驗，往往一字若穩妥，若不穩妥；語氣若完足，若不完足；或者該説圓活些，而不免落呆實；此等細微處，示人最易滑過不覺。而在作者自己良知上，却無絲毫欺得過。二也。改之第一步，删文字最要簡盡，初脱稿，詞重意複，在所不免，不可不痛删。相傳歐陽永叔作《醉翁亭記》，原稿起處鋪叙環滁之山，有數十字，後來删剩'環滁皆山也'五字，何等簡盡！建寧朱梅崖先生每一文成，必黏稿於壁，逐日熟視，輒去十餘字；旬日之後，至萬無可去乃已。此法最妙！然亦有累字澀句，不成句處，存之固無是理，删之却更脱肢失節者，厥惟有改之一法。惟改之難，且什伯倍于作；固有洋洋萬言可倚馬待，而窘於一字一句之未安，窮思累日夜不得者。然及其得之也，則又絲毫不費力，如探懷得之者；所謂'文章本天成，妙手偶得之'也！雖善文者，亦不知其所以然。此非可以人力倉卒求。不佞則每脱稿一文，必先從事删。篇中不使有冗章，章中不使有冗句，句中不使有冗字，直至删無可删而必須改者，則姑置之。且循誦熟習過古人文字，優遊饜飫以徐俟天機之湊拍。一旦涣然怡然，往往有因悟古人某字句何以如此下，而知自己某文某字句不可不如彼者。亦有古人類似字法句法，可以拔趙幟，易漢幟，代入自己文字中者。此非以我改我，而以古人改我也。是直不啻聚左邱明、太史公、韓退之、柳子厚諸大文豪於一堂，爲我商量文字而削正之也。斯之謂能自得師。”一生曰：“先生所謂删，所謂改，皆已成文後事。而生等自始即寫不出，儘如先生説，藴釀得許多意思，亦是無用。”博應之曰：“此由讀之工夫淺，肚中記得古人句式不多，無相當之語句表之也。實則中國雖文無定法；而其習慣用句式，長短不踰五六十式。號稱能文者，不過能顛倒搭配，介以承轉字而活用之耳。果能于古人文字熟讀而强探，長吟而反覆，記得古人句式，悟其參差搭配之法；火候到時，自然汩汩其來。要之讀古人文字，非熟無以生巧。安邱王菉友稱：'有一鄉下秀才，家貧須躬親田事，暇槫蒲。然其作文，則似手不釋卷者。或問其故。則曰：我有二十篇熟文，每日必從心裏過一兩遍。'古人所謂'文人妙來無過熟'，又曰'熟讀百遍，新意自生'，此理不易。”廿一日夜九時始筆，每日寢前記百十字，至廿九日訖筆。

嘗爲本科一年級同學講《大雅·江漢》一詩，筆妙極矣！① 須知江漢之師，爲平淮夷也。使手筆稍弱，必以淮夷不庭原題叙起；看他截斷衆流，於淮夷一邊，不著一字；偏從周王出師叙到淮夷，高唱而入；曰："江漢浮浮！武夫滔滔！匪安匪遊，淮夷來求。既出我車，既設我旟；匪安匪舒，淮夷來舖。"一口氣趕出十六句，而出師江漢之何爲！師武臣力，順流而下；車徒之盛，如荼如火；無不盡情鋪排，興會已極。讀者至此，試掩卷思如何接？意者叙戰勝攻取乎？然而王者有征無戰，一着筆叙淮夷抗行，便非所以張天討尊國體。舍此更有何説？不意作者胸中别具經緯，第二章却承首章推而大之，極意颺開説去；曰："江漢湯湯，武夫洸洸。經營四方，告成于王。四方既平，王國庶定。時靡有争，王心載寧。"寫得周宣王命將出師，經營八表；廟謨偉略，不止平一江漢。何等筆力！然後第三章一筆扳到本位；曰："江漢之滸，王命召虎。"點出師江漢之命何人。讀者以爲至此必叙平淮夷事矣。不意又一筆颺開去；曰："式辟四方，徹我疆土。"儼有個王者無外，宋太祖卧榻之②側，不容佗人睡意思。不必問淮夷之是否不庭。又申之曰："匪疚匪棘，王國來極。"又隱有弔民伐罪，後來其蘇氣象，更不必問淮夷之是否不庭。終乃究極此次出師江漢之兵鋒所及；曰："于疆于理，至于南海。"則又扳到本位矣。第四章承第三章"王命召虎"一句，申叙王之命辭。借王口中吐出"肇敏戎公，用錫爾祉"二語；起下第五章報功。第五章承上祉述王賜虎策命；而以"虎拜稽首"起下第六章"對揚王休"。第六章寫虎"對揚王休"，即從虎口中吐出"明明天子，令聞不已！矢其文德，洽此四國"四句；作頌讚結。見得宣王不惟張皇六師，武功赫濯，且能矢其文德焉；正與第二章掩映有致；尤妙在第二三章振筆一提，盡情開合，筆致轉更夭矯也。六月二日筆。

（刊於《江蘇省立第三師範學校校友會雜誌》，1917 年 6 月）

時至三國，中國文學區域始打破。此事爲歷來譚中國文學者所未知。蓋南人好韻文，工抒情；風始於南，騷起於楚，是也。北人喜散文，主紀實；

① "筆妙極矣"，《潛廬文話》作"筆情横恣極矣"。

② 之，原訛作"必"。

《尚書》記言，《春秋》記事，是也。至司馬遷撰《史記》，以史筆抒騷情；班固作《兩都賦》，以賦體羅史實。而南北文學始遘會矣！下暨三國，魏武父子，争騁詞華，掞藻揚葩，遂成風氣！而孫權襲父兄業，稱帝江東；然其詔令雅健簡奥似漢武、宣。諸葛恪《救國論》，尤明敏駿爽似《戰國策》！至蜀爲揚、馬詞賦家産地；而陳壽稱諸葛亮文彩不艷，范頵謂陳壽文艷不及相如，而質直過之。是時南人之文質直，轉不如北人之藻逸工言情矣！故曰：時至三國，中國文學區域始打破也！今當本科三年級授三國文開始，特爲説之。中元日夜十一時記此。

（刊於《無錫新報·文學月刊》，1922年10月1日）

下午四時，出席本校第二次學藝會批評會；嚮諸生演説。大意謂：某生講"孔子之文譚"一題，條證非不歷歷如數家珍，而扼要處實少，其實孔子論文語雖多，要可於"弟子……行有餘力則以學文"一章，見孔子於文自幼即習之有素。於"子以四教：文行忠信"一章，記孔子以文爲四教之首；可見其注重文學教授也。某君講時處處提及"主忠信"三字，謂學文以修行存忠信爲主，是矣。然云："孔子主忠信，故不言文。"是直似是而非，矛盾不通之論也！孔子既不言文；則某生演講時條證歷歷，豈出杜撰耶？況孔子言文之能事，即在"忠信"二字。孔子贊《易》乾卦《文言》曰："君子修辭立其誠。""誠"，即"忠信"也。中心爲忠。人言爲信。忠者言必由衷之謂。信者集思廣益之謂。周咨博訪而裁以己意；開誠心，布公道；君子之所以"和而不同"也！故曰："君子修辭立其誠"也。至修辭之要，可分二端：一曰"辭達"。夫所謂"辭達"者，"己欲達而達人"之謂。白香山詩，老嫗都解；斯之謂達。如某生當日講演，拘文牽義，即不得謂之辭達。必也簡賅明爽，不蔓不支，方得謂之"辭達"。《論語》一書，其模範也。二曰"博文約禮"。某生講"博文約禮"四字，病在不能活看。所謂"博文"者，即搜集作文之材料也。材料愈多愈妙，故勖之以"博"。然不成章不達。"約禮"者，即"出言有章"、"言有序"之謂。《樂記》云："禮者，天地之序也。"《文心雕龍》云："博見爲饋貧之糧，貫一爲拯亂之藥。"誠哉是言也！孔子論文之要，盡此數語矣。十月四日夜十時筆。

（刊於《無錫新報·文學月刊》，1923年8月1日）

商生珍爲余論司馬遷《孔子世家贊》一文，純以虚摹風采見勝；且引蔡邕《郭有道碑》爲證。余極許渠讀書細心！因告之曰：“二文雖同以虚摹風采見長，然亦有其同而不同之處。馬遷《孔子世家贊》，體奇；蔡邕《郭有道碑》，體偶。其異一也！孔子一生事迹極多，馬遷無從贊而虚贊。郭泰以德量勝，不以事功顯；蔡邕無可贊而虚贊。其異二也！馬遷贊孔子，只説自己嚮往；是從自己着想。蔡邕贊郭泰，純從郭泰身上虚摹；是從對面着想。其異三也！”生聞之益爲恍然。十一月五日晚七時筆此。

今日下午出席本校學藝會，聽某生讀《尚書·金縢》一篇，極心許之；以能於《尚書》中讀出抑揚頓挫也。《尚書》虚字少，極難讀。然今人讀書，遇虚字即頓；而不細意體會何以應頓。此所謂機械的讀法也。若多讀無虚字之文，既無“之乎者也已焉哉”等字以藉口頓；自不能不細意體會一番而後作頓。久之便知抑揚頓挫，乃語氣之自然；並不繫虚字之有無也。惟某生謂文章以不用虚字爲勝，則亦未必然。博少時讀唐宋八家文既，又讀史公《史記》，覺其高於唐八家一籌！蓋唐宋八家文專假虚字以斡旋機軸；而馬遷文不藉虚字而機軸仍靈動自如也。以爲文莫高於少用虚字矣。於是每成一文，務删削其虚字，久亦覺筆端少虚字而句漸挺直；頗以自詡！及來本校，爲諸生授《左傳》，覺其虚字極多，如《吴公子札來聘》一篇，幾乎無句無虚字；而剛健之中，備極婀娜之致。始恍然大悟文之最高境，全在多用虚字；而筆仍能挺拔也。彼馬遷非不好用虚字，直不敢用虚字耳！善用虚字者，莫如左氏。左氏譬之善用羊毫筆者，毛雖柔而作字仍極挺秀也。蓋初學作文，患在不能用虚字。第二步在省去虚字，使句能挺直。再進而文進於蒼老之境，然後反而學用虚字，使能得其神韻，而筆端亦不致綽約不振矣。或曰：“文貴簡明。若吾子言，則虚字滿紙，支蔓不旬矣！簡明云乎哉！”博則告之曰：“古經之中，議論文之簡明者，莫過《論語》。記事文之簡明者，莫過《檀弓》。而《論語》、《檀弓》，則固虚字連篇者也。然而天下文之簡明者，孰有過於《論語》、《檀弓》者乎？此可知虚字無礙於文之簡矣！”十一月十九日夜記。

（刊於《無錫新報·文學月刊》，1923年12月1日）

文史小言

作史有三要

昔劉知幾謂作史有“三難”：曰才，曰學，曰識。而博則謂作史有“三要”：曰事，曰文，曰義。孟子謂“其事則齊桓晉文，其文則史，其義則丘竊取之”者也。然設以人體爲喻：事譬則史之軀殼耳！必敷之以文而後史有神彩焉！樹之以義而後史有靈魂焉！

吾之作中國文學史也，大抵義折衷於《周易》，文裁例於班馬。《易·繫辭傳》曰：“聖人有以見天下之動而觀其會通。”又曰：“易有聖人之道：……以動者尚其變。……通其變，遂成天地之文。”此吾文學史之所爲取義也。章學誠《文史通義》曰：“司馬遷……於六藝而後，周秦諸子，若孟、荀、三鄒、老、莊、申、韓、管、晏、屈原、虞卿、吕不韋諸傳，論次著述，約其歸趣，詳略其品，抑揚咏歎，義不拘墟。在人即爲列傳，在書即爲叙録。”又曰：“班史一卷之中，人分首尾，傳名既定，規制綦密。然逸民、四皓之屬，王貢之附庸也。王吉、韋賢諸人，《儒林》之別族也。附庸如顓臾之寄魯，署目無聞。别族如田、陳之居齊，重開標額。徵文則相如侈陳詞賦；辨俗則東方不諱諧言。蓋卓識鴻裁，猶未可量以一轍矣！”李慈銘《孟學齋日記》曰：“《漢書》中若《張耳陳餘傳》、《陳平[①]王陵傳》、《張蒼周昌趙堯任敖傳》、《竇嬰田蚡灌夫傳》，皆兩傳相連，若斷若續，蓋班氏史法如此。”此吾之所爲化裁而取以爲文學史之文者也。然而世之能讀馬班書而通其例者鮮！讀《周易》而發其義於史者尤鮮！太史公上稽仲尼之意，會《詩》、《書》、《左傳》、《國語》、《世本》、《戰國》、《楚漢春秋》之言，通黄帝、堯、舜至於秦漢之世，可謂觀其會通者矣。所惜者，觀會通於帝王卿相之事爲者多！觀會通文天下之動者少！不知以動者尚其變耳！

章炳麟

遜清之季，南皮張之洞方總督兩湖，斥章炳麟“文字譎怪”，見侯官陳衍《石遺室詩話》。據張之洞《廣雅堂詩》有《哀六朝》一首，大致以書體詭險，文章纖佻爲六朝咎。刻本眉上標識“此爲文襄得意之作”。又有《抱冰堂弟子記》一書，述張之洞生平行事甚悉，託名弟子，實自撰也。中一條云：“最惡六朝文字，謂‘南北朝乃兵戈紛裂，道喪文敝之世，效之何爲！’凡文章無根柢詞華，而號稱六朝駢體，以纖仄拗澀字句强湊成篇者，必黜之。……謂此輩詭異險怪，欺世亂俗，習爲愁慘之象，舉世無寧宇矣！果不數年而大亂迭起！士大夫始悟此論之識微見遠也。”觀此可明張之洞斥章“文字譎怪”之故。蓋章氏論文最崇魏晉，次推齊梁，而謂“文學之業，窮於天監”，見《國故論衡》中《論式》。其文宜爲之洞所不喜！而記中所謂“以纖仄拗澀字句强湊成篇”，所謂“詭異險怪”，或即爲章氏而發？然之洞或慮學者擇術不慎，因時感發，自别有説。若就文章論文章，則六朝文章，上承兩京，下開三唐；風會遞嬗，確應歷此階級，乃得漸入平正之途。以爲纖佻，則固有不纖佻者在。有何可哀而痛心疾首言之乎！且唐之文物自貞觀至開元，號稱極盛；飲水思源，何一非受六朝之賜？唐太宗濟世安民，功高一代。而文師庾信。以至王楊盧駱之四傑，燕許之大手筆，無一非出自六朝。必欲抹倒六朝，聳三

① 陳平，原作“陳年”，今據《漢書》改。

唐之文章，直接東西京，則精神面貌，了不相屬；無異以曾玄而禰高曾，貽譏非類！

章炳麟論文，見於《太炎文録》者：曰《文例雜論》；則雜録文例者也。曰《與人論文書》，曰《與鄧實書》，則揚榷古今文家者也。著於《國故論衡》者：曰《文學總略》，曰《論式》，曰《辨詩》，則融貫四部，籀定通則者也。而《論式》、《辨詩》兩篇議論最精闢。

章炳麟少師德清俞樾，又數問業於定海黄以周。然論文則右黄而左俞。其作《黄先生傳》云："平生不爲流俗文辭，諸華士皆謂先生不文，先生亦自退。然其説經陳事，象物閎肅，超出錢大昕、阮元諸儒上。"而《俞先生傳》則云："以筆札泛愛人。其文辭瑕適並見。"軒輊已自判然。至《校文士》一篇盛稱黄以周撰述密栗醇厚，庶幾賈、孔之遺。而俞先生文窳濫不稱其學。則尤揚之九天，抑之九淵矣！

章學誠《文史通義》，章炳麟之所甚許，而勸人誦覽者也。然《别録》載《與人論國學書》，則又以爲其用祇在方志，曰："實齋《通義》其誤學者不少。昔嘗勸人瀏覽，惟明真僞，識條理者可爾！若讀書博雜，素無統記；……適爲增病之階。"引其鄉先生譚仲修有子已冠，未通文義；遽以《文史》、《校讎》二種教之。其後抵掌説《莊子·天下篇》、劉歆《諸子略》，然不知其義云何。則知學無繩尺，鮮不眯亂；徒知派别，又不足與於深造自得者！此語實爲有見。又糾舉實齋之謬語，謂："内篇《易教》以'佛書本於羲文'，誕妄實甚！至謂'象通六藝'，取證尤膚，無異決科之策。且於文人作傳，則斥辨職之言。準是爲例：范曄作《後漢書》，習鑿齒作《漢晉春秋》，亦非身居左史，奉敕編定者也。史可私作，不嫌僭竊王章，上擬麟筆。獨於《大玄》、《潛虚》，謂其非分，適自相攻伐矣！《史德》一篇謂'子長非作謗書，將以究天人之際，通古今之變'，語亦諦審。至謂'微文譏謗，爲賊亂之居心'。寧知史本天職：君過則書，不爲訕上。又述朱元晦語以爲'《離騷》不甚怨君'。是則屈平哀歌，徒自悲身世耳！逐臣失職，類能爲之；何當與日月争光，而《古今人表》列於仁人孟荀之伍哉？劉子玄云：'懷襄不道，其惡存於《楚賦》。'斯爲至論。實齋之言，徒教人以諂耳。其餘陋者，自撰《文德》以爲新奇。不悟《論衡》已有斯語。《論衡·佚文篇》：'上書陳便宜；奏記薦吏士；一則爲身；二則爲人；繁文麗辭，無文德之操。治身完行，徇利爲私，無爲主者。’文氣出於魏文《典論》，而徒推本韓蘇，何其厚弇古人也。至以莊子爲子夏門人，蓋襲唐人率爾之辭，未嘗訂實録。莊生稱田子方，遂謂子方是莊子師。斯則《讓王》亦舉曾原，而則陽、無鬼、庚桑諸子，名在篇目，將一一皆是莊師矣！以《藝文志·平原君》七篇，謂：‘是著書之人，自託儒家，而述諸侯公子請益質疑；因以名篇。’不曉平原固非趙勝。《藝文》本注謂是朱建。建與酈生、陸賈、婁敬、叔孫通同傳。陸、婁之書亦在儒家；《漢書》明曰，猶作狐疑。以此匡謬，其亦自謬云爾！”凡此之類，亦足以資讀《文史》、《校讐》兩書者之參證。

會稽李慈銘《孟學齋日記》曰：“大凡得盛名者，其所作必有獨到處，不可輕議。而張皇幽渺其辭，刻彫藻繪其字，雖所詣極工，所謂可驚四筵，不可適獨座者；如吾鄉龔定庵是也。乃近有妄人未通當世聲律之文；而離上析下，顛倒句讀；彪魈爲形，蠅黿爲聲，勦别字以爲博，貤繆文以爲奇；而侈然號於衆曰：‘自有浙江，惟有定庵，聖人也！’”殆甚不滿於龔而推其末流之弊，至章炳麟著《校文士》一首，則以爲：“自珍剽竊成説而無心得。其文辭側媚，自以爲取法晚周諸子，而佻達無骨體，又多淫麗之辭。自自珍之文貴於世，而文學塗地將盡！將漢種滅亡之妖耶！”可謂肆口之詆矣！雖然，人苦不自知。林紓訶章炳麟“剽竊漢人餘唾，以挦撦爲能，以飣餖爲富，補綴以古子之斷句，塗堊以説文之奇字”。此亦幾如李慈銘氏訶龔之末流所稱“離上析下，顛倒句讀，勦别字以爲博，貤謬文以爲奇”；而爲章氏之所不能自解者！侯官陳衍《石遺室文續集》中載《與王晉卿參政》一書稱：“荒經而達道，瞢史而洞古；側聞作文宜略識字，而未識體所由合，與用所由分；襞積盈紙，始别覓同訓生僻者代焉！譬以布枲之衣，裝嵌碎錦，自以爲絢爛焉耳！”此言或亦有爲而發。夫章氏固非荒經而瞢史者。然無章氏之學而斆章氏之文，其不至如陳衍所稱“布枲之衣而裝嵌碎錦以爲絢爛”者幾何矣！夫斆名家之文當知其利，尤當知其病，今之斆章氏文者，皆斆其病而已！

章炳麟之師俞樾，人所知也；其與譚獻以師弟子相稱，人所不知也。章炳麟《與人論文書》載《太炎文録》。之詆林紓文章，盡人所得誦也；《與譚獻書》之訶康梁學術，或非盡人所得誦也。友人徐君夷吾與譚氏有姻連；嘗持炳麟與譚獻書稿以贈，曰：“此或可以備異日草章炳麟傳者之一故實乎？”其辭曰：

夫子大人函丈：滬濱拜别，神氣惘然！抵鄂後未奉手札；想履道貞吉，吐言爲經，定符私頌。麟自與梁麥諸子相遇，論及學術，輒如冰炭。仲華亦假館滬上，每有論議，嘗與康學牴牾；惜其才氣太弱，學識未富！失據敗績，時亦有之！卓如門人梁作霖者，至斥以陋儒，詆以狗曲！（面斥之云狗狗）麟雖未遭謑詢，亦不遠於轅固之遇黄生！康黨諸大賢以長素爲教皇，又目爲南海聖人；謂不及十年，當有符命！其人目光炯炯如巖下電！此病狂語，不值一笑！而好之者乃如蛣蜣轉丸；則不得不大聲疾呼，直攻其妄。嘗謂鄧析、少正卯、盧杞、吕惠卿輩，咄此康瓠！皆未能爲之奴隸！若鍾伯敬、李卓吾狂悖恣肆，造言不經，乃真似之！私議及此，屬垣漏言，康黨銜次骨矣！會譚復笙來自江南，以卓如文比賈生，以麟文比相如，未稱麥君，麥忮忌甚！三月十三日，康黨麕至，攘臂大閧。梁作霖復欲往毆仲華，昌言於衆曰：“昔在粤中，有某孝廉詆諆康氏；於廣坐毆之。今復毆彼二人者，足以自信其學矣！”噫嘻！長素有是數子，其果如仲尼得由，惡言不入於耳耶！遂與仲華先後歸杭州，避蠱毒也！《新學僞經考》，前已有駁議數十條；近杜門謝客，將次第續成之。《墨子閒詁》新義紛綸，仍能平實；實近世奇作！麟頃已購乙通，前攜至鄂中者，望將書價徑寄報館可也。浙中風氣未開！學堂雖設，人以兒戲視之！而儒嚄唶，少年佻達，溺於雕蟲，不可振起！前邪後許，實尟其人！鄂中地大物博，求友稍易，有可寄寓，俛求引導爲幸。握管煩懣，中心成痗！肅此。恭請道安，即祈玄鑑，受業制章炳麟敬上，三月十九。

此書氣矜之隆，文筆之奥，自是炳麟本色。然於譚獻措辭撝謙，可謂《太炎文録》所廑見矣！譚獻，字仲修，一字復堂，號半庵，仁和人，方主武昌經心書院講席。刊有《復堂全集》。

初康有爲、梁啓超以《公羊》學相授受；於漢爲今文家言。而章炳麟則治古文；宜其持論不合！皮鹿門治經故亦專用今文家言者；光緒戊戌政變，亦助康梁公羊改制之説。而章炳麟於皮之《經學講義》，評注滿幅，多所駁難；亦以其用今文説也。方炳麟逃難日本，嘗寓小石川，集二十餘人講書，因以裹腹；每日麵包兩餐而已！或饋以魚肉，則亦恣啖一餐而盡；不爲明日計也。開講之前一日，共議講何書。有人言講《白虎通》爲佳。炳麟黯然而罷。其人歸語友。友曰："是非所願，盍以《五經異義》請?"翌日，其人如言。炳麟即欣然登座，敷演不倦。然《白虎通義》所録，均東漢大師口説，尤多以聲韻爲訓；似與炳麟之學不爲相倍。其所由不樂舉此者，殆以其中多公羊家言耳。此可以見炳麟治學之謹守家法矣。

章炳麟《與人論文書》又斥嚴復氣體比於制舉。按嚴復雖以宣統二年特旨賜文科進士出身。然據陳寶琛撰《清故資政大夫海軍協都統嚴君墓志銘》載："復年十四，即入福建船政學校；以光緒二年派赴英國海軍學校，肄戰術及炮台建築諸學；試輒最。歸國，以海軍積勞，叙副將。尋棄去，殫心著述，所譯書以雅辭達奥旨，風行海内。學者稱爲侯官嚴先生。"則嚴復之非科舉人物可知。而章氏乃斥爲"氣體比於制舉"；或者以爲擬不於倫！不知復中年慕科第，應鄉試者數；治八比文尤劬甚。及賜文科進士出身，其鄉人鄭孝胥作二詩調之。其一曰："嚴侯本武人，科舉偶所慕。棄官更納粟，被刖嘗至屢！平生等身書，弦誦遍行路。晚邀進士賜，食報一何暮！回思丙丁間，春闈我猶赴。都門有文會，子作必寄附。傳觀比尤王，一讀舌俱吐！誰知厄場屋，同輩空交譽！天傾地維絶，萬事逐烟霧。八股竟先亡，當時殊不悟！寒窗抱卷客，億兆有餘詛！吾儕老更黠，檢點誇戲具。煩君發莊論，習氣端如故！"其二曰："左侯左宗棠居軍中，歎息謂歐齋：林壽圖官陝西布政使時，左官陝甘總督也。'屈指友朋間，才地有等差。進士勝翰林，舉人又過之。我不得進士，勝君或庶幾?'歐齋奮然答：'霞仙劉蓉語益奇：舉人何足道！卓絶惟秀才！'言次輒捧腹，季高怒豎眉。觀君評制藝，折肱信良醫！少年求進士，得之特稍遲。風味如甘蔗，倒嚼境漸佳。何可遽驕滿，持將傲吾儕！不穀雖不德，自知背時宜。三十罷應試，庚寅直至斯。誓抱季高説，不願歐齋嗤。君詩貌煩冤，内喜堪雪悲。官裏行相促，老蒼仗頭皮。八股縱已亡，身受伏餘威！知君不忘故，得意還見思。"兩詩見《海藏樓詩》卷六。是復不惟學制舉文，且甚得意其所作之制舉文也。然則章氏之斥"復爲氣體比於制舉"者，殆鄭詩所謂"八股縱已亡，身受伏餘威"者耶！

章炳麟《葑漢微言》自稱"少時治經，謹守樸學；……及囚繫上海，專修慈氏世親之書，以分析名相始，以排遣名相終。從入之途，與平生樸學相似；易於契機"。蓋樸學講名物訓詁，亦分析名相之學；故云爾也。惟漢學重考據，能以分析名相始，而不能以排遣名相要其終；宋學重性理，知以排遣名相終，而不知以分析名相善其始。故漢學占實，而宋學蹈虚。惟章氏之學爲能徹始徹終，亦實亦虚。故以樸學推章氏者，不足以盡章氏也。假令大學選習文科之學生，而不知自己整理概念，不能自己提出意見；人云亦云，徒爲文字之記憶而已，則所謂大學之文科教育，已不啻宣告破産！博之言然。諸生亦必以爲然。博著《中國文學史》，祇以翔實之記載餉遺同學；而不暢所欲言者，即予諸生以思考之餘地也。今講《當代文學史》章炳麟章卒事，特拈二題以試諸生：曰《最敘章炳麟論文大旨》，促諸生之自己整理概念也。曰《章炳麟論文抗議》，促諸生之自己提出意見也。試卷不乏佳者，然援《春秋》責備賢者之論，推《禮經》教學相長之義，就大學文科言文科，則鄙懷誠有未愜者！作程文：

最敘章炳麟論文大旨

吾觀章炳麟持論褒大先梁而損置徐陵、庾信以下。見《太炎文録·與人論文書》。其言曰："文學之業，窮於天監。簡文變古，志在桑中。徐庾承其流化，澹雅之風，於兹沫矣！"見《太炎文録·與鄧實書》。意謂天監之文，貴能澹雅；而徐庾以下，失之濃艷也。又稱中唐韓愈、吕温、劉禹錫、柳宗元而不與吴蜀六士。歐陽修、曾鞏、王安石、蘇洵、蘇軾、蘇轍。其不與吴蜀六士者，以"辨而妄斷則失情"也。然又損置徐庾者，"華而近組則滅質"也。見《與人論文書》。炳麟論文，高瞻遠矚；於古今少許多迕。清代推汪中、李兆洛，並世推王闓運。其言曰："文質相扶，辭氣異於通俗；上法東漢，下亦旁皇晋宋之間，而文士以爲别裁異體；如汪中、李兆洛之徒，則可謂彬彬者矣！"見《太炎文録·拾遺·校文士》。"並世所見，王闓運能盡雅。"見《與人論文書》。蓋以文之"辭氣異於通俗者爲貴"；匪可與近世胡適之持通俗文學者比論也。然炳麟又曰：近世文士王壬秋，可謂遊於其藩；猶多掩襲聲華，未能獨往！……容甫、申耆，猶曰"采文華，棄忠信"爾！見《與鄧實書》。則亦時致不滿之詞矣！則甚矣其迕者多而與者少也！此炳麟之論文士也。論文學之範疇曰："凡云文者，包絡一切著於竹帛者而言。故有成句讀文，有不成句讀文；兼此二事，通謂之文。局就有句讀者，謂之文辭。諸不成句讀者，表譜之體，旁行斜上，條件相分。

會計則有簿録；算術則有演草；地圖則有名字；不足以啓人思，亦又無以增感。此不得言文辭，非不得言文也。”見《國故論衡·文學總略》。論文辭之準則曰：“君子修辭立其誠也。……徒論辭氣，太上則雅；其次猶貴俗耳。”然所謂“俗”者，謂“土地所生習，婚姻喪紀，舊所行也”，非通俗之謂。見《與人論文書》。論作文之法，則修辭必本小學，立論必本名家，辨詩必本於愚。其言曰：“文生於名。名生於形。形之所限者分；名之所稽者理；分理明察，謂之知文。小學既廢，則單篇摦落。”見《與鄧實書》。又曰：“六書本義，廢置已夙！經籍仍用，通借爲多。舍借用真，茲爲復始。”見《檢論·正名雜義》。此論修辭必本小學也。又曰：“九流之言，擬議以成變化者，皆論之儕。……其辭精微簡練，本之名家，與縱横異軌。……自唐以降，綴文者在彼不在此。觀其流勢，洋洋纚纚，即實不過數語。又其持論不本名家，外方陷敵，内則亦以自傾。……凡立論欲其本名家，不欲其本縱横家。”見《國故論衡·論式》。此論立論必本名家也。又曰：“論辨之辭，綜持名理；久而愈出，不專以情文貴。後生或有陵轢古人者矣！韻語代益陵遲，今遂塗地。由其發揚意氣，故感概之士擅焉。聰明思慧，去之則彌遠。《記》稱‘詩之失愚’，以爲不愚固不能詩。”見《國故論衡·辨詩》。此論詩歌必本於愚也。至謂“先梁雜記，隨俗而善，文盡雅……及南北混合，其質大撓。……北朝更喪亂久，文章衰息，寖已絀於江左。……會江左文體亦變。……北人承其蜚色；其質素醜，外自文以妖冶，貌益不衷！……陵夷至於唐世，……韓、吕、劉、柳，……豈誠薄齊梁耶？有所欲於徐庾；而深悼北人之效法者，失其軼麗，而祇黨莽不就報章。”見《與人論文書》。則是炳麟以南北混合爲南朝文學之退化。而新會梁啓超則以南北混合爲中國文學之進化；又與章氏殊旨者也。梁氏之説蓋嘗略著於《中國地理大勢論》云。

右文爲記言體。所謂最者，貴能觀其會通，提綱挈領。韓退之云：“記事者必提其要，纂言者必鉤其元。”提要鉤元，即最叙之意。非可抄襲字句，支支節節爲之也。《龔定庵文集》有《最穆天子傳》、《最列子》諸文。博之此文，奥衍不如龔氏；然綜紀有度，則故勝之。以龔氏或舉偏賅全也。此體之文常作，可以悟讀書之法。

章炳麟論文抗議

章炳麟高才博學，誠前古之所未有！近儒胡適著《五十年來中國之文學》一論文，乃以章氏爲復古論訶之。然胡氏則今日之倡白話文者，議論之不相中宜也。顧就古文言文，而章氏之説，亦有揆之於古而不盡是者。條舉所疑，以俟論定：

章氏以爲："文者，包絡一切著於竹帛者而爲言。故有成句讀文、不成句讀文……不成句讀者，表譜之體，旁行斜上，條件相分。會計則有簿録；算術則有演草；地圖則有名字；不足以啓人思，亦又無以增感。此不得言文辭，非不得言文。"見《國故論衡・文學總略》。實不根之譚也！按《周官・考工記》曰："青與白謂之文。"劉熙《釋名》："文者，會集衆彩以成錦繡。會集衆字以成辭義，如文繡然也。"彩繡之飾美，是"文"本義；而屬辭之盡飾爲美，同於彩繡；亦命曰文。儻如章氏所論"諸不成句讀者，表譜之體，……不足以啓人思，亦又無以增感。"何飾美之有焉？既不飾美矣；烏得亡文之實而襲文之名？

章氏又"以文筆區分，《文選》所集，無韻者猥衆。夫有韻爲文，無韻爲筆；是則駢散諸體，一切是筆非文。"見《國故論衡・文學總略》。不知六朝人所謂"有韻者文"之"韻"，乃以語章句中之韻；非如後世之指句末之韻脚也。六朝不押韻之文，其中奇偶相生，頓挫抑揚，皆有合乎宫羽。故沈約作《宋書・謝靈運傳論》曰："五色相宣，八音協暢，由乎元黄律吕，各適物宜；欲使宫羽相變，低昂舛節；若前有浮聲，則後須切響。一簡之内，音韻盡殊；兩句之中，輕重悉異。妙達此旨，始可言文。"言文最爲曉暢。《南史・陸厥傳》云："王融、謝朓、沈約等文將平上去入四聲制韻，有平頭、上尾、蜂腰、鶴膝，世呼爲'永明體'。"所謂"平頭"者：前句上二字與後句上二字同聲。如《古詩》"今日良宴會，歡樂難具陳！""今"、"歡"同聲，"日"、"樂"同聲，是平頭也。又如"朝雲晦初景，丹池晚飛雪"兩句，上二字皆平聲，是平頭也。所謂"上尾"者：上句尾字與下句尾字俱用平聲，雖韻異而聲則同。如《古詩》"西北有高樓，上與浮雲齊。""樓"與"齊"皆平聲，是上尾也。所謂"蜂腰"者：每句第二字與第五字同聲。如《古詩》"聞君愛我甘，竊欲自修飾。”“君”、“甘”皆平聲，“欲”、“飾”皆入聲，是蜂腰也。所謂“鶴膝”者：一句尾字與三句尾字同聲。如《古詩》“客從遠方來，遺我一詩札；上言長相思，下言久離別。”“來”、“思”皆平聲，是鶴膝也。詳見宋魏慶之《詩人玉屑》引沈約論詩病。然則後世之所謂韻者，以句末之同爲適，而求其大齊。而六朝人之所謂韻者，則以句中之同爲犯，而求其不齊。是以聲韻流變而成四六之駢文，亦衹論句中之平仄，不謂韻脚也。而章氏乃謂“《文選》所集，無韻猥衆。”特以其無句末之韻脚耳！安知六朝人之所謂韻者，非此之謂哉！

章氏又謂：“六書本義，廢置已夙！經籍仍用，通借爲多。舍借用真，茲爲復始。”見《檢論正名雜義》。此又經生不通時變之譚也！夫經籍通借，相仍已久；從俗從宜，古訓是式。而昔賢之申六書本義者，宜莫如許洨長之著《説文解字》矣，儻必以六書本義爲言？據《説文》：象似之象當作像；而洨長稱“象形”者，皆象而不像。減省之省當作渻作媘；而洨長稱“從某省”者，皆仍作省，不作渻與媘也。重疊之重當作緟；多部：多，緟也。系部：緟，增益也。而洨長稱重文者，亦未見緟而不重也。豈洨長之不欲舍借用真而復其始哉？誠以古今異宜，勢不可也。夫解字之申其本義者，洨長所以明文字之原。而用字之仍其通借者，洨長所以因時俗之宜。豈其生今反古哉！於戲！洨長不能復始於數千年以前之漢代而章氏乃欲復始於今日，非不佞所敢知也！儻必以舍借用真而復其始爲言；書鳳爲朋，朋，鳳本字。書餼舍食。氣，餼本字，故从米。而雲氣之氣，廳①作气，後人借氣爲之。如此之類，通俗不曉；其不人禽無别，誤食爲气者幾何矣！

章氏又以文章汰虚字不用爲盡雅。此説見胡適《五十年來中國之文學》，不知何據。此又不然！夫十三經之用虚字絶少者，厪《易》之卦辭爻辭、《尚書》、《儀禮》三者而已。然亦非盡汰不用也。而虚字之用，實大備於孔子之《易·十翼》、《春秋左氏傳》、《論語》、《孟子》諸書。此其故何也？劉大櫆《論文偶記》言之最詳。曰：“上古文字初開，實字多，虚字少。典謨訓誥，何等簡奥！然文法自是未備。至孔子之時，虚字詳備，作者神態畢出。左氏情韻並美，文彩照耀。至先秦戰國更加疏縱。漢人斂之，稍歸勁質。惟子長集其大

① “廳”當作“廳”。

成。唐人宗漢多峭硬。宋人宗秦，得其疏縱而失其厚懋，氣味亦少薄矣！文必虛字備而後神態出，何可節損?”馬建忠《文通》亦曰：“凡字句但以實字砌成者，其決斷婉轉虛神未易傳出。於是有‘也’、‘矣’、‘乎’、‘哉’諸字以之頓煞，而神情畢露矣！謂之助字者，蓋以助實字以達字句內應有之神情也。”然則虛字亦何可汰不用哉？夫文學之大用在表情。而虛字者，則情之所由表也。文言有“之”、“乎”、“者”、“也”，白話有“的”、“呢”、“嗎”、“了”，皆所以表抒作者之神情而如躍之紙上者也。當用而不用，則失之生硬。不當用而用，則流於冗蔓。運用之妙，要在一心而已。

右列章君論文四事，匪徒乖韋今宜，時俗所笑！儻云學古有獲，吾聞異乎！縱無關於宏恉，或千慮之一失耶?

前文爲類敘體。此文爲條議體。開首以“揆之於古而不盡是”立一篇之幹。蓋條列之中，仍須一以貫之也。

黄侃

黄侃有《題康南海不忍雜誌二絶》云：“神州波蕩人心死！孔教凌夷國命摧。苦口嘵音愚未醒，天公枉是降奇才!”“轍轅垂老思宗國，言陟高邱涕滿襟！公自獨醒人自醉！崦嵫日暮一沈吟!”按黄侃，章炳麟高第弟子，爲古文學者；所治與南海今文家異轍而此詩推許甚至！又傳其見南海《中庸注》、《禮運注》，亦極傾服！可見立言惟患不當。苟其至當不易，心同理同，門户何有。博在三師嘗爲諸子講《中庸》、《禮運》，反覆五過，自謂抉發閫奥，足闡康君未發之義。有暇當論定之。

林紓

林紓以古文名，不以詩名；有《畏盧文集》、《續集》而無詩集。其鄉人陳衍《石遺室詩集》中有《長句一首贈林琴南》所云：“昨讀我詩袖之去，旬月不還若奇貨！謂將肆力古文辭，詩非所長休索和”者也。顧少時詩亦多作。近體爲吴梅村，古體爲張船山、張亨甫。識鄭孝胥後，悉棄去；不作詩者二十年。辛亥避兵天津，忽發憤大作詩，自命杜陵詩史。寫十數首寄示陳衍。衍謂工者二三，未工者七八；寓書勸其删汰。並媵以一絶曰："畏廬畏亂復畏貧，稚子旁妻寓析津。飄泊干戈曹霸手，鋪張排比杜陵人。"紓大不樂。蓋"鋪張排比"四字，雖元微之以贊少陵，而元裕之則云"少陵自有連城璧，争奈微之識碔砆"也。然紓詩亦有沈摯而不舖張者。其《得陳衍書寄懷》云："累聚境易忽，暫離味彌長。石遺去秀野，桃李荒深堂！柴車三過門，伏軾思吟觴。比聞生壙成，屏衛多松篁。清江面千帆，明滅如瀟湘。作達已非易，知止何不臧！華士昧勇退！臨老忘深藏！吾子矢狷介，豈惟能文章！即不遘喪亂，歸耕亦有鄉！庭梅方盛開，幽香滿琴床。萬緑閟柴荆，款關惟何郎。勝侶日夕合，摇摇燈燭光。酒半忽念我，風前書數行。迹睽意則親，耿耿遥相望。"又《送陳衍南歸》有句云："名輩漸稀君愈貴，清貧能耐計非疏。"亦見用意。紓亦能畫，鄭孝胥《海藏樓詩・贈林琴南同年》有云："斂才偶作畫，石谷輒抗手"者也。其題畫詩之高者，可追文與可、米元章。如《雜題》云："蘆蕩不可見，竹鷄亦好聽。絶憐歸路迴，溪暗一林星！"末五字真工。《爲嘯桐作畫》云："固哉高叟何曾固！能挂歌帆掠水來。歲晏此身當共惜，空林蹈葉莫輕回！"《爲太夷作畫二首》云："曾從留下過秦亭，無數雲松作隊青。飯飽僧寮無别事，長廊坐看少微星。""年來酷似藍田叔，復社詩流頗見知。寫寄漢陽江上客，看山莫待晚秋時！"又《雜題》云："水榭蕭蕭弄薄寒，哦詩偎熱碧闌干。江南江北多紅葉，畫與詞人一路看。"又《雜題》云："晚葉蓄秋絳，曉峰蘇夜青。二年京洛客，夢到望耕亭。"皆清新而不涉舖張排比者。其《下關寓樓望鍾山隱然欲訪蘇堪故居未果即題其集》一律云："望裏鍾山勢鬱蒼！却從月下想濠堂。欲尋前迹無三里，别搆高樓已十霜。溪水還留曾照影，櫻花久作避人香。善夫慣吐酸心語，那復酸心似海藏！"曲折取勢中意頗貫注。

方清末造，譚詩者必宗宋之西江派；章炳麟既力闢之，見《國故論衡・辨詩》。而天下之倡宋詩者，如陳寶箴、鄭孝胥、陳衍之倫，皆閩人也。獨林紓不以爲然。《畏廬文集》載《郭蘭石先生增默庵遺集序》曰："漢之曹劉，唐之李杜，宋之蘇黄，六子成就各雄於一代之間，不相沿襲以成家；即就一代之人言，亦意境各别。凡侈言宗派，收合徒黨，流極未有不衰者也。……時彦務以西江立派，欲一時之後生小子，咸爲蹇澀之音。有力者既爲之倡，而亂頭粗服亦自目爲天趣以冒西江矣！識者即私病其拗味。然宗派既立，亦强名之爲澀體。吾未見其能欺天下也！陳後山之詩，猶寒潭瘦竹，光景清絶。性情稍弗近者，即弗能入。妄庸者乃極意張大之，力鬬李杜。惟此是宗然。……閩中文人，在嘉道間，咸彬彬能詩，鮮爲枯瘠之語。”是紓不惟不主宋詩，且斥宗宋詩者爲“妄庸”，如其以妄庸鉅子之斥章炳麟矣！見《畏盧續集·與姚永概書》。及其老也，又稱：“方今海内詩人之盛，過於晚明，而余所最服膺者，則陳伯嚴、吾鄉陳橘叟、鄭蘇堪而已！”見《畏盧續集·胡梓方詩廬記》。皆西江派之健者也！按林紓論文不薄魏晉；詳見拙著《當代文學史》。論詩不主西江；不持宗派之見，初意未嘗不是。顧晚年比於馬其昶、姚永概，遂爲桐城護法！比於陳寶箴、鄭孝胥、陳三立，遂助西江張目。然“侈言宗派，收合徒黨，流極未有不衰者”；紓則明知而躬蹈之者，何也。蓋盛名之下，良具爾瞻。人之藉重於我，與我之所以見重於人者，固自有在。宗派不言而自立，黨徒不收而自合。召鬧取怒，卒叢世詬！則甚矣盛名之爲累也！或者以桐城家目紓，斯亦皮相之談矣！

林紓於詩以外，亦學詞。其作《徐又錚填詞圖記》曰：“腔律之失傳久，必謂詞家當按簫填譜，則舍清真、堯章外，幾於無能詞者！康伯可、柳耆卿聲律至協，人又往往惡其鄙俗。故先輩儘有佳詞，而笛家恒不之用。凡流傳於教坊者，多稍通文字之樂工爲之，複沓傖謬；而人人皆能上口，正以稍協律腔耳。沈伯時之教人爲詞，重去聲。而萬紅友則去上入並重。去聲之柔婉讀可爲平，人固知之。即入聲之代平者亦夥。獨上聲之可以爲平，非深於詞者不能辨也。余嗜詞而不知律，則日取南宋名家詞一首，熟讀之，至千萬遍，俾四聲流出脣吻無一字爲梗；然後照詞填字，即用拗字，亦順吾牙齒。自以爲私得之秘！乃不圖吾友徐州徐又錚已先我得之！又錚嘗填《白苧》，兩用入聲。余稍更爲去聲。而又錚終不之安，仍復爲入聲而正。余尋舊譜按之，果入聲也。因歎古人善造腔。而後輩雖名出其上，仍無敢猝改，必逐字恪遵，遂亦逐字協律。余之自信，但遵詞而不遵譜。此意固與又錚符合。”此中功苦，亦言之鑿鑿！

胡適以文學天才稱林紓。自予觀之：林紓之於文學，功夫深而天分淺！其鄉人有陳希彭者，於光緒之末，嘗從紓學文；敘紓譯《十字軍英雄記》曰：“吾師少孤不能買書，則雜收斷簡零篇，用自磨治。自十三齡及於二十以後，校閱不下二千餘卷。迨三十以後，與李畬曾太守友，乃盡讀其兄弟所藏之完書，不下三四萬卷；於是文筆恣肆，日能作七八千言！然每爲古文，或經月不得一字，或涉旬始成一篇。其譯書則運筆如風落霓轉，而每書咸有裁制。所難者不加點竄，脱手成篇，此則近人所不經見者也！”則林紓於文學，功力之深可知。惟功力深而天分淺；故深入苦不顯出，舉重未能若輕，議論固非所長，而叙事亦時傷蹇澀，無倐皀流利之致；集中如《冷紅生傳》、《趙聾子傳》諸作之容與閒易者，蓋不多見！

然紓之譯書，時或弁以《自序》及《譯餘剩語》；其中衡論中西文學異同之處，有足以牖啓初學者：如譯英哈葛德《斐洲烟水愁城録自序》曰：“哈氏所遭蹇澀，往往爲傷心哀感之詞以寫其悲。又好言亡國事，令觀者無懽。此篇則易其體爲探險派。言‘窮斐洲之北，出火山穴底，得白種人部落’。且因遊歷斐洲之故，取洛巴革爲導引之人。書中語語寫洛巴革之勇，實則語語自描白種人之智。書與《鬼山狼俠傳》似聯非聯，斬然復立一境界。然處處無不以洛巴革爲針綫也。余譯既，歎曰：‘西人文體，何乃甚類我史遷也！’史遷傳大宛，其中雜沓十餘國。文章之道，凡長篇鉅製，苟得一貫串精意，即無慮委散。《大宛傳》固極繇褫；然前半用博望侯爲之引綫，隨處均着一張騫則隨處均聯絡，至半道張騫卒，則直接入汗血馬。可見漢之通大宛諸國，一意專在馬；而繇褫之局，又用馬以聯絡矣。哈氏此書，寫白人一身膽勇，百險無憚；而與野蠻并命之事，則仍委諸黑人。白人則居中調度之，可謂自占勝着矣！然觀其着眼，必描寫洛巴革爲全篇之樞紐；此即史遷《大宛傳》篇法也。文心蕭閒，不至張皇無措，斯真能爲文章矣！”譯英邵而司迭更司著《孝女耐兒傳序》曰：“天下文章，莫易於叙悲；其次則叙戰；又其次則宣述男女之情，等而上之，若忠臣孝子，義夫節婦，決脰絶血，生氣凜然；苟以雄深雅健之筆施之，亦尚有其人。從未有刻畫市井卑污齷齪之事，至於二三十萬言之多，不重複，不支厲，如張明鏡於空際，收納五蟲萬怪，物物皆涵滌清光而出，如憑闌之觀魚鱉蝦蟹焉。則迭更司者，蓋以至清之靈府叙至濁之社會，令我增無數閱歷，生無窮感喟矣！中國説部登峰造極者，無若《石頭記》，叙人間富貴，感人情盛衰，用筆縝密，著色繁麗，製局精嚴，觀止矣！其間點染以清客，間雜以村嫗，牽綴以小人，收束以敗之，亦可謂善於體物！終竟雅多俗寡，人意不專屬於是。若迭更司者，則掃蕩名士美人之局，專爲下等社會寫照；奸獪騳酷，至於人意所未嘗置想之局，幻爲空中樓閣；使觀者或笑或怒，一時顛倒，至於不能自已！則文心之邃曲，寧可及耶！余嘗謂古文中叙事，惟叙家常平淡之事爲最難著筆。《史記·外戚傳》述竇長君之自陳，謂：'姊與我别逆旅中，丐沐沐我，飯我；乃去。'其足生人惋愴者，亦祇此數語！若《北史》所謂'隋之苦桃姑'者亦正彷此；乃百摹不能遽至！正坐無史公筆才，遂不能曲繪家常之恒狀。究竟史公於此等筆墨；亦不多見！以史公之書，亦不專爲家常之事發也。今迭更司則專意爲家常之言，而又專寫下等社會家常之事，用意著筆爲尤難。此書特全集中之一種，精神專注在耐兒之死。讀者迹前此耐兒之奇孝，謂死時必有一番死訣悲愴之言如余所譯之《茶花女日記》，乃迭更司則不寫耐兒，專寫耐兒之大父淒戀之狀，疑睡疑死，由昏瞶中露出至情；則又於《茶花女日記》外别成一種寫法。"譯迭更司著《塊肉餘生述序》曰："此書爲迭更司生平第一著意之書，分前後二篇，部①二十餘萬言；思力至此，疑絶頂天②！古所謂鎖骨觀音者，以骨節鈎聯；皮膚腐化後，揭而舉之，則全具鏘然，無一屑落者。方之是書，則固赫然其爲鎖骨也！大抵文章開闔之法，全講骨力氣勢；縱筆至於灝瀚，則往往遺落其細事繁節，無復檢舉；遂令觀者得罅而攻；此固不爲能文者之病；而精神終患弗周。迭更司他著，每到山窮水盡，輒發奇思，如孤峰突起，見者聳目！終不如此書伏脈至細。一語必寓微旨，一事必種遠因，手寫是間，而全局應有之人，逐處湧現，隨地關合；雖偶爾一見，觀者幾復忘懷；而聞聞③着筆間，已近拾即是；讀之令人斗然記憶；循編逐節以索，又一一有是人之行蹤，得是事之來源。綜言之：如善弈之著子，偶然一下，不知後來咸得其用；此所以成爲國手也！施耐庵著《水滸》，從史進入手，點染數十人，咸歷落有致；至於後來，則如一群之貉，不復分疏其人；意索才盡，亦精神不能持久而周遍之故！然猶④叙盜俠之事，神奸魁蠹，令人聳慴！若是書特叙家常至瑣至屑無奇之事迹；自不善操筆者爲之，且懨懨生人睡魔！而迭更司乃能化腐爲奇，撮散作整，收五蟲萬怪，融匯之以精神；真特筆也！史、班叙婦人

① "部"當作"都"。

② "天"爲"矣"之訛字。

③ 聞聞，當爲"閒閒"之訛。

④ "猶"疑爲"獨"之訛字。

瑣事，已縣細可味矣！顧無長篇可以尋繹。其長筆[①]可以尋繹者，惟一《石頭記》；然炫語富貴，叙述故家，緯之以男女之艷情，而易動目。若迭更司此書，種種描摹下等社會，雖可噦可鄙之事，一運以佳妙之筆，皆足供人噴飯!”又法森彼得著《離恨天·譯餘剩語》曰：“凡小説家立局，多前苦而後甘；此書反之。然叙述島中天然之樂，一花一草，皆涵無懷、葛天時之雨露。又雨少無猜，往來遊衍於其中，無一語涉及纖褻者。用心之細，用筆之潔，可斷其爲名家！中間着入一祖姑，即爲文字反正之樞紐。余嘗論《左傳》楚文王伐隨，前半寫一‘張’字，後半落一‘懼’字，‘張’與‘懼’反，萬不能咄嗟間撤去‘張’字，轉入‘懼’字；幸中間插入‘季梁在’三字，其下輕輕將‘張’字洗淨，落到‘隨侯懼而修政’，楚不敢伐。今此書寫葳晴在島之娱樂，其勢萬不能歸法，忽插入祖姑一筆，則彼此之關竅已通，用意同於左氏。”如此之類，可知歐亞雖不同文；而文學不能不講結構則一。

林紓撰《徐又錚評點古文辭類纂序》曰：“總集昉於《文選》，法嚴而律精。迨宋之《文苑英華》出，始舍精而貴多，凌雜失統。柳宗元、白居易、權德輿、李商隱、顧雲、羅隱諸人，至全卷收入。姚鉉輯《唐文粹》；始剷刈繁蕪。”此論蓋襲宋周必大之説。考周必大《平園集》有《文苑英華跋》稱：“《太平御覽》、《册府元龜》今閩蜀已刊，惟《文苑英華》士大夫間絶無而僅有。蓋所集止唐文章；如南北朝間存一二。是時印本絶少，雖韓柳元白之文，尚未甚傳，其他如陳子昂、張説、張九齡、李翱諸名士文籍，世尤罕見！故修書官於柳宗元、白居易、權德輿、李商隱、顧雲、羅隱，或全卷收入。當真宗朝，姚鉉銓擇十一，號《唐文粹》；由簡故精，所以盛行！近歲唐文摹印漫多，不假《英華》而傳”云云。殆紓説之所本也。然六朝及唐人文集，南宋初存者尚多；故必大之言如是。迄今六七百年，唐代詩文集，《宋志》所著録者，殆十不存一！即如李商隱《樊南甲乙集》，久已散佚。今所存本乃全自《文苑英華》中録出。又如《張説集》雖有傳本；而以此書所載互校，尚遺漏雜文六十一篇。則考唐文者惟賴此書之存，實爲著作之淵海！與必大當日，其事迥異。而紓序又極稱姚鉉《唐文粹》以爲足以續《文選》。不知《唐文粹》之體例，雖續《文選》；而論其意趣，要非同物。蓋《文選》以篇什爲

---

① “筆”應作“篇”。

主，而以讚論序述之事出沈思，義歸翰藻者爲從。博則既言之矣。是《文選》重韻文，而所選則寓散於偶者爲多。若《唐文粹》則黜偶崇散。賦惟取古體，而四六不録。詩歌亦惟取古體，而五七言近體不録。蓋詩文儷偶，皆莫盛於唐，盛極而衰，流爲俗體，亦莫雜於唐。鉉欲力挽其末流，故其體例如是。於歐、梅未出以前，毅然矯五代儷體之敝，與穆修、柳開相應者，實自鉉始。蓋《文選》者，所以代表中古文學整散爲偶之傾嚮。而《唐文粹》一書，則所以表示近古文學黜偶崇散之趨勢者也。

林紓稱："范曄、陳壽之文，較之馬、班，固不能望項背！然沈穆方重，饒有古趣！"見閩縣陳希彭《十字軍英雄記序》。然博以爲《范書》、《陳志》，不可以沈穆方重稱之。然范、陳又自有别。蓋范之文，並不能"沈穆方重"者也。陳書，則無意於"沈穆方重"者也。余讀史，憙馬之《史》，班之《書》，陳之《志》，以爲三家之文，異曲同工。或乃以范蔚宗書廁之，非其倫也！范蔚宗嘗忼慨憤發，自言"恥爲文士文"。然其史筆，於六朝文士纖綺之習，往往振刷不盡；而風骨之所由隤，不逮三家也！吾嘗以爲子長之氣直，而孟堅之骨重；子長之韻逸，而孟堅之體宏；奇情壯彩，踵起齊美。桐城方靈皋先生盛推馬遷；而謂"韓愈以下諸家論文，皆不列班固"，見爲不足取法，是猶不免拘墟也！然博以爲二氏者不同工而同病。子長病激宕；孟堅病豐縟，要皆刻意求工，有以致之，然未若承祚閒閒抒寫，無一字一句着力，而實無一字一句率意；於容與閒易寓陡峻之癥爲風神絶世也。然余讀《晉書·承祚傳》載："元康中范頵等上表謂：'陳壽文豔不及相如，而質直過之。'"質直則然矣，而病其文之不豔，猶未爲知言也。夫相如之浮夸爲豔，乃是詞賦家本色。非所語於史筆也。史筆之華贍者，無過班、范，然班、范書之華贍，華贍在字句；其華贍易見。而承祚之華贍在意境，不在字句；驟觀之，字字若平易近人，而旨乃彌雋；味闇然長，光油然幽，以視班、范之英華發外，固有間矣！更何相如之足云！要之子長振奇而承祚平實。孟堅豐贍而承祚雅潔。此三者，皆斷然自爲一家之文也，某君嘗以文見視。博則告之曰："子之文學史公傷矜，盍讀承祚書？"某君曰："若然將《太史公書》爲不足稱！"應之曰："固也，史公有心好奇，不如承祚之無意爲工。"史公有心好奇；雖極尋常人物，描寫亦異常賣力。承祚無意爲工；雖非常之人，亦衹淡淡着筆。一如獅子搏兔，亦用全力；一則我佛拈花，現以微笑！文境之絢爛平淡不同，而爲千古之絶作則一！然馬、班之後，繼以承祚。譬諸魚翅海參之後，嚼以菜根。繁弦促節之餘，平以希音；彌淡，斯彌旨矣！余嘗稱林紓之《技擊餘聞》一書，曰“此作大類承祚”。在余爲極意推崇之辭。而紓聞之則大不喜！其出之狡鄙所以摧抑余者無不至。此不惟與於不知言之甚，抑亦多見其不知量也！博年輩雖下於紓，然學問自有本末，特患不自力耳！苟其自力，寧紓之所得摧抑者！然博雖遭紓之摧抑；而於紓文，未嘗不備致挹崇不隨衆論爲詆諆者；亦欲人之知紓得大名爲非倖！毋效今之少年，喜謗前輩也！

章炳麟論文，持貶絶林紓耳；未嘗貶絶桐城家言也。顧林紓不平於章炳麟之斥絶，往往引桐城家以自障。《與姚永概書》曰：“近者其徒某某騰譟於京師，極力排媢姚氏，昌其師説。”又《叙姚永概慎宜軒文集》曰：“今庸妄鉅子，飣餖過於汪伯玉，哮悖甚於祝枝山，用險句奇字以震眩俗目；鼓其膺力，斥桐城不值一錢。”夫撏撦飣餖，用險句奇字以震眩俗目；斯章氏之過也。雖然，章氏之文具在，曷嘗排媢姚氏，斥桐城不值一錢哉？其《與人論文書》稱：“僕重汪中，未嘗薄姚鼐、張惠言。姚、張所法，上不過唐宋，然視吴蜀六士爲謹。……要知文能循俗，後生以是爲法，猶有壇宇，不下墮於猥言醜辭；茲所以無廢也。並世所見：……吴汝綸以下，有桐城馬其昶爲能盡俗。下流所仰，乃在林紓！……紓辭無涓，選精采雜，汙而更浸潤唐人小説之風。夫欲物其體勢，視若蔽塵，笑若齲齒，行若曲肩；自以爲妍而祇益其醜也！與蒲松齡相次而祇敬之曰：‘此真司馬遷、班固之言。’”云云。其斥絶林紓而非斥絶桐城，辭意固自明白。又《菿漢微言》中有一條曰：“問：‘桐城義法何其隘耶？’曰：‘此在今日，亦爲有用。何者？明末猥雜佻侻[①]之文，霧塞一世；方氏起而廓清之。自是以後，異喙已息！可以不言流派矣！乃至今日而明末之風復作。報章小説，人奉爲宗；幸其流派未亡，粗[②]存綱紀。學者守此，不至墮入下流，故可取也。若諦言之：文足達意，遠於鄙倍；可也。有物有則，則雅馴近古，是亦足矣。’”方且爲桐城辨護，排媢云乎哉！斥絶云乎哉！

---

① 侻，原作“佻”，今據《菿漢微言》及文意改。

② 粗，原作“相”，今據《菿漢微言》改。

馬其昶

馬其昶《桐城古文集略序》曰："《蕭選》務取藻繢。真氏《文章正宗》乃一根於理道。……標格領奇，如樓迂齋、謝疊山之所爲，……塗抹古書，品藻狼藉，或失則陋！"意在右真氏而薄樓迂。按宋人多講古文；而當時選本，存於今者，不過三四家。真德秀《文章正宗》，以理爲主，持論不爲不正。然顧炎武《日知録》曰："真希元《文章正宗》所選詩，一掃千古之陋，歸之正旨；然病其以理爲宗，不得詩人之趣，且如《古詩十九首》雖非一人之作，而漢代之風略具乎此。……必以坊淫正俗之旨，嚴爲繩削；雖矯昭明之枉，恐失《國風》之義。六代浮華，固當刊落；必使徐、庾不得爲人，陳、隋不得爲代；毋乃太甚！豈非執理之過乎！"所論至爲平允，深中其失。故德秀雖號名儒，其説亦卓然成理。而六七百年以來，自講學家以外，未有尊而用之者。豈非不近人情之事，終不能施行於天下歟！世所傳誦，惟吕祖謙《古文關鍵》、樓昉《崇古文訣》、謝枋得《文章軌範》而已。初吕祖謙取韓愈、柳宗元、歐陽修、曾鞏、蘇洵、蘇軾、張耒之文，凡六十餘篇，各標舉其命意布局之處，示學者以門徑：謂之《古文關鍵》；首冠以總論看文作文之法。葉盛《水東日記》曰："宋儒批選文章，前有吕東萊；次則樓迂齋、周應龍；又其次則謝疊山也。"周氏書不見。樓昉《崇古文訣》三十五卷，乃所選古文，凡二百餘首。陳振孫《書録解題》稱其大略如吕氏《關鍵》；而所録自秦漢而下至於宋朝，篇目增多，發明尤精。蓋昉受業於吕祖謙，故因其師説推闡加密，正未可以文皆習見而忽之也。謝枋得《文章軌範》七卷，前二卷題曰"放膽文"；後五卷題曰"小心文"；録漢、晉、唐、宋之文凡六十九篇，各有批注圈點；凡所標舉，動中竅會。雖選録不多，而文章之法，亦不外此矣。

姚永概

姚永概，亦當代桐城文家之健者，父濬昌，喜爲詩。二姊：一適馬其昶，能古文，與永概齊名，已見前。而永概之次姊，適通州范當世，尤同光間詩伯也！永概不惟能文，詩功力亦不淺。有《用山谷遊王舍人園韻題天柱閣》云：

“築閣行省司，地直龍山陽。天晴西北望，嶽色不可藏。自古賢政策，在暇不在忙。沈公有道氣，官居等寶坊。論徵古典籍，坐集儒衣裳。時流老成淚，或慚燕寢香。去年江淮飢，稻黍不芬芳！庫藏又久空，安得化金方！貸粟監河侯，救此災剥床。憂多公膳減，辜負數百觴！世方競炎熱，誰解心清涼？赫然聲利塲，照以明月光。横流波浩浩，正色天蒼蒼。灊霍有佳境，中開天地房。宛委古藏書，待公與意量。其男多朴野，争席魚相忘。其女半高髻，未知時世妝。”語意甚樸。收截然止，尤見筆力！《偕子善伯豈遊北海澄萬壽山作歌》云：“紫微垣昏無帝座！金鰲玉蝀行人過！白頭宫監尚守門，得錢引我恣遊卧。萬壽山即遼瓊華，樹石蔥蘢少塵堁。高宗記有四國文，築亭葢覆碑豐大。嵌牆法帖石稍殘，承露銅人盤未破。雕闌繡柱半傾頹！玉几珠簾集蕩播！皆云‘庚子乘輿西，外國兵屯任黠涴！長松幸未作薪燒！宫花豈免豈芻莝！當時敷設直千萬，捆載徑行那敢邏！於今皇帝法唐虞，持較元明猶足賀！崇陵坏土惜未復，誰與招魂歌楚些！刑餘尚抱犬馬思，公等能言勿辭愞！’我聞此語已淒然。含情復續悲填咽：“吾曹額本三千外，今日凋零祇一千！舊餐官米久停放，月領公家銀四錢。大液龍舟曠不御，昨來偶爲將軍牽。欲求恩澤不敢説，得即歸家學種田。”西山落日半輪懸，宫闕依稀在暮烟！枯荷折葦凫雁集，秋風吹雨如吹緜。山陽安樂以愚全！唐十六宅尤堪憐！世局原隨士議遷！眼前推倒三千年。□□□□□□□，但使西隣無責言。阜財利用國本堅，虞賓自爾安不顛。咄汝刀鋸法應捐！吾亦偷生何憾焉！”入後音節蒼涼，極近元遺山；惟卧韻差。《方伯豈仲斐招遊天壇觀古柏作歌》云：“天壇鎖鑰放三日，士女長安空巷出。琉璃廠内鞭影驕，正陽門外車聲疾。方生邀客及衰朽，微醺莫放斜陽失。未到先驚勢駿雄，入門已覺情蕭瑟！繞壇一碧皆種柏，羅列駢生咸秩秩。元耶明耶世不知？百株千株數難悉。陰森奪日色淒涼！慘淡生風寒凜慄！怪根直下渴重泉，霜皮皺裂蟠修綷。真宜虎豹據爲宫，恐有狐狸攫作室。旁幹猶承累葉露，中枝折爲前宵颶。無情樹木尚如此！繫日長繩知乏術！祈年殿上望西山，金碧依然暮靄間！王氣已隨龍虎盡！夕陽祇見雁鳥還！往聖千秋垂教澤，嚴祀昊天威百辟。彼蒼視聽悉依民，精意分明存簡册。大道原爲天下公，此心不隔耶回釋。齋官肅穆水環垣，想見千官助駿奔。中夜燔燎半空赤，連營宿衛萬夫屯。五千運過蒼天死，更聞開作公園矣！吁嗟乎！倚天拔地之古柏，願與遊人重愛惜。”此首氣息較前一首尤見沈鬱。

王闓運

王闓運，字壬秋，湘潭人，少肄業長沙之城南書院，與武岡鄧彌之輔綸、保之繹、□□李篁仙□□、攸縣龍皥臣□□四人者相善也。闓運獨跅弛好大言。篁仙放誕自喜。闓運與相得，日夕過從；皆喜爲詩篇。輔綸尤工五言。每有作，皆五言，不取宋唐歌行近體，故號爲學古。其時，人不知古詩派別，見五言，則號爲漢魏。故篁仙以當時五人同調，自標爲湘中五子。而五子之中，闓運獨推服鄧輔綸。嘗作《詩法一首示黄生》曰："詩法既窮，無可生新。物極必反，始興明派。專事模擬，但能近體；若作五言，不能自運。不失古格而出新意，其魏源、鄧輔綸乎。兩君並出邵陽，殆地靈也。零陵作者，三百年來，前有船山，後有魏、鄧。鄙人資之，殆兼其長。"黄生不標姓名，或疑黄侃也。又《致樊增祥書》曰："昔遊祝融，屈於鄧彌之。曩論華詩，惟推魏承貫。"源改名衡陽曾農髯熙者，嘗學詩於鄧輔綸，又捧手於王闓運。述鄧、王教人作詩之法，曰擬古而已，蓋以爲六朝詩人皆有擬古之作，惟其能與古合，斯能與古離也。顧有朱大可者，嘗承教於曾，又遊鄭孝胥之門。孝胥曰："子六朝體也。六朝人詩非不佳妙，第陳陳相因，生意索然耳。"蓋學六朝者，能入而不能出，或不失古格而罕出新意。此其敝也。

易順鼎

易順鼎官汴中時，有句云："三十功名塵與土，五千道德粕兼糟。"時年正三十也。志意牢落可知。

易順鼎之簡任右江道也，將出都。有句云："新詞欲賦賀梅子，他日應呼易柳州。"以右江道治柳州也。樊增祥調以詩，有"好收側貳作蠻姬"之句。順鼎和韻云："已辦腰刀思殺賊，未留鬚戟爲謀姬。"或詰謀姬何意？順鼎曰："謀字有二解：與姬謀，一解也。謀納姬，一解也。"聞者大笑。既爲總督岑春萱劾罷，流寓上海，有"九死尚餘雙録鬢，三生曾住幾紅樓"之句。又得句云："美人已嫁都如死，舊地重臨轉覺生！"兩聯用意皆新。

易順鼎有《燕晉道中題壁》句云："夕陽紅煞鴉邊樹，秋柳黄於馬上人。"

又有句云："微雨精神全在柳，斜陽顔色好於桃。"皆不愧"悽豔獨絶"之譽！又有句云："名士一堂頭尾腹，美人三絶眼眉腰。"亦可稱强對也！

易順鼎《廬山詩録》，南皮張之洞嘗爲評定者也。其中《萬杉寺五爪樟》云："萬杉化去無一杉，惟有寺前老樟在。樟分五體共一本，身歷百齡更千載。旁達澗壑根已深，直上干霄氣不餒。雲垂太陰逗雷霆，風翻白日動光彩。危柯半入煙冥冥，細葉還鋪雪皠皠。化人偉奇丈六身，猛士雄健尺八腰。全張數爪鱗之而，俯視衆目形傀儡。古來賢豪誰撫摩！其人已死不相待！惟有五老之奇峰，共對青天無倦怠。雖言乾坤要支拄，未免得罪庸與猥！下穿已愁傷富媪，上拏又恐妨真宰。獨立無友大哉謷！衆人皆忌甚矣殆！自恃刀斧莫能入，皮堅有類披鐵鎧。大材詎肯腐山林，神物猶思避菹醢。吾聞豫章生七年，便可與龍鬥滄海。何況此樹世希有，壽過凡樟逾百倍。願爲横海大樓船，知君九死終不悔！"張之洞評云："雄偉恣肆，如張顛以頭濡墨，狂叫作得意草書。真世間奇作也！以詩境論，惟韓昌黎有之耳。"它所作如《青玉峽龍潭》、《棲賢澗石歌》、《噴雪亭瀑》諸詩，大率稱此，然於易氏詩實爲别調！

樊增祥

《樊山詩集》自叙言："少爲詩，愛袁枚、趙翼而不喜蔣士銓。"陳衍則謂樊山詩近袁，尤近趙也；《和樊山韻》云："三家才調偏甌北，萬首侯封羡劍南。"又《贈樊山别》云："樊山爲政如爲詩，敏捷變化無不宜。"俱是實録。樊山《與蘇堪冬雨劇談》之作，即瘦淡似鄭孝胥，不類平日之富麗。陳衍歎才人能事不可測！往往效他人體也。樊山又有《暮春蘇堪見過作》云："春事如水流，群鶯自相逐。昨雨忽然晴，喬林生萬緑。海藏樓中客，來看辟彊竹。君我在天壤，眇然同一粟。逃名名轉盛！世以靈光目。詩卷行江南，佳語萬口熟。虚堂來清風，巖電炯相燭。談笑碧桃間，落花紅簌簌。"其二云："君家富櫻花，吾花亦滿籬。君樹高於我，作花紅倍之！君園花開早，我屋花較遲。君花備五色，我花淡白姿。同根而異態，姊妹分妍媸。君來看我花，如魯適邾郳。觀花即可知，我與君之詩。"其三云："百請不一至，不速翩然來！君招鄉人飲，排闥勿我猜！聲氣自相感，疏密匪形骸。滄海一杯酒，暫忘禾黍哀。京庖移江左，味與脾土諧。魚羹及炒栗，南宋以爲佳！今何以異是！

如在黃金臺。亦非飲食求，特取懷抱開。持問主人翁，一月笑幾回。”此三首亦類孝胥體。

易順鼎於庚子春出都與賽金花同車，即樊增祥所爲賦《彩雲曲》者。順鼎戲賦詩寄增祥云：“不知日遠長安遠，但問花强妾貌强。”增祥和詩押“小南强”。順鼎又有句云：“花似南强争北勝，人如西燕遇東勞。”見易順鼎《琴志樓摘句詩話》，亦《彩雲曲》之一故實也。

（原刊於《約翰聲》第 35 卷第 2 期，1924 年 2 月 1 日；第 35 卷第 3 期，1924 年 6 月 1 日；第 36 卷第 1 期，1924 年 11 月）

清華園解題記

余論學清華，籀繹文史，講壇宣説，必先解題；開設户牖，此爲樞機。其間文章殊製，觀其會通；體氣相仍，明其流别。或紛綸古義，或導揚新詁。意無適莫，惟其是耳。隨時綴録，以俟論定。十四年十月十七日，識於清華園之古月堂。

《詩　經》

《説文·糸部》："經，織也。"《玉篇》："經緯以成繒布。"借以爲經論天下之意。《易·屯卦·象》曰："雲雷屯，君子以經綸。"《周禮·天官·太宰》："以經邦國。"注："經，灋也。王謂之禮經，常所秉以治天下也。邦國官府謂之禮灋，常所守以爲灋式也。常者其上下通名。"然則經者，國家之灋典，編著之圖籍，設之於官府而布之於百姓者也。

昔在帝舜之命夔曰："詩言志，歌永言，聲依永，律和聲，八音克諧，無相奪倫。"迨周之盛，上自郊廟朝廷，而下達於鄉黨閭巷。其持志言詩，無不出於性情之正者。聖人固已協之聲律，而用之鄉人，用之邦國以化天下。至於列國之詩，則天子巡狩，亦必陳而觀之以行黜陟之典。此詩之所以爲大經大法，廁於邦典，而“以經邦國”之所爲不能廢詩。故曰：“詩者，志之所之也。在心爲志，發言爲詩。故詩有六義焉，一曰風，二曰賦，三曰比，四曰興，五曰雅，六曰頌。”采《詩·大序》。蓋風者，風俗也。《谷風序》疏：“風與俗，對則小别，散則義通。”《吕覽·音》：“初聞其聲，而知其風。”注：“風，俗。”大史陳詩以觀民風，見《禮記·王制》。多出於里巷歌謡之作。所謂男女相與咏歌，各言其情者也。采朱子《詩集傳序》。而雅者，正也，言王政之所由廢興也。采《詩·大序》。頌者，容也，《周禮》“大師曰頌”注。美盛德之形容，以其成功告於神明者也。采《詩·大序》。

由今言之：風者，平民文學，而雅、頌則貴族文學矣，三者詩之體也。作詩之法，直陳其事之謂賦，取譬於物之謂比，觸物起興之謂興。《周禮·大師》“曰賦，曰比，曰興”。注：“賦之言鋪，直鋪陳今之政教、善惡。”鄭司農云：“比者，比方於物也；興者，託事於物。”然賦顯而興隱，比直而興曲。《毛公傳》言興者百十有六篇，而賦、比不之及。賦、比易識耳。古者詩三千餘篇，及至孔子去其重，取可施於禮義。上采契后稷，中述殷周之盛，至幽厲之缺，始於衽席。故曰：“《關雎》之亂以爲風始，《鹿鳴》爲《小雅》始，《文王》爲《大雅》始，《清廟》爲《頌》始。”采《史記·孔子世家》。三百五篇，集而比之。風、雅、頌各以其類，厥爲後世總集之祖。十月十日夜八時。

《春秋左傳》

考《史記·十二諸侯年表序》載：“孔子明王道，干七十餘君，莫能用。故西觀周室，論史記舊聞，興於魯而次《春秋》，上記隱，下至哀之獲麟；約其辭文，去其繁重，以制義法。王道備，人事浹。七十子之徒口受其傳指，爲有所刺譏褒諱挹損之文辭不可以書見也。魯君子左丘明懼弟子人人異端，各安其意，失其真，故因孔子史記具論其語，成《左氏春秋》。”題曰《春秋左傳》者，意蓋《春秋》之左氏傳也。傳者轉也，轉受經旨以授於後也。采劉勰《文心雕龍·史傳篇》。然孔子作《春秋》，傳者三家：公羊、穀梁兩家解經，而左氏傳事。昔賢謂：“公、穀經學，左氏史學。”朱子之説。然則翻先師傳經之體而爲太史記事之文者，當以《左傳》爲權輿焉。或説：“左氏書據史記本名《左氏春秋》，若《晏子春秋》、《吕氏春秋》比，非傳孔子之《春秋》也。”見劉逢禄《左氏春秋考證》。然《史記》明稱：“魯君子左丘明，因孔子史記具論其語，成《左氏春秋》。”則是“左氏春秋”之“因孔子史記具論其語”而“成”，明也，非傳孔子之《春秋》而何？即不題傳字，而“因孔子史記具論其語”之實，不可没也。傳其實而不傳其名，庸何傷？顧或又謂“遷書有竄亂”。崔適《史記探源》。則尤武斷之談，吾斯未之能信。十月十九日午。

《戰國策》

孔子曰：“不學詩，無以言。”記言昉於《尚書》，而國别之記言則昉於《國語》。唐劉知幾《史通》以《戰國策》隸入“國語家”，以其同爲史之記言而國别者也。然《國策》者，其體則史家國别之記言，而其文則深於詩人比興之旨。斯其指蓋造論於班《書》之志藝文，而闡明於章義之推詩教，以爲“戰國者，縱横之世也。縱横之學，本於古者行人之官而出自詩教，孔子曰：‘誦詩三百，授之以政，不達，使於四方，不能專對，雖多奚爲？’是則比興之旨，諷諭之義，固行人之所肄也。縱横者流推而衍之，是以能委折而入情，微婉而善諷也。”見《漢書・藝文志》、章學誠《文史通義・詩教上》。秦兼天下而輯《戰國策》，其篇有東西二周、秦、齊、燕、楚、三晉、宋、衛、中山，合十二國，分爲三十三卷。夫謂之策者，蓋録而不序，故即簡以爲名。或云：“漢代劉向以戰國遊士爲之策謀，因謂之《戰國策》。”采《史通・六家篇》。十月二十七日晨起。

《楚辭離騷經》

《詩》十五《國風》無楚，而劉向裒集屈原《離騷》、《九歌》、《天問》、《九章》、《遠遊》、《卜居》、《漁父》，宋玉《九辯》、《招魂》，景差《大招》，而軵賈誼《惜誓》、淮南小山《招隱士》、東方朔《七諫》、嚴忌《哀時命》、王褒《九懷》及向所作《九歎》，共爲《楚辭》十六篇，斯足以拾《國風》之遺采，而爲總集之繼禰。雖取調激楚，或殊詩教之温柔，而擬象譬喻，有同風人之比興，固知“楚辭者，體慢於三代，而風雅於戰國，乃雅頌之博徒，而辭賦之英傑也”。劉勰《文心》之辨，良不我誣。然楚辭或概以騷，故劉勰品論楚辭，即以《辨騷》標目。考史遷稱：“屈放逐，乃著《離騷》。”見《太史公自序》。蓋舉其最著一篇，而《九歌》以下均襲騷名，則非事實矣。蓋“離騷經”者，《楚辭》之一篇，而屈原之所作也。原與楚同姓，仕于懷王，爲三閭大夫，同列大夫上官、靳尚妬害其能，共譖毁之。王乃流屈原，故憂愁幽思而作《離騷經》。離騷者，猶離憂也。采《史記·屈原列傳》。經，徑也。采王逸注。《離騷經》者，蓋自叙離憂之歷程云爾。《詩三百》四言爲多，節短而勢不險；而《離騷》則六言、七言錯出，辭繁而調益促。此其不同也！十一月一日午後四時。

宋玉《登徒子好色賦》

春秋、戰國之世，楚介江淮，諸夏擯之，比于戎蠻，傳六藝者無聞。而稽諸載籍，得二人焉。其一鐸椒，爲楚威王傅，爲王不能盡觀《春秋》，采取成敗，卒四十章，爲《鐸氏微》，此楚人之治《春秋》見於《史記·十二諸侯年表序》者也。其一宋玉，《史記·屈原列傳》曰：“屈原既死之後，楚有宋玉、唐勒、景差之徒者，皆好辭而以賦見稱；然皆祖屈原之從容辭令。”王逸《楚辭序》曰：“宋玉，屈原弟子。”其它學行無可考見，疑深於詩教者也。何以知之？讀《登徒子好色賦》而知之。按登徒，姓也；子者，男子之通稱。《戰國策》曰：“孟嘗君至楚，楚獻象牀，登徒送之。”意楚王之侍從，而賦叚以爲辭，諷於淫也。辭意胎自《詩三百》，而采之《鄭風》者爲多，以託諭於溱洧之間也。《詩大序》曰：“變風發乎情，止乎禮義。”賦之所爲取意也。故卒之曰：“蓋徒以微辭相感動，精神相依憑，目欲其顔，心顧其義，揚詩守禮，終不過差。”以明作者之旨，崇精神之感契，葆女貞之絜清，與所作《神女賦》末歸重“自持不可犯干”者同一用意，比於“《國風》好色而不淫”者也。至“遵大路兮攬子袪”，既明襲鄭詩《遵大路》之辭，而“贈以芳華辭甚妙”，尤暗偷《溱洧》贈芍之意。“鶬鶊喈喈”，取語《小雅》；“群女出桑”，亦采《豳風》。斯尤鑿鑿有據。《詩·小雅·出車》曰“倉庚喈喈”，《豳風·七月》曰：“春日載陽，有鳴倉庚。女執懿筐，遵彼微行，爰求柔桑。”《鄭風·遵大路》曰：“遵大路兮，掺執子之袪兮。”《溱洧》曰：“維士與女，伊其相謔，贈之以芍藥。”即宋玉賦稱：“是時向春之末，迎夏之陽。鶬鶊喈喈，群女出桑。此郊之姝，華色含光。體美容冶，不待飾裝。臣觀其麗者。”“因稱《詩》曰遵大路兮攬子袪，贈以芳華辭甚妙”一段之所由本。無待深論者矣！故曰“宋玉深於詩教”者也。其后沈約《麗人之賦》，效顰宋玉，辭意多襲。然譽淫倡爲麗人，詡宵奔爲譚美，窮態盡妍，蕩也，比于淫矣！昔劉知幾品藻史體，而模擬有二途焉。一曰：“貌異而心同者，模擬之上也。”二曰：“貌同而心異者，模擬之下也。”見《史通·模擬篇》。自我論之：宋玉者，蓋祖屈原之辭令，衍《國風》之好色，可謂“貌異而心同”者也。若沈賦之襲宋玉，則所謂“貌同而心異”者也。斯則模擬之下矣！十一月九日上午。

《古詩十九首》

按《昭明文選》録古詩一十九首，不題名氏。李善注：“云‘古詩’，蓋不知作者；或云‘枚乘’，疑不能明也。詩云：‘驅馬上東門。’又云：‘遊戲宛與洛。’此則辭兼東都，非盡是乘，明矣。”然曰“非盡是乘”，其間必有出乘者。劉勰《文心雕龍·明詩篇》曰：“古詩佳麗，或稱枚叔。其《孤竹》一篇，則傅毅之詞，比采而推，兩漢之作乎？”徐陵《玉臺新咏》録枚乘詩九首，内有“西北有高樓”、“東城高且長”、“行行重行行”、“涉江采芙蓉”、“青青河畔草”、“庭前有奇樹”、“迢迢牽牛星”、“明月何皎皎”八首，俱在《十九首》中；而“青青陵上柏”、“驅車上東門”兩篇不與焉。按“上東門”，見《文選》阮嗣宗《咏懷詩》“步出上東門”，李善注引《河南郡圖經》曰：“東有三門，最北頭曰上東門。”而“青青陵上柏”一篇，言“遊戲宛與洛”，洛中冠帶、王侯、兩宫、雙闕之足以“極宴娱心意”，自是東都之作無疑。大抵《十九首》不出於一手，作於一時。劉彦和“比采而推兩漢之作”之説，最爲得之。至彦和稱：“其結體散文，直而不野，婉轉附物，怊悵切情，實五言之冠冕也。”斯哲士之論衡，允無誣於來者。十一月二十日晨。

賈生《過秦論》

《史記·屈原賈生列傳》曰：“賈生，名誼，洛陽人也。孝文皇帝聞河南守吴公治平爲天下第一，徵爲廷尉。廷尉乃言：‘賈生年少，頗通諸子百家之書。’文帝召以爲博士，説之。超遷，一歲中至大中大夫。漢興，諸律令所更定及列侯悉就國，其説皆自賈生發之。”《漢書·陳勝項籍列傳》贊曰：“昔賈生之《過秦》曰。”顔師古注引應劭曰：“賈生書有《過秦》二篇，言秦之過。此第一篇也。”“此第一篇”，指傳贊所引者而言。《藝文志》“儒家”載“賈誼五十八篇”，而誼本傳《贊》“凡所著述五十八篇”，與《志》同。《隋書·經籍志》載：“《賈子》十卷，録一卷。”《舊唐書·經籍志》則云“九卷”；其稱“《賈子》”則同。《新唐書·藝文志》始稱《賈誼新書》，其卷則十。宋陳振孫《書録解題》載《賈子》十一卷云：“首載《過秦論》。”世所行《賈誼新書》本，首載《過秦》，與陳《解》同；獨篇目衹五十有六，不足《漢志》五十八篇之數。杭州盧文弨以爲：“《過秦》有三篇，而惟載上下兩篇；又《禮容語》，宋本分上下兩篇，而本復不分，因定目五十八篇，而亡其書者二焉。”《問孝》、《禮容語上》兩篇。今傳刻“盧氏抱經堂校定本”，是也。

夫盧氏精於讎校，世所稱重，獨鄙意有未敢苟同者。竊謂賈生《過秦》分上下兩篇，而益析爲三，乃出後儒。應劭曰“賈生書有《過秦》二篇”，見顔師古《漢書注》，引者甚明。是應劭在後漢時所見賈生書有《過秦》二篇，未可以後儒見之《過秦》有三篇而遂武斷賈生書亦如此也。夷考《新書》五十八篇，題目五十三，其中以冗長而析篇者四，曰《過秦》，曰《大政》，曰《修政語》，曰《禮容語》。《大政》篇長於《過秦》，而《修政語》、《禮容語》則與《過秦》略相等。今《大政》、《修政語》、《禮容語》皆分上下兩篇，不容《過秦》獨析爲三。自“秦孝公據殽、函之固”至“仁義不施而攻守之勢異也”，見《漢書·陳項傳贊》引者，當然即應劭在後漢時所見賈生書之《過秦》第一篇；而自“仁義不施而攻守之勢異也”句以下，今析爲中下兩篇者。其“中篇”論二世曰“鄉使二世有庸主之行”云云，曰“正傾非也”，正與“下篇”論子嬰曰“藉使子嬰有庸主之才”云云，曰“救敗非也”，語法排比，一氣相生，斯爲應劭在後漢時所見賈生書之《過秦》第二篇！而題曰“過秦”者，應劭所謂“言秦之過”是也。但生之所以過秦者不一事，有始皇之過，有二世子嬰之過。始皇之過，“先詐力而後仁義，以暴虐爲天下始”，而不知“取與守不同術”也；二世之過，“不能與民更始”，而“重之以無道”，“正傾非也”；子嬰之過，不知“閉關據阨”，“荷戟而守”，以“待諸侯之敝”，所以“救敗非也”。要其歸於“仁義不施而攻守之勢異”，此生之意也。劉勰《文心雕龍·體性篇》曰："賈生俊發，故文潔而體清。"而柳子厚《與楊京兆憑書》，則稱"明如賈誼"，所以爲言者不同而各見其一端。"明"足以盡賈生之識，而"俊發"足以狀賈生之才。後之倣生《過秦》者，則有陸機之《辨亡論》、干寶之《晉紀總論》。具體而微，然陸得生之"俊發"而無其"明"識，干有生之"明"識而遜其"俊發"。孔子曰："才難，不其然乎？"吾於賈生亦云。十一月二十八日午后。

《史記》

考《漢書·藝文志·六藝略》，春秋二十三家，太史公百三十篇居其一。《太史公自序集解》：如淳曰：《漢儀注》："太史公，武帝置，位在丞相上。天下計書先上太史公，副上丞相，序事如古《春秋》。"《索隱》："公者，遷所著書，尊其父云公也。遷者，太史令司馬談之子也；承父官，累世爲太史令，而讚其志，厥協六經異傳，整齊百家雜語。"兩語采《太史公自序》。按太史公《五帝本紀》："予觀《春秋》、《國語》、《殷本紀》"，"自成湯以來，采於《詩》、《書》。"《十二諸侯年表》："太史公讀《春秋曆譜諜》。"《吴太伯世家》："余讀《春秋》古文。"《伯夷列傳》："學者載籍極博，猶考信于六藝。"此所謂"厥協六經異傳"也！《孝武本紀》："余究觀方士祠官之言。"《管晏列傳》："吾讀管氏《牧民》、《山高》、《乘馬》、《輕重》、《九府》及《晏子春秋》。"《司馬穰苴列傳》："余讀《司馬兵法》。"《孫吴列傳》："《孫子十三篇》、《吴起兵法》世多有。"《仲尼弟子列傳》："悉取《論語》弟子問，并次爲篇。"《孟子荀卿列傳》："余讀孟子書，自如孟子。至于吁子，世多有其書。"《商鞅列傳》："余嘗讀商君《開塞》、《耕戰》書。"《屈原賈生列傳》："余讀《離騷》、《天問》、《招魂》、《哀郢》。"《酈生陸賈列傳》："余讀陸生《新語》書。"此所謂"整齊百家雜語"也！所謂"厥協六經異傳"者，自指記事之所取材。如所稱《春秋》、《國語》、《春秋曆譜諜》、《春秋古文》，皆所謂"異傳"，所傳聞異詞；而厥協於六經，《伯夷列傳》所謂"載籍極博，猶考信於六藝"也。《索隱》以爲異傳如子夏《易傳》、毛公《詩》之流者，非特附考而辨正之於此。據《左氏》、《國語》，采《世本》、《戰國策》，述《楚漢春秋》。采《漢書·司馬遷傳贊》。考《藝文志》：《春秋經》、《左氏傳》外，有《國語》二十一篇，亦左丘明著；《世本》十五篇，古史官記；《戰國策》三十三篇，記春秋後；《楚漢春秋》九篇，陸賈所記。今《世本》、《楚漢春秋》已亡，而《世本》有諸家輯佚本。接其後事，迄于漢武。自黄帝始，著十二本紀，十表，三十世家，七十列傳，凡百三十篇，五十二萬六千五百字。紀以包舉大端，傳以委曲細事，表以譜列年爵，志以總括典章，成一家之言，題曰"太史公書"，見《太史公自序》。不名“史記”。《太史公書》屢稱“史記”，皆指古之史記而言，非自謂所著書。詳見錢大昕《廿二史考異》卷一“爲太史公書”一條。《説文》：“史，記事者也。記，疋也。”段玉裁注：“疋，今字作疏，謂分疏而識之也。”則是“史記”者，載筆之通稱，而非太史公自詡一家之言也。“史記”之名後出，而《自序》猶繫題“太史公”，不曰“史記”。《漢書·藝文志》著録，一如《自序》題曰“太史公百三十篇”，而“史記”之目無聞，亦以明其爲太史公一家之言而與它所箸録漢著記漢大年紀之爲史記者不同。蓋史記者，官中之記；而太史公者，一家之言也。太史公云者，蓋仍司馬遷揚名顯父母之意，見《太史公自序》。而以歸美於其家公焉爾！《太史公自序》稱《春秋》若不容口，隱以自況；而《漢志》亦以隸“春秋家”。蓋左史記言，右史記事，事爲春秋。見《漢志》春秋家叙録。而《太史公書》亦記事也，然而有未容相提並論者。蓋《春秋》記事而經以年，而《太史公書》則傳人而著其事。一爲編年之祖，一創紀傳之體，故不同也。又不厪是，余讀太史公之書，其文則史，其情則騷。古之作史，旨在紀事，寧以抒情？而太史公則意有所鬱結，發憤之所爲作，而以記事爲抒情。故嘗見意於《自序》曰：“太史公遭李陵之禍，身毁不用矣！退而深惟曰：夫《詩》《書》隱約者，大抵皆聖賢發憤之所爲作也。此人皆意有所鬱結，故述往事，思來者。”此明示其述作之旨，在抒情，不在記事也。又嘗見義例於《屈賈列傳》曰：“屈原之作《離騷》，蓋自怨生也。上稱帝嚳，下道齊桓，中述湯武，以刺世事，明道德之廣崇，治亂之條貫，其文約，其辭微。”此尤隱以自喻，告後世讀者以其文則史，其情則騷也。夫史重寫實，而騷富感興，而太史公則寓騷之感興於史之寫實者也。此所以成一家之言而非后世史氏所可幾歟！惟傳世久遠，歷有竄亂。《外戚世家》之易“今上”爲“武帝”；《司馬相如傳贊》之引楊雄譏靡麗，彌失本真。尤顯然者，諸家具有考論，兹不贅云。十二月八日上午十時。

附：漢太史令不掌記事辨證

余讀海寧王静安先生《觀堂集林》中有《太史公行年考》，采摭極博，惟引司馬彪《續漢書·百官志》，謂“漢太史令之職，掌天時星曆，不掌記事”，則衛宏序事如古《春秋》之説，亦屬不根。又云：“記事記言，雖古史職，然漢時太史令但掌天時星曆，不掌記載，故史公所撰書仍私史也。”此則意必之譚，未可信據者也。按《太史公自序》云：“成一家之言。”《報任安書》語同。而班固《漢書》叙傳曰：“漢紹堯運以建帝業，至於六世，史臣乃追述功德，私作《本紀》，編于百王之末，廁于秦項之列。太初以後，闕而不録。”即指太史公言也。曰“一家之言”，曰“私作《本紀》”，其爲私史，已有明證，不待旁引《續漢志》也。至《後漢書·百官志》曰：“太史令一人，六百石。”本注曰：“掌天時星曆。”司馬彪《續漢書》久佚，而章懷太子取其十志以補范書之遺。今《後漢書》内劉昭所補并注，即彪之書。錢唐姚之駰輯《後漢書補逸》二十一卷，中有司馬彪《續漢書》四卷，與劉昭補《後漢書》各志字句相同。而無不掌記事之明文。儻如博所睹記，則有不待旁蒐遠證而知漢太史令不掌記事之説爲不可信者。試條理而竟其説：

一曰：太史令掌藏書，而歷代史記隸太史之所藏也。按《漢書·藝文志》載孝武世書缺簡脱，於是建藏書之策。顔師古注引如淳曰：“劉向《七略》曰：‘外則有太常、太史、博士之藏。’”此太史掌藏書之證也。《太史公自序》曰：“遷爲太史令，紬史記石室金匱之書。”按史記即石室金匱所藏之書。《索隱》曰：“石室金匱，皆國家藏書之處。”此又史記隸太史所藏之證也。蓋記言記事，史有常職，論輯成書，即以掌而藏焉。

一曰：太史令掌記事，而天時星曆爲旁逮也。按《太史公自序》載“太史公執遷手而泣曰：‘自獲麟以來四百有餘歲，而諸侯相兼，史記放絶。王氏《考》歷舉太史公七稱史記，而遺《自序》此語未引。又《陳杞世家》云“孔子讀史記”，《老子列傳》云“史記周太史儋見秦獻公”云云，《儒林列傳》云“孔子因史記作《春秋》”，三事亦未引。今漢興，海内一統，明主賢君，忠臣死義之士。余爲太史而弗論載，廢天下之史文。余甚懼焉！’”使記事不掌於太史，則弗論載而廢天下之史文，爲太史者奚所用懼焉？此太史掌記事之證一也。其《報任安書》曰：“僕之先人，文史星曆，近乎卜祝之間。”則是文史首稱而星曆爲後及。而曰“近乎卜祝之間”者，按《漢書·百官表》，太樂、太祝、太宰、太史、太卜、太醫六令丞，同屬太常；而太史官次太祝之下，太卜之上，故曰“近乎卜祝之間”。蓋序其官品，而非謂掌天時星曆也。此太史掌記事之證二也。《漢書·司馬遷傳》曰：“周道既廢，秦撥去古文，焚滅《詩》、《書》，故明堂石室，金鐀玉板，圖籍散亂。漢興，百年之間，天下遺文古事，靡不畢集，太史公仍父子相繼撰其職。曰：‘於戲！余維先人，嘗掌斯事，顯於唐虞，至於周復典之。

故司馬氏世主天官，至於余乎，欽念哉！'”夫司馬氏世主天官，而太史公仍父子相繼撰其職，正與《太史公自序》稱司馬氏世典周史之說合。此太史掌記事之證三也。然則天時星曆，特太史之兼職耳！

然則謂太史令之職，掌天時星曆，不掌記事，可謂知二五而不知一十者也。誠竊以爲司馬氏世主天官，而太史公仍父子相繼撰其職，迺漢制之遺蛻自古。而古之史官，所掌在文史星曆，其道在通天人之郵。何以言其然？《周官》有大史、小史、内史、外史、御史，皆屬春官，而春官大宗伯之職，則掌建邦之天神、人鬼、地示之禮者也。謹求諸《春秋傳》："有神降於莘"，惠王問諸内史過；"有隕石於宋"，襄公以問内史叔興。而《太史公自序》：司馬氏出重黎，世序天地，世典周史。太史與天官同職，星曆共文史並掌，蕲於通天人之郵，垂古今之戒。降迄於漢，厥義未廢也。按之《自序》，太史公學天官於唐都。太史公既掌天官，不治民，而偲史文之廢，以屬於遷。既悉論先人所次舊聞，爲《太史公書》，自命春秋經世，託聞董生。而董生之學，蓋案春秋之中，以觀天人相與之際者，語本《漢書·董仲舒傳·賢良對策》。古史之道則然也。班氏而下，此義微矣，用特發之於此。

（原刊於《甲寅周刊》第1卷第33—35號，1926年3月13日—27日）

潛廬讀書日録

二月一日，閲《史記·儒林列傳》，取《漢書》校一過。竊謂《儒林列傳》，而仲尼弟子七十七人，及孟子、荀卿不與者，以其身通六藝，而不專一經也。《漢書·藝文志·諸子略》，稱："儒家者流，遊文六經之中，留意仁義之際。"《論衡·超奇篇》曰："能説一經者爲儒生。"儒林所列，"能説一經者爲儒生"也，儒之不名家者也。班固作《漢書》，亦崇儒家而薄儒生。《揚雄傳》稱："雄不爲章句訓詁，通而已。"以見爲章句訓詁之通者少也！何謂"通"?《藝文志·六藝略》言："古之學者耕且養，三年而通一藝，存其大體，玩經文而已。是故用日少而畜德多，三十而五經立。"此之謂"遊文六經"，亦此之謂"不爲章句訓詁，通而已"！而儒生則不然，能説一經，爲章句訓詁。《易》之有施、孟、梁丘；《書》之有歐陽、大小夏侯；《詩》之有齊、魯、韓、毛；《禮》之有大小戴、慶氏；《春秋公羊》之有嚴、顔。《漢書》著入《儒林傳》者皆是，亦稱"辟儒"。《藝文志·諸子略》叙儒家稱："惑者既失精微，而辟者又隨時抑揚，違離道本。苟以譁衆取寵，後進循之，是以五經乖析，儒學寖衰，此辟儒之患。""五經乖析"者，謂其"能説一經"，而不"遊文六經"也。又《六藝略》稱："後世經傳既已乖離；而博學者又不思多聞闕疑之義，而務碎義逃難，便辭巧説，破壞形體。説五字之文，至於二三萬言。桓譚《新論》云："秦近君能説《堯典》，篇目兩字之説，至十餘萬言；但説'曰若稽古'三萬言。"後進彌以馳逐，故幼童而守一藝，白首而後能言。安其所習，毁所不見，終以自蔽，此學者之大患！"亦指儒生而言。若夫儒家者流，則不專一經，不爲章句訓詁；存其大體，玩經文而已。遊文六經，留意仁義；其著書則録入諸子，不專經，而名家；其人則助人君，順陰陽，明教化，而特顯以專傳；若賈誼、董仲舒、劉向、揚雄者是也。大抵儒生不工文章；而儒家者流，則無不能文者，亦稱鴻儒。《論衡·超奇篇》曰"能精思著文，連結篇章者爲鴻儒"，是也。《漢書》之例，儒生入"儒林"，儒家立專傳，而范曄《後漢書》以賈逵、鄭玄兼通五經，立專傳，而互見儒林；亦用班書賈誼、董仲舒、劉向互見儒林之例也。

十三日晨，閲梅曾亮《柏梘山房文集·淮南子書後》，言"《淮南子》剽竊曼衍，與安所爲文不類"。不知《漢書·淮南王傳》稱："安招致賓客方術之士數千人，作爲《内書》二十一篇。"本不言安作，而出衆人手筆。如《藝文志》著稱《吕氏春秋》二十六篇之"出秦相吕不韋輯，智略士作"也。何必以"與安所爲文不類"爲嫌乎？高誘序亦言："天下方術之士多往歸焉，於是遂與蘇飛、李尚、左吴、田由、雷被、毛被、伍被、晉昌等八人，及諸儒大山、小山之徒，共講論道德，總統仁義而著此書。"正合《漢書·藝文志·諸子略》所稱"雜家者流，蓋出議官，兼儒墨，合名法"，出於當日衆人之雜議，各抒所見而作；以故與《吕氏春秋》并隸雜家。而雜家之所以異於儒、墨、名、道諸家者，蓋所由來者不同。諸家本師説傳授，雜家出衆議駁雜也。雜家者言，無不剽竊曼衍。何者？蓋與議者不專一家，尊其所聞故也。尊其所聞，故不嫌剽竊。不專一家，故旁涉曼衍，勢所必至，何必以此致譏於淮南乎？此亦意過其通者矣！

十八日，讀《中庸》，似有會。竊謂道與儒不相兼。道者明道，儒家隆禮。道之大原出於天，禮之所起施於人。近儒張爾田言："道家宗旨，明天者也；故其言道也，則曰'有物混成，先天地生，吾不知其名，字之曰道'；'道法自然'。《老子》。儒者宗旨，明人者也；故其言道也，則曰'道者非天之道，非地之道，人之所道也'。《荀子》。孔子儒而兼道，故明天人相與之際。道家純任天道；孔子則修人道以希天。儒家務盡人道，孔子則本天道以律人。”見《史微·内篇》。可謂有味乎其言之！修人道以希天者，《春秋》教也。本天道以律人者，《易》學也。子所雅言，《詩》、《書》，執禮。孔子以《詩》、《書》、《禮》、《樂》教，弟子蓋三千焉。而《易》、《春秋》不與者，性與天道不可得聞也。其後子思、孟軻衍其道統，則曰："天命之謂性，率性之謂道。""盡其心者，知其性也；知其性，則知天矣！"是"道法自然"之意也。荀卿傳其儒學，則曰："《書》者，政事之紀也；《詩》者，中聲之所止也；禮者，法之大分，類之綱紀也；故學至乎禮而止。"是"《詩》、《書》、執禮"之教也。漢代經生，近承荀學。宋儒理學，上衍道統。

二十五日午飯後，繙《歐陽文忠集》，閱《鄭荀改名序》中，謂"荀卿子獨用《詩》、《書》之言"；未謂知荀子也！按孟子曰："頌其《詩》，讀其《書》。"《史記·孟子列傳》曰："序《詩》、《書》，述仲尼之意，作《孟子》七篇。"趙岐《孟子題辭》曰："孟子通《五經》，尤長於《詩》、《書》。"陳澧《東塾讀書記》歷舉《孟子》引《詩》者三十，論《詩》者四，引《書》者十八，論《書》者一；至於諸侯之禮，則曰"吾未之聞"。則是"獨用《詩》、《書》之言"者，孟子而非荀卿子也。至荀卿子著《儒效篇》，則以不知隆禮義而殺《詩》、《書》爲俗儒；隆禮義，殺《詩》、《書》爲雅儒。其《勸學篇》則曰："禮者，法之大分，類之綱紀也；故學至乎禮而止矣。夫是之謂道德之極！將原先王，本仁義，則禮正其經緯蹊徑也。若挈裘領，詘五指而頓之，順者不可勝數也！不道禮憲，以《詩》《書》爲之；譬之猶以指測河也，以戈舂黍也，以錐飡壺也，不可以得之！"以視孟子之斷斷於"頌《詩》讀《書》"者，不可同年而語矣！然則隆禮貴義者，荀卿之學；而頌《詩》讀《書》者，孟子之學也。

二十七日，閱阮元《曾子章句》、《子思子章句》而發所疑焉。竊案《漢書·藝文志》部録諸子，必謹師承；如儒家《曾子》十八篇、《宓子》十六篇之系曰孔子弟子，《李克》七篇之系曰子夏弟子，《孟子》十一篇之系曰子思弟子，皆其例也。獨世稱子思子爲曾子弟子，而《子思》二十三篇，系之曰孔子孫，而不稱曾子弟子，且以次《曾子》十八篇之前。細籒二子所著書，子思稱《詩》、《書》而道盡性，肇啓孟子而傳道統。曾子善言禮而隆威儀，下毗荀卿而爲儒宗。其功夫一虚一實，其文章一華一樸，故不同也。近儒章炳麟《徵信論》曰："宋人遠迹子思之學，上隸曾參，尋《制言》、《天圓》諸篇，與子思所論述殊矣！《檀弓》記曾子呼伋。古者言質，長老呼後生，則斥其名。微生畝亦呼孔子曰丘，非師弟子之徵也。《檀弓》復記子思所述。鄭君曰：‘爲曾子言難繼，以禮抑之。’足明其非弟子也。近世阮元爲《子思子章句》，亦曰‘師曾迪孟’。孟軻之受業，則太史公著其事矣。師曾者何徵而道是耶！”見《太炎文録》。知言哉！

二十九日，閱陸賈《新語》。開宗明義，道基第一，以爲“君子握道而治，據德而行，席仁而坐，仗義而行，虛無寂寞，通動無量。故制事因短而動益長，以圓制規，以矩立方”。又稱“道莫大於無爲”。《無爲》第四。而頌舜之無爲而治。蓋儒而入道，衍子思、孟軻一派，而非荀卿之純儒也。子思《坊記》以《春秋》律禮，《緇衣》以《詩》、《書》明治。趙岐《孟子題辭》稱：“孟子長於《詩》、《書》。”而《史記・陸賈本傳》稱“陸生時時前稱説《詩》、《書》”，其著書亦多述《詩》、《書》、《春秋》，固與荀卿之“隆禮義而殺《詩》《書》”者不同。此其同於思孟者一也。又《論衡・本性篇》引陸賈曰：“天地生人也，以禮義之性。人能察己所以受命則順，順謂之道。”是即子思“天命之謂性，率性之謂道”，孟子“性無有不善”之説也。此其同於思孟者二也。然則陸賈者，其思孟之支與流裔耶？惟按之《史記》、《漢書》，其書有不可信者。《史記》本傳稱陸賈爲高帝言：“秦任刑法不變，卒滅趙氏。鄉使秦已并天下，行仁義，法先聖，陛下安得而有之？”是即賈生著論《過秦》之指，而高祖乃謂生“試爲我著秦所以失天下，吾所以得之者何”。陸生乃粗述存亡之徵，凡著十二篇，高帝未嘗不稱善，號其書曰《新語》。“徵”者，即徵秦漢之所以存亡也。此《新語》之所由作，豈其語有泛設者乎？今《新語》泛稱道德，而無一言著“秦所以失天下，漢所以得之者何”，是謂答非所問，高祖何由稱善？不可信一也。又《漢書・司馬遷傳》稱：“遷取《戰國策》、《楚漢春秋》、陸賈《新語》作《史記》。”則是陸賈《新語》與《戰國策》、《楚漢春秋》同爲紀事之書，疑如《晏子春秋》之比，其中必有著“秦所以失天下，漢所以得之者”。故史遷采以入《史記》，必其見之行事之深切著明，而非託之空言。《楚漢春秋》之采入《史記》者，張守節《正義》猶引之，今佚不可考；《戰國策》取九十三事，皆與今本合。獨取陸賈《新語》者無徵，其不可信二也。惟馬總《意林》所載，皆與今本相符；而李善注《文選》亦有所采，則僞造此書者，當在唐以前耳！

（原刊於《南通報・文藝附刊》第5、6、7號，
1929年3月7日、11日、15日）

附：潛廬讀書目録之一——《中山全書》

三月十四日晨五時，醒不寐，披衣起，在案頭得坊刻《中山全書》，翻閱一過。此公生平，余不欲深論，以余未嘗親接其爲人；然讀其書，却是偉著！中國言維新以來，有三部奇書：譚嗣同《仁學》精深。康有爲《大同書》警闢。而《中山全書》則亦平實，亦博大。譚、康以佛、耶爲根極，而塗附以孔學；中山以孔孟樹骨幹，而錯綜以歐化。余嘗教及門諸子將此三書通貫讀一過，必可將胸中一片急功近利，見小欲速許多鄙私想念，滌蕩淨盡；然後放寬肚皮，睁開眼孔，觀天地之所以大，知宇宙之所以久！

《中山全書》將孔孟思想，歐美政制，上下五千年，縱横九萬里，融成一片，所以爲大。余謂五千年前，有黄帝，南征北討，遷徙往來無常處，以師兵爲營衛，集當日戎、苗、蠻、夷之文明以成諸夏之文明。其後有孔子，追迹三代之禮，删《詩》、《書》，訂禮樂，以備王道，成六藝，集唐、虞、夏、商、周之文明以立千古人道之極。黄帝，大聖人也，後世無及焉！孔子亦大聖人也，後世無及焉！黄帝之功，在集空間文明之大成。孔子之功，在集時間文明之大成。而《中山全書》，則豎盡千古，横亘五洲，綜貫時空，博學詳説。是故非盡讀孔子《四書》、《五經》，不能貫澈其中心思想；非博考現代英、美、德、法、日、俄政情利弊，亦不知其損益時措之宜。然而非所語於今之譚《中山全書》者。以其人素養既淺，又粗心浮氣，不肯虚心，得勿驚吾言之河漢無涯乎！

（原刊於《光華期刊》第5期，1929年）

《文史通義》解題及其讀法

中國之書，總以四部，四部之學，經史爲大！特是經名學而史不聞，浦起龍《史通通釋》叙曰："六經之名，始見《莊》、《列》書。史名尤古，見於《書》、《論語》。自漢止立經博士，而史不置師；向、歆《七略》不著類。至唐千年，人爲體例，論罕適歸，而史之失職。"史有書而學罕述。三五之代，書有《典》、《墳》，悠哉邈矣，不可得而詳！古往今來，質文遞變；諸史之作，不恒厥體；然載筆有人，而述學罔見！囊括大例，權而爲論，史之名學，斷自二家：唐有劉知幾，近推章學誠。劉知幾作《史通》，章學誠纂《文史通義》，千載相望，駢稱絶作！然而有不同者：劉知幾别出經生而自成史家，章學誠綜賅經學而貫以史例。劉氏之業專，而章氏之學大！其不同者一也。劉知幾著書言史法，章學誠發凡籀史意。劉氏之裁斷有法，而章氏之議論入微！其不同者二也。劉知幾議館局纂修之制，章學誠明一家著述之法。劉氏之論備，而章氏之道尊！其不同者三也。章氏《家書二》曰："吾於史學蓋有天授，自信發凡起例，多爲後世開山；而人乃擬吾於劉知幾。不知劉言史法，吾言史意；劉議館局纂修，吾議一家著述；截然兩途，不相入也。"見《章氏遺書》卷九《文史通義》外編三。明乎章氏之不同於劉氏，而後可與讀章氏之書！然孟子有言："頌其詩，讀其書，不知其人可乎！是以論其世也。"僕纂茲篇，爰析四目：一曰論世，述章氏之生世也。二曰叙傳，知章氏之爲人也。三曰解題，正名以覈實也。四曰讀法，發凡而起例也。至"讀法"之章，緟分四節：曰校本，明刊本之不同。曰析篇，辨衆篇之異趣。曰原學，明作者之有本。曰異議，竟群言之流别。將以究義藴，詔讀例。詞不必自我出，學庶以明一家！伯爾君子，尚覽觀焉！

一、論世

夷考讓清一代學派，實開自崑山顧炎武亭林。其後婺源有江永慎修，休寧有戴震東原，歙有程瑶田易疇；而休寧戴氏聲譽隆洽，最稱大師：由聲韻、訓詁、名物、度數以反求之於諸經，一洗宋元儒者膚受之陋；其所變易，灼然如晦之見明；其所彌縫，奄然如合符復析！三吴間則吴縣惠棟定宇禪其家學，亦稱大師，衍崑山顧氏之緒；與休寧戴氏同。然而有不同於戴氏者：惠氏之學，博聞彊識，以信而好古爲揭幟；説者謂之純漢學。戴氏之學，"空諸依傍"，以"實事求是"爲鵠的；戴氏《東原文集·與某書》曰："志存聞道，必空所依傍。漢儒訓詁有師承，有時亦傅會。"錢大昕《潛揅堂集·戴震傳》曰："實事求是，不主一家。"説者謂之考證學。皖之有戴氏，猶吴之有惠棟。

惠棟受學於其父士奇；其弟子有同縣江聲艮庭、余蕭客古農；而嘉定王鳴盛西莊、錢大昕辛楣，乃汲吴縣惠氏之流而别自成家。蓋吴縣顯漢儒治經家法，而嘉定則以其漢學考證之法，旁及諸史也。夫嘉定出於吴學，而門户較吴爲大，非吴學所得賅；猶之文家陽湖派衍自桐城，而附庸蔚爲大國，非桐城所得掩耳！

戴震受學於江永，亦嘗執經問業於惠棟，則是皖者吴之旁出也。惟吴中惠氏世守古學，張皇補苴，而未知所入手！至戴震始謂有志聞道，當先從事於字義、制度、名物以通六經之語；考諸篆書由《説文》以睹古聖人制作本始；更念《爾雅》爲承學津筏，又殫心其書；遂爲後來治學者開一法門！實事求是，不主一家；"有一字不準六書，一字解不通貫群經；即爲無稽者不信；不信，必反覆参證而後即安；以故胸中所得，皆破出傳注重圍。"采余廷燦《戴東原先生事略》，見《國朝耆獻類徵》百三十一。其播教四方：傳於北，有曲阜孔廣森㢲軒、棲霞[①]郝懿行蘭皋；傳於南，有金壇段玉裁懋堂、高郵王念孫懷祖。段玉裁闡揚師説，窮微極博，撰《説文解字注》，因字形以説字音字義，謂："《説文》、《爾雅》相爲表裏；治《説文》而後《爾雅》及傳注明；《説文》、《爾雅》及傳注明而後謂之通小學，而後可通群經之大義。"而於是漢學之機括以發！王念孫精深古訓，乃别出機杼而撰《廣雅疏證》一書，謂"訓詁之指，本於聲音"；就古音以求古義，擴充於《説文》、《爾雅》之外。無所不達；傳其學以授於子引之伯申，而於是休寧之門户始大！郝懿行爲《爾雅義疏》，乃不憚繁詞，以闡發字借聲轉之義；正名辨物，旁箋子史，併爲休寧法嗣。獨孔廣森雖從戴震學，而工駢文，説《公羊》，不類休寧樸學面目！其間段氏、王氏最能光大震學；世稱戴段、二王。而高郵王氏父子尤以樸學精識諟正經傳，旁及諸子，裒[②]然爲乾嘉大師，以追休寧戴氏，駢稱曰休寧、高郵之學。特是休寧竱治經訓，而高郵旁及諸子。蓋高郵之學，由名物訓詁以通大義，出皖派師法，而别開蹊逕；猶吴派之别出嘉定也。德清俞樾曲園、瑞安孫詒讓仲容、餘杭章炳麟太炎，皆衍高郵而有大名！及其蔽也，碎義逃難！"於是專求古人名物、制度、訓詁、書數，以博爲量，以闚隙攻難爲功；枝之獵而去其根，細之蒐而遺其鉅！"采姚鼐《贈錢獻之序》，見《續古文辭類篹》卷十二。風氣所鼓而不知偏之爲害；雖有大力莫之敢逆也。

---

① 棲霞，原作"樓霞"，形近而誤。今據《清史稿·儒林傳》改。

② 裒，原作"哀"，形近而誤，今據文意改。

獨章學誠生當舉世溺於訓詁、音韻、名物、度數之時；謂“君子學以持世，不宜以風氣爲輕重”；《家書五》，見《章氏遺書》卷九《文史通義》外編三。治學蘄於明道，立言必有宗旨。言道之不離於事，將以實事求是，砭宋儒之空。明經之不外於史，亦以疏通致遠，捄漢學之碎。理貴實證，言不離宗，又推其説，施之於一切立言之書，而條其義例，比於子政，辨章舊聞，一人而已！大抵“章氏之學，其縝密繁博，或不逮休寧、高郵諸儒遠甚！即其文事僿蔓，亦不如孔廣森之淵雅；然識足以甄疑似，明正變，提要挈綱，卓然有以見夫經史百家之支與流裔而得大原；則有非休寧、高郵諸儒所能諦言者！蓋休寧、高郵諸儒之學精於覈；而章氏之學則善於推。休寧、高郵諸儒之學謫於析；而章氏之學則密於綜。休寧、高郵諸儒所用以爲學之術徑，惟章氏能會其通；亦惟章氏能匡其蔽！采劉承幹《章氏遺書序》。休寧、高郵諸儒之學既世學者承襲，寖成風會，破壞形體，支離大道，而所以議章氏者且百端。君子則以章氏之召世疾也，蓋有五焉：何則？

爲休寧、高郵之學者，憑據佐驗，得一孤證，即可閒執承學之口，而不必問其全書宗旨之如何；不通，則引伸叚借以説之；又不通，則錯簡衍文以遷就之。爲章氏之學，則每立一例，必穿穴群籍，總百氏之所撢，而我乃從而管之。故爲章氏之學也拙；而爲休寧、高郵之學也巧！人情喜巧而惡拙。一也。爲休寧、高郵之學者，勞於目治，逸於心獲，但使有古類書字學書數十種，左右鉤稽，一目可以得三四條。爲章氏之學，則其立義也探賾甄微；徬徨四顧，有參考數年而始得者；亦有參考數十年而始得者；及其得也，適如人所欲言，則人之視之也亦與常等矣！故爲章氏之學也難；而爲休寧、高郵之學也易！人情趨易而避難。二也。爲休寧、高郵之學者，嚴絶勦説，故必引據成文；往見時賢解經之書，王伯申説，段茂堂説，開卷爛然；非是則人以爲陋；爲章氏之學則不然！有檃括成文者焉；亦有不必檃括成文者焉；同不是，異不非，惟義之與比；放之四海而準，公之四達之衢而人不能竊！故爲章氏之學也約，而爲休寧、高郵之學也博！人情尚博而鄙約。三也。爲休寧、高郵之學者，意主疏通以求是；解一名，詳一訓，雖繁殺殊科，而其義也，皆有所底。爲章氏之學，則規槼誠設，其運無乎不在；有略引其端以俟好學深思之自反者；有泛稱廣譬驗之造述而後確者；雖復節目有疏落，援考有舛謬，而正無害其大體。故爲章氏之學也虚；而爲休寧、高郵之學也實！人情誕虚而夸實。四也。抑又有其可異者！爲休寧、高郵之學者，以墨守爲宗；再傳而後，疲精許、鄭，至甘以大義微言，拱而讓之宋儒；倭程朱者，憙其不我牴巇也，則往往援之以自重。爲章氏之學，則務矯世趨；群言殽列，必尋其源而遂之於大道，雖以舉世所鄙棄之鄭樵，舉世所呲毁之象山、陽明，章氏揚榷所及，亦且時時稱道焉。章氏以不黨救黨，而守門户者以爲黨！章氏以不裒治裒，而昧則識者以爲裒！故爲章氏之學也逆風會；而爲休寧、高郵之學也順風會。逆則不樂從；順則人人皆騖之。五也。雖然，學之爲術，有統有宗，必倫必脊；或治其分；或攬其總；雖相迕而實相濟，譬則振裘然；章氏挈其領，而休寧、高郵諸儒則理其毨。爲章氏之學，而不以休寧、高郵精密徵實之術佐之；憑臆膚受，其病且與便詞巧説者相去不能以寸！采張爾田《章氏遺書序》。

而爲休寧、高郵之學者，不幸不見天地之純，古人之大全，不該不偏，一曲之士也！倘無章氏以持其後，則判天地之美，察古人之全，道術將爲天下裂矣！昔者孔子問于子貢曰："汝以予爲多學而識之者歟?"對曰："然！非歟?"曰："非也！予一以貫之!"大抵爲休寧、高郵之學者，所謂"多學而識之"者也；而章氏則"一以貫之"者也。

方當讓清乾嘉之世，休寧、高郵之學既稱極盛，而異議亦起，大要不出三派：其一爲桐城派之文學，姚鼐、方東樹其選也。其一爲浙東派之史學；章氏及邵晉涵其著也。其一爲常州派之經學；莊存與、劉逢禄其桀也。大抵桐城、浙東以宋學爲根柢；而常州則以西京張門户。桐城、浙東以大義爲導揚；而常州則以微言恣詭誕。大義者，君子中庸之道，愚夫可與知能也。微言者非常可怪之論，夫子之所罕言也。孔子曰："素隱行怪，後世有述焉，吾弗爲之矣!"常州既以素隱行怪不饜人意。桐城復以淺見寡聞詒譏儒林。獨章氏疏通知遠，闡揚書教，以起爲浙東開山之祖。謹爲尋其脈絡，條其流别，以著於篇；而爲讀章氏書者知人論世之資焉。

二、叙傳

章氏名學誠，字實齋，浙江會稽人；乾隆戊戌進士，官國子監典籍。其先世由浦城遷居山陰，再徙而籍道墟，稱道墟章氏；見《章氏遺書》卷二十三《家譜雜議》。後又自道墟遷居紹興府城，至學誠蓋百年矣。見《章氏遺書》卷二十八《仲賢公三世像記》。父鑣，字驤衢，號勵堂；乾隆壬戌進士，官湖北應城知縣。少孤，憙讀書，而家貧不能購書，則借讀于人；隨時手筆記録，孜孜不倦，晚年彙所劄記，殆盈百帙。嘗得鄭氏《江表志》及五季十國時雜史數種，欲鈔存之，嫌其文體破碎，隨筆删潤，文省而義意更周，仍其原名，加題爲《筆氏别本》。又喜習書，繕五經文，作方寸楷法，尤喜《毛詩》、《小戴氏記》，凡寫數本，手不知疲；嘗恨爲此二事所牽，不得專意劄録所未見書。每還人所借，有劄未竟者，悵悵如有所失，蓋好且勤也如是。然聚書無多，仕官所歷，隨身三數千卷，見《章氏遺書》卷二十二《滃雲山房乙卯藏書自記》。最重餘姚邵廷寀念魯《思復堂文集》。廷寀嘗及事同邑黄宗羲黎洲，講肄宗陽明，而學問則貫串群史，蓋衍浙東學術之緒。浙東學術語詳《章氏遺書》卷二《文史通義》内篇二。而爲鑣家學之所自出也。見《章氏遺書》卷九《文史通義》外篇三《家書》三。

浙東學術，始餘姚黄宗羲，蓋出山陰劉宗周蕺山之門，而開鄞縣萬斯大充宗、斯同季野兄弟經史之學；再傳而得鄞縣全祖望謝山，三傳而得餘姚邵晉涵二雲，皆以史學有聞于當世；而晉涵，廷寀從孫，與學誠驩好。學誠之學，可謂集浙東學術之成者焉；其好學深思，于史學蓋有天授，壹本之于父鑣。鑣嘗辨[①]《史記索隱》，謂十二《本紀》法十二月，十《表》法十干諸語，斥其支離附會。而學誠時年未弱冠，亦議鄧氏《函史》上下篇卷，分配陰陽老少爲非；特未能遽筆爲説耳；亦見《章氏遺書》卷九《文史通義》外篇三《家書》三。然幼而多病，一歲中，銖積黍計，無兩月功；資又椎魯，日誦纔百餘

① 辨，原作“辧”，形近而誤。今據《文史通義》及文意改。

言，猶汲汲不中程；十四受室，尚未卒業《四子書》！見《章氏遺書》卷二十二《文集》七《與族孫汝楠論學書》。顧拙于記誦，神于解會。初鑣之聚徒授經也，評點詩文，爲及門稱説，深闢村塾傳本之膠執訓詁；獨究古人立言宗旨。見《章氏遺書》卷九《文史通義》外篇三《家書》三。聽者罕會！而學誠尚爲群兒嬉戲左右，聞父言，則私心稱喜，決疑質問，間有出成人擬議外者！見《章氏遺書》卷二十二《文集》七《與族孫汝楠論學書》。年十六，侍鑣應城官舍，童心未歇，從學于江夏柯紹庚公望；紹庚工書，善舉業，而學誠則無意于應舉文，獨好爲詩賦，紹庚意以爲恨；曰："文無古今，期于通也。時文不通，詩古文辭，又安能通耶?"顧學誠不屑其言！春秋佳日，賓從聯騎出遊，歸必有所記述，見者相與歎賞；學誠益喜自命！見《章氏遺書》卷十七《文集》二《柯先生傳》。又取《春秋左氏傳》删節事實。鑣見之乃誨曰："編年之書，仍用編年删節，無所取裁；曷用紀傳之體分其所合?"于是力究紀傳之史，而辨析體例；見《章氏遺書》卷九《文史通義》外編三《家書》三。日夜鈔録《春秋》内外傳及衰周戰國子史，輒復以意區分，編爲紀表志傳，作東周書凡百餘卷；見《章氏遺書》卷九《文史通義》外編三《家書》六，又卷二十二《文集》七《與族孫汝楠論學書》。自命史才，大言不遜！然於文字承用轉辭助語，猶未嘗得一當也。見《章氏遺書》卷十七《文集》二《柯先生傳》。

自以讀書當得大意；方年少氣鋭，專務涉獵，四部九流，泛覽不見涯涘；好立議論，高而不切，攻排訓詁，馳騖空虚，蓋未嘗不憪然自喜！獨怪休寧戴震東原振臂而呼曰："今之學者無論學問文章，先坐不曾識字！"既駭其説，就而問焉。震膺之曰："予弗能究先天後天、河洛精藴，即不敢讀'元亨利貞'。弗能知星躔歲次、天象地表，即不敢讀'欽若敬授'。弗能辨聲音律吕，古今韻法，即不敢讀'關關雎鳩'。弗能考三統正朔、周官典禮，即不敢讀'春王正月'。"學誠聞震言則大媿。見《章氏遺書》卷二十二《文集》七《與族孫汝楠論學書》。徒以天性高朗，沈潛不足；故於訓詁考質多所忽略，而神解精識，乃能窺及古人所未到處！年二十歲，購吴兆宜注《庾開府集》。中有"春水望桃花"句；注引《月令章句》"三月桃花水下"；既爲鑣所見，則抹去其注而評於下曰："望桃花於春水之中，神思何其緜邈！"學誠讀之，頓覺有會；回視《吴注》，意味索然矣！自後觀書，遂能別出意見，不爲訓詁牢籠；雖時有鹵莽之弊，而古人大體，乃實有所窺！廿一二歲，駸駸嚮長；縱覽群書，於經訓未見領會；而史部之書，乍接於目，便似夙所攻習；見《章氏遺書》卷九《文史通義》外編三《家書》三、《家書》六。意所不愜，輒批抹塗改，疑者隨時劄記以俟參考。見章氏之子華紱《文史通義跋》。嘗謂"讀書劄記貴在積久貫通"。見《章氏遺書》卷二十二《文集》七《與族孫汝楠論學書》。自稱"廿三四時所筆記者，後雖亡失！然論諸史於紀、表、志、傳之外，更當立圖；列傳於儒林、文苑之外，更當立史官傳；此皆當日之舊論也。惟當時見書不多，故立説鮮所徵引耳！其識之卓絶，則有追老不能易者！"見《章氏遺書》卷九《文史通義》外編三《家書》六。年二十三，始遊北京，應順天鄉試。自是三應舉，三報罷！年二十八，始讀《史通》。既累舉不得意，肄業國子監，乃問學於大興朱筠竹君。筠既通儒碩望，一見許以千古！獨言及時文，則曰："足下於此無緣，不能學！然亦不足學也！"學誠請益，曰："家貧親老，不能不望科舉。"筠對曰："科舉何難！科舉何嘗必要時文！由子之道，任子之天，科舉未嘗不得；即終不得，亦非不學時文之咎也！"與曩者所聞柯紹庚言不同。學誠則大服！見《章氏遺書》卷二十九《外集》二《與汪龍莊簡》。顧旅困不能自存，遂依筠以居，咤嚓無聊甚！然由是得見當世名流及一時聞人之所習業；見《章氏遺書》卷十八《文集》三《任幼植别傳》。討論講貫，備知學術源流同異以證曩昔之所治學；有幼時所見，至是證其至當不可移者！乃知一時創見，或亦有關天授，特少小學力未充，無所取證，不能發揮盡致耳！從此所學益以堅定！見章氏之子華紱《文史通義序》。

年三十一，實爲乾隆三十三年戊子，中順天鄉試副榜！而國子監司業仁和朱芬元春浦爲同考官，見學誠對策言國子監志之得失；驚歎不已！怪六官師儒，安得遽失此人！於是名稍稍聞！見《章氏遺書》卷十六《文集》一《國子監司業朱府君墓碑》。既而朱筠以翰林侍讀學士出提督安徽學政，與偕者胥一時名士，而學誠與焉；所與上下議論，訢合無間者，最稱邵晉涵；時學誠方學古文辭於朱筠，苦無藉手；晉涵輒據前朝遺事，俾學誠試爲傳記以質文心；其有涉史事者，若表志、記注、世繫、年月、地理、職官之屬，凡非文義所關，覆檢皆無爽失；由是與晉涵論史契合隱微，見《章氏遺書》卷十八《文集》三《邵與桐别傳》。没齒不貳！然晉涵長於學，而學誠善於裁。見《章氏遺書》卷九《文史通義》外編三《家書》五。方當乾隆御宇，四庫館開，廣獻書之路，遺籍秘册，薈萃都下；學士侈於聞見之富，别爲風氣，講求史學，非馬貴與之所爲整齊類比，即王應麟之所爲考逸搜遺。獨學誠語於晉涵曰："史學不求家法，則貪奇嗜瑣，但知日務增華，不過千年，將恐大地不足容架閣矣！"晉涵聞之，撫膺歎絶！欲以斯意刊定前史，自成一家。時議咸謂前史榛蕪，莫甚於元人修宋、遼、金三史，而措功則《宋史》尤難！晉涵遂慨然自任；嘗據宋事與史策流傳大違異者凡若干事，燕閒屢爲學者言之。學誠因言："俟君書成，余更以意爲之，略如二謝、司馬諸家之《後漢》，王隱、虞預之《晉書》，各自爲家，聽決擇於後人！"晉涵曰："何如?"學誠曰："當取名數事實，先作比類長編，卷帙盈千，可也。至撰集爲書，不過五十萬言；視始之百倍其書者，大義當更顯也！"晉涵曰："如子所約，則吾不能！然亦不過三倍於君，不至騖博而失專家之體也！"學誠曰："願聞立言宗旨。"晉涵曰："宋人門户之習，語録庸陋之風，誠可鄙也！然其立身制行，出於倫常日用；何可廢耶！世之士大夫博學工文，雄出一代；而於辭受取予、出處進退之間，不能無簞豆萬鍾之擇；本心既失，其他又何議焉！此著宋史之宗旨也！"學誠聞其言而聳然！

學誠嘗盛推晉涵從祖廷寀所著《思復堂文集》，謂五百年來罕見！晉涵則謙挹之甚！疑學誠阿私所以及其先也！學誠正色曰："班、馬、韓、歐、程、朱、陸、王，其學其文，如五金貢自九牧，各有地産，不相合也！獨君家念魯先生洪爐鼓鑄，自成一家，更無金品州界之分，談何容易！文以集名，而按其旨趣義理，乃在子史之間；五百年來誰能辨此！"晉涵雖諾，未深然也，久之，乃過學誠曰："近憶子言，熟復先念魯文，信哉如子所言！乃知前人之書，竟不易讀！子乃早辨及此！"學誠因爲言曰：

> 思復堂文，全氏祖望著書嘗排詆之！然以余所論：全氏通籍館閣，入窺中秘，出交名公鉅卿，以視念魯先生終老諸生，窮伏海濱；聞見自宜有進，然論文章則不如思復堂遠甚！何者？蓋全氏修辭飾句，蕪累甚多；不如思復堂辭潔氣清！若其泛濫馳驟，不免蔓衍冗長；不如《思復堂集》雄健謹嚴，語無枝剩！至於數人共爲一事，全氏各爲其人傳狀碑誌，叙所共之事，複見疊出，至於再四！不知古人文集，雖不如子書之篇第相承；然同在一集之中，必使前後虚實分合之間，互相趨避，乃成家法；而全氏不然！以視《思復堂集》全書止如一篇，一篇止如一句，

百十萬言，若可運於掌者，相去又不可以道里計矣！至於聞見有所出入，要於大體無傷，古人不甚校也！往者王弇州太倉王世貞。之雄才博學，實過震川崑山歸有光。，而氣體不清，不能不折服於震川之正論！今全氏之才，不能遠過弇州；而《思復堂集》高過震川數等，豈可輕相非詆！是全氏之過也！

晉涵深契其論！見《章氏遺書》卷十八《文集》三《邵與桐别傳》及其子貽選跋。晉涵嘗爲總督湖廣尚書鎮洋畢沅秋帆諟定所撰《宋元通鑑》以續司馬光書；則請姑標《宋元事鑑》，言："《説文》史訓記事；又《孟子趙注》亦以天子之事爲天子之史，見古人即事即史之義。"宛轉遷避，蓋取不敢遽續司馬光書，猶世傳李燾所續，謙稱爲《長篇》爾！而學誠因推孟子其事其文之義，且欲廣吕祖謙撰輯之《宋文鑑》一書，别爲《宋元文鑑》，將與《事鑑》並立，以爲後此一成之例。晉涵又仿司馬光例，年經國緯，以爲《事鑑》目録，而學誠則曰："紀傳之史，分而不合；當用互注之法以聯其散。編年之史，渾灝無門；當用區别之法以清其類。"晉涵就求其説；則贗之曰：

紀傳之史，事同而人隔其篇；猶編年之史，事同而年異其卷也。馬、班篇叙之法亡，而後史乃於篇首爲目録。儻作史者誠取目録子注之意，而稍從類别區分，著於編首以爲别録焉；則詳略可以互糾，而繁複可以檢省矣！大抵紀傳苦於篇分；别録聯而合之，分者不終散矣！編年苦於年合；别録分而著之，合者不終混矣！蓋枉欲矯而直欲揉，歸於相濟而已矣！今於紀傳之史，必當標舉事目，大書爲綱；而於紀、表、志、傳與事連者，各於其類附著篇目於下，定著别録一編，冠於全書之首；俾覽者如振衣之得領，張網之挈綱；治紀傳之要義，未有加於此也！儻爲編年而作别録，則如每帝紀年之首，著其后妃、皇子、公主、宗室、勛戚、將相、節鎮、卿尹、臺諫、侍從、郡縣、守令之屬，區别其名，注其見於某年爲始，某年爲終；是亦編年之中，可尋列傳之規模也。其大制作、大典禮、大刑獄、大經營，亦可因事定名，區分品目，注其終始年月；是又編年之中，可尋書志之矩則也。至於兩國聘盟，兩國争戰，亦可約舉年月，繫事隸名；是又於編年之中，可尋表曆之大端也。如有其事其人，不以一帝爲終始者；則於其始見也，注其終詳某帝；於其終也，注其始詳某帝；可也。其有更歷數朝，仿其意而推之，可也。要使人於編年之中，隱得紀傳班部，以爲較司馬光目録舉要諸編，尤得要領！且欲廣其例而上治司馬光書以爲編年者法！

問何所昉，學誠則言："其意蓋本於杜預治《左》，别有世卿公子諸譜例耳！"見《章氏遺書》卷七《文史通義》外編一《史篇别録例議》，卷九《文史通義》外編三《爲畢制軍與錢辛楣宫詹論續鑑書》。沅善其説而不能用也！

學誠嘗以馬、班而後，二十一家義例不純，體要多舛。世士以博稽言史，則史考也。以文筆言史，則史選也。以故實言史，則史纂也。以議論言史，則史評也。以體裁言史，則史例也。唐宋至今，積學之士，不過史纂、史考、史例。能文之士，不過史選、史評。其間獨推劉知幾、曾鞏、鄭樵皆良史才，生史學廢絶之後，能推明古人大體！然鄭樵有史識而未有史學，曾鞏具史學而不具史法；劉知幾得史法而不得史意；故欲遍察其中得失利病，爲校讎之學，上探班固、劉向，溯源官禮；下賅《雕龍》、《史通》，甄别名實；品藻流别，約爲科律；爲《文史通義》一書。見《章氏遺書》卷二十二《文集》七《與族孫汝楠論學書》、卷二十九外集二《與嚴冬友侍讀》、外編卷十六《和州志一・志隅自敘》及《補遺》。大指以爲："撰述欲圓而神。記注欲方以智。智以藏往，神以知來。記注欲往事之不忘；撰述欲來者之興起；故記述藏往似智；而撰述知來擬神也。藏往欲其賅備無遺，故體有一定，而其德爲方。知來欲其決擇去取，故例不拘常，而其德爲圓。而撰述之書，不可律以記注一成之法。遷書所創紀傳之法，本自圓神；固書因遷之體，而爲一成之義例。後世襲用其體，不知變通；而史才、史識、史學，轉爲史例拘牽；愈襲愈舛，以致圓不可神，方不可智；如宋、元二史之潰敗決裂，不可救挽；實爲史學之河淮洪澤逆河入海之會！於此而不爲迴狂障墮之功，則滔滔者何所底止！不知紀傳原本《春秋》。《春秋》原本《尚書》。《尚書》典謨之篇，記事而言亦具焉；訓誥之篇，記言而事亦見焉。古人事見於言，言以爲事，未嘗分事、言爲二物也。《尚書》訓誥之記言，必敘其事以備所言之本末；漢儒誤信《玉藻》記文，而以《尚書》爲記言之專書焉；毋乃因後世之空言而疑古人之實事乎？《春秋》之事則齊桓、晉文，而宰孔之命齊侯，王子虎之命晉侯，皆訓誥之文也；而左氏附傳以翼經，夫子不與《文侯之命》同著於編；則《書》入《春秋》之明證也。《尚書》訖平王，而《春秋》託始於平王；明乎其相繼也。馬遷紹法《春秋》，而删潤典、謨以入紀傳。班固承遷有作，而《禹貢》取冠地理，《洪範》特志五行；而賈、董二《傳》，仿《尚書》訓誥之記言，叙賈、董生平行事，無意求詳，前後寂寥數言，不過爲《政事》諸疏、《天人三策》備始末爾；則以《春秋》之學爲《尚書》也，而《書》與《春秋》不得不合爲一矣！逮史遷著書，自命《春秋》經世，壹出董子天人性命之學；則是紀傳原本《春秋》，《春秋》原本《尚書》之明效大驗也。《尚書》一變而爲左氏之《春秋》；《尚書》無成法；而左氏有定例，以緯經也。左氏一變而爲史遷之紀傳；左氏依年月；而遷書分類例，以搜逸也。遷書一變而爲班氏之斷代；遷書通變化；而班氏守繩墨，以示包括也。司馬光《通鑑》病紀傳之分，而合之以編年。袁樞《紀事本末》又病《通鑑》之合，而分之以事類。夫《通鑑》爲史節之最粗；而《紀事本末》又爲《通鑑》之綱紀奴僕，此不足爲史學，而止可爲史纂、史鈔者也。然神奇可化臭腐，臭腐亦復化神奇。《紀事本末》之作，本無深意，而因事名篇，不爲成法，文省於紀傳，事豁於編年；則引而伸之，擴而充之，遂覺體圓用神；《尚書》神聖制作，數千年來可仰望而不可接者，至此可以仰追；豈非窮變通久，自有其會！紀傳流弊，至於極盡，而天牖吾衷爲從此百千年後史學開山；誠竊以爲當仍紀傳之體，而參本末之法；增圖譜之例，而删書志之名。”發凡起例，推論甚精。徒以載之空言，不如見之事實；常思自以義例撰述一書以明所著之非虛語，見《章氏遺書》卷一《文史通義》内篇一《書教》上中下，卷九《文史通義》外篇三《與邵二雲論修宋史書》，卷十八《文集》三《邵與桐别傳》。而薄出其技以治方志。

初學誠隨父鑣客湖北天門；適改修縣志，請鑣主其事，爲撰《修志十議》；時在乾隆二十九年甲申，學誠之二十七歲也。其後二十六年間，歷修成和州、永清、亳州諸州縣志；所自得意者，莫如《亳州志》，言：“此志擬之於史，當與陳、范抗行；義例之精，則亦《文史通義》中之上乘也；回視和州、永清之志，一半爲土苴矣！”見《章氏遺書》卷九《文史通義》外編三《又與永清論文》。蓋學誠方志之學，於是爲大成也！

居常持論，謂：“欲經紀一方之文獻，必立三家之學，而始可以通古人之遺意也！倣紀傳正史之體而作志。仿律令典禮之體而作掌故。仿《文選》、文苑之體而作文徵。三書相輔而行，闕一不可；合而爲一，尤不可也！而其要原本於六經。六經皆史也；後世襲用而莫之廢者，惟《春秋》、《詩》、《禮》三家之流别耳！紀傳正史，《春秋》之流别也。掌故典要，《官》、《禮》之流别也。文徵諸選，《風詩》之流别也。獲麟絶筆以還，後學鮮能全識古人之大體；必積久而後漸推以著也！馬《史》、班《書》以來，已演《春秋》之緒矣，劉氏《政典》，杜氏《通典》，始演《官》、《禮》之緒焉，吕氏《文鑑》、蘇氏《文類》，始演《風詩》之緒焉；並取括代爲書，互相資證，無空言也！六藝並立，《樂》亡而入於《詩》、《禮》，《書》亡而入於《春秋》。六經演而爲‘三史’，亦一朝典制之鉅也。方州蕞爾之地，一志足以盡之，而必取於備物者。天下政事始於州縣而達乎朝廷。朝廷六部尚書之所治，則合天下州縣六科吏典之掌故以立政也。六部必合天下掌故而政存；史官必合天下紀載而籍備也。州縣雖小，其所承奉而施布者，吏、户、禮、兵、刑、工無所不備；是則所謂具體而微矣；國史於是取裁，方將如《春秋》之藉資於百[①]寶書，何可忽也！今天下大計既始於州縣，則史事積成，亦當始於州縣之志。州縣有荒陋無稽之志；而無荒陋無稽之令史案牘；志有因人臧否，因人工拙之義文例辭；案牘無因人臧否，因人工拙之義例文辭。蓋以登載有一定之法，典守有一定之人。故州縣之志，不可取辦於一時。平日當於諸典吏中，特立志科，僉典吏之稍明於文法者以充其選；而且立爲成法，俾如法以紀載，略如案牘之有公式焉，則無妄作聰明之弊矣！積數十年之久，則訪能文學而通史裁者，筆削以爲成書，如是又積而又修之，於事不勞，而功效已爲文史之儒所不能及！夫史之爲道，文士雅言與胥吏案牘，皆不可用；然[②]捨是二者，則無所以爲史矣！孟子曰‘其事’、‘其文’、‘其義’，《春秋》之所取也；即簿牘之事，而潤以爾雅之文，而斷之以義；國史方志，皆《春秋》之流别也。譬之人身，事者其骨；文者其膚；義者其精神也。斷之以義而書始成家；而後有典有法，可誦可識，乃能傳世而行遠。見《章氏遺書》卷一《文史通義》内篇一《書教上》，卷十四《方志略》例一《方志立三書議》《州縣請立志科議》。故史之大原，本乎《春秋》；《春秋》之義，照乎筆削。筆削之義，不僅事具始末，文成規矩；以夫子“義則竊取”之旨觀之，固將綱紀天人，推明大道；所以通古今

① “百”後脱“國”。

② 然，原作“用”，今據《章氏遺書·方志立三書議》及文意改。

之變，而成一家之言者，必有詳人之所略，異人之所同，重人之所輕，而忽人之所謹，繩墨之所不可得而拘，類例之所不可得而泥，而後微茫杪忽之際，有以獨斷於一心；及其書之成也，自然可以參天地而質鬼神，契前修而俟後聖。此家學之所以可貴也。然古人一事，必具數家之學；著述與比類兩家，其大要也。班氏撰《漢書》，爲一家著述矣；劉歆、賈護之《漢記》，其比類也。司馬撰《通鑑》，爲一家著述矣；二劉、范氏之《長編》，其比類也。比次之書，則掌教①、令史之孔目，簿書、記注之成格，其原雖本柱下之所藏，其用止於備稽檢而供采擇，初無他奇也；然而獨斷之學，非是不爲取裁。獨斷之學欲其智，而比次之書欲其愚。古人云：'言之不文，行之不遠'；'文不雅馴，薦紳先生難言之'；爲職官、故事、案牘、圖牒之難以萃合而行遠也；於是有比次之法。不名家學，不立識解，以之整齊故事，而待'好學深思，心知其意'者之裁定；是則比次欲愚之效也。但爲比類之業者，必知著述之意，而所次比之材管②可使著述者出，得所憑藉，有以恣其縱橫變化；又必知已之比類，與著述者各有淵源；而不可以比類之密，而笑著述之或有所疏；比類之整齊，而笑著述之有所畸輕畸重；則善矣！”見《章氏遺書》卷四《文史通義》内篇四《答客問》上中，卷九《文史通義》外篇三《報黄大俞先生》。時雖稱善。顧莫之用！

嘗客浙江寧紹台兵備道、代州馮廷丞子弼所，遇戴震，震自負高名，見《和州志例》，乃曰："志以考地理，但悉心於地理沿革，不當侈言文獻。”學誠曰："不然！方志如古國史，本非地理專門。如云但重沿革，而文獻非所急；則但作沿革考一篇足矣！且古今沿革始非我臆測所能爲也！考沿革者取資載籍；載籍具在，人人而得而考之；雖我今日有失，後人猶得而更正也。若夫一方文獻，及時不與搜羅，編次不得其法，去取或失其宜，則他日將有放失難稽，湮没無聞者矣！不得已而勢不兩全，無寧重文獻而輕沿革！”震拂衣徑去！學誠又以震出示所撰《汾州府志》有古迹一門，謂："古迹非志所重，當附見於輿地之圖；不當自爲專門。”往復辨難，終不爲屈！見《章氏遺書》卷十四《方志略》例一《記與戴東原論修志》。

既，畢沅延撰《湖北通志》，又出其餘力以修常德、荆州、石首諸府縣

① “教”當作“故”。

② “管”字衍。

志，皆有成書。獨《湖北通志》，書未成而論者詆諆；既不得行其意，重自審訂，成《湖北通志檢存稿》四卷。大要參取古今史志義例，翦裁浮辭，稟酌經要，分二紀、三圖、五表、六考、四政略、五十三傳以爲《通志》七十四篇。而於《通志》之外，取官司見行章程，分吏、户、禮、兵、刑、工六門，叙其因革條例，以爲《掌故》；更取傳記、論説、詩賦、箴銘諸篇，別次甲乙丙丁上下八集，以爲《文徵》。勒成三家之書，而推本於六經；《方志》義本《百國春秋》，《掌故》義本《三百》、《官》、《禮》，《文徵》義本十五《國風》。至於畸説剩言，采摭所餘，雖無當於正裁，頗有資於旁證，故附稗野説部之流而作叢談，猶經之別解，史之外傳，子之外篇也。其不合三書之目而稱四者；三書皆經要，而叢談則非不可闕之書也；《漢書・藝文志》所謂“小説家者流，出於稗官，街談巷議，亦采風所不廢”云爾！見《章氏遺書》卷十四《方志略》例一《方志立三書議》，卷二十四《湖北通志檢存稿》一《爲畢制府撰〈湖北通志〉序》。即此可概見其義法焉！學誠地産霸材，天挺史識；見《兩浙輶軒録》補遺《章學誠傳》後王宗炎曰。大抵推原《官》、《禮》而有得於劉氏向、歆父子之傳，故於古今學術淵源，輒能條別而得其宗旨。見章氏之子華紱《文史通義》跋。尤善屬書離辭，指事類情，雖當世宿學不能自解免。

與休寧戴震、江都汪中同客浙江寧紹台兵備道馮廷丞所，咸被敬禮，而所學異趣。學誠則謂戴學功力不淺而無得於性情，汪氏聰明有餘而不足於識力。何以言其然？散萬殊者爲聰明。初學之童，出語驚其長老，聰明也。等而上之，至於學充文富，而宗本尚未之聞，猶聰明也。定於一者爲識力：其學包羅富有，其言千變萬化，而所以爲言之故，則如《詩》之三百，可以一言蔽也；是識力也。今有文章如入萬花之谷，學問如窺五都之市，可以窺奄陋而箴鄙僿矣！問其何以爲言，不能答也，蓋與荒經滅古，舍學識而空言一貫者，其功雖有難易之殊，其於無當則一也。舍學識而空言宗本；是窶子據空室而指其門閾以爲家也！是宋學末流之失也。博學能文而不知宗本；是筦庫爲人守藏多財，而不得主其財也！是汪氏之學也！古人著書，各有立言之宗。而推本所自：史學本於《春秋》，專家著述本於《官》、《禮》。辭章泛應本於《風詩》。天下之文盡於是矣！子有雜家；雜於衆，不雜於己，雜而猶成其家者也。文有別集：集亦雜也，雜於體，不雜於指，集亦不異於諸子也。故諸子雜家與文集中之具本旨者，皆著述之事，立言之選也。今觀汪氏《述學》所爲《内篇》，大約雜舉經傳小學，辨別名詁義訓，初無類例，亦無次序，苟使全書果有立言之宗，恐其孤立而鮮助也；雜引經傳以證其義，博采旁搜以暢其旨，則此紛然叢出者，亦當列於雜篇；不但不可爲内，亦并不可謂之外也！古人著書内外分篇蓋有經緯。内篇必立所言之宗，而外雜諸篇，取與内篇之旨相爲經緯，一書只如一篇，無泛分内外之例。汪氏之書，不過説部雜考之流耳；何以爲内篇哉！觀其外篇，則序記雜文，泛應辭章，斯乃與《述學》標題，如風馬牛，列爲外篇，以擬諸子，可爲貌同而心異矣！然汪氏工辭章而優於辭命，苟善成之，則淵源非無所自；古者行人之遺，流爲縱横家學，其源實出於《風詩》也；引伸比興，抑揚往復，可以窮文心之極變，達難顯之至情，用以規諫諷諭，興起好善惡惡之心；使不分心於著述，固可進於專家之業也。内其所外，而外其所内；識力闇於内，而名心騖於外也！見《章氏遺書》卷七《文史通義》外篇一《立言有本》。戴君所學深通訓詁，究於名物制度而得其所以然；將以明道也！時人方貴博雅考訂，見其訓詁名物，有合時好，以謂戴之絶詣在此！及戴著《論性》、《原善》諸篇，精微淳邃，於天人理氣，實有發古人所未發者，時人則謂空説義理可以無作，是固不知戴氏者矣！然戴氏不能無過焉！戴氏之過，在詆宋儒之躬行實踐，而置己身於功過之外！費至於校正宋儒之訛誤，可也！并一切抹殺，横肆詆訶；至於休、歙之間，自命通經服古之流，不罵朱子，不得爲通人；則戴氏實爲作俑！夫空談性理，孤陋寡聞，一無所知，乃是宋學末流之大弊！然通經服古，由博反約，即是朱子之教！一傳而爲蔡沈、黄幹；再傳而爲真德秀、魏了翁；三傳而爲黄震、王應麟，其後爲許謙、王柏、金履祥；至國初而顧炎武、黄宗羲、閻若璩，皆俎豆相承，甚於漢之經師譜系。戴氏之學，實自朱子道問學而得之！故戒人以鑿空言理，其説深探本原，不可易矣！顧以訓詁名義，偶有出於朱子所不及者。因而醜貶朱子，至斥以悖謬，詆以妄作，此飲水而忘其源也！見《章氏遺書》卷二《文史通義》内篇二《朱陸》《書朱陸篇後》、《補遺・又與朱少白書》。學博者長於考索，豈非道中之實積！而騖於博者，終身敝精勞神以狥之，不思博之何所取也！程子曰："凡事思所以然，天下第一學問人。"亦盍求所以然者思之乎？諸子百家之患，起於思而不學；而世儒之患，起於學而不思！即如王應麟搜羅摘抉，窮幽極微，其於經傳子史，名物制數，貫串旁騖，實能討先儒所未備；其所纂輯諸書，至今學者資衣被焉！然王氏諸書，謂之纂輯可也；謂之著述，不可也！謂之學者求知之功力，可也；謂之成多之學術，則未可也！今之博雅君子，疲精勞神於經傳子史，而終身無得於學者，正坐宗仰王氏，而悞執求知之功力，以爲學即在是爾！學與功力，實相似而不同！學不可以驟幾！人當致勉乎功力，則可耳！指功力以爲學，是猶指秫黍以爲酒也！夫學有天性焉；讀書服古之中，有人識最初而終身不可變易者，是也。學又有至情焉；讀書服古之中，有欣慨會心而忽焉不知歌泣何從者，是也。功力有餘而性情不足，未可謂學問也；今之學者，且憾不見夫子未修之《春秋》，又憾戴公得《商頌》而不存七篇之闕，自以爲高情勝致，至相贊歎！充其僻見，且似夫子删修，不如王應麟之善搜遺逸焉！蓋逐於時趣，而誤以擘績補苴，謂足盡天地之能事也！幸而生後世也；如生秦火未燬以前，典籍具存，無事補輯，彼將無所用其學矣！所貴君子之學術，爲能持世而救偏！而世之學者，不知持風氣，而惟知狥風氣；見《章氏遺書》卷二《文史通義》内篇二《原學下》《博約中》。風氣所趨，競爲考訂；學識未充，亦强爲之！讀書之功少，而著作之事多！恥其言之不自己出也，而不知其説之不可恃也！著作本乎學問；而近人所謂學問，則以《爾雅》名物，六書訓故，爲足盡經世之大業，雖以周、程義理，韓、歐文辭，不難一吷置之！見《章氏遺書》卷九《文史通義》外篇三《與族孫守一論史表》《與陳鑑亭論學》。不知訓詁名物，亦一端耳！古人學於文辭，求於義理；不由其説，如韓、歐、程、張諸儒，竟不許以聞道；則亦過矣！見《章氏遺書》卷二《文史通義》内篇二《書朱陸篇後》。今之攻小學者，以爲六書不明，則言語尚不可通；況乎義理！然韓愈曰："凡爲文辭，宜略識字。""略識"云者，未如今之輾轉攻取，畢生莫能殫也！以其畢生莫殫也，故終其身而無可屬辭之日；然不應妨他人之屬辭也！韓子立言如《五原》、《禹問》諸篇，昔人謂與孟、揚相表裏者，其中仁義道德諸名，修齊治平諸目，不知於六書音畫，有何隱奥未宣究也？近日考訂之學，正患不求其義；而執形迹！讀《易》而知寡過；讀《書》而得知人安民；讀《詩》而知好善惡惡；讀《春秋》而論其謹嚴名分；不待窮《説文》之偏傍，辨《廣韻》之音釋，與夫諸子之紛紛考辨，而《六經》大義，昭如日月，雖使許慎復生，康成再出，卒莫能有加重於此也！見《章氏遺書》卷八《文史通義》外篇二《朱先生墓志書後》《説文字原課本書後》。所貴君子之學術，非特能持風尚之偏而已也，知其所偏之中，亦有不得而廢者焉！非特能用獨擅之長而已也；知己所擅之長，亦有不足以該者焉！學問之途，有流有别；尚考證者薄詞章；索義理者略徵實；隨其性之所近，而各標獨得；則服、鄭訓詁，韓、歐文章，程、朱語録，固已角特鼎峙而不能相下。必欲各分門户，交相譏議；則義理入於虚無，考證徒爲糟粕，文章祇爲玩物；漢唐以來，楚失齊得，至今嚚嚚有未易臨决者！惟自通人論之則不然！考證即以實此義理，而文章乃所以達之之具，事非有異。學者先求徵實，後議擴充；祈[①]嚮貴有耑屬；博詳反約，原非截然分界；及乎泛濫渟蓄，由其所取愈精，故其所至愈遠。然而談何容易！十年閉關，出門合轍，卓然自立以不媿古人。正須不羡輕儁之浮名，不揣世俗之毁譽，循循勉勉，即數十年中人以下所不屑爲者而爲之，乃有一旦庶幾之日；斯則可爲知者道，未易一一爲時輩言耳！見《章氏遺書》卷四《文史通義》内篇四《説林》，卷二十二《文集》七《與族孫汝楠論學書》。要之議論不爲苟同。又以並世學者徵實太多，發揮太少，有如桑蠶食葉而不能抽絲；往往勸人多作古文，而衡之以文律，曰清，曰真，清則氣不雜也！真則理無支也！見《章氏遺書》卷九《文史通義》外篇三《與汪龍莊書》《與邵二雲》。

所自著書以《史籍考》爲最博，而《文史通義》爲最精。金壇段玉裁若膺讀《通義》有精深者，相與歎絶！而文句有長排作偶者，則曰："惜雜時文句調！"學誠聞之不服！曰："文求其是耳！豈有古與時哉！即曰時文體多排比；排比又豈作時文者所創爲哉！使彼[②]得見韓非《儲説》，淮南《説山》、《説林》，傅毅《連珠》諸篇；則又當爲秦漢人惜有時文之句調矣！論文豈可如是！此由彼心目中有一執而不化之古文，怪人不似之耳！未可以繩吾《通義》也！"見《章氏遺書》卷九《文史通義》外篇三《與史餘村簡》。《史籍考》代畢沅撰，壹踵秀水朱彝尊竹垞《經義存亡考例》，凡十二綱，五十七目，三百二十五卷；大指謂史部雖佔四部書之一，其實上援甲而下合丙丁，故範圍廣博，竭畢生心力，厘乃成之！今也則亡！僅存《釋例》！獨《文史通義》盛傳於世云！

---

① 祈，原作"析"，今據《章氏遺書·與族孫汝楠論學書》及文意改。

② 彼，原作"被"，今據《文史通義》及文意改。

三、解題

《文史通義》何謂也？曰：章氏著書以明“文史通”之義云爾。《説文》訓通爲達，自此之彼之謂也。夫通之爲名，蓋取譬於道路，四衝八達，無不可至謂之通也。然究其心之所識雖有高下、偏全、大小、廣狹之不同，而皆以達於大道，故曰通也。見《章氏遺書》卷四《文史通義》内篇四《釋通》《横通》①。朱筠嘗謂人言：“學者讀書求通，當如都市逵路，四通八達，無施不可；非守偏隅一曲，便號通才。”顧章氏以爲朱氏言通，蓋擴乎其量，而未循乎其本！苟不善究其旨，則高明者馳騖於浩博難整之數而無所得；中人以下，又謂古之人必有天授神詣，非常人所可幾及，而自安固陋以爲當然；是“四通八達，無施不可”之説，適足爲學者患！孟子曰：“堯舜之知而不遍物。堯舜之仁不遍愛人。”後之學者不知用其資之所近，力之能勉；而泛泛焉求堯舜之所不知不能，則求通而騖於其名之過也！古人讀《易》如無《書》，讀《書》如無《詩》。漢初儒者學守專經，言無旁出，推而及於當世，卓然見其本末；儒效於是見矣！元、成而後，學者旁通曲究，不專一家之言，其業可謂富矣！而儒術之顯，乃轉不如漢初！君子又多乎哉！凡人之性，必有所近，必有所偏；偏則不可以言通。古來人官物曲，守一而不可移者，皆是選也！薄其執一而舍其性之所近，徒泛騖以求通，則終無所得矣！大抵學問文章，須成家數；博以聚之，約以收之，載籍浩博難窮，而吾力所能有限；非有專精致力，則如錢之散積於地，不可繩以貫也；惟即性之所近而用力之能勉者，因以椎微而知著，會偏而得全；斯古人所以求通之方也！見《章氏遺書》卷八《文史通義》外篇二《通説》、《爲邱君題南樂官舍》，卷九《文史通義》外篇三《與林秀才書》。章氏之於史學，蓋有天授；獨即性之所近而用力之能勉，因以推見一切文之通於史，而著書闡明其義焉爾！故題目之曰《文史通義》也。若然，章氏徵文史通之

① “内篇四《釋通》《横通》”原作“内釋篇四通横通”。

義則若何？按章氏之言曰："盈天地間，凡涉著作之林，皆是史學。《六經》特聖人取此六種之史以垂訓者耳。子集諸家，其源皆出於史。"見《章氏遺書》卷九《文史通義》外篇三《報孫淵如書》。"昔曹子建自謂辭賦小道，而欲采庶官實録，辨時俗得失，成一家言。韓退之自謂記事提要，纂言鉤玄；而正言其志，則欲求國家遺事，考賢人哲士終始，作唐一經。然則辭章記誦非古人所專重；而才識之士，必以史學爲歸。"見《章氏遺書》卷九《文史通義》外篇三《報黄大俞先生》。此明乎"文史通"之義者也。

章氏又曰："文章乃立言之事，言當各以其時；即同一言也，而先後有異，則是非得失，霄壤相懸；酈食其請立六國之後，時勢不同楚漢之初，是亦其一端也。前人未知以文爲史之義，故法度不具；必待好學深思之士，探索討論，竭盡心力，而後乃能彷彿其所言之始末焉；然猶不能不缺所疑也。其穿鑿附會，與夫鹵莽而失實者則又不可勝計也！文集記傳之體，官階姓氏，歲月時務，明可證據；猶不能無參差失實之弊。若夫詩人寄託，諸子寓言，本無典據明文，而欲千百年後，曆譜年月，考求時事，與推作者之志意；豈不難哉！故凡立言之士，必着撰述年月以備後人之考證；而刊傳前人文字，慎勿輕削題注，與夫題跋評論之附見者，以使後人得而考鏡焉。至於傳記碑碣之文，與哀誄策誥之作，前人往往偏重文辭，或書具官，或書某官，而不載其何官；或書某某，而不載其何名何姓；或書年月日，或書某年某月某日，而不載其何年月日。撰者或不知文爲史裁，則空著其文，將以何所用也！傳録者或以爲無關文義，略而不書；則不知録其文將何所取也？凡此諸弊，皆是偏重文辭，不求事實之過。"見《章氏遺書》卷八《文史通義》外篇二《韓柳二先生年譜書後》。斯則不明乎"文史通"之義者也。然就文論文，則一切文士見解，不可與論史！

蓋文辭以叙事爲難。今古人才，騁其學力所至，辭命議論，恢恢有餘；至於叙事，汲汲形其不足；以是爲最難！而工叙事者，不必即工爲史之志傳。記叙之文，往往比志傳修飭簡淨；蓋有意於爲文也。志傳不盡出於有意，故文或不甚修飭；然大體終比記事之文遠勝。蓋記事之文，如盆池拳石，自成結構；而志傳之文，如高山大川，神氣包舉，雖咫尺而皆具無窮之勢；即偶有言忽，字句疵病，皆不足以爲累；此史筆與文士之分别。文士務去陳言；而史筆點竄塗改，全貴陶鑄群言，不可私矜一家機巧也。文士撰文，惟恐不自己出；史家之文，惟恐出之於己，其大本先不同矣：史體述而不造。史文而出於己，是爲言之無徵！無徵，且不信於後也！識如鄭樵，而譏班史於孝武前多襲遷書。然則遷書集《尚書》、《世本》、《戰國策》、《楚漢牒記》，又豈爲不蹈襲哉？充其所説，孔子删述《六經》，乃蹈襲之尤矣！豈通論乎！夫工師之爲巨室，度材比於燮理陰陽。名醫之製方劑，炮炙通乎鬼神造化。史家詮次群言，亦若是焉已爾！是故文獻未集，則搜羅咨訪不易爲功。觀鄭樵所謂八例求書，則非尋常之輩所可能也！觀史遷之東漸南浮，則非心知其意不能迹也！此則未及著文之先事也。及其紛然雜陳，則貴決擇去取；人徒見著於書者之粹然善也，而不知刊而去者，中有苦心而不能顯也！既經裁取，則貴陶鎔變化；人第見誦其辭者之渾然一也，而不知化而裁者，中有調劑而人不知也！即以刊去而論：文劣而事庸者，無足道矣！其間有介兩端之可，而不能不出於一途。有嫌兩美之傷，而不能不出於割愛。佳篇而或乖於例；事足而恐徇於文；此皆中有苦心而不顯也。如以化裁而論：則古語不可入今，則當疏以達之；俚言不可雜雅，則當温以潤之。辭則必稱其體。語則必肖其人。質野不可以用文語，而猥鄙須删。急遽不可以爲宛辭，而曲折仍見。文移須從公式，而案牘又不宜徇。駢麗不入史裁，而詔表亦豈可廢。此皆中有調劑而人不知也。文至舉子之《四書》義，可謂雕蟲之極難者矣！法律細於繭絲牛毛；經生老儒白首攻習，而較量於微茫秒忽之間，鮮能無憾，其故非他；命題虚實偏全，千變萬化；文欲適如其題而不可增損故也。史文千變萬化，豈止如《四書》命題之數：而記事記言，必欲適如其言其事而不可增損；恐左、馬復生，不能無遺憾也。故《六經》以還，著述之才，不盡於經解諸子詩賦文集，而盡於史學。凡百家之學攻取而才見優者，入於往有極意敷張，其事勿顯；刊落濃辭，微文旁綴，而情狀躍然；是貴得其意也。記言之法，增損無常；惟作者之所欲；然必推言者當日意中之所有，雖增千百言而不爲多！苟言雖成文，而推言者當日意中所本無，雖一字之增亦造僞也。或有原文繁富而意未昭明，減省文句而意轉刻露者；是又以損爲增，變化多端，不可以筆墨罄也！前明信陽何景明謂韓愈文起八代之衰，而古文失傳，由昌黎始！杭大宗、董浦斥其病狂！夫昌黎道德文辭，並足泰山北斗；景明何所見聞，敢此妄議！杭氏斥之，是也！然古文必推叙事，叙事實出史學，其源本於《春秋》比事屬辭；左、史、班、陳家學淵源，甚於漢廷經師之授受。馬曰“好學深思，心知其意”；班曰“緯《六經》，掇道綱，函雅故，通古今者”；《春秋》家學，遞相祖述，雖沈約、魏收之徒，去之甚遠；而別識心裁，時有得其髣髴。而昌黎之於史學，實無所解；即其敘事之文，亦出辭章之善；而非有“比事屬辭”、“心知其意”之遺法也。其列敘古人，右屈、孟、馬、揚之流，直以《太史》百三十篇，與相如、揚雄辭賦同觀，以至規矩方圓如班固，卓識別裁如陳壽，而不屑一顧盼焉；安在可以言史學哉！歐陽修步趨昌黎，故《唐書》與《五代史》雖有佳篇，不越文士學究之見；其於史學，未可言也！然則推《春秋》比事屬辭之教，雖謂古文由昌黎而衰，未爲不可；特非信陽諸人所可議耳！蓋六藝之教，通於後世有三：《春秋》流爲史學，《官》、《禮》諸記流爲諸子論議，“詩教”流爲辭章辭命。其他《樂》亡而入於《詩》、《禮》，《書》亡而入於《春秋》，《易》學亦入《官》、《禮》，而諸子家言源委自可考也。昌黎之文，本於《官》、《禮》，而尤近於孟、荀。荀出禮教，而孟子尤長於《詩》；故昌黎善立言，而優於辭章；無傷其爲山斗也！特不深於《春秋》，未優於史學耳！噫！此殆難以與文學士言也！見《章氏遺書》卷十四《方志略》例一《與陳觀民工部論史學》、《補遺·又答朱少白書》《跋湖北通志檢存稿》《上朱大司馬論文》。然則章氏明文史之通義；而推究言之，未嘗不知史筆與文士之異趨也！昔人論劉勰知文不知史，劉知幾知史不知文。邵晉涵《題章氏與陳觀氏論史學後》。讀章氏書，而文史可以各識職矣！

四、讀法

解題既竟，可論讀法。章氏言：“立言有本。”然則讀章氏書者，不可不知立言之所本也。然不事衆義之剖析，而漫言大本之一貫；則所謂“一貫”者，徒籠統之假籍耳！故必先籀明一致之百慮，而後可與言殊塗之同歸。然則不先溯流，烏能探源？欲言原學，宜事析篇。章氏言：“學問之始，未能記誦，博涉既深，將超記誦。”見《章氏遺書》卷三《文史通義》內篇三《辨似》。然則記誦者，啓悟之所資也；《析篇》者，將以啓記誦之涂徑，探學問之堂奧。然

《析篇》之事，先以《辨本》者；蓋善本不得，則記誦末由！而“博涉既深，將超記誦”；斯明立言之有本，而窺學術之大原矣！然人心不同，亦如其面。他山之石，可以攻玉。終之以異議，而得失有可互鏡者焉！窮原竟委，説以四事：

第一，辨本。　按章氏《文史通義》一書，最初讓清道光十二年壬辰，刻於河南開封，爲“大梁本”；蓋章氏次子華紱緒遷之所編，而屬大梁書院山長洪洞劉師陸子敬及華亭姚椿春木爲之覆勘者也。凡《文史通義》内篇五卷、外篇三卷、《校讎通義》三卷，厥爲後來諸刻之所自出。其後南海伍崇曜繙之爲“粵雅堂本”，山陰杜氏亦有繙刻；而華紱“大梁刻板”旋亦携回原籍；於是兩板皆存越中。至咸豐十一年辛酉，太平軍徇下紹興，兩板皆燬，獨華紱從子□□同卿，携“大梁本”一册，遊河南得存！因箋正僢譌以付其子季真小同。光緒元年乙亥，季真遊幕貴州按察使署；乃重刊之，爲“黔刻本”；其底本即同卿箋正之“大梁本”也。始於丁丑二月付琱；至戊寅七月竣事。華陽王秉恩雪澄實按察貴州，而與貴筑羅□□植盦任讐校焉。嘗以“粵雅堂刻”斠數四；其同卿箋正者依改，乃知“粵雅堂刻”依“大梁本”，校未精審；然有奪譌而無增減；間有據改“大梁本”者至《校讎通義》中引《漢書·藝文志》，“大梁本”挩譌尤夥，則據《志》正之；乃知“大梁本”雖華紱初刻，劉、姚覆勘，而譌挩不免；是非未可憑也！其後仁和譚獻訪得“大梁板刻”於會稽周氏祠堂，亦闕佚矣！出篋中舊本，補刻於浙江書局。坊行本皆由此繙；所謂“浙刻本”是也。其目次板式，壹依“大梁刻”。而據“大梁刻”華紱跋稱：“其父易簀時，以全稿付蕭山王穀塍先生乞爲校定；時嘉慶辛酉年也。道光丙戌長兄杼思自南中寄出原草，併穀塍先生訂定目録一卷。查閲所遺尚多，亦有與先人原編篇次互異者，自應更正，以復舊觀”云云。不知章氏當日本不以原編篇次爲定，故以屬稿於王氏；而託言“更正”，亂其篇從；可謂無知妄作，不善繼志者矣！王氏，名宗炎，穀塍其號，亦稱穀人；乾隆庚子進士，未授官而歸；藏書甚富，號十萬卷樓；尤精校讎，故爲章氏所崇信；年八十餘，猶孜孜不訖，著有《晚聞居士集》者也。集中有《答實齋先生書》論章氏集編次之例；其大恉分内外二篇。内篇又别爲子目者四：曰《文史通義》，凡論文之作附焉；曰《方志略例》，凡論志之作附焉；曰《校讎通義》；曰《史集考叙録》。其餘銘志叙記之文，擇其有關係者，録爲外篇，而附以《湖北通志傳稿》，凡三十卷；中《文史通義》内篇六卷、外篇三卷，《校讎通義》内篇三卷、外篇一卷，《方志略例》二卷；《文集》八卷；《湖北通志檢存稿》四卷；《外集》二卷，《湖北通志未成稿》一卷；此王氏論録之大略也。華紱之“大梁刻”行，而王氏所編者不出！嘉興沈曾植子培購得王編本。吴興劉承幹翰怡爰録而覆刊之，益以已刊未刊《乙卯劄記》、《丙辰劄記》、《知非日札》、《閱書隨劄》、《永清縣誌》、《和州志》諸書。曰《章氏遺書》：自卷一至八，爲《文史通義》内外篇。卷十至十三，爲《校讎通義》内外篇。卷十四，卷十五，爲《方志略例》。卷十六至二十三，爲《文集》。卷二十四至二十七，爲《湖北通志檢存稿》。卷二十八、卷二十九爲《外集》。卷三十爲《湖北通志未成稿》。自此以上，壹依王氏編目而稍有勘定。如王編《方志略例》有《和州志》、《湖北通志》、《永清縣志序録》諸文。而劉氏以《通志》已有檢存稿載於後；和州、永清志則均刻入外編，删之以避重複。又据“浙刻本”《文史通義》外篇三，增《答甄秀才論修志書》二篇，《論文選義例書》二篇，《修志十議》、《天門縣志藝文、五行、學校三考序》，《報廣濟黄大尹論修志書》入《方志略例》；是也。此外又《外編》十八卷，《補遺》一卷，《附録》一卷，合共五十卷。錢唐張爾田孟劬、元和孫德謙隘堪序而行焉；於是章氏之學賅備！今取“浙刻本”《文史通義》以與對勘：其内篇卷一同，惟浙刻少《禮教》一篇。浙刻卷二《原道》、《原學》、《博約》三篇之後，即取《遺書》本卷四《言公》上、中、下三篇繼之，爲第二卷。浙刻卷三至五所載各篇，均不出“遺書本”三、四、五、六等卷之内，而次序多爲改易。“遺書本”卷六有《同居》、《感賦》、《雜説》三篇，爲浙刻所無。浙刻《外篇》卷一、卷二，均在“遺書本”《方志略例》二卷之内。惟省《和州志序例》十五篇，《永清縣志序例》十五篇。其餘浙刻外篇所有，皆在“遺書本”《方志略例》卷一之内。又“浙刻本”《校讎通義》三卷，與“遺書本”《校讎通義》内篇三卷，次序、篇數一一相合，而無外篇。惟“遺書本”《文史通義》外篇、《校讎通義》外篇所録，皆取駁議、序跋、書説諸文之與《内篇》意相發明者；是誠王氏《答實齋先生書》時稱“其餘銘志叙記之文，擇其有關係者，録爲外篇”，而與章氏平日持論“内外分篇，蓋有經緯”之指相合轍也！見《章氏遺書》卷七《文史通義》内篇七《立言有本》。而華紱妄爲更張，亂其篇從；斯亦過矣！

第二，析篇。　劉氏刻《章氏遺書》卷帙繁重。而章氏精要之論，具於《文史》、《校讎》兩通義及《方志略例》。今按浙刻《文史》、《校讎》兩通義《内篇》與《遺書》無大出入；而《文史》外篇，亦備《方志略例》之要刪。所不足者，厥指未能經緯内篇，無當章氏著書之指耳！然具體而微矣！匪曰卑之無甚高論；徒以世本通行，學者便於購讀；姑以浙刻爲主，而籀其指意，析其篇目，都爲五部：曰窮經，曰覈史，曰衡文。而先以"通論"者，明宗趣之所歸，知學問之逕塗也。終以"校讎"者，辨學術之異同，通群書之倫類也。庶幾學者循序漸進，知所觀覽焉！具目如左：

（甲）通論　《原道》上、中、下，《原學》上、中、下，《天喻》，《朱陸》，《浙東學術》，《博約》上、中、下，《假年》，《鍼名》，《砭異》，《師説》，《横通》，《辨似》，《習固》，《婦學》，《婦學篇書後》，《説林》。

（乙）窮經　《經解》上、中、下，《易教》上、中、下，《書教》上、中、下，《詩教》上、中、下。

（丙）覈史　《史德》，《史釋》，《史注》，《傳記》，《釋通》，《申鄭》，《答客問》上、中、下；以上史例通論。《答甄秀才論修志第一書》，《答甄秀才論修志第二書》，《與甄秀才論文選義例書》，《答甄秀才駁文義例書》，《修志十議》，《方志立三書議》，《州縣請立志科議》，《地志統部》，以上志例通論。《書〈吴郡志〉後》，《書〈武功志〉後》，《書〈朝邑志〉後》，《書〈姑蘇志〉後》，《書〈灤志〉後》，《書〈靈壽縣志〉後》，以上論古方志。《天門縣志・藝文考序》，《天門縣志・五行考序》，《天門縣志・學校考序》，《和州志・皇言紀序例》，《和州志・官師表序例》，《和州志・選舉表序例》，《和州志・民族表序例》上、中、下，《和州志・輿地圖序例》，《和州志・田賦書序例》，《和州志・藝文書序例》，《和州志・政略序例》，《和州志・列傳總論》，《和州志・闕訪列傳序例》，《和州志・前志列傳序例》上、中、下，《和州文徵序例》，《記與戴東原論修志》，《永清縣志・皇言紀序例》，《永清縣志・恩澤紀序例》，《永清縣志・職官表序例》，《永清縣志・選舉表序例》，《永清縣志・士族表序例》，《永清縣志・輿地圖序例》，《永清縣志・建置圖序例》，《永清縣志・水道圖序例》，《永清縣志・六書例議》，《永清縣志・政略序例①》，《永清縣

① 例，原作"傳"，今據《章氏遺書》改。

志·列傳序例》，《永清縣志·列女傳序例》，《永清縣志·闕訪列傳序例》，《永清縣志·前志列傳序例》，《永清縣志·文徵序例》，《亳州志·人物表例議》上、中、下，《亳州志·掌故例議》上、中、下，《張爲吉甫司馬撰大名縣志序》，《爲畢秋帆制府撰常德府志序覆崔荊州書》，《爲畢秋帆制府撰荆州府志序》，《與石首王明府論志例》，《爲畢秋帆制府撰石首縣志序》，《報廣濟黄大尹論修志書》。以上方志例議。

（丁）衡文　《言公》上、中、下，《文集》，《篇卷》，《質性》，《文德》，《文理》，《古文公式》，《繁稱》，《匡謬》，《黠陋》，《砭俗》，《俗嫌》，《答問》，《古文十弊》。

（戊）校讎　《原道》，《宗劉》，《互著》，《别裁》，《辨嫌名》，《補鄭校讎條理》，《著録殘逸》，《藏書》，《補校漢藝文志》，《鄭樵誤校漢志》，《焦竑誤校漢志》，《漢志》，《漢志·六藝》，《漢志·諸子》，《漢志·詩賦》，《漢志·兵書》，《漢[1]志·術數》，《漢志·方技》。

按校讎别出爲書。王目亦同浙刻。兹析篇而不分書，總稱以《文史通義》者；仍章氏之意也。昔章氏與嚴冬友侍讀書，自稱："爲校讎之學，上探班、劉，溯源《官》、《禮》，下該《雕龍》、《史通》，甄别名實，品藻流别，爲《文史通義》一書。"見《章氏遺書》卷二十九《外集》二。則是校讎之學，已賅《文史通義》一書之中；而以别出《文史》之外；自爲一書；非章氏之意矣！因附辨之於此。

第三，原學。　夷考章氏之學，其大指在即事以見道，明經之本史。王陽明《傳習録》上卷一答門人徐愛問曰："以事言謂之史，以道言謂之經。事即道，道即事。《春秋》亦經。《五經》亦史：《易》是包犧氏之史；《書》是堯舜以下史；《禮》、《樂》是三代史；其事同，其道同，安有謂異。"疑若章氏之學所由本焉！然章氏不自承出陽明；而細籀其所著書，蓋讀《漢書·藝文志》而有會，因以推明古人官師合一之道。有官，斯有法，故法具於官。有法，斯有書，故官守其書。有書，斯有學，故師傳其學。有學，斯有業，故弟子習其業。三代之盛也，官守學業出於一，而天下以同文爲治；及其衰也，官司失其守，而師弟子之傳業於是判焉！秦人禁偶語《詩》、《書》，而云

① 漢，原作"書"，今據《章氏遺氏》改。

"欲學法令者以吏爲師";其禁《詩》、《書》,非也;其曰"以吏爲師",則猶官守學業合一之謂也。由秦人"以吏爲師"之言,想見三代盛時,《禮》以宗伯爲師;《樂》以司樂爲師;《詩》以太師爲師;《書》以外史爲師;《三易》、《春秋》亦若是則已矣!《漢書·藝文志》敘六藝而後,次及諸子百家,必云:"某家者流,蓋出古者某官之掌,其流而爲某氏之學。"其云"某官之掌",即"法具於官"、"官守其書"之義也。其云"流而爲某家之學",即官司失職而師弟傳業之義也。見《章氏遺書》卷十《校讎通義》內篇一《原道》。既以讀書有得,疏通倫類,傅合《周禮》之分官,旁采鄭略之校讎,而條其義例,上宗劉向父子,辨章舊聞,觀其會通;由藝文以見道原,推史意以窮經學;列篇數十,而義則一以貫之者也!"道不難[1]於事,學必致之用",是也。所論之事不一,而理則無不相通,知道之所以然,而施之事實也。通經於史;而私家之專集,文章之體裁,亦以史例繩之。歸史於實用;而著述之變遷,風氣之出入,亦以實用概之者也。

其學一衍而爲仁和龔自珍定厂,作《乙丙之際著議第六》,一本題曰《治學》。以明一代之治,即一代之學;"官師合一"之說也。又著《古史鉤沈論》,以明《五經》爲周史之大宗,諸子爲周史之支孽小宗;"六經皆史"之衍也。具見《定厂文集》。然矜其獨得,而諱所自出,不云本章氏。章氏卒嘉慶六年,龔自珍年才十歲。近儒餘杭章炳麟太炎譏之,著爲《校文士》一文,謂"自珍剽竊成說而無心得;其以六經爲史,本之《文史通義》而加華辭;觀其華誠不如觀章氏之質"者也!其後章氏之學,再衍而爲章炳麟;衍"官師合一"之說,以徵《曲禮》"宦學事師"之義。見《諸子學略說》,未收入《章氏叢書》。又推本章氏"六經皆史"之指,以明孔子之述而不作,而難今文家說之稱孔子作《六經》者。見《國故論衡》中《原經》。亦嘗箴其闕失,見所刊《太炎文別録》二《與人論國學》一書。

又一衍而爲錢唐張爾田孟劬、元和孫德謙隘堪。爾田考鏡六藝、諸子學術流別,著《史微》內篇八卷,以丕揚章氏"六經皆史"之義。而德謙則爲《漢書藝文志舉例》、《劉向校讎學纂微》兩書,以論定讎例;又著《太史公書義法》二卷以究明史意。斯皆《通義》之嗣響,章學之功臣!所可異者:章

① "難"應爲"離"之訛。

炳麟嬗崇古學；《國故論衡》中《明解故下》曰："六經皆史之方，治之則明其行事，識其時制，通其故言，是以貴古文。古文者，《書》、《禮》得於孔壁；《周官》寫於河間左氏，獻於張蒼者是已。"張爾田指歸今文；《史微》内篇一《史學》曰："六藝者，先王經世之書也。經世之書皆掌諸柱下，皆太史之所録。不知六藝爲史，無以見先王製作之本原；不知六藝爲經，無以見孔子删修之大法。孔子憫王路廢而邪道興，論次《詩》、《書》，修起《禮》、《樂》，贊《易》十翼，因史記作《春秋》，以寓王法；而經之名始立。"劉彦和言："經也者，恒久之至道，不刊之鴻教。"言其不得與民變革者也。宗尚不同，而誦説章氏則無乎不同；信足以見大道之一貫，而藉徵章學之畢該也已！

第四，異議。　伯禩以來，章氏之學，既大明於世！然而見仁見知，難者不一。湘潭王闓運壬秋，博學通人，最稱同光間大師；南方之學者，未能或之先也！顧讀章氏《通義》，謂"其言方志體例甚詳；然别立文徵一門，未爲史法；其詞亦過辯求勝。'《詩》亡然後《春秋》作'，此特假言耳！《春秋》豈可代《詩》乎？孟子受《春秋》，知其爲天子之事，不可云王者微而孔子興，故託云'《詩》亡'。而章氏入詩文於方志，豈不乖類！要之以志爲史，則得之矣！余以詩詞不入志爲宜；而有鴻章鉅著，事關經國；各附本傳以徵生平；斯謂合體！"見《湘綺樓日記》第三册《同治十年辛未三月四日》。不啻微言諷刺於章氏而已！然闓運楚産不尚浙學，而又好言《公羊》，稱今學大師；與章氏之稱引《周官》媲於古文者不同。寧必其言善，則千里之外應之！其不足於章氏宜也！

顧有生章氏之邑，以後生自居；而覈於持論，不爲苟同者：會稽李慈銘愛伯也！其大指以爲："章氏用力方志，實爲專家；而自信大過，喜用我法，嘗言'作史作志，必須别有宗旨，自開境界'，此固可爲庸下鍼砭；而其弊也，穿鑿滅裂，盡變古法，終墮宋明腐儒師心自用之學！大抵浙儒之學，江以東，識力高而好自用，往往别立門庭；其失也妄！江以西，塗轍正而喜因人，往往掇拾細瑣，其失也陋！章氏識有餘而學不足，志大而才實疏！故其長在别體裁，覈名實，空所依傍，自立家法；而其短則讀書鹵莽，穅秕古人，不能明是非，究正變，汎持一切高論，憑肊[①]進退，矜己自封，好爲立異！見《祥琴室日記》同治八年三月十二日。即以《文史通義》、《校讎通義》而論，其牴牾有不勝詰者：謂史須兼苞百代，司馬子長是已！後世唯梁武《通史》爲知

① 肊，原作"肐"，形近而誤，今據文意改。下同。

其法！《通史》不傳，幸有鄭樵《通志》知其遺意，而痛詆班氏《漢書》，謂史法由之而亡！又極詆《文獻通考》爲類書俗學。見《章氏遺書》卷四《文史通義》内篇《釋通》、《申鄭》及《答客問》上、中、下篇。夫班氏之去馬，近百餘年；自後易姓，代必修史。如章氏之言，則將百年爲限，編一通史；疊床架屋，陳陳相因！抑或易代之際，姑且不爲，懸待數姓以歸統輯？著作之事，恐無是理！且所謂兼苞百代者，將如鄭樵之依次勦録，同於鈔胥乎？抑將别立宗旨，各自爲書乎？同則毋乃過煩！異則恐窮於變！此不可解者一也！謂今之各省，當稱各統部，以總督、巡撫爲主，不以布政司爲主，見《章氏遺書》卷十四《方志略》例一《地志統部》。夫元以設行中書省而有省名。明改爲布政司而仍稱省，此明代之陋！國朝未及更正，然事主布政司，而督撫持節監臨；版藉賦税，未當屬之督撫也。曰督，曰撫，曰巡，明是巡行監察之義。故督撫之關防，布政司之方印，未嘗改也。且統部之名何居乎？六部之設，自在中朝。督撫所兼，皆是虚號；未嘗實有部權，分立部名也。况督撫皆又兼都察院；何以略院而不言也？舍顯設之司，而稱虚擁之部，既非國制，又非古稱；以名則不正，以言則不順！此不可解者二也！謂著録之例，大小戴《記》，當依類分編，如《漢志》别出《弟子職》、《小爾雅①》例。見《章氏遺書》卷十《校讎通義》内篇一《别裁》，卷十一《校讎通義》内篇二《焦竑誤校漢志》。《周易》‘經’及‘十翼’亦當分載。夫《弟子職》故是古書别行，非劉、班所出。《小爾雅》今在《孔叢子》；《孔叢子》明是僞書，特竄入《小爾雅》以示可信；是後人之竊《小雅》非《漢志》之析《孔叢》；乃欲緣斯謬肊，遍亂古經；則卦晝之文，當别收於圖籍；賡歌之語，且分録於詩篇！此其不可解者三也！謂府縣地志，當以人物爲重，不在考覈疆域。見《章氏遺書》卷十四《方志略》例一《記與戴東原論修志》。夫古人之地記，本不及人；後世滋繁，意存夸飾。今謂四至八到。可以略舉；古今沿革，無須過詳。是則志以地名，已亡其實；人以地系，先迷其邦！將晋宋之揚州，盡爲廣陵之産；秦漢之會稽，悉成東部之英！此其不可解者四也！凡此四端，實爲大謬，貽誤後學，不可不辨！其謂作史須别有宗旨；欲作《宋史》，當以維持宋學爲主。見《章氏遺書》卷十八《文集》三《邵與桐别傳》。又謂《周官》師儒本分：師者，道學也；儒者，儒林也；《宋

① 雅，原作“稚”，今改正。

史》分立《道學》、《儒林傳》爲是。皆迂妄偏謞，不出村學究識見！見《越縵堂駢文》卷五《與譚仲修書》。至譏近儒著述，多自稱某某學，謂誤用《漢書》某經有某氏之學，語而不通；此尤不根之論！不知近儒經説之稱某某學者，乃用何劭公《公羊解詁》稱‘何休學’之例，明謙辭也；非用《漢書·儒林傳》語。章氏疏於經學，自蔽而嫉賢，好詆切並時江疆濤、戴東原、汪容甫、洪北江諸君子以自矜大；而其言失之不考，大率類此！見《桃花聖解庵日記》同治十二年七月初五日。其一生所最長者，在辨體例，明義法；自昌黎、半山皆詆之不遺餘力，以爲其文全不知法。今章氏文之傳者，皆冗枺緩漫，氣體緩弱；其不中與韓、王作奴僕，三尺童子能辨之！夫古人文成法立，本無一定之義法也。章氏嚴覈稱謂，誠文章之要義；然其中亦自有辨！執而求之，則不能通！蓋稱謂莫嚴於碑志傳狀，不容一字出入，郡縣官名，一參古俗，皆乖史法。降而至序記，則可稍寬矣；又降而至書問箋啓，則更可稍寬矣。今名稱之古而失實者，有如生員爲秀才，舉人爲孝廉者乎？然與士友通書問，而必稱之曰某生員、某舉人，則譁然駭矣！名稱之俗而不典者，有如知縣爲大令，同知爲司馬乎？唐之長史乃今同知之職，司馬秩在別駕下，略仿漢之都尉而非是。然與當路通箋啓，而必目之曰某知縣，某同知，則色然愠矣！是惟求其不大戾乎古以病吾文；而因文體之所宜，擇近焉者以不駭乎俗；古人於此，蓋亦有所不得已也！故大令不可稱也，不得已而曰明府。司馬不可稱也，不得已而曰郡丞。生員，則秀才之可也。舉人，則孝廉之可也。若碑版紀載，則确守不可易。此僕爲文之旨，而亦嘗取以裁量古今者也！章氏之學，自有獨得處，其議論可取者甚多；浙東西中當推一作家！僕非好詆鄉先生也，而其立旨紕失，亦不能爲之諱！”見《越縵堂駢文》卷五《與譚仲修書》①。辭致峻厲，殆有甚於闓運者焉！而條舉件繫，同根煎迫，要不得不令前賢畏後賢也！

然慈銘守康成而宗戴氏；而章氏翹朱子以正戴學；道不同，不相爲謀，尚曰固其所爾！亦有揭引章氏，貌同心異，而匡謬發訛，自比諍友者；是則章炳麟、張爾田也！

章炳麟與人論國學，每謂：“鄭樵《通志》，章氏《通義》，其誤學者不少；昔嘗勸人瀏覽，惟明真僞，識條理者可爾！若讀書駁雜，素無統紀，則

① 《與譚仲修書》，原作“者《譚仲修書》”，今據《越縵堂文集》改。

二書適爲增病之累！鄭樵所長，獨在校讎、圖譜、氏族數事；其他皆無采，六書尤謬。章氏欲護其短，則云‘創條發刊，未嘗與小學專家絜長短’；見《章氏遺書》卷四《文史通義》内篇四《申鄭》。若爾，但作略例可矣；焉用繁辭曲證爲邪！章氏雖以謬語，然其用祇在方志。内篇《易教》以佛書本於《羲文》，誕妄實甚！至謂象通六藝，取證尤膚，見《章氏遺書》卷一《文史通義》内篇一《易教下》。無異決科之策。且於文人作傳，則斥辨職之言；見《章氏遺書》卷五《文史通義》内篇五《傳記》。準是爲例，范曄作《後漢書》，習鑿齒作《漢晉春秋》，亦非身居左史，奉敕編定者也。史可私作，不嫌僭竊正章，上擬麟筆；獨於《太玄》、《潛虚》，謂其非分，適自相攻伐矣！《史德》一篇，謂‘子長非作謗書，將以究天人之際，通古今之變’；語亦諦審。至謂‘微文譏謗，爲亂賊之居心’，見《章氏遺書》卷五《文史通義》内篇五《史德》。寧知史本天職，君過則書，不爲訕上！又述朱元晦語以爲《離騷》不甚怨君。是則屈平哀歌，徒自悲身世耳；逐臣失職，類能爲之；何當與日月争光，而《古今人表》列於仁人孟、荀之伍哉！劉子玄云：‘懷、襄不道，其惡存於楚賦。’斯爲至言！章氏之論，徒教人以諂耳！其餘陋者，自撰《文德》以爲新奇，見《章氏遺書》卷二《文史通義》内篇二。不悟《論衡》已有斯語。《論衡·佚文篇》：‘上書陳便宜，奏記薦吏士，一則爲身，二則爲人；繁文麗辭，無文德之操，治身完行，徇利爲私，無爲主者。’文氣出於魏文《典論》而徒推本韓、蘇，何其厚弇古人也！至以莊子爲子夏門人，見《章氏遺書》卷一《文史通義》内篇一《經解上》。蓋襲唐人率爾之辭，未嘗訂實録。莊生稱田子方，遂謂子方是莊子師；斯則《讓王》亦舉曾、原；而則陽、無鬼、庚桑諸子，名在篇目，將一一皆是莊師矣！以《藝文志·平原君》七篇，謂是著書之人，自託儒家，而述諸侯公子請益質疑，因以名篇居首。見《章氏遺書》卷三《文史通義》内篇三《匡謬》。不曉平原固非趙勝，藝文本注謂是朱建；建與酈生、陸賈、婁敬、叔孫通同傳；陸、婁之書，亦在儒家；《漢書》明白，猶作狐疑；以此匡謬，其亦自謬云爾！昔人云：‘玉巵無當，雖寶非用。’學者憙鄭、章二家言；至杜佑、劉知幾則鮮留意！杜固括囊大典，樸質無華；劉亦精審不作獷語；學之既非驟了，以資談助則不如鄭、章之恢宏，故其棄録如此！由斯以談，亦見學人苟簡，專務竊剽矣；故其鋪陳流别，洋洋盈耳；實未明其條系，甄其得失也！往見鄉先生譚仲修有子，已冠，未通文義；遽以《文史》、《校讎》二種教之；其後抵掌説《莊子・天下篇》、劉歆《諸子略》，然不知其義云乎！則知學無繩尺，鮮不眯亂！徒知派别不足與於深造自得者！”見《章氏從書・太炎文録》别録二《與人論國學書》。蓋章炳麟之褒彈則然也！

至張爾田則益疾言激論以明《六經》之出於史，而非《六經》之即皆史；聲章氏誣聖之罪，不憚作鳴鼓之攻！其辭曰：“章氏著《原道篇》，以謂‘集大成者爲周公；而孔子删述《六藝》，則所以學周公也。’見《章氏遺書》卷二《文史通義》内篇二。自此論出，而先聖後聖，始若分茅而設蕝矣！不知周、孔不容軒輊也！孔子以前，不必有周公。而周公以後，則不可無孔子！天不生周公，不過關系一姓之興亡而已；而犧、農、堯、舜、禹、湯、文、武之書猶在也！天不生孔子，則群聖人之道盡亡，雖有王者，無從取法矣！何則？周公思兼三王，監於二代，集犧、農群聖之大成，爲一代致太平。孔子則祖述堯、舜，憲章文、武，集周公之大成，爲萬世立名教，爲一代致太平，則典章制度，不能不詳備。爲萬世立名教，則惟典章制度而已，必有其精義存焉！故《周易》，史也，而孔子贊之；《詩》、《書》，史也，而孔子删之；《禮》、《樂》，史也，而孔子定之；《春秋》，史也，而孔子筆削之；非敢僭越王章也；以爲後王制法，不得不然也！夫六藝皆周公之舊籍也；而有經孔子别識心裁者，則今文諸説是也；有未經孔子别識心裁者，則古文諸説是也。今文爲經；經主明理，故於微言大義爲獨詳。古文爲史，史主紀事，故於典章制度爲最備。典章制度，乃周公致太平之迹；而我孔子思存前聖之業，有德無位，不能不假周公之舊史制法後王；其中有因乎舊史者；亦有本舊史之文，别創義例者。”見《史微》内篇卷第八《古經論》。然則三代以上，帝王無經也，史而已矣！三代以上，帝王無教也，政而已矣！六藝皆三王之典章法度，太史職之，以備後王顧問，非百姓所得而私肄也；自六藝修於孔子，三代之典章法度，一變而爲孔子之教書，而後經之名始立！故經也者，因六藝垂教而後起者也！後世辟儒，其知六藝爲史者鮮矣！其知六藝由史而爲經者更鮮矣！知六藝爲史者，輓近獨一章實齋，可謂好學深思，不隨流俗之士也！然章氏祇知六藝之爲史，而不知六藝之由史而爲經。故其持論曰：“古之所謂經，乃三代盛時典章法度見於政教行事之實，而非聖人有意作爲文字以傳後世也。”又曰：“六藝皆周公之典章；孔子有德無位，不敢操制作之權，惟取周公典章申而明之，所以學周公也。”見《章氏遺書》卷一《文史通義》内篇一《經解》，卷二《文史通義》内篇二《原道》。夫六藝爲周公之典章法度，是固然已！然典章法度，歷代不相沿襲者也。六藝雖周公舊史，苟非經孔子删定纂修，垂爲萬世不刊之經，又何取乎歷代不相沿襲之典章法度以垂教後王也！且如章氏言，則後世會典通禮，其爲政教行事之實，豈不更切於周公之典章法度乎？而章氏何以不與六藝並列爲經也！既不列會典通禮於經，而獨奉孔子手定之六藝爲經，則六藝因孔子而重，而非因周公之典章法度而重，亦可知矣！如此而猶謂孔子不敢操制作之權，何其視聖人不如一鈔胥哉！以鈔胥爲聖人，宜其推大成於周公，而不知孔子爲萬世之教祖也，欲辨孔子之教，亦惟正經與史之名而已！經與史之區分，政與教之所由判也。由前而言，六藝皆三代之政也，故謂之爲史。由後而言，六藝皆孔子之教也，故謂之爲經。章氏有言："周公集典章法度之大成以行其政。孔子集周公之政以明其教。"因以爲"政見實用，而教垂空言。儒生崇性命而薄事功，皆由於盛推孔子過於堯舜也！"見《章氏遺書》卷二《文史通義》内篇二《原道上》。若然，則垂教者絀於行政矣；政與教，豈可以空言實用分優劣哉！自周公至今日凡幾姓矣，典章法度，未聞仍沿用周公之創制。然而人莫不有親，莫不知孝其親；莫不有長，莫不知敬其長；則自有天地以來，未聞有改焉者也！夫典章法度，所謂政也。孝親敬長，所謂教也。孰可實用，孰可空言，必有能辨之者！若如章氏言，以爲政見實用耶？吾未聞後世天下可以實行數千載上周公之典章法度者也，體以爲教垂空言耶？吾未聞有親可以不孝，有長可以不敬者也！章氏以輓近之人，服輓近之服，言輓近之言；不責人孝親敬長，而望人實行周公之典章法度，亦可謂進退失據矣！見《史微》内篇卷第八《明教》。夫一代之典章法度，一代之風繫焉，文質異尚如循環；雖以犧、農、堯、舜、禹、湯、文、武之創制，不能曆久而不變；而況周公一王之法哉！見《史微》内篇卷第八《古經論》。然則周公之政，歷代沿襲不同者也。孔子之教，天不變，道亦不變者也，天下有敢於更張周公典章法度之人，必無敢於滅裂孔子名教之人！此宰我所以盛推孔子過於堯舜也！宰我之言，見述於孟子。使孟子而崇性命，薄事功，則章氏議之是矣！使孟子而非崇性命，薄事功也；則章氏誣聖之罪爲何如哉！其所以然者，由於知史而不知經也！"見《史微》内篇卷第八《明教》。斯足以明國學之準繩，而當章氏之諍友！張爾田《史微·明教篇》後題曰："章實齋先生書，博學詳説，余所服膺。惟斯言則害於道①，故敢附於諍友之列，贊而辨之。"寧得曰"蠹生於

① "道"下原衍一"道"字，今據《史微》删。

木，還食其木”，漫爲譬喻，而引以相諷哉！然張爾田特明六藝之由史而爲經，而非逕斥“六經皆史”之説，以爲巨謬不然也！

乃有發“六經皆禮”之説，而明“六經皆史”之大相剌謬者。是則鹽城陳鐘凡斠玄也！今按鐘凡之言曰：“六經皆古之典禮。百家者，禮教之支與流裔也。上世官師不分，政教合一；凡百制作，莫備於典禮。是故諸夏學術，三古禮隆其極。故禮事起於火化，禮文昭於祭祀，祭禮行於明堂，禮樂政教由是演，制度典章由是出。禮云禮云，諸夏道術之濫觴矣！周公集六代之大成，存先聖之舊典，經論制作，備於禮經。禮經者，六籍之大名百家所由出也！徵諸《周官》：太卜掌‘三易’之法：一曰《連山》，二曰《歸藏》，三曰《周易》。其經卦皆八，其別皆六十有四。又太卜之職，大祭祀，則眡[①]高命龜。凡小事，涖卜。國大遷，大師則貞龜。凡旅，則陳龜。凡喪事，則命龜。是《易》用諸喪祭、遷國、師旅諸卜筮者也；則《易》爲禮經，此其證矣！太師教六詩：曰風，曰賦，曰比，曰興，曰雅，曰頌。而太師之職：大祭祀，則帥瞽登歌，令奏擊拊，下管播樂器，令奏鼓朄；朄讀爲道引之引。大饗亦如之。大射，率瞽而歌射節。大師，執同律以聽軍聲。大喪，帥瞽而廞作匶謚。是《詩》亦用諸饗射、師旅、喪祭者也；則《詩》爲禮經，此其證矣！大司樂以樂舞教國子，舞《雲門》、《大卷》、《大咸》、《大磬》、《大夏》、《大濩》、《大武》。又大司樂之職，以六律、六同、五聲、八音、六舞、大合樂，以致鬼神示，以和邦國，以諧萬民，以安賓客，以説遠人，以作動物；乃分樂而叙之，以祭，以享，以祀。是樂所以祀天神四望，祭地示山川，享先祖先妣者也；則《樂》爲禮經之明證。《漢志》本《七略》曰：‘古之王者，世有史官，君舉必書。左史記言，右書《藝文志》作“史”記事。事爲《春秋》，言爲《尚書》。’《大戴禮》曰：‘内史太史，左右手也。’是左史右史，即周官之内史太史。《尚書》、《春秋》，内史太史所掌之籍也。考太史之職：大祭祀，與執事卜日。戒及宿之日，與群執事讀禮書而協事。祭之日，執事以次位常。大會同朝覲，以書協禮事大師，抱天時與大師同車。大遷國，抱法以前。大喪，執法以涖勸防。内史之職，掌叙事之法。受納訪以詔王聽治。凡命諸侯及孤卿大夫，則策命之。凡四方之事書，内史讀之。王制禄。以贊爲之，以方出之；賞賜亦如之。是《春秋》爲喪祭、師旅、遷國及會同朝覲之典；《尚

---

① 眡，原作“眠”，今據《禮記大全》改。

書》者，叙事策命制禄賞賜之籍；則《春秋》、《尚書》皆禮經之明證也。故觀於太卜、太師、大司樂、太史、内史，皆宗伯之屬；則其所掌《易》、《詩》、《書》、《樂》、《春秋》皆先王之典禮，照然若揭，奚待韓宣子適魯而後知《易象》、《春秋》之爲《周禮》哉！《左氏·昭二年傳》。故曰：'《六經》皆古之典禮也。'諸子者，禮教之支與流裔也。考諸《漢志》：儒家出於司徒。《周官》載司徒施十有二教：一曰以祀禮教敬，二曰以陽禮教讓，三曰以陰禮教親，四曰以樂禮教和。又以五禮防萬民之僞而教之中，以六樂防萬民之情而教之和。是司徒以禮教民者也，儒家學本於禮，有明驗矣！道家出於史官。而太史、大祭祀與群執事讀禮書而協事。小史，大祭祀讀禮法。《史記》又謂孔子適周，問禮於老子。《老莊列傳》。《小戴記》孔子對曾子問禮，一則曰'吾聞諸老聃'；再則曰'吾聞諸老聃'。《曾子問》。則道家學出於禮有明驗矣！陰陽家出於羲和之官，《周官》馮相氏、保章氏之職，禮官之屬也。《大戴禮》謂：'明堂爲天法。'《盛德篇》。《禮·明堂陰陽録》曰：'陰陽者，王者所以應天。'引見《牛宏傳》及《御覽》。蔡邕亦謂：'明堂者，所以明天氣，統萬物，上通天象，故十二宫象日辰。'《明堂月令論》。是以觀象授時，本明堂之大典。陰陽家學本於禮，有明驗矣！名家出於禮官；《周官》大小宗伯之職也。法家出於理官，大小司寇之職也。宗伯掌建邦之天神、人鬼、地示之禮，以佐王建保邦國。司寇掌建邦之三典，以佐王刑邦國，詰四方。司馬遷曰：'禮禁未然之前，法施已然之後。法之所爲用者易見，而禮之所爲禁者難知。'《史記》自叙。陳寵曰：'禮經三百，威義三千。故甫刑，大辟二百，五刑之屬三千，禮之所取；失禮則入刑，相爲表裏。'《後漢書》本傳。故劉氏謂其輔禮制；則名家、法家學出於禮，有明驗矣！墨家出於清廟之守，《周官》巫祝之職也。蔡邕曰：'取其宗祀之貌，則曰清廟。取其堂，則曰明堂。異名同實，其實一也。'《明堂月令論》。《吕覽》言：'魯惠公使宰讓請郊廟之禮於天子。桓王使史角往，惠公止之；其後在於魯，墨子學焉。'《當染》。則墨家出於禮之明驗也。縱横家出於行人之官；《周禮》大小行人之職也。大行人，掌大賓之禮及大客之義，以親諸侯。小行人，掌邦國賓客之禮籍，以待四方之使。則縱横家學本於禮之明驗也。雜家出於議官；《周官》三公之職也。《尚書》言：'三公論道經邦，燮理陰陽。'《周官》。《吕覽》首陳十二紀；《淮南》亦訓《時則》，並本夏時遺制，爲《小戴·月令》之所本。是雜家學本於禮之明驗也。農家出於農稷之官。

《國語》載虢文公諫周宣王曰：‘民之大事在農，上帝之粢盛於是乎出，民之蕃庶於是乎生，事之供給於是乎在！是故稷爲大官！古者太史順時覛土，陽癉憤盈，土氣震發。農祥晨正，日月底於天廟，土乃脈發。先時九日，太史告稷曰：自今至於初吉，陽氣俱蒸，土膏其動。弗震弗渝，脈其滿眚，穀乃不殖。稷以告王。及期，王祼鬯饗醴乃行。后稷監之。膳夫農正陳籍醴。太史贊王。王耕從之。王耕一墢，班三之，而時布之於農，稷則，遍誡百姓，紀農協功。民用莫不震動，恪恭於農。’《國語》。

是后稷播時百穀，必遵太史敬授民時；則農家學本於禮之明證也。小説家出於稗官：《周官》土訓、誦訓、訓方氏、匡人、撢人諸職也。土訓，掌道地圖，道地慝。誦訓，掌道方慝。訓方氏，掌道四方之政事與其上下之志，誦四方之傳道。匡人，掌達法則，匡邦國而觀其慝。撢人，掌誦王志。凡是諸職，皆所以訓四方，道方志方慝以詔王國；是小説家學本於禮之明證也。然則諸子出於王官者，其學即莫不原於典禮，故禮學，爲道術之根荄，群言之郛廓！六經諸子，莫不由此滋生萌蘖，章學誠不明乎此，妄有‘六經皆史’之論。若謂六經掌於史官，應得史稱？不知《春秋》、《尚書》掌於太史、内史；而《詩》、《易》則分掌於太卜、太師；樂掌於司樂；禮掌於宗伯；各有當官，非必史官之專守；史氏所掌，當屬其貳。則不得並名爲史。六經皆史之説，發自王守仁。章學誠申其説。龔鞏祚更暢言之，謂‘任照之史，爲道家祖。任天之史，爲農家祖。任約劑之史，爲法家祖。任文之史，爲雜家祖。任諱惡之史，爲陰陽家祖。任喻之史，爲縱橫家祖。任本之史，爲墨家祖。任教之史，爲小説家祖。’《古史鉤沈論》。語半無徵，將焉取信！今推尋本柢，正以六經之禮之説。”見《諸子通誼》卷上《原始》。則是與章氏之明“六經皆史”者，如别黑白之不同矣！然其以《周官》爲根柢，以《漢書·藝文志》爲崖廓，則又與章氏無乎不同者也！可謂貌同而心異者焉。於戲！章氏不云乎！“古人最重家學，叙列一家之書，凡有涉此一家之學者，無不窮源至委，竟其流别，所謂著作之標準，群言之折衷也。”見《章氏遺書》卷十《校讎通義》内篇一《互著》。余故備著異議，不憚煩瑣，利鈍畢著，義蘊究宣矣！

博端誦章書，發蒙髫年。迄今四十，玩索不盡。粗述睹記，以爲成學治國聞者觀覽焉！

（中山書局，1929年11月出版）

科舉外史[1]

——光緒十八年六月至十一月、二十四年正月至十一月平江書院童生會課卷，二十八年四月、五月、九月、十一月紫陽校士館童生課卷考證

（一）總叙
（二）科舉
（三）書院與科舉之關係
（四）童生在科舉之位置
（五）科舉之八股文與試帖詩
（六）餘論

---

① 此文有兩個本子：一、《無錫新報》本，二、《光華期刊》本。《無錫新報》本連載於 1923 年 7 月 1 日、1923 年 8 月 1 日、9 月 1 日、10 月 1 日、11 月 1 日、12 月 1 日，以及 1924 年 1 月 1 日《無錫新報·文學月刊》，主標題爲“中國歷史選科史料實地整理示範”，副標題與《光華期刊》本同。今以後者爲底本。

（一）總叙

科舉之制，始於元。明清因之，以奔走天下之士者，垂六百年；至光緒二十四年而後，倏變倏復，卒以廢止。此其有繫於天下人才之消長，非細故也！顧科舉之廢，不及三十年；而至今父老詳其源委者卒鮮！倘考諸簡編，清之《三通》，皆以乾隆爲限斷；《會典事例》，則以光緒二十年爲限斷，而於科舉之廢，皆不及著。余得此卷子於從兄家，凡三十三册，九百五十四卷，將以贈諸小學博物館。不有紀述，何以徵信![①] 其年則光緒十八年、二十四年、二十八年，科舉變而復，復而又變之時也。其課士之機關，則書院也。其應課之人，則童生也。其應課之文，有八股文焉，如：

猶草芥也《孟子》，六月

如有博施於民《論語》，七月

上士一位《孟子》，七月

無違樊遲御《論語》，八月

同文《中庸》，八月

不識長馬之長也《孟子》，九月

疾病相扶持《孟子》，九月

睍《中庸》，十月

辭子曰毋以與爾鄰里鄉黨乎子謂仲弓曰犂牛之子騂《論語》，十月

晝爾於茅宵爾索綯《孟子》，十一月

率西《孟子》，十一月

以上十八年；

欲正其心者先誠其意欲誠其意者先致其知致知在格物物格而后知至知致而后意誠意誠而后心正《大學》，正月

---

① 《無錫新報》本無“將以贈諸小學博物館。不有紀述，何以徵信”一句。

曾不知以食牛干秦穆公之爲污也《孟子》，二月

賢賢易色事父母能竭其力《論語》，二月

古者言之不出《論語》，三月

子華使於齊冉子爲其母請粟子曰與之釜請益曰與之庾《論語》，四月①

送往迎來《中庸》，四月

曾子子思易地則皆然《孟子》，四月

而信《論語》，五月

能治其國家誰敢侮之《孟子》，九月

聖人百世之師也《孟子》，九月

楊墨之道不息孔子之道不著《孟子》，十月

則不如無書《孟子》，十月

舜有天下選於衆舉皋陶《論語》，十一月

君子未有不如此《中庸》，十一月

以上二十四年。

有經解焉，如：

騶虞解《毛詩》八月

以上二十四年；

鄉人儺②解《論語》，四月

以上二十八年。

有經義焉，如：

講信修睦謂之人利爭奪相殺謂之人患義《禮記》，四月

生之者衆食之者寡爲之者疾用之者舒義《大學》，五月

聖人治天下使有菽粟如水火義《孟③子》，九月

具訓於蒙士義《尚書》，十一月

以上二十八年。

有論焉，如：

爲君難爲臣不易論六月

---

① 四月，原作“四三”，今改正。

② 儺，原作“攤”，今據《論語·鄉黨篇》改。

③ 孟，原作“〇”，今據《無錫新報》本補。

閑先聖之道論六月

精神見於山川論六月

不惟其官①論七月

不無益害有益論八月

張江陵論八月②

以上二十四年；

李德裕論九月

以上二十八年。

有議焉，如：

漁團利弊論八月

以上二十四年。

有策焉，如：

問歷來創③製大錢者究竟有無裨益試詳言之六月

問現在辦理平糶善策七月

問漢書有臣瓚注不著姓氏或云于瓚或云薛瓚或曰傅瓚見于何書所云孰是八月

以上二十四年；

整頓圜法策十一月

以上二十八年。

有序焉，如：

大學堂落成序八月

以上二十四年。

有書後焉，如：

讀黄公度日本國志書後五月

以上二十八年。此散文也。

若韻文，有詩，有賦，詩有五言、八韻、六韻者焉，如：

賦得問龍乞水歸洗眼得歸④字五言、八韻，六月

---

① 其官，原作“官其”，今據《無錫新報》本改。

② 月，原作“○”，今改正。

③ “創”下衍一“不”字，今據《無錫新報》本刪。

④ 歸，原作“白”，今據《無錫新報》本改。

賦得玉堂揮翰手如飛得飛字五言、六韻，七月

賦得緑槐風送紫蕉衫得風字五言、六韻，七月

賦得一路吟詩寫驛亭得亭字五言、六韻，八月

賦得袖中吴郡新詩本得新字五言、六韻，八月

賦得醽醁初熟薦霜螯得初字五言、六韻，九月

賦得夢歸時到錦江橋得橋字五言、八韻，九月

賦得豐年爲瑞得年字五言、六韻，十月

賦得亥有二首六身得身字五言、六韻，十月

賦得歲熟人家嫁娶多得多字五言、六韻，十一月

賦得渴鳥啄冰開得冰字五言、六韻，十一月

以上十八年；

賦得齊家治國平天下得齊字五言、六韻，正月

賦得晚節漸於詩律細得詩字五言、八韻，二月

賦得緑陰細雨不多寒得寒字五言、六韻，二月

賦得蕭曹魏邴謨①得謨字五言、八韻，三月

賦得水面迴聚風落花得文②字五言、八韻，閏三月

賦得楊柳千條盡心向西得西字五言、六韻，四月

賦得四月清和雨乍晴得和字五言、六韻，四月

賦得露滴如珠落卷荷得珠字五言、八韻，五月

賦得執兩用中得中字五言、八韻，九月

賦得安危須仗出群才得才字五言、六韻，九月

賦得高聲誦虞唐得唐字五言、八韻，十月

賦得騂騮開道路得開字五言、八韻，十月

賦得大風吹垢得風字五言、八韻，十一月

賦得分曹射覆蠟燈紅得紅字五言、八韻，十一月

以上二十四年。

有七律焉，如：

---

① “謨”字原脱，今補。

② 文，疑爲“花”。

秋聲、秋色、秋意、秋光九月

以上十八年。

有七古焉，如：

定慧寺謁蘇文忠公祠九月

以上十八年。

有不拘體韻者焉，如：

訪長洲苑遺址八月

以上十八年。

有賦焉，如：

特設一榻賦以特設一榻去則懸之爲韻，九月

以上十八年；

水懦火烈賦以狎而玩之望而畏之爲韻，四月

以上二十四年。

斯其大略也，試以年月之先後而觀其大較；則：

十八年六月、七月，八股文、五言八韻詩、五言六韻詩

十八年八月，八股文，五言六韻詩，五言八韻詩，不拘體韻詩

十八年九月，八股文，五言六韻詩，五言八韻詩，七律，七古，賦

十八年十月、十一月，八股文，五言六韻詩

二十四年正月、二月、三月、閏三月、四月、五月，八股文，五言六韻詩，五言八韻詩

二十四年六月、七月、八月，論，策，經解，序，議

二十四年九月、十月、十一月，八股文，五言八韻詩，五言六韻詩

二十八年四月、五月、九月、十一月，經解，經義，論，策，書後

蓋光緒二十四年五月，始詔自下科爲始，鄉試、會試及生童歲科各試，向用《四書》文者，改試策論，故二十四年之六月、七月、八月，應課之文，不用《四書》文、試帖，而用論、策、經解、序、議諸體。然是年八月，命各項考試仍用《四書》文、試帖、經文、策問。故八月以後，又以《四書》文、試帖課士也。迨二十七年七月，詔自明年爲始，鄉會試等均試策論，不准用八股文程式，而八股文之廢決矣。然科舉廢于光緒，而八股文程式之議廢，則不自光緒始。

（二）科舉

元初，太宗始得中原，輒用中書令耶律楚材言；試諸路儒士，以論及經義詞賦分爲三科，作三日程；專治一科，能兼者聽，但以不失文義爲中選，復其賦役，令與各處長官同署公事。蓋士之舉也以分科，故有科舉之目，論者或以爲非便，尋中止。世祖既定天下，王鶚獻計，許衡立法；事未果行。仁宗皇慶二年十二月，中書省臣奏："取士之法，經學實修己治人之道，詞賦乃摛章繪句之學。自隋唐以來，專尚詞賦，故士習浮華。臣等擬將律賦省題詩小義皆不用，專立德行明經科，以此取士。"帝然之，乃下詔曰："三代以來，取士各有科目，要其本末，舉人宜以德行爲首。試義則以經術爲先，詞章次之。浮華過實，朕所不取。其以皇慶三年八月，天下郡縣興其賢者能者充賦有司。次年二月，會試京師；中選者，朕將親策焉。具合行事宜於后：科場每三歲一次開試。舉人從本貫官司於諸色户内推舉，年及二十五以上，鄉黨稱其孝弟，朋友服其信義，經明行修之士；結狀保舉，以禮敦遣，咨諸路府，其或徇私濫舉，並應舉不舉者，監察御史，肅政廉訪司體察究治。考試程式：蒙古、色目人第一場，經問五條。《大學》、《論語》、《孟子》、《中庸》内設問，用朱氏《章句集注》。其義理精明，文詞典雅者爲中選。第二場策①一道，以時務出題；限五百字以上。漢人、南人第一場明經、經疑二問。《大學》、《論語》、《孟子》、《中庸》内出題；並用朱氏《章句集注》；復以己意結之，限三百字以上。經義一道，各治一經。《詩》以朱氏爲主，《尚書》以蔡氏爲主，《周易》以程氏、朱氏爲主。已上三經，兼用古注疏。《春秋》用《三傳》及胡氏《傳》，《禮記》用古注疏，限五百字以上，不拘格律。第二場，古賦、詔、誥、章、表、内科一道。古賦、詔、誥用古體，章、表、四六參用古體。第三場策一道，經史時務内出題，不矜浮藻，惟務直述，限

① 策，原作"第"，今據《無錫新報》本改。

一千字以上。鄉試，八月二十日試第一場；二十三日，第二場；二十六日，漢人、南人試第三場。會試，省部依鄉試例於次年二月初一日試第一場，初三日第二場，初五日第三場。御試，三月初七日，前期奏委考試官二員，監察御史二員，讀卷官二員，於殿廷考試。每舉子一名，怯薛歹一人看守。漢人、南人試策一道，限一千字以上。蒙古、色目人時務策一道，限五百字以上。每處差考試官、同考試官各一員，并於現任並在閑有德望文學常選官內差。彌封官、謄録官各一員，選廉幹文資正官充之，凡謄録試卷並行移文字，皆用朱書；仍須設法關防，毋致容私作弊。鄉試、會試許將《禮部韻略》外，餘並不許懷挾文字。差搜檢懷挾官一員，每舉人一名，差軍一名看守。犯御名、廟諱及文理紕①繆、塗注乙五十字以上者，不考。謄録所承受試卷，並用朱書謄録正文，實計塗注乙字數，標寫對讀無差，將朱卷逐旋送考試所。如朱卷有塗注乙字，亦皆標寫字數；謄録官書押，候考校合格，中選人數已定，抄録字號，索上元卷，請監試官、知貢舉官、同試官，對號開拆。就試納卷，受卷官送彌封所，撰字號，彌封訖，送謄録所。”事具《元史·選舉志》，顧士之舉也，分第一、二、三三場而不分科，已是舉而無科矣。然科舉之名，沿襲不廢，皇慶一詔，實爲明以後取士之制所由昉焉。

明以科舉取士，大率仍元制之舊。其試士之法，專取《四子書》及《易》、《周》、《詩》、《春秋》、《禮記》五經命題；蓋太祖與劉基所定，其文略仿宋經義；然代古人語氣爲之，體用排偶，謂之八股，通謂之制義。三年大比，以諸生試之，直省曰鄉試；中式者爲舉人。次年以舉人試之京師，曰會試；中式者，天子親策於廷，曰廷試，亦曰殿試。分一、二、三甲以爲名第之次：一甲止三人，曰狀元、榜眼、探花；賜進士及第。二甲若干人，賜進士出身。三甲若干人，賜同進士出身。狀元、榜眼、探花之名，制所定也。而士大夫又通以鄉試第一爲解元，會試第一爲會元，二、三甲第一爲傳臚云。然舉人、進士之名，由來已舊而取義不同。蓋明之所謂舉人者，得舉之人。而舊之所謂舉人者，舉到之人。《北齊書·鮮于世榮傳》：“以本官判尚書省右僕射事，與吏部尚書袁聿脩在尚書省，簡試舉人。”《舊唐書·高宗紀》：“顯慶四年二月乙亥，上親策試舉人……”，是也。登科則除官，不復謂之舉人，

① 紕，原作“純”，今據《無錫新報》本改。

而不第則須再舉，不若明以爲以舉人爲一定之名也。進士乃諸科目中之一科，而傳中有言“舉進士”者，有言“舉進士不第”者。但云“舉進士”，則第不第未可知之辭，不若明以後，已登科而後謂之進士也。自本人言之，謂之舉進士；自朝廷言之，謂之舉人。進士即舉人；不若明以後以鄉試榜謂之舉人，會試榜謂之進士也。據顧炎武《日知録》。定制，子午卯酉年，鄉試；辰戌丑未年，會試。鄉試以八月，會試以二月，皆初九日，爲第一場；又三日爲第二場；又三日爲第三場。初設科舉時，初場試經義二道，《四書》義一道；二場論一道；三場策一道；中式後十日，復以騎、射、書、算、律五事試之。後頒科舉定式：初場試《四書》義三道，經義四道。《四書》主《朱子集注》；《易》主程《傳》、朱子《本義》；《書》主蔡氏《傳》及古注疏；《詩》主朱子《集傳》；《春秋》主《左氏》、《公羊》、《穀梁》三傳，及胡安國、張洽《傳》；《禮記》主古注疏；永樂間，頒《四書五經大全》，廢注疏不用。其後《春秋》亦不用張洽《傳》；《禮記》止用陳澔《集説》。二場試論一道，判五道，詔、誥、表内科一道。三場試經史、時務、策五道。廷試以三月朔，鄉試直隸於京府，各省於布政司，會試於禮部。主考，鄉、會試俱二人；同考，鄉試四人，會試八人。提調一人，在内京官，在外布政司官；會試，禮部官。監試二人，在内御史，在外按察使司官；會試，御史供給，收掌，試卷彌封，謄録，封讀，受卷及巡綽，監門、搜檢懷挾俱有定員，各執其事。舉子則國子生及府州縣學生員之學成者、儒士之未仕者、官之未入流者皆由有司申舉性情敦厚、文行可稱者應之。其學校訓導專教生徒及罷閑官吏、倡優之家，與居父母喪者，俱不許入試。試卷之首，書三代姓名及其籍貫、年甲、所習本經、所司印記。試日入場，講問代冒者有禁。晚未納卷，給燭三枝。文字中迴避御名、廟號及不許自序門地。彌封編號，作三合字，考試者用墨，謂之墨卷；謄録用硃，謂之硃卷；試士之所，謂之貢院。諸生席舍，謂之號房；人一軍守之，謂之號軍。試官入院，輒封鑰内外門户。在外提調監試等，謂之外簾官，在内主考同考，謂之内簾官。廷試用翰林及朝臣文學之優者爲讀卷官，共閲對策，擬定名次；俟臨軒或如所擬，或有所更定。傳制唱第：狀元授修撰；榜眼、探花授編修；二、三甲考選庶吉士者，皆爲翰林官。其他或授給事、御史、主事、中書、行人、評事、太常、國子博士；或授府推官、知州、知縣等官。舉人、貢生、不第入監而選者，或授小京職，或授府佐及州縣正官，或授教職。此明一代取士之大略，著於《明史・選舉志》者也。

讓清舉士之制，大率踵明之故。其稍稍變更，據《會典事例》所載：世祖順治三年，定第一場《四子書》三題：第一題用《論語》，第二題用《中庸》，第三題用《孟子》。如第一題用《大學》，第二題用《論語》，第三題仍用《孟子》。十六年，定第二場論題間出《孝經》以勵士尚。聖祖康熙二十年，禮部議准第二場詔誥删。二十六年，禮部覆准三場策題止宜簡明，發問不得過三百字。二十九年，禮部議准鄉會試二場《孝經》論題甚少，嗣后将《性理》、《太极图说》、《通书》、《西铭》、《正蒙》一併命題。五十五年，定二場論題專用《性理》，表題不用出本年時事。世宗雍正元年，上諭，會試二場論題仍用《孝經》，十三年，禮部又覆准論題以宋儒性理書與《孝經》參酌間出。高宗乾隆二十一年，上諭，嗣後鄉試第一場止試以《四書文》三篇，第二場經文四篇，第三場策五道。其論、表、判概行删省。至會試則既已名列賢書：且將拔其尤者，備明廷制作之選，淹長爾雅，斯爲通材，其第二場經文之外加試表文一道，著爲例。二十二年，又諭會試第二場表文，可易以五言八韻唐律一首，既而部議於乾隆己卯科鄉試爲始，於第二場經文之外，亦加以五言八韻唐律一首。二十三年，定頭場文出《四書》三題之後，仍出性理論一題。四十七年，議定將二場排律詩一首，移置頭場試藝後，其性理論一道，移置二場經文後。五十二年，議准鄉、會試二場論裁去，加經文一篇，《五經》各出一題，此命題規制也。順治二年，定初場文字每篇不得過五百五十字，二、三場表不得過千字，論策不得過二千字。康熙二十年，又定第一場文字每篇限六百五十字。乾隆四十三年，上諭：“文以明道，自當以清真雅正爲宗。昔陸機云：‘要辭達而理舉，固無取乎冗長。’士子宜深味其言。嗣後每篇俱以七百字爲率，違者不録。”五十一年，定策文不滿三百字者，罰停一科。五十五年，定《四書》制義有於《五經》外徵引僻字者不録，此試藝體裁也。顺治二年，定題目字句不得錯落，真稿篇數不得短少。謄真不得用行草書；塗抹不得過百餘字；卷頁不得越幅曳白及油墨染。三場五策題，應寫第一問，第二問，第三問，第四問，第五問；不得誤寫各題，違者貼出。乾隆二十七年，令士子於每場文字之末，自書添注塗改共若干字字樣，並用官文書體式，如一、二等字俱書壹、貳之類以防增減。如所注已越一百字，及遺漏自注者，即行貼出。三十三年，部議嗣後舉子於墨卷自行點句勾股；

俾對讀得照式點句，則硃墨卷不至舛錯，此繕卷條規也。康熙三十九年，定在内文官京堂以上及翰詹科道，武官參領以上；在外文官藩臬以上；武官提鎮以上；其子孫及同胞兄弟，並同胞兄弟之子，不論官、貢、廕、監生，俱編爲官字號。乾隆十五年，定直省額中舉人二十五名内計中，官卷一名。十六年，又定京官文四品；外官文三品，武官二品以上，及翰詹科道各官，其子孫同胞兄弟及同胞兄弟之子，鄉試者得編官字號。二十三年，上諭直省鄉試官卷，大省每二十名取中一名，中省每十五名取中一名，邊省每十名取中一名，此設立官卷也。以上據《大清會典事例》。以下據光緒三十年、三十一年《申報》、《新聞報》①。至德宗末年，清室不競；論者歸咎科舉之足以敗壞人才！會日俄戰役告終，日本遣外相小村壽太郎至我國議約，朝命直隸總督袁世凱與議。乃密陳孝欽后，謂宜乘日俄之憊，亟變法以圖强，孝欽韙之。時端方爲湖北巡撫，入覲，倡廢除科舉制，孝欽遂下詔廢科舉，設學堂。光緒三十一年七月也。先是仁和王文韶在政府，遇事模棱，不置可否；獨于廢科舉一事，則力阻之。而南皮張之洞方自鄂督入朝②，留京師，亦力謀廢科舉；以榮禄方當國用事，乃言於榮。榮自以非出身科目，不敢力主廢。王昌言："老夫一日在朝，必以死争之。"及王出樞垣，端又以江督入覲，乃約張聯銜上疏，遂得請，而鄉、會試及各省歲科生童考試，至是均一體停罷矣。然張以力倡廢科舉，而光緒甲辰會試，其姪婿林世燾以候補道中進士，欲請歸原班，張乃一日五電，責其必取館選焉。出洋留學生考試，給與進士、舉人出身有差，亦張在樞府時力③主行之。

（三）書院與科舉之關係

科舉者，取士之法；而書院則造士之地也。童子誦習經書，而通其句讀

① 《無錫新報》本"《新聞報》"下有"《時報》"。

② 自鄂督入朝，原作"自鄂入督朝"，今據《無錫新報》本改。

③ 力，原作"加"，今改正。

文義，能敷之爲文；每歲所在郡縣，群聚而試之；其文之明而切，才之秀而可底於成者，則次第其文以升於州縣若府。州縣若府又試而先後之。上督學使者，使者至，則以校而去取之，按其額以補學官弟子，俗稱入學。袁枚《書院議》曰："民之秀者，已升之學矣。民之尤秀者，又升之書院。升之學者歲有餼。升之書院者月有餼。"而書院之見官文書，據《會典事例》所載，始於雍正十一年上諭，稱："督撫駐紮之所，爲省會之地。著該督撫商酌建立書院；擇其省文行兼優之士，讀書其中。各賜帑金一千兩，歲取租息，贍給師生膏火。"此明定書院之經費，頒自國帑也。既而禮部遵旨議奏："各省會城書院，江蘇曰鍾山，曰紫陽。"此之紫陽書院，即江蘇省會城書院之一，立於蘇州者也。乾隆元年上諭："書院之長，必選經明行修，足爲多士模範者，以禮聘請。負笈生徒，必擇鄉里秀異，沈潛學問者，肄業其中，酌仿朱子白鹿洞規條，立之儀節，以檢束其身心。仿分年讀書之法，予之課程，使貫通乎經史。學臣三年任滿，咨訪考覈。諸生中材器尤異者，准令薦舉一二，以示鼓舞。"此明定書院之辦法也。三年，禮部議准："各學政選舉書院優生到部，昭彙題通省優生之例，廩生作爲歲貢生，附生作爲監生，俱劄監肄業。"此書院之獎勵也。九年，禮部議覆："書院肄業士子，令院長擇其資稟優異者，將經學、史學、治術諸書留心講貫，以其餘功兼及對偶聲律之學。至每月課試，仍以八股爲主，或論，或策，或表，或判，聽酌量兼試。"觀於光緒二十四年以前平江書院課卷，可知五月、六月、七月、八月不論。每月科試以八股爲主，乃遵章辦理，此書院之課程也。三十年上諭："各省書院延師訓課，向有山長之稱，名義殊爲未協，既曰書院，則主席者自應稱爲院長。"此之平江書院課卷册首，題曰"院長陸"、"院長朱"、"院長潘"者，是遵乾隆三十年上諭之定稱，而或題曰"山長朱"者，乃乾隆三十年上諭所稱"名義殊爲未協"者也。以上據《大清會典事例》。至書院之改爲學堂，發端於光緒二十四年四月上諭："各直省省會及府廳州縣書院，着各該督撫督飭地方官各將所屬書院坐落處所經費數目，限兩箇月詳查具奏，即將各省府廳州縣現有之大小書院，一律改爲兼習中學西學之學校。至於學校階級，自應以省會之大書院爲高等學，郡城①之書院爲中等學，州縣之書院爲小學。"既而不果行。會拳匪禍

① "郡城"下原衍"郡城"二字，今删。

作，德宗奉孝欽后西奔，乃以二十七年八月下諭："人才爲政事之本。作育人才，端在修明學術。着各省所有書院，於省城均改設大學堂，各府及直隸州均改設中學堂，各州縣均改設小學堂。"以上據《申報》、《新聞報》。而各省書院，胥改學堂矣！此之謂紫陽書院，初改爲江蘇師範學堂，而今之所謂省立第一師範學校尋改爲蘇州中學者是也。

（四）童生在科舉之位置

直省士子之試於郡縣及學政衙門，爲童子試，俗稱爲小考，應試者曰童生。《明史・選舉志》已有此稱。《志》載："凡初入學者，止謂之附學生員。而廪膳增廣等生員，以歲科兩試等第高者補充之。……士子未入學者，統謂之童生。……候提學官歲試合格，乃准入學。提學官在任三歲，兩試諸生。先以六等試諸生優劣，謂之歲考。一等前列者，視廪膳生有缺，依次補充。其次補增廣生員。繼取一、二等爲科舉生員，俾應鄉試，謂之科考。……應試之文，統稱之舉業。《四書》義一道，二百字以上。《經義》一道，三百字以上。取書旨明晳而已，不尚華采也。"讓清仍明之制，而稍有變更者；據《會典事例》所載康熙四十五年，禮部覆准："儒童正考，仍《四書》文二篇。覆試《四書》文一，《小學》論一。"雍正三年，又覆准："學臣覆試儒童將論題小學改作《孝經》。"乾隆元年，又覆准："覆試論題一道，《孝經》與《小學》兼出。"二十五年，議准："歲科試童生，兼作五言六韻排律詩一首。"又議准："自乾隆二十八年以後，考試童生以一書一經一詩，永爲定例。"五十二年又議："仍復舊例，用《四書》文兩篇，裁去經文。"遂以兩書一詩爲童試永例，而平江書院童生會課卷子，則一書一詩者爲多。雖壯丁白叟，但與童試，皆以童生稱之，或稱之曰老童生，則往往匿報年齡以自儕於童，如《會典事例》載乾隆二十九年上諭所稱："學政李綬奏'考試童生多有册内年歲甚幼而其人實已至四五十歲不等'"者是也。然亦有苦志讀書，老當益壯，而不恥爲童者：如梁章鉅《制藝叢話》引繆蓮仙稱："湖北見一白髮老童，問其年七十矣！方初次觀場，自言功夫純熟，乃應試。學政因誦《四子書》各首句併作一題；曰：‘大學之道’，‘天命之謂性’，‘學而時習之’，‘孟子見梁惠王’。老童應聲曰：‘道本乎天，家修而廷獻也。’學政歎服。”然此如鳳毛麟角矣！未冠者曰幼童。惟據袁枚《書院議》，似不入學不得應課書院。而童生之應課書院，始於何時，不可考矣。

（五）科舉之八股文與試帖詩

明初三場之制，雖有先後而無輕重；乃士子之精力，多專於一經，略於考古。主司閱卷，復護初場所中之卷而不深求其二三場。據顧炎武《日知録》。弘治中，吏部侍郎王鏊《制科議》曰：“國家設科取士之法，先之經理以觀窮理之學；次論表以觀博古之學，終策問以觀其時務之學。行之百五十年，宜得其人，超軼前代。卒未聞有如古之豪傑者出於其間；而文詞終有愧於古！雖人才高下係於時，然亦科目之制爲之也。三代取士之義法，吾未暇論。唐宋以來，科有明經，有進士。明經，即今經義之謂也。進士，則兼以詩賦。當時二科並行，而進士得人盛，名臣將相，皆是焉出。明經雖近正，而士之拙者則爲之，謂之學究。詩賦雖近於浮艷；然必博觀泛取，出入經史百家；蓋非詩賦之得人，而博古之爲益於治也。至宋王安石爲相，黜詩賦，崇經學。科場以經義論策取士，所謂一掃歷代之陋。然士專一經，白首莫究；其餘經史付之度外，謂非己事。後安石言：‘初意驅學究爲進士，不意驅進士爲學究。’蓋安石亦自悔之矣。今科場雖兼策論，而百年之間，主司所重士之所習，惟在經義；以爲經義既通，則策論可無俟乎習！夫古之通經者，通其義焉耳；今也割裂裝綴，穿鑿支離，以希合主司之求。窮年畢力，莫有底止；偶得科目，棄如弁髦。始欲從事於學，而精力竭矣！人才之不如古，其實由此。……愚欲於進士之外，別立一科，如前代制科之類；必兼通諸經，博洽子史詞賦，乃得預焉。有官無官，皆得應之。其甲授翰林，次科道，次部屬；而有官者則遞升焉。如此天下之士，皆將奮志於學，雖有官者，亦翹翹然有興起之心，無專經之陋矣！”蓋欲以制科捄經義之敝也。據《續文獻通考》。

經義之文，流俗謂之八股；蓋始於成化後。股者，對偶之名也。天順以前，經義之文，不過敷演傳注，或對或散，初無定式，其單句題亦甚少。成化二十三年，會試“樂天者保天下”文；起講先提三句，即講“樂天”四股；中間過接四句，復講“保天下”四股；復收四句，再作大結。弘治九年，會試“責難於君謂之恭”文；起講先提三句，即講“責難于君”四股；中間過接二句，復講“謂之恭”四股；復收二句，再作大結。每四股之中，一反一正，一虛一實，一淺一深。其兩扇立格，則每扇之中，各有四股；其次第之法，亦復如之。故今人相傳，謂之八股。亦有聯屬二句，四句爲對，排比十數對成篇，而不止於八股者。發端二句或三四句，謂之破題，大抵對句爲多；此宋人相傳之格。下申其意作四五句，謂之承題，然後提出夫子爲何而發此言，謂之原起。至萬歷中，破止二句，承止三句，不用原起。篇末敷演聖人言，自攄所見，或數十字，或百餘字，謂之大結。明之中葉，每以此爲關節。至讓清康熙六十年，始懸之禁令。乾隆十二年，編修楊述曾有復用大結之請。大學士張廷玉奏駁以爲：“若用大結，未見有益，而弊竇愈起，斷不可行。”遂一廢不復矣！此八股文之體裁也。參據顧炎武《日知録》、梁劍華《書香堂筆記》。

然八股之名，始於有明；而八股之體，昉於唐宋。唐制試士，改漢魏散詩而限以比語；有破題，有承題，有領比，有頸比，有腹比，有後比，而後結以收之。六韻之首尾，即起結也。其中四韻，即八比也。宋熙寧中，以經義取士；雖變五七言，而士大夫習於排偶，文氣雖疏暢，其兩兩相對，猶如故也。《宋史·選舉志》載：大觀四年，臣僚言：“場屋之文，專用儷偶；題雖無兩意，必欲釐而爲二，以就對偶。其超詣理趣者，反指以爲淡泊。”元仁宗皇慶初，復行科舉，仍用經義，而體式視宋爲小變。綜其格律，有破題、接題、小講，謂之冒子。冒子後，入官題。官題下有原題，有大講，有餘意，亦曰從講。又有原經，亦曰考經。有結尾，承襲既久，以冗長繁複爲可厭，或稍稍變通之。而大要有冒題、原題、講題、結題，則一定不可易。此之所謂平江書院會課者：一文之中，有破題，二句。承題。三四句多至五六句。起講，即所謂冒題也。冒題之下有一小段，點醒題之上半截者，俗稱入手。入手之後兩小股，謂之起股，即原題也。起股之後，又有一小段，點醒題之下半截，俗稱出題。出題之後兩大股，謂之中股；即講題也。後股兩股，即結題也。

大率六股而非八股矣！

八股之文，儒者羞稱。獨儀徵阮元博學通人，著《文言說》曰："昭明所選，名曰《文選》；蓋必文而後選，非文則不選也。凡以言語著之簡策，不必以文爲本者，皆經也，子也，史也，皆不可專名之爲文。專名曰文者，自孔子《易·文言》始，實爲萬世文章之祖！此篇奇偶相生，音韻相和，如青白之成文，如《咸》《韶》之合節；非清言質說者比也，非佶屈澀語者比也。是故昭明以爲經也，子也，史也，非可專名之爲文也；專名爲文，必沈思翰藻而後可也。自齊梁以後，溺於聲律。彦和《雕龍》漸開四六之體。至唐而四六更卑。然文體不可謂之不卑，而文統不可謂之不正！自唐宋韓、蘇諸大家以奇偶相生之文爲八代之衰而矯之。於是昭明所不選者，反皆爲諸家所取；故其所著者，非經即子，非子即史；求其合於昭明《文選序》所謂文者鮮矣！其不合之處，蓋分於奇偶之間。經史子多奇而少偶，故唐宋八家不尚偶。《文選》多偶而少奇，故昭明不尚奇。如必以比偶非古而卑之，則孔子自名其言曰文者，一篇之中，偶句凡四十有八，韻語凡三十有五；豈可以爲非文之正體而卑之乎！況班孟堅《兩都賦序》及諸漢文，其體皆奇偶相生者乎！《兩都賦序》白麟神雀二比，言語公卿二比，即開明人八比之先路。明人號唐宋八家爲古文者，爲其别於《四書》文也，爲其别於駢偶文也。然《四書》文之驗，皆以比偶成文。是《四書》排偶之文，真乃上接唐宋四六一脈，爲文之正統也。"然則所謂八股者，原於孔子之《文言》，上承唐宋之四六，論文體不可謂之不卑，而言文統不可謂之不正。雖曰卑之無甚高論；而爲之工者，無不嚴於立界，犯上連下，例所不許。巧於比類，截搭釣渡。化散爲整，即同見異；通其屑累曲折之致。其心境之頹呈，心力之所待，與其間不可亂不可缺之秩序，常於吾人不識不知之際，策德術心知以入慎思明辨之境涯，而不墮於鹵莽滅裂。每見近人於語言精當，部分辨晳與凡物之秩然有序者，皆曰合於邏輯矣！蓋假歐學以爲論衡之繩墨也。然吾見語言文章之工，合於邏輯者，無有逾於八股文者也！此論思之所以有裨；而數百年來吾祖若宗德術心知之所資以砥礪而不終萎枯也歟！傳者言：清朝九帝，獨宣宗成皇帝聰明天亶，最工八股云！

清之廢八股文，蓋至德宗而定；而廢八股之議，不自德宗朝始。据《會典事例》、賀長齡《經世文編》暨光緒二十四年、二十七年，《申報》、《新聞報》所載聖祖康熙元年上諭："八股文章，實於政事無涉，自今以後，將浮飾八股文章，永行停止。惟于爲國爲民之策論表判中，出題考試。"此第一次廢八股也。至康熙八年，禮部題定，嗣後照元年以前例，仍用八股文章考試，奉旨依議。雍正時，有議變取士法，廢八股文者。世宗以問大學士張廷玉。對曰："若廢八股文，恐無人讀《四子書》，講求義理者矣！"遂罷其議，此第二次議廢八股文也。乾隆三年，梁章鉅《制藝叢話》作九年。兵部侍郎舒赫德奏稱："科舉之制，憑文而取，按格而官，已非良法。況積弊日深，僥倖日衆。古人詢事考言，其所言者，即其居官所爲之職事也。今之時文，徒空言而不適於用。此其不足以得人者一。墨卷房行，輾轉抄襲；膚詞詭説，蔓衍支離，以爲苟可以取科第而止！其不足以得人者二。士子各占一經，每經擬題，多者百餘，少者不過數十①。古人畢生治之而不足，今則數月爲之而有②餘。其不足以得人者三。表、判可以預擬而得，答策隨題敷衍，無所發明。其不足以得人者四。且人才之盛衰，由于心術之邪正。今之僥倖求售者，弊端百出；探本清源，應將考試條例改移而更張之，别思所以遴拔真才實學之道。"事下禮部議覆，此第三次議廢八股也。既而禮部議駁奏："謹按：取士之法三代以上出於學。漢以後出於郡縣吏。魏晉以後出於九品中正。隋唐至今出於科舉。科舉之法，每代不同。而自明至今，則皆出于時藝。三代尚矣！漢法近古，而終不能復古。至漢以後，累代變法，不一而足。其既也，莫不有弊。九品中正之弊，毁譽出于一人之口，至於賢愚不辨，閥閲相高。劉毅所云：'下品無高門，上品無寒士'者是也。科舉之弊，詩賦則衹尚浮華而全無實用，明經則徒事記誦而文義不通。唐趙匡所謂'習非所用，用非所習，當官少稱職吏'者，是也。時藝之弊，則今該侍郎所陳奏，是也。聖人不能使立法之無弊，在乎因時而補救之。蘇軾有言：'得人之道，在於知人。知人之道，在於責實。'蓋能責實，則雖由今之道而振作鼓舞，人才自可奮興。若惟務循名，則雖高言復古，法立弊生，於造士終無所益。今謂時文經義以及表判策論，皆爲空言剿襲而無用者。此正不責實之過耳！夫凡宣之於口，筆之於書者，皆空言也。何獨今之時藝爲然？且夫時藝取士，自明至今殆四百年。人知其弊而守之不變者，非不欲變，誠以變之而未有良法美意以善其後。且就此而責其實，則亦未嘗不切於用而未可概訾毁也。何也？時藝所論，皆孔孟之緒餘，精微之奥旨，未有不深明書理而得稱爲佳文者。今徒見世之腐爛

① "十"字原脱，今據《無錫新報》本補。
② 有，原作"其"，今據《無錫新報》本改。

抄襲以爲無用，不知明之大家如王鏊、唐順之、瞿景淳、薛應旂等以及國初諸名人，皆寢食夢寐於經書之中，冥搜幽討，殫智畢精。始於聖賢之義理，心領神會，融液貫通；參之經、史、子、集以發其光華；範之規矩準繩以密其法律；而後可稱爲文。雖曰小技，而文武幹濟英偉特達之才，未嘗不出乎其中。至於奸邪之人，迂懦之士，本於性成，雖不工文，亦不能免；未可以爲時藝咎！若今之抄腐襲爛，乃是積久生弊，不思力挽末流之失，而轉咎作法之涼，不已過乎！即經義表判策論等，苟求其實，亦豈易副？經文雖與《四書》並重；而積習相沿，漫忽既久；士子不肯專心學習，誠有如該侍郎所云'數月爲之而有餘'者。今若著爲令甲，非工不録；則服習講求，爲益匪淺。表判策論，皆加覆覈；則必淹洽乎詞章而後可以爲表，通曉乎律令而後可以爲判；必有論古之識，斷制之才，而後可以爲論；必通達古今明習時務，而後可以爲策。凡此諸科，内可以見其本源之學，外可以驗其經濟之才，何一不切於士人之實用？何一不可見之於施爲乎？必變今之法，行古之制；則將治宫室，養遊士，百里之内，置官立師，訟獄聽於是，軍旅謀於是；又將簡不率教者屏之遠方，終身不齒，其毋乃徒爲紛擾而不可行。又況人心不古，上以實求，下以名應。興孝，則必有割股廬墓以邀名者矣！興廉，則必有惡衣菲食，敝車羸馬以飾節者矣。相率爲僞，其弊滋繁！甚至借此虚名以干進取，及乎蒞官之後，盡反所爲，至庸人之不若，此尤近日所舉孝廉方正中所可指數；又何益乎！若乃無大更改，而仍不過求之語言文字之間，則論策今所見行，表者賦頌之流，是詩賦亦未嘗盡廢。至於口問經義，背講疏文，如古所謂帖括者；則又僅可以資誦習，而於文義多致面墻。其餘若三傳科、史科、名法①、書學、算學、崇文、宏文生等，或駁雜紛歧，或偏長曲技，尤不足以崇聖學而勵真才矣！則莫若懲循名之失，求責實之效；由今之道，振作補救之爲得也。我聖主洞見取士源流，所降諭旨，纖悉畢照。司文衡職課士者，果能實心仰體，力除積習，杜絶僥倖；將見數年之後，士皆束身《詩》、《禮》之中，潛心體用之學，文風日甚，真才日出矣！然此亦特就文學而已。至於人之賢愚能否，有非文字所能決定者。故立法取士，不過如是。而治亂興衰，初不由此，無事更張定制爲也，所奏應毋庸議。”時鄂爾泰當國，力持議駁。八股文之不廢，鄂爾泰之力也。

① 名法，當作“明法”。

光緒二十四年四月，御史楊深秀奏："自取士之法未善，用非所學，學非所用；制藝帖括，消磨人才；因有建議欲於科舉廢《四書》文者。臣竊惟制藝之科，行之已數百年，沿襲至今，適承其弊。若不思變計，固無以得人才。若驟更成法，亦復猝無善策。嘗統籌利弊，熟計重輕，以爲非法不善之爲害；而實文體不正之爲害也。故欲求真才，必自釐訂文①體始。查經義之體，肇自宋代；因文見道，意良法美。宋人之文，傳于今日者，如王安石、蘇洵、蘇轍、陸九淵、陳傅良、文天祥諸大家，類皆發明經義，自抒偉論；初無代古人語氣之謬，無一定格式之陋習；故觀其説理，可以知其行誼；觀其發論，可以知其經濟；有本有文，體最善矣。明世習沿既久，防弊日周；於是創爲代聖立言之説，謂不得用秦漢以後之書，述當世之事；奪微言大義之統，爲衣冠優孟之容；誣已説爲古言，侮聖人而不顧；於是史書不觀，争爲謬陋。文體風俗之壞，實自兹始。明中葉以後，始盛行四股、六股、八股、破承起講之格，雖名爲説經之文，實則本唐代詩賦，專講排偶聲調；如宋元詞曲，但求按譜填字；而膚詞讕言，駢拇枝指，又加甚焉。以經義論，則無所發明；以文體論，則毫無取義。格式既定，務使千篇一律，稍有出入，即謂之不入格。是以習舉業者，陳陳相因，塗塗遞附；黄茅白葦，一望相同。限以三百、七百之字數，拘②以連上犯下之手法，雖胸有萬卷，學貫三才者，亦必俯就格式，不許一字入文。其未嘗學問者，亦能揣摩聲調，敷衍講章，弋獲魏③科，坐致高位。是使天下之人，相率於不學也。今夫國家設科舉之義意有二：一以鼓勵天下之人，使之向學以成其才也。一以試學者之才不才，擇而用之也。今用此種庸濫文體，既使天下相率於不學；而人才之消磨也已十之八九矣！苟有一二自拔流俗者，則其才華學識，不能發現於場屋文字之中。偶或發現，則以不合格黜之。然則使衡文者究何所憑藉以别擇其才不才哉？故用今日之文體，其弊亦有二：能使天下無人才，一也。即有人才而皇上無從知之，無從用之，二也。更有甚者：如歲科童試縣考、府考、院考，多出截上截下無情巧搭等題；割裂經史，瀆侮聖賢；律以祖制，咎有應得！而各省沿用，毫不爲怪！此種文體，祗講手法，不顧經意，起承轉收，擒釣渡挽，其

① 文，原作"又"，今改正。

② 拘，原作"拍"，今據《無錫新報》本改。

③ 魏，《無錫新報》本作"巍"。

法視文綱爲尤密，其例視刑律爲尤嚴，遂使天下百千萬億之生童，日消磨精力於此等手法之中；舍纖仄機械之外，無所用其心；恐有旁騖而文法因以疏也。舍穿珠類腋之外，無所用其學，恐有博涉而文體因以雜也。夫天下之士子，莫多於生童也。盈廷之公卿，皆起於生童也；而其用心及其所學如此。驅天下有用之才而入于無用之地，一旦而欲舉以任天下之事，當萬國之衝，其可得乎？今夫《四書》文之所以足貴者，將使人讀書以明理，窮經以尊聖也。今截搭枯窘割裂破碎之題，非以通經，乃以侮聖！故臣謂非法不善之爲害，而文體不正之爲害也。請特下明詔，斟酌宋、元、明舊制，釐正《四書》文體。凡各試官命題，必須一章一節一句，語氣完足者，其制藝體裁，一仿宋人經義，明人大結之例；先疏證傳記以釋經旨，次博引子史以徵蘊蓄，次發揮時事以覘學識；不拘格式，不限字數。其有仍用八股庸濫之格，講章陳腐之言者，斥擯勿録。其有仍用八股口氣沿代聖立言之謬説者，以僭妄誣罔、非聖無法論。輕則停廩罰科，重則或予擯黜。如此則觀聽一新，人務實學。有經義取士之效而無其弊矣。夫因文體之極弊，而並欲廢《四書》文者，過激之説也！因《四書》之足責，而並袒護今日文體者，不通之論也！正文體，乃以尊《四書》，變通流弊，乃以符舊制。其爲事至順，其圖變至易。其所關至[1]大，其所收至神。伏乞斷自聖衷，即降諭旨，布告天下，咸使聞知。似於維持正學，培育人才，必有大裨。”上諭：“御史楊深秀奏請釐[2]定文體一摺：‘國家以制藝取士，原期闡發經義，講求實學，勉爲有用之才。’茲據該御史所陳近日文體之弊斟酌釐定並定各項考試不得割裂經文題等語，着禮部議奏。”然尚未議廢八股也。五月上諭：“我朝承宋明舊制以《四書》文取士。康熙年間，曾經停止八股，改試策論；未久旋復制藝。一時文運昌明，儒生稽古窮經，類能推究本源，發明義理。制科所得，不乏通經致用之才。乃近來風氣日漓，文體日蔽。所試時藝，大都隨題敷衍；於經義罕有發明，而譾陋空疏者，每獲濫竽充選。若不因時變通何以見實學而拔真才！著自下科爲始，鄉、會試及生童歲科各試，向用《四書》文者，一律改試策論。此次特降諭旨，實因時文積弊太深，不得不隨時改變以破拘墟之習。至士子爲學自當以四子六經爲根柢，策論與制藝，殊流同源。仍不外通經史以達時務，總

---

① 至，原作“主”，今據《無錫新報》本改。

② 請釐，原作“釐請”，今乙正。

期體用兼備，人皆勉爲通儒；毋得競逞博涉，徒蹈空言，致負朝廷破格求材之至意。”此第四次廢八股也。已而御史宋伯魯奏：“本月初五日奉上諭：‘因時文積弊太深，不得不改弦更張以破拘墟之習；總期體用兼備，人皆勉爲通儒’等因。伏讀之下，仰見皇上天錫智勇，洞[①]悉積弊之原，力破迂拘之格！千年沉痼，一旦掃除，轉弱爲强，在此一舉矣！臣竊思鄉、會兩場試事纔竣，自不能不待諸下科。若生童歲科，現在隨時按考；既定例下科始改，則現仍用舊章。彼生童若不習八股，則無以爲應考之地。若仍習之，則明明爲已廢之制；灼然知其無益。兩年之後，即行棄置，又何必率天下之生童，枉費此兩年之力以從事於此！是令天下無所適從也。臣以爲應試之人，無多於生童，故轉移風氣，必當自生童始。既奉明詔變法以勵實學；必使士子用心有所專注。庶學問不致兩歧，伏乞再行明降諭旨，除鄉、會試自下科爲始，改試策論外，其生童歲科試，即飭各省學政隨按臨所至，一經奉到諭旨，立即遵照章程，一律改試。”奉旨依奏。[②] 六月，湖廣總督張之洞、湖南巡撫陳寶箴奏：“五月初五日欽奉上諭：‘於下科爲始，鄉、會、歲科各試，向用《四書》文字，一律改試策論’等因，欽此。竊惟救時，必自求人才始。求才人，必自變科舉始。《四書五經》，道大義精，炳如日月，講明五倫，範圍萬理，聖教之所以爲教，中華之所以爲中，實在於此！歷代帝王經天緯地之大政，闢中驛外之遠略，莫不由之。國家之以《四書》文、《五經》文取士，大中至正，無可議者也！乃流失相沿，官司不善奉行。士林習爲庸陋，不能佐國家經時濟變之用。於是八股文字，遂爲人所詬病。今聖上斷然罷去八股不用，固已足振動天下之耳目，激發天下之才智。特是科舉一事，天下學術所繫，即爲國家治本所關。若一切考試節目，未能詳酌妥善，則恐未必能遽收實效，而流弊不可不防。嘗考北宋初創[③]爲經義取士之法，體裁只如講義，文筆亦尚近雅。明成化時，始定爲八股之式，行之已五百年。文徇俗而愈卑，流積久而愈敝。雖設有二場經文，三場策問。而主司簡率自便，惟重頭場時文。

---

① 勇洞，原作“洞勇”，今乙正。

② 《無錫新報》本此處有：“初，楊深秀請釐文體之疏，既交部議，而禮部尚書許應騤，輒欲駁斥，柏魯於是與深秀合疏劾之。有詔命許應騤自陳；尋褫應騤職。”

③ 創，原作“嘗”，今據《無錫新報》本改。

二、三場字句無疵[①]，即已中式，遂有三場實止一場之弊，今改用策論，誠足以破拘攣陳腐之習矣。然文章之體不正，命題之例不嚴，則國家重教之旨不顯，取士之格不一，多士之趨向不定。今廢時文者，惡八股之纖巧，苛瑣浮濫，不能闡發聖賢之義理也；非廢《四書五經》也。若不爲定式，恐策論發題，或雜采群經字句，或兼采經史他書；界限過寬，而爲文者必至漫無遵守，徒騁詞華；行之日久，必至不讀《四書五經》原文，背道忘本；此則聖教興廢，中華安危之關，非細故也。竊以爲今日當詳議者約有數端：一曰正名。正其名曰《四書》義、《五經》義以示復古。其格略如講義，評論經説。二曰定題。《四書》義書[②]《四書》原文；《五經》義書《五經》原文；或全章，或數章，或全節，或數節，或一句，或數句；均可。不得删改增減一字，亦不得用其意，而改其詞。三曰正體。以樸實説理，明白曉暢爲貴；不得塗澤浮艷，作駢儷體；亦不得鉤章棘句，作怪澀體。四曰徵實。准其引徵史書，博采群書；但非違悖經旨之言，皆得引用；凡時文向來無謂禁忌，悉與蠲除。五曰閑邪。若周、秦諸[③]子之謬論，釋、老二子之妄談，異域之方言，報説之瑣語，凡一切離經叛[④]道之言，嚴加屏黜，不准闌入。則八股之格式雖變，而衡文之宗旨，仍與直正之聖訓相符，顧猶有慮者：文士之能講實學治古文者不多。改章之始，恐僅能稍變八股之面目；不免以時文陳言濫詞敷[⑤]衍成篇。若主司仍以頭場爲重，則二、三場雖有博通之士，仍然見遺；與變法之本意尚未相符。若主司厭其空疏陳庸，趨重二、三場；則首場又同虛設。其詭誕浮薄，務趨風氣者，或又將邪詖之説，解釋《四書五經》，附會聖道；必致離經叛道，心術不端之士，雜然並進。《四書五經》本義全失，聖道既微，世運愈否；其始則爲惑世誣民之説，其終必有犯上作亂之事！其流弊尤多，爲禍尤烈！今宜籌一體用貫一之法。求才不厭其多門，而學術仍歸於一是，方爲中正無弊。昔朱子當南宋國勢微弱之際，憤神州之多難，懼救世之無才，屢欲改變科舉。嘗考《語類》中力詆時文之弊者，不一而足。而究其論科舉

① 無疵，原作“疵無”，今據《無錫新報》本乙正。
② 書，《張文襄公全集》作“出”。
③ 諸，原作“二”，今改正。
④ 叛，原作“判”，今改正。
⑤ 敷，原作“數”，今據《無錫新報》本改正。

積弊之法，則曰：'更須兼他科目取人。'歐陽修知諫院時，惡當時舉人鄙瑣剿盜[①]，全不曉事之弊。嘗疏請改爲三場分試，隨場而去之法；每場皆有去留。頭場策論合式者，試二場。二場論合式者試三場，其大要曰：'鄙惡乖誕，以漸先去。少而易考，不至勞昏。全不曉事之人，無由而進。'其説頗切於今日之情事。又查今日定例：武科鄉、會小試，騎射、步射、硬弓刀石分爲三場，皆有去取，人數遞删而遞少，技藝遞考而遞精。竊謂宜遠師朱、歐之論，近仿武科之制；擬爲先博後約、隨場去取之法。將三場先後之序互易之，而又層遞取之；大率如府縣考覆試之法。第一場試以中國文事，國朝政治論五道，此爲中學經濟。十倍中額發榜，不取者罷歸。取者始准試第二場。二場試以時務策五道，專門五洲各國之政，專門之藝。政如各國地理、學校、財賦、兵制、商務、刑律之類。藝如格致製造，聲光化電等類。分門發題考試，此爲西學經濟。其雖解西法而支離狂悖，顯悖聖教者，斥不取，三倍中額再發榜。取者始准試第三場。三場試《四書》義兩篇，《五經》義一篇；取其學通而不離，理純而不腐者。合校三場均符者，始中式發榜如額。磨堪之日，於三場尤須從嚴，如有《四書》義、《五經》義理辭謬妄，離經叛道者；士子、考官均行黜革。如是則取入二場者，必其博涉古今，明習内政者也；然恐其明於治内而闇於治外，於是更以西政西藝考之。其取入三場者，必其通達時務，研求新學者也；然又恐其學雖博，才雖通，而理解未經，趨向未正；於是更以《四書》義、《五經》義考之。其三場可觀而中式者，必其宗法聖賢，見理純正者也。大抵首場先取博學，二場於博學中求通才，三場於通材中求純正。先博後約，先粗後精，既無迂闇庸陋之才，亦無偏駁狂妄之弊。三場各有取義；以前兩場中西經濟補益之；而以終場《四書》義、《五經》義範圍之。較之或偏重首場，或偏重二、三場，所得多矣！且分場發榜，則下第者先歸。二、三場卷數愈少，校閲亦易。寒士無候榜久羈之苦，謄録無卷多錯誤之弊，主司無竭蹶草率之虞。一舉三善，人才必多。而著重尤在末場；猶之府縣試皆憑末覈以爲去取；不愈見《四書》、《五經》之重哉！其學政歲、科兩考生童，均可以例推之。歲、科考，例先試經古一場；即專以史論、時務策兩門發題。生員歲考正場，原係一《四書》文、一經文，即後爲《四書》

---

① 鄙瑣剿盜，《張文襄公全集》作"鄙惡剿盜"。

義、經義各一。生員科考，童生考試，一切均同。其童試《孝經》論，性理論，應仍其舊。竊謂如此辦法，博之以經濟，約之以道德，科目無①無用之人，時務無悖道之患，似此切實易行，流弊亦少。此舉爲造就人才之樞，而即爲維持人心世道之本原。”上諭：“張之洞、陳寶箴奏請飭酌改考之法一摺，朕詳加披閱，所奏各節，剴切周詳，頗中肯綮；著照所擬，禮②部即通行各省一體遵照。”而孝欽后頗不以德宗之變法爲然。是年八月，孝欽后訓政，懿旨：“國家以《四書》文取士，原本先儒傳注，闡發聖賢精義，二百年來，得人爲盛！近來文風日陋，各省士子往往剿襲雷同，毫無根柢。此非時文之弊，乃典試諸臣不能釐正文體之弊。乃論者不揣其本，輒以所學非所用，歸咎於立法之未善。殊不知試場獻藝不過爲士子進身之階。苟其人懷奇抱偉；雖沿用唐宋舊制，試以詩賦，亦未嘗不可得人。設論説徒工，心術不正；雖日策以時務，亦適足長囂競之風。用特明白宣示，嗣後鄉試、會試及歲考、科考等，悉照舊制，仍以《四書》文、試帖、經文、策問等項，分別考試。”既而聯軍入京。德宗奉孝欽后西狩，乃以二十七年七月論：“自明年爲始，嗣後鄉、會試：頭場試中國政治史事論五篇；二場試政治藝學策五道；三場試《四書》義二篇，《五經》義一篇。考官評卷，合校三場以定去取，不得全重一場。生童歲、科兩考，仍先試經古一場，專試中國政治史事及各國政治、藝學、策論。正場准用八股文程式。”不五年，而科舉亦隨八股文以俱廢矣！然八股之文廢，而流風餘韻，猶時時不絶，流露於作者字裏行間！有襲八股排比之調，而肆之爲縱横軼宕者；康有爲、梁啓超之報紙文學也。有用八股偶比之格，而出之以文理密察者；嚴復、章士釗之邏輯文學也。並世章炳麟與人論文，以爲復氣體比於制舉；而胡適論梁啓超之文，謂其蜕自八股；可謂知言之士已！斯足以開排比之别調而殿八股之後勁！

大小考試皆用五言八韻或六韻排律詩，即試帖詩也。科舉文字之重要者，八股文而外，莫如試帖詩。鄉試之用試帖詩，自乾隆二十四年己卯科始，會試自二十五年庚辰科始，而歲、科考試童生兼作試帖詩，則自二十六年始。二十七年禮部題准：“詩題應正書賦得某句，旁注得某字，五言八韻。”即此

---

① 此處脱一“無”字，今據《無錫新報》本補。

② 禮，原作“福”，今改正。

平江書院卷子所書詩題之體也。陽湖洪亮吉嘗謂："此於諸體中又若别成一格，有作家而不能爲八韻詩者。有八韻詩工而實非作家者，如郎中項家達主事貴徵雖不以詩名家，而八韻則極工。項於某年考差題爲'王道如龍首'，得'龍'字；五六云：'詎必全身現，能令衆體從。'貴於某年朝考題爲'草色遥看近却無'，得'無'字；五六云：'緑歸行馬外，青入濯龍無?'可云工矣！祭酒吴錫麒於諸作外復工此體，然庚戌考差，題爲'林表明霽色'，得'寒'字。吴頸聯下句云：'照破萬家寒。'時閲卷者爲大學士伯和珅，忽大驚曰：'此卷有破家二字，斷不可取。'吴卷由是黜落。"此亦乾隆朝一則試帖詩史也。道光庚戌德清俞樾成進士，復試。湘鄉曾國藩以禮部侍郎充閲卷官，得俞樾詩，首句云："花落春仍在"。極賞之，謂"與小宋'將飛更作迴風舞，已落猶存半面妝'無異。他日所至，未可量也！"遂以第一進呈。後俞典學河南，以人言罷職。同治乙丑，寓書於曾述及前事；且曰："由今思之，蓬山乍到，風引仍迴；洵符'花落'之讖矣！然窮途著述，已及百卷；儻有一字流傳，或亦可云'春在'乎?"此尤試帖詩之佳話也。孝欽后亦工試帖詩。每歲春闈及殿廷①考試，輒有擬作。其傳誦者，如同治乙丑會試詩題"蘆筍生時柳絮飛"，得"生"字云："南浦篙三尺，東風笛一聲。鷗波連②夜雨，萍迹故鄉情。"又癸酉考差試題"江南江北青山多"，得"山"字云："雨後云深淺，風前雁③往還。舍連春水泛，峰雜夏雲間。"儻可與宣宗之工八股媲美者焉！

（六）餘論

科舉爲元、明、清三朝取士大典；而始末不具，故不憚縷析陳之。方科舉之將廢也。有甚滑稽之三事焉：一、八股將廢未廢之際，有以博涉兼能之

① 廷，原作"帖"，今據《無錫新報》本改。
② "連"下原衍一"連"字，今删。
③ 雁，原作"雇"，今據《無錫新報》本改。

哲家，而敦干禄應舉之試文者；是則侯官嚴復其人也！復畢學歐洲歸；則并心一力以治八股文，冀登上第；顧再應京兆試，不得舉！晚以譯述歐籍，學貫中西，詔賞翰林院編修。八股之舉業徒工，清秘之銜頭坐致！其鄉人鄭孝胥笑而幸焉！嘗嘲以詩者也！一、總税務司英人赫德有二子，慕我國科名。光緒初，納監入籍順天，且延名師教八股文。某年，應順天鄉試，爲北皿號生群起攻之，乃不入場。夫以英倫之客卿，而食毛踐土，縈情科名；此如橘逾淮之爲枳矣！一、庚子聯軍十一國議和條約第二款載："諸國人民遇害被虐之城鎮，應停止考試五年。"一若科舉甚足爲我國重者！殆諺所謂迴光返照者耶！

八股文廢。然八股之取士，亘元、明、清三朝，其中源流因革，亦有關世變不細！而可以考見八股文之源流、因革及其風會者，以余所見有三書焉：一、黄梨洲先生輯《明文海》四百八十二卷。其三百七卷至三百十三卷，皆録各家八股文之序，共七十八首。一、俞長城輯《百二十名家選》。此選以時爲次，托始于北宋諸公，而迄有清。序論尤佳，八股文總集之别開生面者也。一、梁章鉅《制藝叢話》。亦托始北宋而迄清之嘉、道；溯源流，别支幹，蒐軼事，輯異聞！實爲治八股文最備之一家言。三家之書，皆可作八股文學史料讀也。惟黄《輯》皆選明人，而俞《選》終於順、康，梁《話》迄於嘉、道。[①] 而光緒間，坊刻所謂《通稚集》者，所選時文，雜糅經子，旁及歐學。蓋瀛海棣通風氣初開，八股之别開生面者也，後來聞人，有如君主立憲之康有爲、梁啓超，民主革命之蔡元培、譚延闓胥有作焉。

《四庫全書總目》所録歷代總集、别集至爲詳備，而於八股文，惟著録《欽定四書文》四十一卷。蓋乾隆元年，内閣學士方苞奉敕所編。明文凡四集；曰化、治，曰正、嘉，曰隆、萬，曰啓、禎。而清朝文别爲一集。每篇皆抉其精要，評隲於後。惜博未見。

博此次剪裁舊報所得光緒變革科舉之官文書，凡上諭六：一、光緒二十四年四月二十一日改書院爲學堂上諭。一、五月五日停止八股改試策論上諭。一、十二日生童歲、科試一併改試策論上諭。一、六月初一日鄉、會試三場

① 《無錫新報》本此處有："今博所稱引，綜其同異，詳其始末，儻足補三家之所未備乎！"

先博後約隨場去取上諭。一、二十七年七月十六日各項考試不准用八股文改試策論、《四書》義、《五經》義上諭。一、八月初二日改書院爲學堂上諭。孝欽后懿旨一，即二十四年八月二十四日，各項考試，仍照舊制用《四書》文試帖之懿旨也。奏摺三：凡御史楊深秀請釐定文體一摺。宋伯魯請生童歲、科試迅改策論一摺。兩湖總督張之洞、湖南巡撫陳寶箴請飭酌改考試之法一摺。已摘要著録之矣。其采而未録者：一、二十四年七月翰林院侍讀學士徐致靖奏歲科試請照鄉、會試分場取一摺。一、二十七年八月總督劉坤一、兩湖總督張之洞請設育才學校一摺。兹併著其目，以俟後之治國聞者考焉。

史料不可斷斷於故紙堆中求之，尤貴董理實物。蓋物之董理；而後故紙之鑽研爲實事求是，而不同鑿空之談。此語須諸生牢記之也。吾校博物館之歷史陳列品亦不少。然諸生欽其實，莫名其器。吾嘗勸諸生實地爲有系統之研求，加以考證。諸生畏難不肯爲！今特董理此卷子以示諸生。讀吾文者當知此破碎叢殘之爛墨卷，尚不難實事求是，加以董理，況極珍貴之古器甲、古貨幣乎？余能獨學，而不能與諸生共學；此則余之過也。伯爾同學，尚勗之哉！①

（刊於《光華期刊》，1929 年第 4 期）

附：《科舉外史》之餘論

前期載拙著《科舉外史》，殿以《餘論》，中稱嚴復以譯述歐籍，學貫中西，詔賞翰林院編修。既出版，偶檢閱舊日讀書筆記，乃知悮記；而復所賜者文科進士出身也。兹録布以當更正如左：

章炳麟《太炎文録》載《與友人論文書》，斥嚴復"氣體比於制舉"。按嚴復雖以宣統二年特旨賜文科進士出身。然據陳寶琛撰《清故資政大夫海軍

① 本段底本無，姑從《無錫新報》本補。

協都統嚴君墓志銘》載："復年十四，即入福建船政學校；以光緒二年派赴英國海軍學校，肄戰術及炮台建築諸學；試輒最。歸國，以海軍積勞，敘副將。尋棄去，殫心著述，所譯書以雅辭達奥旨，風行海内。學者稱爲侯官嚴先生。"則嚴復之非科舉人物可知，而章氏乃斥爲"氣體比於制舉"；或者以爲擬不於倫！不知復中年慕科第，應鄉試者數；治八比文尤劬甚。及賜文科進士出身，其鄉人鄭孝胥作二詩調之。其一曰："嚴侯本武人，科舉偶所慕。棄官更納粟，被刖嘗至屨！平生等身書，弦誦遍行路。晚邀進士賜，食報一何暮！回思丙丁間，春闈我猶赴。都門有文會，子作必寄附。傳觀比尤王，一讀舌俱吐！誰知厄場屋，同輩空交譽。天傾地維絶，萬事逐煙霧。八股竟先亡，當時殊不晤！寒窗抱卷客，億兆有餘詛！吾儕老更黠，檢點誇戲具。煩君發壯論，習氣端如故！"其二曰："左侯左宗棠居軍中，歎息爲歐齋；林壽圖官陝西布政使時，左官陝甘總督也。屈捐友朋間，才地有等差。進士勝翰林，舉人又過之。我不得進士，勝君或庶幾？歐齋奮然答：'霞仙劉蓉語益奇。舉人何足道！卓絶惟秀才！'言次輒捧腹，季高怒豎眉。覯君評制藝，折肱信良醫！少年求進士，得之特稍遲。風和如甘蔗，倒嚼境更佳。何可遽驕滿，持將傲吾儕！不穀雖不德，自知背時宜。三十罷應試，寅庚直至斯，誓抱季高説，不顧歐齋嗤。君詩貌煩冤，内喜堪雪悲。官裏行相促，老蒼杖頭皮。八股縱已亡，身受伏餘威！知君不忘故，得意還相思。"兩詩見《海藏樓詩》卷六。是復不惟學制舉文，且甚得意其所作之制舉文也。然則章氏之斥"復爲氣體比於制舉者"，殆鄭詩所謂"八股縱已亡，身受伏餘威"者耶！

（刊於《光華期刊》，1929 年第 5 期）

鍾嶸《詩品》校讀記

序第一

序三篇，何文焕《歷代詩話》總弁於編。而乾隆辛亥金溪王氏謨重刊《漢魏叢書》本及張海鵬《學津討源》本，乃以三序分列各品之首。按《四庫全書提要》稱："分爲上、中、下三品，每品之首，各冠以序。"則知《四庫》收本，三序亦列各品之首，而非總弁於編者也。然據序中篇云："一品之中，略以世代爲先後，不以優劣爲詮次。"此之所謂"一品"，總該上、中、下三品而爲叙列，豈僅爲中品立論。又其末稱"掎摭病利凡百二十人"、"三品升降"云云，其爲總叙三品明甚，豈限於中品乎？至下篇稱"陳思贈弟"、"仲宣《七哀》"、"公幹思友"、"阮籍《咏懷》"、"安仁倦暑"、"景陽苦雨"、"靈運《鄴中》"、"士衡《擬古》"、"謝客山泉"、"太沖《咏史》"，其人既列上品；"叔夜雙鸞"、"茂先寒夕"、"平叔衣單"、"越石感亂"、"景純咏仙"、"王微風月"、"叔源離宴"、"鮑照戍邊"、"顏延入洛"、"陶公《咏貧》之制"、"惠連《擣衣》之作"，其人亦在中品；凡所論舉，罔一下品，斯皆五言之警策者，何取以序下品乎？當依《歷代詩話》① 總弁於編爲是。

爾後陵遲衰微

《學津討源》本，“爾”作“是”。

故詩有三義焉

《漢魏叢書》本，“三”作“六”。觀下文稱“一曰興，二曰比，三曰賦。文已盡而意有餘，興也；因物喻志，比也；直書其事，寓言寫物，賦也。宏斯三義，酌而用之”云云，明是三義。作“六”者訛也。

若專用比興，則患在意深，意深則詞躓；若但用賦體，則患在意浮，意浮則文散。

《歷代詩話》本，“若專用比興”，“若但用賦體”，兩句下皆少一“則”字。

或負戈外戍

《漢魏叢書》本、《學津討源》本，“戍”皆作“戎”，當以“戍”字爲是，“戎”、“戍”形近而訛也。

或士有解佩出朝，一去忘返

《漢魏叢書》本，“或”作“文”。然承上“或骨横朔野，或魂逐飛蓬”諸句而下，當作“或”字爲是。

人各爲容

《漢魏叢書》本，“人各”作“各各”。

徒自棄於高聽

《歷代詩話》本，“聽”作“明”。

觀王公縉紳之士

《漢魏叢書》本，“公”作“宫”，音近而訛。

以瞰漢魏而不顧

一本“以”字上有“固”字。

文章殆同書抄

《漢魏叢書》本，“抄”作“按”，形近而訛。

嘗試言之：古曰詩頌

① 《歷代詩話》，原作“《列代詩話》”，今改。

《漢魏叢書》本，“曰”字在“古”字上。《學津討源》本，“頌”作“誦”。

今既不被管弦

《漢魏叢書》本，“被”作“備”。

所謂篇章之珠澤

《歷代詩話》本，“所”字下有“以”字。

上品第二

《漢魏叢書》本、《歷代詩話》本，每家另行標題，低兩字書，以醒眉目。《學津討源》本，則不另行，標題下係一“詩”字，起章首；而次行以下，低一字書，以醒眉目。

漢都尉李陵　文多悽愴怨者之流

原本“悽”字下無“愴”字。

晉步兵阮籍　自致遠大

《漢魏叢書》本，“大”作“方”。

顔延年注解怯言其志

《漢魏叢書》本，“怯”作“法”，形近而訛。

晉黄門郎潘岳　標題

《漢魏叢書》本，“黄門”作“王門”，音近而訛。

故以潘爲勝

《漢魏叢書》本，脱“爲”字。

晉黄門郎張協　詞彩葱蒨

《歷代詩話》本，“詞”作“調”。

宋臨川太守謝靈運　若人興多才高博

《歷代詩話》本，無“博”字。

中品第三

魏文帝　其原出於李陵

《漢魏叢書》本，“原”作“文”。

則所計百許篇

《漢魏叢書》本、《學津討源》本，“所計”作“新章”。

晉司空張華　在季孟之間矣

一本“矣”作“耳”。

魏尚書何宴　晉馮翊守孫楚　晉著作王贊　晉司徒椽張翰　晉中書令潘尼　標題

“晉著”作“王贊”，《漢魏叢書》本，“王”作“正”，形近而訛。

季鷹黄華之唱

《漢魏叢書》本，“唱”作“喝”，形近而訛。

正叔緑蘩之章

《漢魏叢書》本，“章”作“良”，音近而訛。

晉太尉劉琨　晉中郎盧諶　標題

“晉中郎盧諶”，《漢魏叢書》、《學津討源》本，“盧諶”作“劉諶”，形音近似而訛。

又罹厄運

《漢魏叢書》本，“罹”作“懼”，形近而訛。

晉宏農太守郭璞　而云奈何虎豹姿

《歷代詩話》本，“而”作“其”。

宋徵士陶潛　世歎其質直

《漢魏叢書》本，“歎”作“欲”，形近而訛。

至如歡言醉春酒

《學津討源》本，“如”作“於”、“醉”作“酌”。

宋法曹参軍謝惠連　非吾語也

《歷代詩話》本，“吾”作“我”。

宋参軍鮑照　標題

“宋参軍鮑照”，《漢魏叢書》本、《學津討源》本，“照”作“昭”。

故言險俗者多以附照

《漢魏叢書》本、《學津討源》本，“照”亦作“昭”。

齊光禄江淹　吾有筆在卿處多年矣

《歷代詩話》本，“吾”作“我”。

梁太常任昉　又亦道變

《歷代詩話》本，“又”作“文”，形近而訛。

梁左光禄沈約　其工麗亦一時之選也

《漢魏叢書》本，“工”作“功”，形近而訛。

下品第四

漢令史班固　漢孝廉酈炎　漢上計趙壹　文勝託咏靈芝　懷寄不淺

《漢魏叢書》本、《學津討源》本，“靈芝”下“懷寄”上，均有“親”字。

魏武帝魏明帝　叡不如丕　亦稱三祖

《歷代詩話》本，“三”作“二”。

宋尚書令傅亮　亦復平美

《漢魏叢書》本、《學津討源》本，“美”作“矣”。玩詞氣承上文而反言之，當作“美”字爲是。

宋光禄謝莊　不逮於范袁

《學津討源》本，“范”作“王”。

宋御史蘇寶生　標題

《漢魏叢書》本，“寶”作“費”。

宋監典事區惠恭　顔爲詩輒偷筆定之

《歷代詩話》本、《學津討源》本，“筆”在“詩”字下，“輒”字上。

造遺大將軍

《漢魏叢書》本、《歷代詩話》本，“遺”作“遣”，形近而訛。

齊惠休上人　齊道猷上人　齊釋寶月　世遂匹之鮑照

《漢魏叢書》本、《學津討源》本，“照”作“昭”。

庾白二胡

《歷代詩話》本，“白”作“帛”。

是顔公忌照之文

《漢魏叢書》本、《學津討源》本，“照”作“昭”。

齊參軍毛伯成　齊朝請吴邁遠　齊朝請許瑶之　標題

“齊朝請許瑶之”，《漢魏叢書》本、《學津討源》本，“瑶”作“謡”。

齊鮑令暉　齊韓蘭英　令暉歌詩往往斷絶清巧

一本“斷”作“嶃”。

照嘗答孝武云

《漢魏叢書》本、《學津討源》本，“照”作“昭”。

未詎多也

《漢魏叢書》本，“未詎”倒“詎未”。

齊僕射江祏　標題

《漢魏叢書》本，《學津討源》本，“祏”作“祐”，其他仿此。

齊諸暨令袁嘏　常語徐太尉云

《歷代詩話》本，“常”作“嘗”，　《漢魏叢書》本，“太”字下衍“保”字。

梁秀才陸厥　非言之失也

《漢魏叢書》本，“失”作“夫”，形近而訛。

最指第五

鍾嶸著《詩品》三卷，上品十一人，中品三十九人，下品七十二人，第作者之甲乙而溯厥師承，頗有鑑裁。《隋書·經籍志》作《詩評》，唐、宋《藝文志》亦然。按《國語·鄭語》：“以品處庶類者也。”韋昭注：“高下之品也。”《漢書·揚雄傳》：“稱述品藻。”師古注：“定其差品。”鍾氏列古今作者爲三品，亦定其高下等差者，當作《詩品》爲是。若評，則訓爲評議、評訂諸義，與品藻異矣。若其差品衆家，專主五言，以爲：“四言文約意廣，取效《風》、《騷》，便可多得，每苦文繁而意少，故世罕習焉。五言居文詞之要，是衆作之有滋味者也。故云會於流俗，豈不以指事造形，窮情寫物，最爲詳切者耶！”

“陳思贈弟，仲宣《七哀》，公幹思友，阮籍《咏懷》，子卿雙凫，叔夜雙鸞，茂先寒夕，平叔衣單，安仁倦暑，景陽苦雨，靈運《鄴中》，士衡《擬古》，越石感亂，景純咏仙，王微風月，謝客山泉，叔源離宴，鮑照戍邊，太沖《咏史》，顔延入洛，陶公《咏貧》之製，惠連《擣衣》之作，斯皆五言之警策者也。”“故知陳思爲建安之傑，公幹、仲宣爲輔；陸機爲太康之英，安仁、景陽爲輔；謝客爲元嘉之雄，顔延年爲輔，斯皆五言之冠冕，文詞之命世也。”又品藻衆家，以骨氣爲主，以詞采爲輔，兩者並茂，上也。次之，氣過其文。又次，文勝於氣。如①魏陳思王植曰：“骨氣奇高，詞采華茂，情兼雅怨，體被文質，譬人倫之有周孔。”論宋臨川太守謝靈運曰：“原出陳思，雜有景陽，興多才高，寓目輒書，内無乏思，外無遺物。名章迥句，處處間起。麗典新聲，絡繹奔會。”論宋參軍鮑照曰：“得景陽之諔詭，含茂先之靡嫚。骨節强於謝混，驅邁疾於顔延。總四家而擅美，跨兩代而孤出。”此皆骨氣、詞采兩俱並茂者也。又如②魏文學劉楨曰：“仗氣愛奇，動多振絶。真骨淩霜，高風跨俗；但氣過其文，雕潤恨少。”晉處士郭泰機、晉常侍顧愷之、宋謝世基、宋參軍顧邁、宋參軍戴凱，曰：“觀此五子，文雖不多，氣調警拔，吾許其進，則鮑照、江淹，未足逮止。越居中品，僉曰宜哉。”此氣過其文者也。又如魏侍中王粲曰“文秀而質羸”，晉司空張華曰：“其體華艷，興託不奇。巧用文字，務爲妍冶。雖名高曩代，而疏亮之士，猶恨其兒女情多，風雲氣少。”此文勝於氣者也。與其文勝，毋寧氣過。氣過則厥旨淵放，忘其鄙近；文勝則務爲妍冶，流入淫靡：此其較也。

至於囊括論旨，約以四事：一曰賦比興兼用，二曰不用事，三曰不墮理障，四曰不拘四聲。以爲：“詩有三義，曰賦比興。文已盡而意有餘，興也；因物喻志，比也；直書其事，寓言寫物，賦也。宏斯三義，酌而用之，幹之以風力，潤之以丹采，使味之者無極，聞之者動心，是詩之至也。若專用比興，患在意深，意深則詞躓。若但用賦體，患在意浮，意浮則文散。”此賦比興兼用之説也。又謂：“屬辭比事，乃爲通談。若乃經國文符，應資博古；撰德駁奏，宜窮往烈。至乎吟咏情性，亦何貴於用事？‘思君如流水’，既是即目；‘高臺多悲風’，亦惟所見；‘清晨登隴首’，羌無故實；‘明月照積雪’，詎出經史？觀古今勝語，多非補假，皆有③直尋。顔延、謝莊，尤爲繁密，於時化之。故大明泰始中，文章殆同書抄。近任昉、王元長等，詞不貴奇，

① “如”後疑脱“論”字。
② “如”後疑脱“論”字。
③ 有，《詩品》通行本作“由”。

競須新事，爾來作者，寖以成俗。遂乃句無虚語，語無虚字，拘攣補衲，蠹文已甚。但自然英旨，罕值其人。”又謂：“顔延之喜用古事，彌見拘束，雖乖秀逸，是經綸文雅才；雅才減若人，則蹈於困躓矣。”又謂：“任昉既博物，動輒用事，所以詩不得奇。”此不貴用事之説也。又謂：“永嘉以來，清虚在俗。王武子輩詩貴道家之言。”“於時篇什，理過其辭，淡乎寡味；爰及江表，微波尚傳。孫綽、許詢、桓、庾諸公，詩皆平典似《道德論》，建安風力盡矣。”獨郭璞“憲章潘岳，文體相輝，彪炳可玩，始變永嘉平淡之體，故稱中興第一”，此勿墮理障之説也。又曰：“昔曹、劉殆文章之聖，陸、謝爲體二之才，鋭精研思，千百年中，而不聞宫商之辨，四聲之論。”齊有王元長“嘗欲進《知音論》”，“謝朓、沈約揚其波。三賢或貴公子孫，幼有文辯。於是士流景慕，務爲精密，襞積細微，專相淩架，故使文多拘忌，傷其真美。余謂文製本須諷讀，不可蹇礙，但令清濁通流，口吻調利，斯爲足矣。至平上去入，則余病未能；蜂腰鶴膝，閭里已具”。此不拘四聲之説也。

掎摭利病，頗曰知言。所以謂篇章之繩墨，文采之權量。明胡應麟《詩藪》辨證至數十則，最爲裁覈。王世貞《藝苑卮言》亦有訂論，而卒稱之曰：“吾觀鍾記室《詩品》，折衷情文，裁量事代，可謂允矣。詞亦奕奕發之。第所推源出於何者，恐未盡然。邁、凱、昉、約，濫居中品，至魏文不列乎上，曹公屈第乎下，尤爲不公，少損連城之價。吾獨愛其評子建‘骨氣奇高，詞采華茂，情兼雅怨，體被文質’；嗣宗‘言在耳目之内，情寄八方之表’；靈運‘名章迥句，處處間起，麗典新聲，絡繹奔會’；越石‘善爲淒戾之詞，自有清拔之氣’；明遠‘得景陽之諔詭，含茂先之靡嫚，骨節强於謝混，驅邁疾於顔延，總四家而擅美，跨兩代而孤出’；玄暉‘奇章秀句，往往警遒，足使叔源失步，明遠變色’；文通‘詩體總雜，善於摹擬，筋力於王微，成就於謝朓’；此數評者，贊許既實，措撰尤工。”抑揚之間，可謂如量。其後王士禎《漁洋詩話》，乃極詆其踳駁，謂：“嶸以三品銓叙作者，自譬諸‘九品’論人，《七略》裁士，乃以劉楨與陳思並稱，以爲文章之聖。夫楨之視植，豈但斥鷃之與鯤鵬耶？又置曹孟德下品，而楨與王粲反居上品。他如上品之陸機、潘岳，宜在中品。中品之劉琨、郭璞、陶潛、鮑照、謝朓、江淹，下品之魏武，宜在上品，下品之徐幹、謝莊、王融、帛道猷、湯惠休宜在中品。而位置顛錯，黑白淆譌，千秋定論，謂之何哉！建安諸子，偉長實勝公幹；而嶸譏其以莛叩鐘，乖反彌甚。至以陶潛出於應璩，郭璞出於潘岳，鮑照出於二張，尤陋矣。又不足深辨也。”褒彈稍嫌過當。然魏武悲壯，范曄華贍，屈居下第。元亮清遠，鮑照遒邇，不列上品；銓次未允，實爲公論。顧或者謂《太平御覽》五百八十六鍾嶸《詩品》曰：“古詩李陵、班倢伃、曹植、劉楨、王粲、阮籍、陸機、潘岳、張協、左思、謝靈運、陶潛十二人詩皆上品。”知陶公之列中品，出後人竄亂也；則亦無解於魏武諸人。又所推原出於何者，第出以臆，而不必衷於情實；亦其疏也。因最其指要而論列得失如此。

（原刊於《華中師範大學學報·紀念錢基博先生誕生百周年專輯》，1987 年）

吟餘談屑

一

日本以暴力亡韓，韓人痛入骨髓。伊藤博文被刺而後，狙擊之事，時有所聞。蓋“一旅興夏”、“三户亡秦”，韓人未嘗不銘諸肝膈也。曩歲日本地震，吾國人雖滿腔國恥國仇，爲大體計，猶發慰弔之電，振卹之金；而韓人則心傷亡國，怨毒已深，樂禍幸災，形諸楮墨。曾有自署“蜕老人”者韓人，題詩於西湖龍井山之獅子峰，詩云：“一刹人間水火風，鼠狐豺虎盡沙虫。愛憎豈是天睛誤，上帝威權究不同。”“劫火心燒海靈赤，扶桑毒燄耀秋紅；撩人景物有如此，相賞莫違吾欲東。”扶桑刦火，而視爲景物撩人，殆失詩人敦厚之旨；但出於亡國遺民之口，又當别論矣！

（原刊於《新無錫》，1932 年 6 月 5 日）

二

萍鄉文道希學士云："詩至沈歸愚而衰，以其專重賦體，不尚比興也。"此言良是。蓋專重賦體，易犯平實，必雜比興，始近空靈。是以關雎荇菜，弁冕乎葩經；芳草美人，誼染乎楚艷。詞林先哲，示我周行。仁遠乎哉，求之有道！

（原刊於《新無錫》，1935 年 1 月 15 日）

三

詩不蹈襲前人，而偶與前人膤合，最足暢懷。頃閱梁任公《萬牲園修禊詩》，頗有與余膤合處，朗吟數過，樂不可支。余《和□葛詩》云"鬧杏已争紅"，任公句云"鬧杏照眼無賴紅"；余《和謝幼陶詩》云："聞道長安成奕局，坐驚滄海幻桑田。"任公句云："正恐桑田會成海，豈特長安嗟如弈。"命意遣詞，如出一轍，是何造物之巧耶！

朱觀略先生，嘗代某公書投贈詩，有"杏花紅入宋詞中"之句，某公不甚愜心，令暫擱筆，以便推敲。後卒無以易也。先生曾爲余言之，余亦未敢臧否。偶憶明謝榛《九日寄魏順甫兼憶社中諸友》云："暮雲遥度燕臺上，秋色偏歸楚賦中。"次句頗與某公詩相似，儻亦余所謂偶合耶。

（原刊於《新無錫》，1935 年 4 月 9 日）

四

陸放翁詩，以多用"如""似"兩字，爲後世所病。然騷壇名作，用"如""似"者，正復不少，偶摘録之，以質同調，并爲此翁解嘲。杜工部云：

“春水船如天上坐，老年花似霧中看。”太白云：“回樂峰前沙似雪，受降城外月如霜。”柳州云：“桂嶺瘴來雲似墨，洞庭春盡水如天。”趙嘏云：“新諾似山無力負，舊恩如水滿身流。”李廓唐人云：“氣味如中酒，情懷似别人。”章八元唐人云：“危梯半踏如穿洞，絶頂初攀似出籠。”司空圖云：“得劍乍①如添健僕，亡書久似憶良朋。”蘇子美云：“身如蟬蜕一榻上，夢似楊花千里飛。”東坡云：“人似秋鴻來有信，事如春夢了無痕。”梅聖俞云：“人似嫦娥來陌上，燈如明月在人間。”張文潛云：“啼鳥似聞人勸酒，好山如爲我開眉。”又“愁如夜月長隨客，身似飛鴻不記家。”夏竦云：“年光過眼如車轂，職事羈人似馬銜。”潘邠老云：“文如二稚②徒懷璧，武似三明却韔弓。”謝公定北宋人云：“一官如馬小，衆眼似山青。”以上作者，時代均在翁前，翁豈作俑之人哉！

（原刊於《新無錫》，1935年11月3日）

五

武進劉葆良太史樹屏，爲葆真太史可毅胞弟，曾膺靖江馮洲書院講習。庚子拳亂，葆真戕於匪，其時南北梗阻，噩耗無聞，南中士夫，猶作萬一生還之想。葆良有和金湝生《冰泉集》五律四章，後二章即咏其事，詩云：“伯氏文章伯，驚心汗漫遊。臨岐才一晌，小别竟千秋。薛荔魂無語，榛荆骨未收。名山倘不朽，遺篋忍重搜。”“風塵正澒洞，畿甸況空虚。百梃交衢亂，紅燈閃月疏。土花卿相血，豺虎帝王居。重我鴿原痛，張圖問野漁。”土花一聯，較麥秀黍離之詞，荆棘銅駝之語，尤爲沈痛。

（原刊於《新無錫》，1936年11月20日）

---

① 乍，原作“昨”，今據《司空表聖詩集》改。

② 稚，原作“雅”，今據吕本中《紫微詩話》改。

六

鹽城陳暢庵孝廉玉樹，洞明時局，下筆千言，清季常有政論揭載滬報，讀者韙之。文孫某，曾任靖江公安局長，亦頗述其祖德。近見孝廉遺著，有《戲題寺壁》五古兩章，依傍一空，涉筆成趣，酷似隨園雜詩，讀之令人解頤。詩云："釋氏言地獄，異説多渺茫。好學如顔子，僅作修文郎。不學如寇准，翻爲閻羅王。官爵判崇卑，無乃不相當。太真壽王妃，後乃侍明皇。聚麀亂人國，芳魂遊仙鄉。珠箔複銀屏，全闕東西厢。賞罰不公平，何以判淑慝。聰直始爲神，豈憐楊妃色。此時閻羅王，知是韓擒虎。詰以玉環事，擒虎諒無語。""彦德系囹圄，經誦觀世音。一夜滿千遍，詔下刑忽停。史稱佛有靈，我疑佛無情。不拯梁武帝，不援楚王英。獨活誦經人，豈可謂公平？蚩蚩誤信此，恃佛抗朝廷。佛國逋逃藪，萑苻將横行。"

（原刊於《新無錫》，1936 年 12 月 26 日）

七

段合肥一生，功過不相掩，明眼人自辨之，而同派則譽不絶口，長樂梁衆異鴻志，即其一也。去冬合肥溘逝，梁挽以五律三章，備極推崇。詩云："壇代論人傑，清剛實首公。律身真澹泊，謀國獨公忠。閏位排群議，收京仰大雄。蹉跎見麟獲，吾道豈終窮。""甲子開元會，聲先在大千。斗杓曾自斡，日轂忽中遷。曲突非無驗，方穿或未便。私慚帷幄智，獨對遂經年。""傷亂惟祈死，言公不及私。遺箴八功德，怛化四威儀。薄海來陳饋，彌天見偃旗。山頹我安仰，淚盡蓋棺時。"

（原刊於《新無錫》，1937 年 1 月 26 日）

八

納蘭容若詞，人稱清朝第一。余最愛其《塞上咏雪花·調寄采桑子》云："非關癖愛輕模樣，冷處偏佳，別有根芽，不是人間富貴花。謝娘別後誰能惜，漂泊天涯，寒月悲笳，萬里西風瀚海沙。"寥寥數語，確能寫雪花之魂，迥非瓦樓銀海，雕琢曼詞所能匹敵。

（原刊於《新無錫》，1937 年 6 月 4 日）

後東塾讀書雜志

編者識：無錫錢子泉先生基博學問淹博，於書無所不窺；講學南北者垂三十年，得士未可以數計。其於古今人著述，頗有獨到之言。余嘗讀其《後東塾讀書雜志》，知其鑑別精而論議允。邇致余箋，謂“不吝與天下人共見”；是則天下人皆欲得而見之也。

後東塾者，余所居之東偏一室，破書數百卷，壞硯禿筆各一，讀書教子，皆在於此。以番禺陳蘭甫先生有“東塾”之目，因題之曰“後東塾”。余性不喜與人近，蟄居一室，世之所謂大人長德，罕曾接焉。自以學問受之父兄，文章出自天成，世不需我，我亦無求也。一編把讀，且以娛戲。書籍不論今古，人物不問新舊；有書則讀，每讀必記；靡日或間，積久成帙；發微抉奥，不屑屑事考證，觀其會通，究其流別，六通四辟，其運無乎不在；由是所見，與箋疏瑣碎者殊矣！青鶴主人索觀所著。因差擇其我用我法，不同人云亦云者，拉雜寫付，古今錯亂，子史不分，署曰“雜志”，昭其實也。其有語涉時賢，不敢心存標榜。知我罪我，以俟論定。基博自記。

范當世《范伯子文集》十二卷

盧冀野先生以通州范當世无錯《范伯子文集》十二卷見假，粗讀一過。范氏力推桐城，而文章蹊逕，實不與桐城相同。其論文意求雅適，境尚平淡，義貴含蓄，注重包縮，譏罵而有敬慎之意，詼謿而有淵穆之氣。此其嘗於《與蔡燕生論文第一書》發之，不過鋪張桐城門面語耳！而其門人徐昂《後序》遽稱以爲傳桐城之學，何啻皮相之談。獨散原老人一序，稱其長於控摶旋盤，緜邈而往復。此老畢竟知言！蓋范氏始受文法於武昌張裕釗濂亭，而裕釗則湘鄉曾國藩滌生之門人也。曾門之有張裕釗，猶韓文之有王介甫。韓公、曾氏，素稟雄直，而爲渾灝流轉。介甫、裕釗，天性矜狷，則爲瘦硬盤屈，稍露筋節，便形削薄，不如師門之大力控摶，一氣渾融。但介甫矜重出於《禮經》，裕釗奥衍澤以《莊》《騷》。范氏與同縣張謇季直得法裕釗。范氏瘦硬盤屈而出以緜邈，張謇瘦硬盤屈而能爲横恣，亦其稟賦之不同。吾友如皋蔡達觀明，南通費師洪範九，爲文章深切喜往復，其蹊逕皆同范氏，風氣鼓盪，不期而然；吾常戲名之曰“南通派”。南通派之以瘦硬盤屈取勁，猶桐城文之以紆徐澹蕩取妍也。昔孟東野有“詩囚”之稱，范氏文議論未能茂暢，叙事亦無神彩，獨以瘦硬之筆，作呻吟之語，高天厚地，拘局不舒，胡爲者耶！吾欲謚以“文囚”。范氏詩出西江，齊名散原。然散原詩境，晚年變化，辛亥以後，由精能而臻化機。范氏只此一番境界，能入而不能出。其能矯平熟以此，而廑能矯平熟亦以此。

康有爲《孔子改制考》二十二卷、《春秋筆削大義微言考》十一卷、《春秋董氏學》八卷、《新學僞經考》十四卷

近繙南海康有爲長素《不忍》雜誌。因取舊所著《孔子改制考》、《春秋筆削大義微言考》、《春秋董氏學》、《新學僞經考》諸書參稽，而闚其問學之大凡。康氏之學言經世，出南海朱次琦九江；惟九江之言經世，以樸學躬行，近于顔元李塨。而康氏之言經世，以今學誕曼，髣髴龔自珍、魏源。康氏之言

《公羊》，得之井研廖平季平，惟季平以《公羊》言禮制，由《白虎通》以通《王制》，爲湘學王闓運之別子。而康氏以《公羊》稱改制，由董子《蕃露》以明《春秋》，則常州莊存與、劉逢禄之派衍，至其以《春秋》言《禮運》，則襲宋儒胡安國之餘論，吕祖謙《與朱子書》曰："胡文定《春秋傳》多拈出《禮運》'天下爲公'意思，蜡賓之歎，自昔前輩共疑之，以爲非孔子語。蓋不獨親其親，不獨子其子，而以堯舜禹湯爲小康，是老聃、墨子之論。"胡氏乃屢言《春秋》有意於"天下爲公"之世。斥古文爲"新學"，又揚近人方望溪之燼焰，方苞著《周官辨》十篇，指《周官》之文爲劉歆竄改以媚王莽，證以《漢書・莽傳》事迹。厥爲《大同書》、載《不忍雜誌》中。《新學僞經考》之藍本，而若諱所自焉。此其柢也。康氏之詩文，足爲近代文學革新之前驅，而不同於昔賢者，厥爲中國文學門户之開放。然而其來有漸，方望溪以爲古文境界最高，漢魏詞賦語，六朝雕藻語，《南北史》雋語，與宋儒語録俚語同在戒律。姚鼐而下，奉以周旋。然曾國藩即譏其行文不敢用一華麗非常字，而欲澤以漢賦之瑰瑋。至康氏乃更糅雜經語，子史語，旁及外國佛語、耶教語，以及聲光化電諸科學語，而出之以狂蕩豪逸之氣，寫之以倔强奥衍之筆，道人之所不敢道，用人之所不敢用。恣縱不儻，包羅萬象，而冶之一爐，利以排偶。梁啓超新民體，衍其師法，而大放厥辭，遂開風氣。惟啓超出以清新流快，其體輕；而康氏更爲倔强拗怒，其骨重。一巧一拙，此其異耳。

（原刊於《青鶴》第1卷第4期，1933年1月1日）

梁啓超《清代學術概論》一册

閲新會梁啓超任公《清代學術概論》一册。其中自詡早年講學，專以"絀荀申孟"爲標幟。然言孔學而絀荀申孟，不始於梁，宋儒已然。宋儒之絀荀申孟，以荀子砭性惡而孟子道性善也。梁氏絀荀申孟，以荀子"法後王"而孟子稱"民貴"也。一則因緣禪乘以闡孟子性善之旨，一則皮傅民貴以發民權革命之論；外鑠之我，各有因緣。梁氏此書初出，興化李詳審言有舉正之作。惟李氏謏聞足以動衆，而昧於問學之大，徒爲毛舉細故，引繩及於字句，而未窺梁氏癥結所在。梁氏之作此書，其初不過欲以清儒之考證學，皮傅歐儒科學方法之重物證，而以迎合新青年之沾沾自喜。此其意義本至淺薄，而於清學之前因後果，實未睹其大體。

其一，清儒之考證學，在以漢學訓詁名物之考證，發揮宋儒疑古之精神。其淵源出於朱子之道問學一派。古文《尚書》之僞，朱子已有此論，江永《禮書綱目》，以《禮記》諸書釋《儀禮》，其體例即本朱子《儀禮經傳通解》。吴棫《音詩》、《音楚辭》，皆據其本文，推求古讀，互相比較，粗發大凡，傳有《韻補》五卷，朱子注詩多用其説，即開清儒言古韻之途轍。黄震《日抄》、王應麟《困學紀聞》，言考據者每喜稱引其説，而皆朱子門人。王柏爲朱子再傳弟子，而爲《書疑》、《詩疑》，何必不爲姚際恒《古今僞書考》、崔述《考信録》之俶落權輿。章學誠《文史通義・朱陸》一篇，亦謂戴震之于朱子一脈相承，闡發其説甚詳。梁氏祇知以清代考證學非薄宋儒，而不知清學疑古之精神及其治學方法，胥出宋儒。不過宋儒發其端，而未竟其緒耳。

其二，梁氏敘考證學極盛之反響，爲《公羊》今文學，亦知其一而不知其二之論。不知前《公羊》今文學而非議考證學者，則有邵晉涵、章學誠之浙東史學一派。蓋遠紹宋學永嘉之經制，而欲以史之疏通致遠，救考證之碎者也。並《公羊》今文學而批評考證學者，則有陳澧、朱一新之兼采漢宋一派。蓋義理考據兼修交發，姚鼐、曾國藩之論本如是，而陳、朱兩氏則以漢學考證之法，而發揮宋儒之義理者也。梁氏於浙東史學，既語焉不詳，而陳澧、朱一新之兼采漢宋，則不涉一辭。

其三，戴震理欲之説，梁氏極意張大，以迎合青年之脆薄心理，得遂其縱欲長傲之私。不知朱一新之《無邪堂答問》，已力闢其非。章炳麟亦於戴説有微辭，語見《檢論》。

其四，梁氏於桐城家備極輕薄，不知康有爲之《新學僞經考》，即推衍方苞之《周官辨》一書，其他康氏疑古之大膽的假設，由方苞引其緒者不少；《望溪文集》具在，又方植之《漢學商兑》，於戴、段諸公之論，逐條引駁，即以漢學家考證之法，發漢學家之覆，幾令無從置喙。

其五，《公羊》今文學，梁氏自以學所自出，著意敘述，不知《公羊》今文學之張設門户，當以江都淩曙曉樓筦其樞。曙治鄭氏禮，嗣聞劉逢禄論何休《公羊》而好之，遂以禮言《公羊》，著有《公羊禮疏》十一卷，《公羊禮説》一卷，開湘學王闓運、蜀學廖平之途徑。又以《春秋蕃露》明何休，爲《蕃露注》十七卷，以開康有爲春秋董氏學之先河；而梁氏叙今文學不涉曙一字，可謂失之目睫者也。

其六，梁氏叙孫詒讓得統於高郵王氏父子，以爲清代考證家之後勁。不知孫詒讓之父衣言，初衍永嘉經制之學；而以詒讓志在窮經，乃授以《周官經》。詒讓正義《周官》，間詁《墨子》，雖用漢學疏證之法，而意趣所寄，乃在經世。讀《周禮正義》、《墨子間詁》兩序，可證。其學實淵源家學，而遠承宋學之永嘉經制一派，與章學誠、邵晉涵爲同門異户；而梁氏遽以考證家目之，亦不免皮相之見也。略就睹記所及而爲梁書舉正如此。其他瑣瑣，不能盡也。

（原刊於《青鶴》第1卷第5期，1933年1月16日）

《庾子山集》十六卷

取《四部叢刊》景明屠隆評點周庾信著《庾子山集》十六卷，與舊臧倪璠《庾子山集注》十六卷對勘。其中詩篇，屠評點本有而倪注本無者，樂府《從軍行》、《周祀方澤歌[1]昭夏》一首；倪注本有而屠評點本無者，詩《同盧記室從軍》；其它都同，而編次稍異，倪注本冠以滕王逌原序，爲屠評點本所無。而叙其世系，詳其生平，用碑誌體，夾叙夾議，與《文選》載任彦昇《王文憲集序》，《唐文粹》載《唐初諸集序》體同，孟子所謂誦詩讀書，不知其人可乎？是以論其世也。而叙其文章，則曰窮緣情之綺靡，盡體物之瀏亮，誄奪安仁之美，碑有伯喈之情，箴似揚雄，詩同阮籍，可謂囊括衆體，簡而能晐。然余謂子山詩文，不難在綺艷，而難在清新。綺艷者，窮緣情之綺靡；清新者，盡體物之瀏亮也。《北史》稱信文綺豔，不免皮相。而杜工部詩獨稱之，曰"清新庾開府"，可謂真賞。其前又有倪璠注釋《庾集》題辭十四則，其中稱子山精敏，博極群書，史傳贊言，尤善《左氏》。觀其序出師之名，則

① "歌"字下原衍一"少"字，今據《庾子山集》改。

靈鈃金僕，稱兆亂之子，則逢目狼心，星紀庚辰以志亡滅之期，紀侯鄅子以記出奔之狀，車絓覆而馬旋濘，甲裳去而餘皇棄。包胥依墻於七日，辛有感祭於百年。他如走群望，則實沈臺駘，致大漸而黃熊赤島。季氏亡，則魯不昌；子雅喪，而姜族弱。組織傳文，庾爲甲矣！自非橫一卷於長頭，數平生之極癖，何以得此？又云："子山之文，雖是駢體，間多散行，譬如鍾王楷法，雖非八體六文，而意態之間，已横生古趣。唐之王後盧前，直如虞褚諸家。駱賓王差與李嶠等，則顔魯公耳！至若中晚之單薄，宋元之鄙俚，漸類墨猪。又降而益下者歟？寓散行於駢體既如此！善《左氏》而運用組織又如彼！"語特精覈，卷末《彭城公夫人爾朱氏墓志銘》、《伯母東平郡夫人李比墓志銘》兩篇，屠隆評疑其氣體不類，而倪璠則考核年月，證以《文苑英華》，知爲楊炯之文。語入信集，辨證亦爲精審。璠字魯玉，錢唐人，康熙乙酉舉人，官内閣中書舍人。子山之詩，曼聲協律，導唐人沈、宋之前河。由古入律，此其樞機。然句多矜貴，篇欠遒鍊，文秀而質羸，方李、杜不足，比沈、宋有餘。而五言勝於七言，其中流連光景，模山範水，出以清新，不爲雕藻，王摩詰詩中有畫，自此而胎。至樂府諸篇，音靡節平，兒女情多，風雲氣少，有琴瑟之安節，無鞞鼓之激響。俯眺隋唐律體，開其諧暢，上視漢魏樂府，遜其氣骨。美贍可翫，未云大雅。若其駢偶之文，則集六朝之大成。而導四傑之先路。隨事著色，善於敷揚，流連篇章，感慨興廢，景自衰颯，語必清華，發愀愴之詞，擅雕蟲之功，組織出以流美，健筆寓於綺錯，情兼雅怨，體被文質，粲溢今古，庶幾不群。而賦與碑誌，最多勝篇，賦如《小園賦》、《哀江南賦》、《枯樹賦》，碑誌如《齊王憲神道碑》、《莫陳道生墓志銘》、《吴明徹墓志》、《柳遐墓志》、《蕭公墓銘》諸篇，皆杜少陵所謂"凌雲健筆"，有縱横意者。《擬連珠》三十六首，感慨興廢，同於《哀江南賦》。惟《哀江南》出以永歎憤盈，《擬連珠》抒以促節欷歔，一爲長歌當哭，一爲吞聲幽噎，讀之真覺麥秀之歌，猶有遺響，松柏之詠，尚未暢情，咄其泣矣，把卷欲絶。

（原刊於《青鶴》第1卷第8期，1933年3月1日）

《徐孝穆集》十卷

取《四部叢刊》景明屠隆評點陳徐陵著《徐孝穆集》十卷，與舊藏吴兆宜《徐孝穆集箋注》六卷對勘，知文篇頗有增損，有屠評點本有而吴箋注本無者，詩，《宛轉歌》、《梅花落》多一首，《征虜亭送新安王應令啓》、《謝賚烏賊啓書》[①]、《爲王太尉僧辯答貞陽侯》兩書、《代陳司空答貞陽書》、《裴之横答貞陽書》，按齊送貞陽侯蕭淵明爲梁嗣，遣陵隨還，王陳裴拒不納，貞陽侯往復致書，皆陵詞，無緣代王陳裴作答，宜低一格，分附貞陽諸書之後，不可喧賓奪主，照原集編配。凡八篇，有吴箋注本有而屠評點本無者，詩，《長相思》多一首、《走筆戲書應令》、《和王舍人送客未還閨中有望》、《爲羊兗州人家答餉鏡》、册命，《梁禪陳册文詔》、《陳公九錫詔》、《梁禪陳詔》、《陳武帝即位詔》、《爲陳武帝即位告天文》、書，《爲貞陽侯答王太尉書》《姜嵩至》一首、《重答朝臣書》、《薦陸瓊書》、《報德寺剎下銘》，凡十三篇。一篇之中，字句亦多異同。徐孝穆詩有警句而無遒篇，雕文織采失之繁靡，板垛乃以傷格，而七言樂府辭興婉愜，風華清靡，則開唐長慶元白之前河。要之，體裁綺密，同於庾信，而逸宕轉遜。鍾嶸《詩品》稱范雲詩清便婉轉，如流風迴雪；丘遲詩點綴映媚，似落花依草。吾謂庾信可以追范，而陵則略似於丘。若論文心，庾信工爲叙述，而陵尤長辭命；庾信碑板大著作，金聲而玉振之，而陵書記翩翩，辭氣鏗訇，脱胎《左傳》，而出以綺靡，文質互宣，隨激兩化。辯言中理，叙事盡情，不徒以婉媚綺錯見長，其《爲陳武帝作相時與北齊廣陵城主書》與阮元瑜《爲曹公作書與孫權》同一機杼。所不同者，阮當敗軍之後，語無慙怍；此乘新勝之氣，詞不矜張。阮妙婉曲，出以情真理實；此爲辯裁，告以形格勢禁。詞令絶品，無獨有偶。清初睿忠親王《致史可法書》及史可法復書，據禮親王《嘯亭雜録》引法時帆言，忠王致書，乃李舒章雯捉刀，答書爲侯朝宗方域之筆也。詞鋒筆痕，可稱彊對。自少誦習，不厭百回讀。兹讀徐孝穆爲貞陽侯與王太尉、陳司空諸書，及王太尉、陳司空答書，言外見意，語中有骨，剛健婀娜，詞命上品，而後知李、侯兩人鎔裁變化之爲工於脱胎也。惟孝穆

① 篇題疑誤，原文如此。

雍容，終是六代之遺；而李、侯疏快，不脱宋人之氣耳！徐孝穆《司空章昭達墓志銘》、《裴使君墓志銘》，以簡鍊見遒，盡而不肆；庾子山《周上柱國齊王憲神道碑》、《周大將軍懷德公吴明徹墓志》，以跌宕盡意，整而以暇，一時瑜亮，洵爲合璧。徐孝穆《與李那書》，贊其文章，以爲“標句清新，發言哀斷”，八字可以移評庾子山，如《小園》、《哀江南》、《枯樹》諸賦，《吴明徹》、《蕭公》諸墓志，及《擬連珠》，緣情綺靡，可以概見。

（原刊於《青鶴》第1卷第11期，1933年4月16日）

講筵餘語

講筵餘話者，應答弟子，乃敷暢課書之餘，應機立教，或在堂上，或退課後，事無常準，義取相發。而懼弟子所記，人各異端，董理出之，以俟考定。二十六年十一月十日，作者自記。

答胡生問練習作文（九月二十日）

胡漢卿來談話，問：作文如何練習最有效？答：不如練習作短文，天天作；字句要簡，意思要盡，時間要快。篇幅最好百餘字，時間至多一點鐘，如能天天不間斷練習作，文入妙來無過熟，心思愈用愈出，筆機愈熟愈快，自然意到筆隨，詞無不達，此爲最有效方法。

問：何以作短文？曰：作文與説話同，簡切警動最難，所以五分鐘演説最難，以時短則不容多話，話少往往不盡意；即或勉强盡意，而時短話少，絶無騰挪之暇，不如放言高論之可以抑揚其詞，聳人聽聞也。百餘言短文亦最難，以篇幅短，則不容多寫，祇可言盡意止，萬不能如長篇大文，詞氣鏗訇之易以動人，令讀之者尋繹不倦，所以放言之爲警動易，短篇之爲警動難；

然而時間短，篇幅狹，就詞意不能不力求簡；而欲求簡，不容不求切。不着要之意思，不切當之語句，平常所謂膚詞遊語，自然着手不得。及其成功，語必警人，文無遊詞，自然簡切出警動，短小精悍，擴而充之，沛然渤然，何患不成宏文鉅製？今之學者，下筆千言而語無着要，陳陳相因，指東話西，皆未下苦功作短篇之故。而作必每天不間斷，乃能熟極而流。現在人作文，往往詞不足以達意，筆不足以運詞，意之所欲言如彼，而所言乃如此，把握不定，即由運筆構思，未能因熟生巧也。譬如匠人運斤成風，削鼻上之堊，而吾人操刀乃或傷指。何以匠人把握定，而吾把握不定？此即運斤熟練不熟練之分，作文之運筆亦然。

問：文章學何人入手？曰：近人莫如梁任公、章行嚴，不必讀其論學論政長篇鉅製著①，且先從任公之《飲冰室自由書》、行嚴之時事短評入手。任公之文，理之奧者而闡之使顯，筆之澀者而抒之使達；行嚴之文，事之易者而發之爲深，辭之直者而拗之爲曲。任公通人無難解；行嚴深人無淺語。而要之力戒模糊，鞭辟入裏，洞然有見於文境意境，是二是□，用行嚴語。則一也。讀任公可以藥晦盲否塞之病，讀行嚴可以祛模糊影響之談。

《四書》開卷語（九月二十九日）

中國之思想學説，不同西洋之所謂哲學，非可以哲學之範疇爲論衡；中國之思想學説，乃是吾國古聖昔賢，閱盡世道艱難，體驗實際生活，積許多社會經歷，以解決人生問題，而予吾後人以確切之指導；不同哲學之爲智識的分析，講筵的探討。所以《論語》載孔子説：“弟子入則孝，出則弟，謹而信，汎愛衆，而親仁，行有餘力，則以學文。”弟子就是初入的學生，孔子的意思，就是説初入學的學生，最要教他爲人之道，實際去體驗人生；至於紙片文字的知識，衹以餘力及之就够了。孔子又説：“君子食無求飽，居無求安，敏於事而慎於言，就有道而正焉，可謂好學也已！”他的學生子夏説：“賢賢易色，事父母能竭其力，事君能致其身，與朋友交，言而有信。雖曰未學，吾必謂之學矣。”由此觀之，更可見孔子之所謂學，不離實際的人生，而

① “著”字當衍。

非理想的玄說；中國之思想學說，就以實際的人生爲出發點。不過中國之思想學說，約可分爲兩派：一派從社會的經驗，人生的痛苦，而玄想求解放，以希超世的生活，莊列是也。《列子》真僞，又是一問題。一派積社會的經驗，人生的痛苦，而努力去對付，以求實現的解決，孔孟是也。莊列看似放蕩，其實不屑不潔，别自有一種不願同流俗，合污世的意義，所以放曠中有其狷介。孔孟看似平凡，其實和而不流，别有一種磨不磷，涅不緇，歷劫不撓的精神，所以平實中見其偉大。但是超世的天國，茫無把握，而現實的人生，何從解脱？所以治莊列，不如講孔孟；而孔孟之學，盡在《四書》。

學文章當於誦讀下工夫（十月十一日）

學文章不可不於誦讀下工夫，劉海峰謂：“行文多寡長短，抑揚高下，無一定之律，而有一定之妙，可以意會，而不可以言傳。學者求神氣而得之於音節，求音節而得之於字句，則思得半矣。其要衹在讀古人文字時，便設以此身代古人說話，一吞一吐，皆由彼而不由我，爛熟後，我之神氣即古人之神氣。古人之音節，都在我喉吻間，合我喉吻者，便是與古人神氣音節相似處；久之自然鏗鏘發金石聲。”曾文正則謂：“非高聲朗誦，則不能得其雄偉之概；非密咏恬吟，則不能探其深遠之趣。”夫文學之興，造端歌謡，託風采，散鬱陶，滌暢情性，豈徒語妙；而頓挫抑揚，猶重音節。吾友黄仲蘇先生以治西洋文學有名，每謂余曰：“余留學巴黎，見西方作者，無不於誦讀下功夫，無論詩歌、小說，一篇之成，必開朗誦會以質正於名家。不意邦人君子，絃誦絶響，乃同《廣陵散》。”言下憮然，因著《朗誦法》一書，余爲序之。

《文選》書箋類文字之分析講話（十一月三日）

劉彦和曰：“詳總書體，本在盡言，言以散鬱陶，託風采，故宜條暢以任氣，優柔以懌懷，文明從容，亦心聲之獻酬也。”然觀《文選》所録，有散鬱陶而託風采者，如李少卿《答蘇武書》，司馬子長《報任少卿書》，楊子幼《報孫會宗書》，魏文帝《與朝歌令吴質書》、《又與吴質書》，嵇叔夜《與山巨源絶交書》，趙景真《與嵇茂齊書》是也。有託風采而不必散鬱陶者，如朱叔元《爲幽州牧與彭寵書》，陳孔璋《爲曹洪與魏文帝書》，阮元瑜《爲曹公作書與孫權》，孫荊《爲石仲容與孫皓書》，邱希範《與陳伯之書》，皆以曉譬利害，指陳得失。又如曹子建《與楊德祖書》，則以露才揚己；楊德祖《答臨淄侯牋》、陳孔璋《答東阿王牋》，又以獻諛酬旨。又同一散鬱陶，託風采，而稟性或偏，氣體攸殊，如李少卿《答蘇武》、司馬子長《報任少卿》、楊子幼《報孫會宗》、嵇叔夜《與山巨源絶交》諸書，皆條暢以順氣者也。魏文帝與吴質兩書，則優柔以懌懷者也。同一曉譬利害，指陳得失，而朱叔元《爲幽州牧與彭寵》、陳孔璋《爲曹洪與魏文帝》、孫子荊《爲石仲容與孫皓》諸書，皆條暢以任氣。阮瑜《爲曹公作書與孫權》、邱希範《與陳伯之書》，則優柔以懌懷。子建子桓，兄弟競爽，而子建條暢以任氣，子桓優柔以懌懷。各含殊采，又有不同者焉！

（原刊於《國立師範學院季刊》第 5 期，1939 年 12 月 30 日）

桐城文派論

目錄

一、桐城文派之源流

文體有二：曰散文，曰韻文。而我國尚有介於散文韻文間之駢文，爲世界各國所無。然惟其體介於散文韻文間，故其産生亦在散文韻文發展成熟後。我國散文始於《書經》，韻文始於《詩經》。《書》中最古且可靠之作推《盤庚》，在殷中葉。《詩》中最古且可靠之作推《豳風》，在殷末葉。夫《書》本官書，其文必雅，時遷音變，而語異文殊。至東周，則古之俗言，已爲雅言；古之雅言，已爲無人能言之廢言。其言既廢，其代言之文亦廢。今名之曰古文，此乃與雅言相對之古文，非與唐時文相對之古文也。

東周爲我國學術變遷之一關鍵。大氐平王前學術全在官府，平王後學術漸轉私家。平王前散文盡於《書經》，平王後散文作者甚多，皆用當時雅言，與《書》之古文絶異，顧與《詩》之語法相類。此中消息，不難知之。

東周紀事散文，辭之醇厚嚴正如《國語》，雄逸變化如《左傳》，峭厲廉悍如《國策》，風格各異。論理散文，辭之醇厚嚴正如《荀子》，雄逸變化如《莊》、《孟》，峭厲廉悍如《商》、《韓》，亦風格各異。

秦以法治天下，文章無述。漢易秦轍，學術復振。其紀事散文，醇厚嚴正出自《國語》者有《漢書》，雄逸變化出自《左傳》者有《史記》，而峭厲廉悍出自《國策》者獨無。其論理散文，醇厚嚴正出自《荀子》者有劉向、匡衡、董仲舒，雄逸變化出自《莊》、《孟》者有賈誼，峭厲廉悍出自《韓》、《商》者有鼂錯。漢代散文，可謂大觀。

新莽時尚模古。莽大誥既擬《書》；而莽大夫揚雄通小學，博群籍，又專用故事，雜俳偶以擬騷賦，而與屈、宋、相如諸人之文異。采《書》之古文，漢之方言以擬經，而與鼂、賈、劉、匡、董諸人之文異。雄乃繼《書經》古文之絶緒，開八代駢儷之靡風者。自雄以降，散文日趨偶整，好用古字古事，遂成駢文。既而沈約昌言聲病，徐、庾嗣風，駢文遂造極端。然駢文宜寫景言情，不宜論理紀事，與韻文同。而八代作者却盡出以駢體，因之論理紀事不明而惟靡於辭藻也。

唐承八代餘習，以駢儷取士，其弊益張。韓愈奮然思革其體，乃取雄逸變化紀事文之《左傳》、《史記》，與論理文之《孟子》、《莊子》，而間取揚雄之古文與辭賦以爲文。復於古，名曰古文，與時文相對。然昌黎文體，一紆折明暢是出自東周、兩漢之雅言者，柳宗元和之，李翺、張籍、李漢輩傳之；一崛奇奧澁是出自《書經》、揚雄之古文者，樊紹述和之，皇甫湜、孫樵、劉蜕輩傳之。

宋初承唐五代餘習，駢儷猶盛，古文未明；顧尚有傳韓氏學者，柳開、穆修爲紆折明暢之體，宋祁、劉幾爲崛奇奧澁之體。及歐陽修出，始排除駢儷，革斥奧澁，專沿紆折明暢一脈，着意虚字，得《左》、《史》、《莊》、《孟》之神理，而造奇逸澹宕之格。於是文風大變，門下士曾鞏、王安石、蘇洵、蘇軾、蘇轍繼其志，而所擅文體、所造風格各異。曾長於序記，體參班、劉，格最醇雅，近儒者之文。王長於誌傳，專擬韓公，格最廉悍，近法吏之文。三蘇之體相似，而東坡爲魁，長於策論，體參莊、賈，格最暢達，近策士之文。曾、王、蘇三體者，以蘇氏爲最流行，士子有“蘇文熟，喫羊肉；蘇文生，喫菜羹”語。蓋北宋自中葉後，以論策取士，蘇體便於士子也。金元文人，猶多沿其體；而曾、王二脈，鬱而不明，南宋時僅朱子嗜曾文而已。

南宋既文宗蘇氏，又學崇程朱，故末流文體破壞，或失之粗疏繁淺，二氏言心性語，夾帶文中，不以爲嫌。至於明代，厥弊未泯，前後七子思革之，倡文必秦漢説，體類取昌黎，辭法用秦漢，誓不讀宋以後書，以爲古文，實則不過沿昌黎崛奇奧澁之格而上溯秦漢耳。而句剽字擬，貌爲《史》《漢》、諸子，遂致聱牙刺目。

與七子時相後先而極力反抗之者，有王遵巖、唐荆川、歸震川，皆沿歐公所傳紆折明暢一脈，而取曾氏之醇雅。王氏初學秦漢，繼主歐、曾，所重尤在曾。唐氏初學歐、蘇，繼亦主歐、曾，終不脱蘇氣。歸氏始終尊奉歐、曾，所重尤在歐，更由歐上溯得《史記》文法。然王、唐二氏，晚年遁入道學；歸氏勢孤，此流終伏而未明。蓋七子後公安、竟陵又皆宗蘇氏之暢達，無主曾氏之醇雅者。

清初錢謙益沿明季餘習，爲時所景仰。桐城方苞獨厭其穢惡，乃由歸氏上溯，辭如歐、曾，法究《左》、《史》。其文氣静重博厚，其格雅潔，始以義法倡，天下翕然宗之。弟子籍桐城、寧化者最多，而以桐城劉大櫆、寧化雷鋐、吴江沈彤、天津王又樸爲最高。然雷氏偏於道學，其弟子有瑞金羅有高、寧化陰承方。陰之弟子有寧化伊秉綬。沈氏偏於經學，其弟子有青浦王昶、王又樸，則偏於義法。獨劉氏辭如歐、蘇，參以六代，法由八家，間以《史》、《左》，其文氣敷麗變化，其格奇宕，始以品藻倡，雖與方氏異，實爲其正傳也。

劉氏教於歙縣最久，弟子籍歙縣、桐城者最多，而以桐城姚鼐、王灼，歙縣吴定、程晉芳爲最高。吴氏偏於經學，有弟子歙縣鮑桂星；程氏偏於詩歌，有弟子湘鄉謝振定。王氏文雖甚精，然偏於音節，以文法授其友人陽湖張惠言，别爲陽湖派。獨姚氏學綜方、劉，由曾、王入歐、史，其氣紆徐卓犖，其格雅潔，爲其正傳；選《古文辭類纂》，分别體類，以義法示後進，弟子滿海内，桐城派於是始大。

姚氏教於江寧最久，弟子籍桐城、江寧者最多，而以上元梅曾亮、管同，桐城方東樹、姚瑩、劉開，婁縣姚椿、新城陳用光爲最高。然方東樹偏於道學，有弟子桐城方宗誠、戴鈞衡、蘇惇元。姚瑩偏於經濟，有弟子武進卜起元、合肥徐子苓。劉開偏於駢體，若陳用光、姚椿，亦皆具體姬傳，而才力嫌弱。用光有弟子壽陽祁寯藻①；椿有弟子平湖顧廣譽，吴江沈曰富、陳壽熊。曰富及壽熊有弟子吴江柳以蕃、秀水陶模。獨梅氏文精潔，管氏文廉雅，爲其正傳。梅氏由荆公入永叔，其文柔；管氏由荆公入昌黎，其文剛。管氏早死無傳者，梅氏講義法於京師，及門之衆，逾於姬傳。而文法日精，文體日狹，有失儉淺者矣。

梅氏門下籍廣西、江西、湖南者多。其魁儁有馬平王拯、臨桂朱琦、龍啓瑞，皆廣西人，困於制藝；新城陳學受、陳勇，南豐吴嘉賓，皆江西人，困於道學；武陵楊彝珍、善化孫鼎臣，皆湖南人，分力駢賦；金匱張岳駿、無錫秦緗業，皆江蘇人，囿於才淺；仁和邵懿辰、瑞安孫衣言，皆浙江人，好談事功。諸人之文，皆不相上下，無特出者。會洪、楊變亂，諸人或死或

① “藻”字原脱。

逃，不能深究文業；獨湘鄉曾國藩，師倭文端而通道學，交劉傳瑩而通經學，友梅曾亮而得方、姚之義法。以上溯荆公、昌黎之峭厲，子固、孟堅之醇雅，參以八代，廣以先秦，不棄子雲之古文，兼采海峰之文論，是真能貫通古今文，綜合漢宋學理而爲文章者也。其文格宏肆崛奥，雄奇瑰瑋，不囿於有宋一代。平生好攬人才，門下濟濟。古文之體，於焉開廓，謂爲桐城派復興也可，謂爲古文體復興也可。惜曾氏半生，束於軍政，其文所造之境，未能如其所志之境也。

曾氏門下以武昌張裕釗、桐城吴汝綸、遵義黎庶昌、無錫薛福成爲最高。黎、薛頻駐使外洋，好談經略，其文染公牘策論氣；張、吴排之，鮮傳其學者。張、吴久立教燕冀，提倡文風，大傳義法，及門達千人。張文精悍，力求雄奇瑰瑋之境；吴文遒肆，專模宏肆奥崛之境，皆采擷八代儷辭，排斥宋元人語。張氏功深，吴氏學富，而互爲砥礪，互爲通介，學者多兼事之。

張、吴二氏弟子籍直隸者最多。張氏弟子以榮成孫葆田、南通張謇爲魁，孫文朴實有理，張文彬雅有法。吴氏弟子以冀州趙衡、南宫李剛已爲魁。趙文不違程序，李文宏壯遒雅，然皆不若兼師二氏者，若武强賀濤、通州范當世、新城王樹柟、桐城馬其昶、姚永樸、姚永概六人之功力純深。賀文生刱古練，范文瀹宕古雅，王文醇正古厚，其學得於張、吴二氏者爲深；馬文深婉質潔，永樸文馴雅精潔，永概文平暢通潔，其學得於其鄉先正姬傳正脈者爲深。顧六人之成就，又不若張、吴二氏矣。

吴氏官冀州時先后延賀濤、王樹柟、范當世主講蓮池學院，傳授極盛，而能名家者絶寡。辛亥後，桐城吴闓生者，汝綸之子，曾師事賀、范。及姚永概遊學日本，欲繼父師之業，存古文正脈於幽微，以義法教讀燕都，其徒從多不能終業而去。其終業者，有若秣陵吴兆璜、武强賀培新，所作尚存古雅餘風。至閩侯曾克耑輩，則飽飣八代之辭，文非文，賦非賦，直走入魔道矣。又有杭縣鍾廣生者，曾師事王樹柟，其文樸厚淵懿，甚合義法，雖無弟子，尚不媿作家也。

陽湖派原出自桐城，亦名常州派。後人或謂應分派之，或謂不應分派之；實則分而派之固可，不分而派之亦可。若專就淵源論，固不得謂陽湖派非桐城派之别子。蓋姚鼐綜合方望溪、劉海峰兩家之學，所傳可謂桐城正宗。而王灼及陽湖錢魯斯皆受學劉海峰，所傳誠海峰家法也。陽湖張惠言、惲敬友王氏、錢氏，而師其所得之海峰家法，以傳授友朋子弟。張文淵雅，惲文廉悍。惲氏弟子有謝士元，其流不大。張氏以文法授其友陸繼輅、其弟張琦、其甥董士錫、弟子陽湖楊紹文、富陽周凱、歙縣金式玉等。陸繼輅與其侄耀遹相切劘，耀遹有弟子陽湖董祐誠。董士錫以文法授其友吴江吴育。而陽湖李兆洛私淑姚鼐，上交阮元，又以文與董士錫、吴育及宜興吴德旋相切劘；其文取達意，不任鍛鍊。弟子甚多，陽湖蔣彤、武進湯成烈、江陽夏煒如、懷寧鄧傳密爲最高。陽湖文派，於是始大，惜皆未能成家。

姚鼐爲桐城正宗，張惠言爲陽湖始祖，宜興吴德旋兼事之。初友惠言，從之學文，而得其法；繼師鼐，又得其法。故其爲文主法，所作清曲澹雅，弟子有永福吕璜、婺源程德賚、鄞縣郭傳璞爲最高。吕氏文淳厚遒鍊，晚歸鄉里，倡導後進。粤西古文學，實璜開之，璜之弟子平南彭昱堯、唐啓華，後至京師，又從梅曾亮學；惜享壽不永，此派亦桐城别支也。桐城嫡傳，往往排斥之，陽湖及此派，洪、楊亂後皆絶。

二、桐城派與陽湖派之異

桐城、陽湖二派一源。特其作者之地域異，資性異，學術異，其文隨之異，其派亦隨之而異也。桐城屬皖，在大江之北，地多山，民性謹厚，專於學而好保守；陽湖屬蘇，在江之南，地多水，民性高宏，富於才而好變化。惜抱生於桐城，茗柯生於陽湖。既各授生徒，因之成派。大氐陽湖作者多汎濫於百家二氏并醫卜、曆算、律地等雜術，桐城作者只專攻六經、三史并孟、莊、荀、韓而已。陽湖作者多研西漢今文家經説，桐城作者多溺於兩宋程、朱性理。陽湖作者多兼精駢文、辭賦、小詞、詩歌，而甚重視駢文，有藝術眼光。桐城作者只專攻古文間兼詩歌，而排斥駢文，無藝術眼光。陽湖首領張氏、惲氏，文之題材絶無壽序、時文序。桐城作者則不嫌，頻頻爲之。陽湖作者爲文，由唐之昌黎以上入手，上溯下沿。桐城作者爲文，多由宋永叔以下王、曾、歸、方入手而上溯。陽湖派文多博雅，桐城派文多簡雅。陽湖派不盡受義法之拘束，桐城派鮮不受義法之拘束者。陽湖作者對於時文漠然，桐城作者往往即時文名家。陽湖派重海峰而輕望溪，桐城則崇望溪而貶海峰。二派之異，總述如此。

三、論桐城派興起之故

清初古文家商邱侯方域、寧都魏叔子、長洲汪堯峰、慈谿姜宸英、武進邵長衡，皆一時文宗。何以方苞獨崛爾興起？有清一代，便皆籠罩於其所傳之桐城派下乎？曰：明末文體厖雜，此其反動也。蓋昌黎爲六朝之反動，永叔爲西崑之反動，七子爲蘇文之反動，公安、竟陵爲七子之反動，幾社爲公安、竟陵之反動，而方氏又爲公安、竟陵、幾社者流之反動。物極必反，理所當然。或病蕪蔓，或病堆垛，世人皆厭之。方氏一反而爲和雅醇潔，如昏夜燈光，人争附之曰，由時文習古，此體爲最便也。蓋方氏本以古文爲時文，其時文辭取歐、曾，義尊朱子，其古文亦爾。所異者，古文格局疏散，體類多，時文格局排隘，體類一而已。其風格醇潔和雅又同也。況乾隆元年，欽定《四書》文，即方氏所選，乾隆爲標主旨曰："清真雅正。"世人矜奉，以爲楷式。不習時文則已，習時文必由方氏蹊逕，由方氏而解散其格局使之疏，縱筆其體類使之多，自易事耳。焉得不爲之曰文綱森嚴，不敢矜才氣，放議論，而爲古文，以此體爲便也。蓋康雍乾間，累興文字獄，如莊廷瓏案、戴名世案、查嗣庭案、吕留良案、謝濟世案、胡中藻案，皆甚酷烈。文士不但不敢論政，即爲記事論理之文，亦必藏才，斂氣吞舌，依古辭簡之又簡，意慎之又慎，冀能不干網禁。如是而爲文，最易趨於方氏和雅醇潔之途矣。曰方氏首提出義法，便於學習也。蓋歷代文家論文，皆限於文章原理及流別，無能提出具體之修辭方法。學者只知仿效古人，而未知如何仿效，其學成甚遲。方氏首先發明具體之修辭方法，使學者有軌轍可循，易於有成。而以義法二字爲口號，既鮮明，又新穎，趨訊而學之者是以衆也。

四、義法

方望溪始精究《左傳》、《史記》之義法，以授生徒。其生徒轉靳之，義法遂成秘傳。然望溪義法，匪由獨刱，實與其兄方百川、其友大興王或庵共同研究，由歸有光圈點《史記》一書，觸悟而得之。百川早卒，王氏有評點《左氏傳》，方氏有《左氏義法舉要》；王氏集中有《與友人論史書》，方氏集中有《書史漢五代諸篇後》，皆究義法者也。原義法本自《春秋》，而左氏、司馬氏、班氏書沿之，所得有淺深。獨《史記》爲最明，後之精文者亦稍具焉。宋蘇老泉作《史論》三篇，始抉明《春秋》、《史記》、《漢書》之潛法隱義，有“本傳晦之，他傳發之，爲與善，隱而彰”，“於傳詳之，於論贊復明之，爲懲惡，直而寬”，及“賤夷狄，簡而明”，“防僭僞，微而切”四例。明歸震川因之專抉《史記》義法，清之王、方二氏，因之更深探《左傳》、《史記》、《漢書》，下逮八家文之義法。王氏卒後，方氏舉義法二字爲口號，繼是秘説義法者紛紛矣。竊觀方氏義法，蓋有分言、合言二意。分言則義謂實義、謂宜義法、謂修辭法。非有實義，則成虛文；而非合宜義，又入邪道；故文必有義，義即《易》之“言有物”。非有修辭法，則條理茫然，端緒雜淆；故文必有法，法即《易》之“言有序”。合言則義法，即正當之修辭法也。然則實義云何？人世之道理事績，情緒景物，皆謂實義。然則宜義云何？古聖賢之正理，及有關於古聖賢正理之事迹、情緒、景物，皆謂宜義。必古聖賢之正理及有關於古聖賢正理之事績、情緒、景物，其文始可作；非古聖賢之正理及無關於古聖賢正理之事績、情緒、景物，雖合實義，亦不苟作也。然則修辭法云何？方氏所抉明之修辭法，非若近世修辭學之周密具足，不過開闔、詳略、虛實、順逆、斷續，包括貫穿、連類、對照、伏應、隱顯、追補、插帶等篇法章法，而於字法句法，尚未甚詳也。

五、品藻

方望溪論文標義法。然其所謂義，限於古聖義理；所謂法，限于篇法章法。劉海峰繼之，論文則古聖義理外，益以書卷經濟，爲文之實；篇法章法外，益以字法句法，爲文之法。故海峰不以望溪義法爲止，而另倡品藻之説以補足之，謂文無品藻，便不成文。蓋品藻猶風格，如渾浩、頓挫、跌宕、高大、華奇、疏遠、簡瘦等皆是，而雄、逸二品爲最貴。歐公逸而未雄，韓公雄而未逸；兼而過之者，惟太史公也。品藻有神上事、氣上事、體上事、色上事、聲上事、味上事，而以神、氣、聲三事居要。所謂神氣、音節者，望溪所忽略，海峰乃最重之。音節即文聲，究聲當求之字句。一句之成，或多一字，或少一字；一字之用，或以平聲，或以仄聲；同一仄字，或用上去，或獨用入；同一平，或用陰平，或用陽平，斟酌成文，庶音節調便而低昂往復，則雄、逸、疏、遠等品藻現矣。色即辭藻，究色亦當求之字句。字句雄則文色雄，字句逸則文色逸，字句疏則文色疏，字句遠則文色遠。推之其他，其字句然，其色之品藻亦無不然也。究體當求之文類，體即文之體類。海峰《唐宋八家古文選》始分文體爲八：曰議論，曰奏疏，曰書，曰序，曰碑誌，曰記，曰祭文，曰雜文。一類有一類相宜之品藻，其體類不同，其相宜之品藻亦不同也。究味當求之文理。味者，理之餘。醞釀文之中，隱現文之外。精於文者，必能使之醞釀而隱現，故其理雄味自雄，理逸味自逸，理高味自高，理大味自大。其理異，其味之品藻亦異矣。究神與氣又當求之音節。文者，以神爲主，以氣爲輔。神乃氣之精，氣乃神之用。神託於氣，氣盛則神活，氣萎則神薾；氣隨神轉，神渾則氣灝，神遠則氣逸。然必沿字句，始見音節；沿音節，始見神氣也。字句高重，音節自高重；音節高重，神氣自高重；字句卑弱，音節自卑弱；音節卑弱，神氣自卑弱。神氣之本，仍係字句。蓋字句之反正長短，辭調之疾徐輕重間，文氣出焉。文氣之至精妙處，文神現焉。惟是音節，限於實字；而神氣又恃諸虚詞，虚詞謂語助及咏嘆字。若用虛詞，則神氣易出；不用虛詞，則神氣潛隱。善用虛詞，則神氣畢現；不善用虛詞，神未現而氣反累。然音節涵氣之功大，傳神之功小；虛詞傳神之功大，而涵氣之功小。故文之虛詞過多，則氣枝蔓軟弱，又必戒也。

六、論所以爲文者八

姚姬傳綜方、劉二家説，修整而發明之，曰所以爲文者八。神理氣味，文之精也；格律聲色，文之粗也。苟舍其粗，則精者胡以寓焉！蓋方氏倡義與法，劉氏蓋以神氣體色聲味，姚氏并合之。義不曰義而曰理，法不曰法而曰律，體不曰體而曰格，以爲神理、氣味、格律、聲色也。格律聲色，皆文之外相；神理氣味，皆文之内相。内相存諸實意，外象託於文辭。文辭之絶要者合格，其次合律，其次合聲，其次合色；實意之最貴者有神，其次有理，其次有氣，其次有味；又必外相先合，内相始顯；故以類次之也。姚氏於内相，對氣字頗有發明。於外相，對格字頗有發明。

自黄宗羲《縮齋文集序》，始刱“爲文有陰氣、陽氣”之論。姬傳《復魯絜非書》承之，發明其旨，而爲陽氣剛、陰氣柔。惟聖人統而弗偏，歐、曾則偏於陰柔之美之説，後人紛紛傳道不已。至曾文正公《古文四象》，因而推之，陽有太陽少陽，陰有太陰少陰。四者氣勢爲太陽，趣味爲少陽，識度爲太陰，情韻爲少陰。而氣勢又分噴薄之勢、跌宕之勢，趣味又分詼諧之趣、閑適之趣，識度又分閎闊之度、含蓄之度，情韻又分沈雄之韻、悽惻之韻。八者曾公弟子張廉卿更擴充之，以二十字分配陰陽，即神、氣、勢、骨、机、理、意、識、脈、聲皆屬於陽，味、韻、格、態、情、法、詞、界、色皆屬於陰。若是而論文，却似通不通，似解不解，無異叨鬼歌藥性賦矣。自劉海峰《唐宋八家文選》分古文爲八類，姬傳《古文辭類纂》承之，詳貫古今官書私箸之文體而爲論辨、爲序跋、爲奏議、爲書説、爲贈序、爲詔令、爲傳狀、爲碑誌、爲雜記、爲箴銘、爲頌贊、爲哀祭、爲辭賦十三類，文體之别愈明。曾文正公《經史百家雜鈔》因而推之，合爲十一類，總歸三門：一曰著述門。中有論著類，原、論、辨、解、議、説等體屬之；有詞賦類，賦、辭、七、頌、贊、箴、銘、歌、符命、設論等體屬之；有序跋類，引、序、題、跋、讀、傳、注、箋、疏、説、解等體屬之。二曰告語門。中有詔令類，誥、詔、諭、令、教、檄、璽書、策命等體屬之；有奏議類，書、疏、議、奏、表、箋、劄子、封事、彈章、對策等體屬之；有書牘類，書、啓、牘、簡、帖、移、刀筆等體屬之；有哀祭類，祭、弔、哀、誄、祝、願、告祭、招魂等體屬之。三曰記載門。中有傳誌類，墓表、行狀、家傳、事略、年譜、墓志銘、神道碑等體屬之；有叙記類，《平淮西碑》之體屬之；有典志類，《趙公救菑記》之體屬之；有雜記類，記宫室、記山水、記器物、記瑣事之體屬之。後之論古文體類者，無能外是矣。姚曾二公論文，皆以充氣辨體爲最要，而曾公又以何體類最宜何辭氣分配論之。大氐陽剛者氣勢浩汗，陰柔者韻味深美。浩汗者噴薄而出之，深美者吞吐而出之。論著、辭賦、奏議、哀祭、傳誌、叙記宜噴薄，序跋、詔令、書牘、典志、雜記宜吞吐。噴薄者得陽剛之美，吞吐者得陰柔之美。其一類中有微異者，如哀祭類之祭郊社祖宗者則宜吞吐，詔令類之檄文者則宜噴薄，書牘類之論事則宜噴薄。此外各類，皆可以是意推之。究其所以然，恐未必也。

七、禁忌

桐城古文之風格主雅。雅者，正也。正必不佻、不淺、不麗、不板、不雋、不巧、不俳、不邪、不碎、不便、不俗、不熟、不放、不異，而有合於古。故桐城古文，嚴忌小説體，嫌佻也；忌語録，嫌淺也；忌六朝體，嫌麗也；忌漢賦語，嫌板也；忌詩詞語，嫌雋也；忌南北史語，嫌巧也；忌翰林體，嫌俳也；忌二氏語，嫌邪也；忌注疏體，嫌碎也；忌尺牘氣，嫌便也；忌時文體，嫌俗也；忌公文語，嫌熟也；忌策論氣，嫌放也；忌新名詞，嫌異也。凡此諸忌，桐城派作家皆言之甚詳，亦消極之修辭也。

八、論桐城派與宋學

宋學範圍，大氐有三：其究於理爲談心説性，居敬主静，格物致知；其解於經爲集傳集注，取舍前賢，會心由己；其崇於事爲忠臣孝子，節婦貞女，篤守倫常。歷元明至清，其學已成。殘山賸水，無一人足爲大家，無一人能究新義，上焉者不過於程、朱、陸、王窠臼中翻觔斗，或專主一家，或融通二派，叨其所究之理，信其所解之經，奉其所崇之事；下焉者其道理未嘗盡究，其經解未嘗盡通，惟誦程、朱傳注，而持身正直，爲一好好先生，提倡風教而已。然自明永樂，詔經義廢古注疏，用《四書五經大全》，以程朱爲正學。至清乾隆，又詔遵奉御纂《四經》，欽定《三禮》，皆守宋儒之義者也。學者童幼諷習，白首不忘，於是好好先生遍天下矣。桐城派古文家悉是所謂好好先生，故其提倡風教，遵守程、朱，排擊漢學家不遺餘力，而其所謂宋學，亦止倫常風教程、朱傳注耳。苟有詆程、朱者，必獲陰禍，嗣息不立。方苞固曾爲其友人李剛主説之如此。迷信程、朱，可謂至極！安有資格與論真宋學？雖然，姚姬傳固嘗言學問之事有三：義理、詞章、考據，而義理爲之主。其徒述之，則桐城派之依傍宋學如何，又可知矣。

九、論桐城派與漢學

方、劉當康雍之世，漢學未大盛，與古文家尚無牴牾；及夫乾隆，姚氏與漢學大師戴氏、錢氏同時出，漢學勢力，籠蓋全學術界，傳授既廣，流弊難免。而桐城古文學之勢力與傳授亞之，與之争雄壇坫。於是古文家排漢學破碎，漢學家詆古文家浮枵；古文家詈漢學家之古文不諳義法，漢學家譏古文家之古文巧架虛聲；兩家交相水火矣。而古文家既不廢漢學，漢學家亦不廢古文。古文家有其所謂之漢學，漢學家有其所謂之古文。雖然，漢學家所謂之古文，錢潛研《與友人書》中可覘其略。若古文家所謂之漢學，究何物耶？夫漢學之最主要部分：曰考證，曰小學。漢學之考證，於古籍一字之差，必繁徵博引，累數十證例而不能休；一事之異，必旁搜廣稽，至萬千百言以爲確覈；是古文家所痛詆者。姬傳高足陳用光《復賓之書》曰："吾師之所謂考證，豈世之所謂考證乎？用光嘗因吾師之説，而推以合乎宋儒格物致知之學。吾師嘗語用光云：'太史公《周本紀贊》所謂"周公葬我畢，畢在鎬東南杜中"，此史公之考證也。其氣何其高古！何嘗如今人繁稱博引，剌剌不休，令人望而生厭乎！'史公此等境詣，吾師文中時時有之。"可笑哉桐城之所謂考證，以宋儒格物致知爲考證，以考而不證爲考證也。漢學之小學，必於字形之古今，義之本段，音之元變，與夫造字之理，皆通原到委，條分縷析，切究而深論之，又是古文家所痛詆者。曾文正公《覆鄧寅階書》曰："《文選》縱不能全讀，亦以多讀爲妙。蓋《京都》、《田獵》、《江海》諸賦，雖難於成誦，而造字形聲訓詁之學，即亦不待他求。"可笑哉桐城派之所謂小學，不過昌黎之略識字工夫耳。而桐城派古文家反對漢學最烈者，首推方東樹，至著《漢學商兑》一書，舉漢學家之説，一一駁之，蓋承其師之意也。

十、桐城派古文與八股

清以八股取士。士髫齡即攻之，冀獲一第。而國家定額有限，考官嗜好又因人異，士成名往往須三十後，甚至青衿白首，其少年精力消磨於八股殆盡。清代古文之不能上並唐宋者，八股厄之也。或已成名，始得解散八股體格，徇桐城義法之捷逕，專爲古文；此其下焉者。或試不第，憤棄八股，冀並古文家，垂不朽名，於是究桐城義法作古文；及已名家，復以古文法爲八股；此其中焉者。或幼即篤嗜古文，屏絕八股，迨文精法熟，克自介立，遂束古文法爲八股；此其上焉者。古文作家與八股關係如此。

雖然，古文與八股，有同有異。論義説理，同守程、朱；造句構辭，同規曾、王；布局程序，同符文法；此其同也。古文論理説義遵程、朱，亦間用雜學；八股不得稍違程、朱；則古文較八股爲泛。古文造句構辭規王、曾，亦得上下今古；八股惟雅正清通，不可别加辭藻；則古文較八股爲放。古文命意貴含蓄，八股貴豁朗；則古文較八股爲深厚。古文字數隨意，八股限以七百；則古文較八股爲自由。古文體類十有三，八股只一；則古文較八股爲多。古文格局謹嚴，八股拘定；則古文較八股爲疏。古文内容兼備天地間事理情景，八股範於經義；則古文較八股爲廣。此其異也！又古文淵源古遠，八股乃注疏之流，猶古文論説中釋經訓之一體。古文自我作文，八股代聖立言。古文貴單行，忌八股之排比；八股貴排比，忌古文之單行。二者純然異事也！

桐城義法，倡自方氏。方氏幼即棄八股，專古文，由紀事體之《左傳》、《史記》二書，究其義法，昭告後進。然爲餬口謀館計，乃不得不以其所得之古文法爲八股，非始爲八股後以其法爲古文也。乃有詆諆桐城古文即八股文，義法即八股法者。其於古文淺，於八股昧，而信口亂道，可笑之極！夫詩文、詞曲、賦駢、八股，法本相通，古人①言之頻頻。桐城派所言義法，非桐城一派之私法，實即修辭之通法。古人或不知而未嘗離，或知之而未嘗言。是法也，不特用之古文，又用之八股，又用之詩歌；惟或不善用而拘泥之，則方、姚者流不任其咎也。試取西人修辭學與桐城義法對觀，可知桐城義法，乃不完密之修辭學，非荒謬不通斷應棄置者。吾人正宜整理之，修正之，觸發之，俾完成中國修辭學。奈何以其法可通用於詩文、詞曲、賦駢、八股，便醜詆之棄置之耶！

十一、題材

桐城派古文家立場於宋學，以闡明聖道，提倡風教爲己責；而其文之題

① 人，原作“文”，今據文意改。

材，以論辨體、傳誌體、書説體、序言體、雜記體爲主。論辨體中有闢佛老者，有闢漢學者，有闢陸王者，有釋經訓者，有論藝文者，有論事者，有論人者；傳誌體中有忠臣者，有孝子者，有烈女者，有節婦者，有奇人者，有名人者，有親戚者，有師友者；其書説體中，可云無應酬之箋啓，干謁之書説，而盡屬如論辨題材者；其序言體中，有諷厲人之贈序者，有祝頌人之壽序者，有評述書之書序者，而書序内有序古書者，有序詩古文者，有序時文者；其雜記體中，有學記者，有遊記者，有事記者。顧論辨體中，又以論古人釋經訓論藝文三者爲多；傳誌體中，以忠孝節烈四者爲其所亟力顯揚；序言體中，以壽序時文序爲其不願爲而反多爲之者；雜記體中，學記爲其所着意爲者。然今日就其題材，而論其品價：誌傳體中紀忠臣名人奇人師友者，可爲歷史材料；序言體中之序古書者，可有助於辨僞工作；其序詩古文者，并論辨體中之論藝文者，可有助於作中國文學史、文學概論及修辭學者之采輯；桐城文學價值止此。而其所謂闡明聖道提倡風教之作反不與也。至於桐城之末，若吴闓生、鍾廣生諸集中，則壽序墓志銘二體居多，其爲品價，更可知矣。

十二、論桐城派古文家所好之書

古文家遠祖韓昌黎，首言非三代兩漢之書不敢觀，而其所好觀者，諸經外不過《左》、《史》、《莊》、《騷》、揚、馬文而已。蓋懼讀他書，則能累其文，雜而不古也。袁子才《荅友人論文書》，發明其理最當。昌黎以下，柳、李、歐、蘇輩俱法其説，不敢出兩漢下；至明茅坤之流，乃增以八家文。桐城派始祖方苞，出其所好之書，爲《三傳》、《語》、《策》、《史》、《漢》、《三國》、《五代》、《管》、《荀》、《莊》、《騷》、八家文，然其得力，尤在《左》、《史》。姚鼐蓋因之，又好《資治通鑑》。管同繼鼐，而特好《公羊》、《國策》、《賈子》、《史記》。梅曾亮繼鼐，而先攻《史》、《漢》、先秦諸子。劉開繼鼐，而好《左》、《國》、《公》、《穀》、《莊》、《騷》、揚、《老》、《列》、《管》、

《孫》、《韓非》、《吕氏》、《淮南》、《靈樞》、《素問》、《山海經》、《洪範傳》、《史》、《漢》、八家文、孟塗文，參海峰法。故其汎濫如此，然亦不敢讀六代書也。曾文正所最好者，《史》、《漢》、《莊子》、韓文、《文選》、《説文》、《通鑑》七種，則蓋以六代之《文選》，漢學之《説文》，資治之《通鑑》，大與衆不侔；吴汝綸繼之，又益以《古文辭類篹》、《十八家詩鈔》爲九種。張裕釗獨篤嗜《左》、《莊子》者，退之、介甫之文。即各家所好之書，可推知各家文所造之境地也。

十三、論桐城派古文家之工夫

桐城派古文家之工夫有三：曰根本工夫，曰求法工夫，曰作文工夫。

根本工夫，專攻是已。古文家雅不欲兼爲詩詞、駢賦及其他雜學，蓋精者不兩能：才氣雖高，多事雜學，則終皆無所成就；才氣雖短，鍥而不舍，則古文定可名家。夫詩詞駢賦，其難也若古文：不盡全力爲之，必不能工；盡全力爲之，則古文亦不能工。故姜、張不能兼歐、曾，歐、曾不能兼李、杜，李、杜不能兼徐、庾，徐、庾不能兼揚、馬也。方望溪承其父仲舒氏之庭訓，信其友查慎行之勸語，終身不攻詩；每告後學以爲戒，勿徒奪日力也。劉海峰才氣高奇，仕不得志，獨喜爲詩，然未嘗兼爲詞駢等也。姚惜抱初兼攻詩詞、駢賦，及聆其友王西莊之言，悟師祖方望溪不攻詩之故，乃一切屏去不爲，而專攻古文；亦每告後學以爲戒，勿徒奪日力也。惜抱弟子陳碩士作《銀藤花館詞序》，嚴申其禁。再傳弟子沈曰富《題柳子屏詞稿》，重申其訓。桐城派古文家鮮不遵從專攻之説者，與雜流古文家之詩詞、駢賦無不能異矣。

求法工夫，謂求作文方法之工夫也。是工夫又有二：

“好學深思，心知其意”，一也。桐城古文家每述太史公此語，以爲傳授口訣。所謂深思，是精究其文之大義，不深思則不能得大義。法隨義生，因大義又可精究其文之妙法；不知其意，焉知其法？此方望溪用純理智所得義法之學也。望溪後王介山、方植之、姚石甫、吴汝綸、薛福成者流，蓋於此深思求法之功爲多。

“熟讀求聲，因聲求氣”，二也。熟讀爲文，乃桐城古文家秘訣，不肯輕以告人者。《論文偶記》曰：“行文多寡短長，抑揚高下，無一定之律，有一定之妙，可意會而不可言傳；學者求神氣而得之於音節，求音節而得之於字句，則思過半矣。其要讀古人文時，便設此身代古人説話，一吞一吐，皆由彼而不由我。爛熟後我之神氣，即古人神氣，古人之音節，都在我喉吻間；合我喉吻，便是古人神氣音節，久之自然鏗鏘發金石。”此劉海峰以純直覺所得神韻之學也。海峰後，姚惜抱、梅伯言、曾文正、張廉卿、賀松坡者流，蓋於此熟讀求法之功爲多。

作文工夫，謂作文時所用之工夫也。是工夫亦有二，而行文之法不與：

慎審着筆，一也。桐城古文，其意思紆折，情味澹邈，看似從心道出者，不知其皆亟才盡力嘔心血始成。其筆法清醒，詞句明當，看似隨手揮成者，不知其皆慎之又慎，幾費琢磨，纔行落墨。一題到手，必其情境自生，而後始構思。構思或至數日，成文或待數月，雖人所求請，理宜速成，然亦不輕易爲之。蓋不苟作，費經營，是方氏家法，桐城作者無不墨守之。

改削不已，二也。審慎落墨，是稿未成前工夫；改削不已，是稿已成後工夫。稿雖已成，猶不輕易出手，必痛事删塗。自家删塗，猶以爲未足。又郵致師友，乞事删塗不稍惜，直至無病始止。出手後，雜流文人千譏百笑，亦不稍顧意及之。若望溪之於南山、姬傳之於澹泉、伯言之於異之、摯甫之於廉卿諸作家，雖所作爲其删塗淨盡，而不一愠者也。雜流文人，安能及之？

十四、風格

桐城派文之風格，須分期論之。自方氏至梅曾亮之徒爲第一期，自曾公至吴闓生之徒爲第二期。大氐第一期風格，非醇雅，即雋逸或眇遠，偏於陰柔之美，得於曾氏、歐公、劉向、《史記》者爲多。其命意尚含蓄而斥盡露，其布局尚謹嚴而斥粗疏，其用字尚明雅而斥俗近，其造句尚簡潔而斥繁冗。第二期風格，非高厚，即雄肆或勁健，偏于陽剛之美，得於王氏、韓公、楊雄、班書者爲多。其命意尚噴薄而少含蓄，其布局尚宏闊而少謹嚴，其用字尚確切而欠明雅，其造句尚古雅而欠簡潔。至於鏗鏘可誦，蓋自劉海峰至吴闓生無不然也。

十五、文弊

桐城文弊，亦須分二期論之。自方氏至梅伯言之徒爲第一期，自曾氏至吴闓生之徒爲第二期。第一期文弊多，第二期文弊寡。第一期文弊：曰空洞。彼時古文家皆無大根柢，求其博通古今，精究物理，概屬未能，則論事説故，焉得深洽？況方、姚家法，論辨第舉大旨，不求矜作；而論辨文嫌空洞。紀述只取大節，刊落枝次；而紀述文嫌空洞。不善學者，遂不免内容愈爲空洞。曰沿襲。夫學文必以模古入手，不善變化，易成沿襲。望溪以《左》、《史》義法倡而結體近王、曾，其氣息究不能越八家範圍外，在望溪已是沿襲；後人由望溪上推八家，擬其間架，模其辭格；一篇既成，必人評云似韓、似歐、似曾、似王、似歸、似方始悦，更是沿襲。不善學者，乃至亦步亦趨，若章學誠所譏撰志之名士，愈嫌格辭沿襲。曰拘囚。方、姚爲文，力求嚴潔，不肯作長篇大句浩汗洋汪之文。後人承之，愈趨拘囚，不敢横肆，上萬言書痛陳利弊者無也，紀名臣豪傑神景逼現者無也，能把握大題目侃侃而談者又無也。桐城派集中，皆中篇短篇，平事平理，其篇幅氣魄，俱嫌拘囚。曰柔弱。方、姚爲文，屏柳、蘇之奇雄，得歐、曾之雅澹，有神有味，尚耐人尋思效之者；若才短學薄，不能得雅澹，流而爲杭世駿所謂“遵之者弱其氣息”，嫌柔弱矣。曰狹隘。文之風格已多，豪放、雄渾、藻麗、奇怪、崛奥、剽悍，亦各可存，安容放斥，而方、姚惟取嚴雅澹潔以爲準，其徒又各得其一嚴、一雅、一澹、一潔以爲擅，文境愈嫌狹隘。曰累瑣。夫文本叙一人，忽稱名，忽舉字，忽呼號，忽而截其名之一字，忽而截其字之一字，忽而截其號之一字，忽曰某公，忽曰某君，忽曰某子，稱謂不一，使人茫亂，是文之大弊也。雖《左傳・韓之戰》，有呂飴甥、瑕呂飴甥、陰飴甥、呂甥、子金之先例，究屬古人無意爲文，未諳修辭處，不當援效。桐城文家，往往因調諧音節，而一文之中，一人稱謂，参互錯用。若劉大櫆文，自稱“大櫆”、“櫆”、“劉櫆”；陳學受文，自稱“學受”、“受”、“陳受”，豈不謬乎！而所作他人文，或舉其名，或書其字，或稱公，或稱子，豈不愈謬乎！是嫌於累瑣之一例也。至於第二期文弊：曰字古僻。蓋姚氏始倡合義理考證以爲辭章説，然力未能行；曾氏乃真能合宋學、漢學、古文三事爲一，其文用字確切，造句古雅，多取材《説文》、漢賦、班書、諸子；張吳二氏承之，吴氏并訓人爲文勿作宋元語；至賀氏、范氏之流，間傷古僻，有聱牙刺目之病矣。曰語靡麗。蓋曾公始取《昭明文選》與《駢體文抄》而熟讀之，沿李兆洛寓駢於散説，爲文力求宏博瑰瑋，然曾氏實未到此境地。張氏、吴氏承之，吴氏并評點百三名家集，不善學者，遂望聲吠影，夾雜八代華藻無用之筆法，有如曾克耑之流者矣。曰辭泛雜。蓋曾公鑑方、劉、姚、梅拘囚狹隘，始救以宏廓噴薄，誠爲得之。張吴二氏承其教，張文堪稱淵雅，吴文則意務雄奇，而辭存枝葉。效之者，汎雜無用之辭，彌增多矣。若夫不能説深奥微妙之理，達精隱屑秘之情，則古文之通弊，又不得獨責桐城一派也。

十六、桐城派衰歇之故

或言桐城古文衰歇之故，曰古文護符之儒學，已不足維係人心；曰清季無大天才作家；曰末流腐淺，僅能墨守成規；曰言文趨一致，白話文學興起。竊謂所論第一條，雖是而未搔着癢處；第二條非是，若吴摯甫、張廉卿、賀松濤等，不得謂非大天才作家；第三條亦非，吴、張、賀等，正能深折變化，安得謂腐淺墨守；第四條更非，試問古文衰歇後，言文始趨一致乎？抑言文趨一致，古文始衰歇乎？故可概曰非是。然則若何而可？一言以蔽之：西洋文化輸入，中國文化衰退，此誠桐城派古文消滅之故矣。

析言之，則廢科舉立學校一也。我國歷代以文治國，不論軍事、政治、法律、財賦、教育諸人才，悉取自文章之士，故人争研究文章，而清人研究文章，自不得不附桐城派，桐城派以盛。及光緒庚子，停科舉立學校，其後凡軍、政、法、財、教諸人才，漸皆取自專科，不必工文，專攻文章者漸寡，古文辭之道漸衰矣。

舊器物棄置，新器物繁增二也。雅片戰後，海禁大開，西洋器物，如潮湧入，新奇皆中國所未有，若時計、火柴、輪船、鐵路、鋼筆、毛呢、電報諸般日常生活用品，以之叙入古文，則失雅潔，而格不古，有時又必不能避免，則古文文體敗矣。

舊學術衰歇、新學術流行三也。清代文人，儒學而外，雖道氏、釋氏，猶在排斥，自同治丁丑，始派生徒留學英法以來，各攜其所學以歸，於是聲光電化、政經法哲、藝術、論理等，逐漸傳播，皆原爲我國所無，以此學而爲古文，亦不可得若桐城古文之簡雅矣。

翻譯大盛四也。自嚴復以桐城古文譯《天演論》、《原富》等書甚難流行，就譯書之意旨而言，已爲失敗，其後之譯書者，無不力求保持原意，力求辭語易解。夫求保持原意，則往往存其原文語法，或造作新名詞；求辭語易解，則往往參以近俗之言。於是國文中融有和文名辭、西文語法、新造名詞，而文不古；參以近俗之言，而文不古。古文文體，遂壞而不復矣。

新聞雜誌流行五也。清初文禁甚嚴，桐城文派，應時以生。清末解禁，王韜、梁啓超之流，先後主辦新聞，以介紹西學論議政俗。夫新聞撰稿時，必求其速就，則不遑修飾。刊出後必求其流行，則使詞易解；又議政論俗，輝皇煽惑，古今中外之情勢境況，皆湧現其筆端，良非桐城古文家之所能，能之又非桐城古文家矣。此真桐城古文派衰歇之故也！

（商務印書館，1940 年 9 月初版）

後東塾讀書記之又

緒　　論

嘗有青年好學以讀書相詢。余唯唯否否，猝不知所爲答。非不欲答其意也，無從説起也。余生平足迹不出國門一步，書惟有中國古書可讀。然生乎今之世，由今之道，而言讀中國古書。少年佻巧，固已目笑存之。其有鴻生大儒，涉歷五洲，褒彈古今，目光如炬。自詡古書新讀者，固已視祖國之中國，不過如希臘、羅馬爲歷史上之一名詞。祖國之文化，亦如希臘、羅馬爲歷史上之文化，陳腐而不適於現代。乘間抵巇，不憚引繩批根。昌言排斥，幾不足當一吷。嗚呼！孟子不云乎："國必自伐而後人伐。"我不自有其祖國，何怪人之蔑視？我不自愛其文化，何望人之崇敬？而又大言炎炎，經史子集，無所不談，亦若無所不通；上下五千年，縱横九萬里，務爲無端涯之辭，荒唐之言，惑世誣民，欲以雙手掩盡天下人耳目。而言者肆口不慙，聽者望風以靡。友人裘匡廬先生每爲余太息言之，以謂："世人既多妄人，復多愚人。非妄人，無以益愚人之愚；非愚人，無以長妄人之妄。余讀近人著作，胸中輒作二疑：觀其繁稱博引，廣列群書，則疑其人無書不讀；及見其立論之淺謬，往往於古人極淺近之旨，尚未融貫，則又疑其人實未曾讀過一書。今日學術界之大患，幾於無事不虛僞，無語不誕妄。且愈敢於誕妄者，則享名亦愈盛。”見所著《思辨廣録》，日本支那研究會有譯本印行。余亦惟有憮然。古人讀書以窮理盡性，所以益人神智。今人讀書以疑古非聖，袛以肆其巧詆，不知文武道盡。斯民亦淪胥以俱，絶聖棄智。世界且反於洪荒。解人不得。余欲無言。此所以無從説起也。及日人肆其封豕長蛇，大舉深入。而見所謂鴻生大儒者，《五經》束閣，《論語》當薪，仁義禮智，不慨於心。亦既中無所主，炮火一震，頹然氣盡，茫無所措手足。不知“勇士不忘喪其元。志士不忘在溝壑”。人生艱難惟一死，而所欲有甚於生。聖人之所以詔吾人者，袛有“不忘”。平日如讀《論語》，於此稍加體會。此中自有主宰，何來降志辱身。孔曰“成仁”，孟曰“取義”，此則我中華民族之精神，聖經賢傳之所留貽，而世世詔我子孫以立國於不敝者也。胡文忠不云乎：“兵可挫而氣不可挫，氣可挫而志不可挫。”見本集《乙未三月二十七日致湘鄉楊石泉朱鐵橋》。“三軍可奪帥也，匹夫不可奪志也。”夫志，氣之帥也。讀書養氣，集義所生。匡廬言：“凡讀古昔聖賢之書，就余一己經歷言之，至少有二種感覺：一曰觸發。讀之如觸電氣，全身震動，如《孟子·告子篇》中之牛山章、魚與熊掌章、放心章，發吾天良，痛切透闢。讀之如當頭棒喝，通體汗下，如深夜聞鐘，發人猛省。凡古人之書，讀之能獨發我性靈者，雖欲不好，不可得也。二曰融合。即杜元凱所謂“若江海之波，膏澤之潤，涣然冰釋，怡然理順。然後爲得”也。讀之，覺古人所説者，無不恰好。如彼所言者，皆爲我胸中所欲説，却被他句句先我道出。又覺書中所説，添一字不得，減一字不得。一字亦不多，一字亦不少。當讀之時，讀者之心與作者之心打成一片，融洽無間。”見《思辨廣録》。理義既以悦心，威武自然不屈。古來聖賢，莫不如此。特以理義言之，或者强人所難，而見爲迂闊而遠於事情。然而抗戰之必不敗，媾和之必無幸。利害較然，有書爲證。而僕以語人，莫之信也，特見以爲老生之常談耳！此真所謂“老生者見不生，常談者見不談”。可笑，亦可歎也。惟此次抗戰實際示我之讀書意義，其味無窮，未敢以自私，而以公於世焉。

民國二十年，九一八遼瀋之警信驟傳，全國學生，蠭起雲涌，赴首都請願抗戰。而余爲私立無錫國學專修學校教務主任，戒學生少安毋躁，以謂：

“戰者，國之大事，謀定後動。紛紛藉藉，國必無幸。我得請於校長矣！今日之事，如有違我，非我去，則罷散諸生。”堅明約束。諸生二百人，亦幸服教，惟命是聽。不意省立無錫師範學校教導主任某君，率其學生遶城遊行，大呼打倒。且邀其他公私立中學五校學生二千餘人，包圍國專，守視電話，以紙筆脅我簽字：“毋許以學閥妨礙當地學生愛國運動。”余告之曰：“余抗日以心，諸君抗日以口，正坐諸君不讀書耳！子貢不云乎：‘無報人之心，而令人疑之。拙也！有報人之意，使人知之。殆也！事未發而先聞。危也！’見《仲尼弟子列傳》。豈有謀人之國，計不素定，而喚口號，貼標語。無裨國事，徒亂人意。”相持久之，大呼老頑固而散。師範校長某君，孰視而若無睹。當地官警，噤口而不制止。乃至地方報紙，囁嚅不敢載一辭。固以爲青年愛國，而我不愛國也。然無錫學生，亦以我之嘵口瘖音而未赴首都請願。而學閥、老頑固之號，固已不可湔洗矣。及二十一年，一二八淞滬之戰起，愛國學生若鳥獸散。師範學校，闃無人焉。獨望衡對宇之國專，以余制止學生不許散，爲講《孟子》“曾子居武城”一章。且詔之曰：“平日讀書，所爲何事？未能慷慨赴難，且當從容就義。唐蔚芝校長平日之所以教諸生者何如？我不走，諸生亦不得散。”既而淞滬戰停，各校復課。而言論紛紜，又責政府無抗戰之決心矣。嗚呼！二三十年來，士人議論，虛憍而不考情實，往往如此，皆不讀書有以階之厲也。

迨二十六年七月七日，蘆溝橋之戰起，余在上海晤某科學家，謂：“今日之戰爭，科學之戰爭也。日本之科學，步趨德國。以我中國科學之幼稚而不度德量力，如抗戰，不三月，必無幸。”余應之曰：“三月以內，中國必無幸。三月以外，日本必無幸。以我中國土地之大，人民之衆，而決心抗，澈底抗。國家不恤犧牲土地，人民不恤犧牲財産。不與和，亦不即戰。且抗且避，亦且避且抗。持之既久，日人欲罷不能，而又欲戰不可。情見勢絀，我必有以制日而承其敝，其道在忍之而已。昔吾讀三蘇策論，觀於子瞻、子由兄弟，論漢高之所以勝，而項羽之所以敗，在能忍與不能忍之間而已。以謂：‘項籍乘百戰百勝之威，而執諸侯之柄，咄嗟叱咤，奮其暴怒，西向以逆高祖。其勢飄忽震蕩，如風雨之至。天下之人，以爲必無漢矣。然高祖以其不智不勇之身，橫塞其衝，徘徊而不得進。其頑鈍椎魯，足以爲笑於天下，而卒能摧折項氏以待其死。此其故何也？夫人之勇力，用而不已，則必有耗竭。而其智慮久而無成，則亦必有所倦怠而不舉。彼欲用其所長以制我於一時，而我閉門而拒之，使之失其所求，逡巡求去而不得去，而項籍固已憊矣。項籍惟不能忍，是以百戰百勝而輕用其鋒。高祖忍之，養其全鋒而待其斃。’見蘇軾《留侯論》、蘇轍《三國論》。嗚呼！吾觀於一九一四年歐洲大戰，法之所以能勝德，亦在忍之而已。然則我今日所以制日之死命者，更豈能外忍之一字而别有他道哉！孔子不云乎：‘小不忍，則亂大謀。’孫子曰：‘善用兵者，先爲不可勝，以待敵之可勝。’儻不爲忍，其何能待？而德之所以不能不爲法勝者，蓋以法之能待也，抑以法之爲忍也。夫以德之摧堅破鋭，飈舉雷奮，有以勝法之軍，而無以勝法之忍。法之不能勝德，亦明矣。不能勝，而能待德之可勝。德雖勝法，而無策以屈法人使不待，即不能不予法人以可勝。此誠德之所無如法何，而子瞻兄弟所爲歎漢高以爲不可及者也。我能善待。我苟能忍，日雖勝我，亦必無幸。”某科學家哂曰：“科舉未廢，君必高魁。三蘇策論，衹以供舉業之用爾。而君乃欲以制戰必勝攻必取之暴日，誠戲論也。”余亦不禁憮然。然而觀之今日則何如？

余偕從子鍾韓隨赴杭州以應浙江大學之聘。杭州不守，遂移建德。未幾而首都又告陷失，無不灰心絶望，以爲中國必無幸也。潰兵如潮而至，隨浙大以轉徙入贛。門生高子轂及鍾韓侍余買舟，偕友人三五泝信安江而上，人人色墨。而子轂、鍾韓新自英倫歸，不意祖國之一敗塗地也，憂心悄悄。余思有以振之。行篋檢《孫子》及《通鑑》，時時爲誦説，援古證今，隨事曉譬以發其意。一日，讀《通鑑》，至六國載：“秦王問於李信曰：‘吾欲取荆，度用幾何人？’信曰：‘不過二十萬。’問王翦。翦曰：‘非六十萬人，不可。’秦王曰：‘將軍老矣！何怯也。’乃使信及蒙恬將二十萬人，伐楚，先敗楚軍。既而大敗，信奔還。秦王怒，謝翦，强起之，使將六十萬人伐楚。翦曰：‘王空國委我。’遂滅楚也。”因拊掌曰：“我得之矣！使日本天皇爲秦始皇，日本大將爲王翦，我必無幸。然我度日本天皇，必無權爲秦始皇。日本軍閥皆李信，必不能空國相委以摧我於一擊。我何患焉！何也？國勢不同也。夫以秦關中之地，不過當今陝西一省。而出六十萬人，蓋傾國之衆也。惟秦始皇以蓋代之雄主，政由己出，剬制一切，掃境内而屬之王翦。其人民不敢怨叛，積威約之漸也。日本以君主立憲國，興兵動衆，必得議會同意。天皇雖欲空國以委大將，其勢不能不受憲法之束縛。且日本大將，人人如李信，有輕我心，以爲不足當一擊。必不傾國之師以出。既不出以傾國之師，必不能摧我於一擊。及其無成而增援。我有餘暇，乘其間以蒐軍實，補卒伍。日人即勝，不能無死傷。我軍雖敗，何難圖補充。交戰既久，接仗既多。日本以久戰而師老，師老則疲。我軍以久戰而戰習，戰習則巧。我軍敗一次，學乖一次。日軍勝一次，消耗一次。以我軍之巧而乖，乘日軍之耗而老。儻無乘以躁氣，無揺於衆論，自能覷出敵人可破之隙，一鼓作氣以摧之於再衰三竭之餘。此我之所以可無害，而日之所以必無倖。可爲掀髯一笑者也！聽者無不破顔，顧亦以爲我戲論耳。然而我則見情實如此，非戲論也。

余讀《周易》，以謂孔子曰："作《易》者其有憂患乎？"每當兵火流離之日，未嘗不拈《易》義以爲説教。既而得電，吾弟吾婦挈細弱十餘口，自無錫繞道南通以走上海，促余歸相見。乃以二十七年七月東行。及抵上海，江浙同鄉會在八仙橋之青年會聚餐。趙厚生、沈信卿請余演説。以余來從西南，必有見聞。余告之曰："吾書生，衹知讀書耳。國策，我不知。惟國軍屢敗而迭挫，日人數勝而益驕。諸君所知也。然而事未可知。吾學《周易》，請以《周易》爲喻。易者，變易之義。周者，周轉之謂。聖人有以見天下之賾，而觀其會通。無平不陂，有往斯復，如天行之寒暑往來。日月代謝，周行不殆。終而復始，因著爲書，名曰《周易》。剥復否泰，人事乘除。當生民康樂之日，聖人必出之以儆戒。謂世無長泰。毋淫侈，毋佚樂。持盈保泰。何能保無終否之時。及國家喪亂之世，聖人則出之以振厲。謂道不終剥。毋灰心，毋短氣。立懦廉頑。孰則阻其復興之機。《周易》六十四卦。徹始徹終。一部大義如此。孔子曰：'作《易》者其有憂患乎？'此語有兩層意：一是安不忘危。吾人不可忘憂患，雖在太平康樂之世。患生不測，何可不知戒慎。《繫辭傳》所謂'危者，安其位者也。亡者，保其存者也。亂者，有其治者也'。一是剥必有復。吾人不要怕憂患，雖在困苦艱難之時，理無終究。衹求能自振奮。《序卦傳》所謂：'物不可以終盡，故受之以復。''物不可以終遯，故受之以大壯。''物不可以終難，故受之以晉。晉者進也。進必有所傷，故受之以明夷。夷者傷也。傷於外者必反其家，故受之以家人。家道窮必乖，故受之以睽。睽者乖也。乖必有難，故受之以蹇。'所謂'升而不已必困，故受之以困。'所謂'豐者大也。窮大者必失其居，故受之以旅。'使此義而無驗，拿破崙何以囚死孤島？威廉二世何以遜遁荷蘭？拿破崙、威廉二世一世之雄，尚不免窮大失居。日本何能逃此公例？觀於日本窮兵黷武，糜爛其民而戰之，已由晉而臻於明夷。‘傷於外者必反其家’之日不遠。又如吾人兵敗地蹙之中國，似乎前途無望。然而從易道觀之，則正所謂：‘剥者剥也。物不可以終盡。剥窮上反下，故受之以復。復則不妄矣，故受之以无妄。有无妄，然後可畜，故受之以大畜。物畜然後可養，故受之以頤。’所謂：‘蹇者難也。物不可以終難，故受之以解。解者緩也。緩必有所失，故受之以損。損而不已必益，故受之以益。益而不已必決，故受之以夬。夬者決也。決必有所遇，故受之以姤。姤者遇也。物相遇而後聚，故受之以萃。’事在人爲，祇觀吾人之自力更生何如。然則中日兩國之前途，作《易》者在數千年前已指示明白。方今日本情勢，已由晉而臻於明夷，將由升而入於困。中國此後局勢，將由遯而變爲大壯，必由剥而反成復。孰得孰失，我不暇爲中國憂，我且爲日本懼。孫子不云乎：‘其用戰也，勝久，則頓兵挫鋭。攻城，則力屈。久暴師，則國用不足。夫鈍兵挫鋭，屈力殫貨，則諸侯乘其弊而起。雖有智者，不能善其後矣。’嗚呼！日本之勝久矣。師老而財匱，兵頓則鋭挫，必無以善其後。乃援孫子書，比附今事。其説具詳拙著《孫子章句訓義序》。”趙厚生曰：“君之辭沈著痛快，自同鄉會聚餐以來，未有如今日之情緒緊張者也。”又以《易》義應某大學某學院之演説。且爲卮言以廣其意曰：中國今日據西南以爲抗戰，而奠民族復興之基，周公孔子於數千年前早言之。試觀周公繫辭，於坤卦曰：“先迷後得主利。西南得朋，東北喪朋。”孔子更爲之《彖》曰：“先迷失道，後順得常。西南得朋，乃與類行。東北喪朋，乃終有慶。”則是先敗後勝。西南有氣類之應，東北有匡復之日。意尤明顯，猶曰未已。周公之繫蹇卦曰：“蹇，利西南，不利東北。”解卦曰：“解，利西南。無所往，其來復，吉。有攸往，夙吉。”孔子更爲之《彖》曰：“‘蹇利西南’，往得中也。‘解利西南’，往得衆也。其來復吉，乃得中也。有攸往夙吉，往有功也。”不但西南東北，地點清楚。而且抗戰領袖之蔣先生大名，字裹行間，躍躍欲出。“其來復吉”者，謂不終於西南。以西南雖利，其勢窮而無所往。必有事於反攻以匡復我河山，乃吉也。故曰：“其來復吉。有攸往，夙吉。”復，則有攸往。不復，則無所往也。尤有奇者，吾人抗戰領袖之蔣先生之大名，於六十四卦中，屢見不一見。如《同人》曰：“文明以健，中正而應。”《觀》曰：“中正以觀天下。”《姤》曰：“剛遇中正，天下大行。”《益》曰：“利有攸往，中正有應。"《巽》曰："剛巽乎中正而志行。"如此之類，未易悉數以終。天生巧合，豈偶然耶！"聽者莫不鼓掌。

（原刊於《危言》創刊號，1943年3月15日）

楚　辭

一、離騷

《史記・屈原賈生列傳》叙："屈平憂鬱幽思而作《離騷》；離騷者，猶離憂也；信而見疑；忠而被謗，屈平之作《離騷》，蓋自怨生也。"怨生爲《離騷》一篇之主旨。亂曰："國無人莫我知兮，又何懷乎故都。既莫足與美政兮，吾將從彭咸之所居。"醒出怨生之意，爲一篇結穴。莫我知，爲一己言之也；莫足與爲美政，爲天下國家言之也。莫我知，不過一己之放廢；莫足與爲美政，則死喪無日，大亂隨之矣。望絶心死，而號曰："已矣哉，吾將從彭咸之所居。"斯其怨生也，非爲一己也，爲天下國家也。與後世之歎士不遇者異趣矣！

屈平自覘身分，分三層意思：曰"重之以修能"；曰"年歲不吾與"；曰"不改乎此度"；而皆於首段一氣趕出。曰"昔三后之純粹兮，固衆芳之所在。雜申椒與菌桂兮，豈惟紉夫蕙茝"；此言古人修能之重。曰"余既滋蘭之九畹兮，又樹蕙之百畝。畦留夷與揭車兮，雜杜衡與芳芷"；此言一己修能之重。而己重之修能，由於效法古人；故曰："謇吾法夫前修。"曰"民生各有所樂兮，余獨好修以爲常"；曰"余雖修姱以鞿羈兮，謇朝誶而夕替"；曰"汝何博謇而好修兮，紛獨有此姱節"；曰"兩美其必合兮，孰信修而慕之"；曰"苟中情其好修兮，何必用夫行媒"；曰"豈其有他故兮，莫好修之害也"；修字處處明點此重之以修能也。曰"冀枝葉之峻茂兮，願竢時乎吾將刈"；曰

"老冉冉其將至兮，恐修名之不立"；曰"及余飾之方壯兮，周流觀乎上下"；此年歲不吾與也。曰"余固知謇謇之爲患兮，忍而不能舍也"；曰"苟余情其信姱以練要兮，長顑頷亦何傷"；曰"亦余心之所善兮，雖九死其猶未悔"；曰"寧溘死以流亡兮，余不忍爲此態也"；曰"雖體解吾猶未變兮，豈余心之可懲"；曰"阽余身而危死兮，覽余初其猶未悔"；曰"惟兹佩之可貴兮，委厥美而歷兹"；"芳菲菲而難虧兮，芬至今猶未沬"；此不改乎此度也。至感慨身世，分兩層意思：曰"知謇謇之爲患"；曰"哀衆芳之蕪穢"。"知謇謇之爲患"一層意思淺；"哀衆芳之蕪穢"一層意思深。一層又分兩層：曰"民好惡其不同兮，惟此黨人其獨異。户服艾以盈要兮，謂幽蘭其不可佩。覽察草木其猶未得兮，豈珵美之能當。蘇糞壤以充幃兮，謂申椒其不芳"；猶是"世溷濁而嫉賢"之常。乃至"蘭芷變而不芳兮，荃蕙化而爲茅。何昔日之芳草兮，今直爲此蕭艾也。豈其有他故兮，莫好修之害也。余以蘭爲可恃兮，羌無實而容長。委厥美以從俗兮，苟得列乎衆芳。椒專佞以慢慆兮，樧又欲充夫佩幃。既干進而務入兮，又何芳之能祗。固時俗之從流兮，又孰能無變化。覽椒蘭其若兹兮，又況揭車與江離"；則是小人道長，君子道消；君子化爲小人，衆芳胥變蕪穢。"惟兹佩之可貴兮，委厥美而歷兹。芳菲菲而難虧兮，芬至今猶未沬"，世人皆濁我獨清，衆人皆醉我獨醒；此"芳佩偃蹇"之卒爲衆蕪所蔽，而"衆芳蕪穢"之所以可哀也。王逸注以椒蘭爲司馬子蘭，大夫子椒，實指其人，轉落呆境。

"不撫壯而棄穢兮"句，"撫壯"承上"恐美人之遲暮"；"棄穢"照下"哀衆芳之蕪穢"。

中篇"忽反顧以遊目兮，將往觀乎四荒"兩句，開出下半篇文章，言既不容於朝廷，將遊目以觀四荒，爲上下半篇一大關捩也。所謂遊目往觀，又分兩層寫："跪敷衽以陳詞兮"至"爾何懷乎故宇"一段，寫觀乎國内也；"邅吾道夫崑崙兮"至"蜷局顧而不行"一段，寫觀乎國外也。觀夫國内，則高丘既無女，下女不可貽；見時溷濁而嫉賢，好蔽美而稱惡，國既無人莫我知兮，何必懷故宇。觀乎國外，"假日媮樂"，則"陟陞皇之赫戲，又忽臨睨夫舊鄉。僕夫悲余馬懷，蜷局顧而不行"，終覺父母之國不可以去也；與前半篇"忍而不能舍也"，"余既不難離别"，一氣渾成。

去國之思，自開首第二節"余既不難離别"，已有決然舍去之意；"將往觀乎四荒”，自己主意打定；“爾何懷乎故宇”，又來靈氛勸駕；然而欲行不行，屢作臨去秋波；終乃不得不嚼齒誓行，曰“吾將遠逝以自疏”，吐出此語，節節頓挫，若履危石而下，落紙遲重絶倫；而卒乃“蜷局顧而不行”。“忍而不能舍”之意，直是徹前徹後，寫得十分酣足。

“不量鑿而正枘兮，固前脩以菹醢”兩句：“不量鑿而正枘”，照前“何方圓之能周”句來。“固前脩以菹醢”，跟前“謇吾法夫前脩”句來，屈平以芳馨自絜，而云“謇吾法夫前脩”，又照定上“昔三后之純粹，固衆芳之所在。雜申椒與菌桂兮，豈維紉夫蕙茝”四句。《離騷》驟[1]看無頭緒，而實前後相銜，外文綺交，内義脈注。亂以“吾將從彭咸之所居”句結，而中段“謇吾法夫前脩兮，非時俗之所服。雖不周於今之人兮，願依彭咸之遺則”：“前脩”句既照定上文；“彭咸”句又直注亂結。又如亂稱“又何懷乎故都”，遠照“余既不難離别兮”，“爾何懷乎故宇”諸句，一意相生；近承“陟陞皇之赫戲兮，忽臨睨夫舊鄉。僕夫悲余馬懷兮，蜷局顧而不行”四句，翻騰作勢。劉彦和所謂：“啓行之辭，逆萌中篇之意；絶筆之言，追媵前句之旨。”映帶有情，足徵《離騷》之妙。

高丘無女，以喻高位之無賢；下女可貽，或幾在野之有人；乃覽觀於四極，聊浮遊而求女，宓妃既康娱以淫遊，有娀又不好而佻巧，滔滔者天下皆是，誰足與爲美政者乎！

末段“及余飾之方壯兮，周流觀乎上下”，而一則曰“夕余至乎西極”；再則曰“詔西皇使涉余”；三則曰“指西海以爲期”。李光地曰：“是時山東諸國，政之昏亂，無異南荆；惟秦彊於刑政，收納列國賢士，士之欲急功名，舍是莫適歸者；是以所過山川，悉表西路，然父母之邦可去，而仇讎之國不可依；況貴戚之卿，義與國共者哉！卒之死而靡他；淮南所謂日月爭光者此也。”姚永樸曰：“李文貞以爲西指秦言是也。當時六國之必并於秦，無智愚皆知之；《荀子·彊國篇》言之尤詳。”“國無人莫我知兮，又何懷乎故都”，戰國策士之所同也。若“陟陞皇之赫戲兮，忽臨睨夫舊鄉。僕夫悲余馬懷兮，蜷局顧而不行”，則屈子之所獨也。“既莫足與美政兮，惟有從彭咸之所居”耳！此屈子之所以沈湘而不悔也。若商鞅范睢，則何有焉！

---

① 驟，原誤作“聚”，今據錢基博《離騷講話》改。

亂"既莫足與爲美政兮"一句，全篇結穴；高丘無女，則在位匪人；下女何貽，則在野無賢。黨人既不諒，群芳又從俗，上天下地，滿肚皮不合時宜，孰足與爲美政者乎？一口憤氣，唯有沈湘。説《離騷》至此，字字句句着落，真有如土委地之樂。

（原刊於《國師季刊》第6期，1940年2月）

二、九歌

何焯曰："《漢志》載谷永之言，云：'楚懷王隆祭祀，事鬼神，欲以邀福，助却秦軍；而兵挫地削，身辱國危。'則屈子蓋因事以納忠，故寓諷諫之詞；異乎尋常史巫之所陳也！"馬其昶曰："懷王既隆祭祀，事鬼神，則《九歌》之作，必原承懷王命而作也。推其時，當在《離騷》前。案：懷王十一年爲從長，攻秦。十六年絶齊和秦。旋以怒張儀故，復攻秦；大敗於丹陽；又敗於藍田。吾意懷王事神，欲以助却秦軍，在此時矣！其中《湘君篇》云：'恩不甚兮輕絶。'又云：'交不忠兮怨長，期不信兮告余以不間。'蓋指受紿張儀而言。案秦使張儀來詐楚絶齊，賂以商於地六百里，懷王信之；使一將軍西受地，張儀稱病不出三月，地不可得。懷王曰：'儀以吾絶齊爲尚薄耶！'乃使勇士辱齊王，齊王大怒，折楚符。儀乃起朝，謂楚將軍曰：'何不受地？從某至某六里。'懷王大怒，伐秦。自是兵連禍結，旋和旋戰，卒以亡國。所謂'恩不甚而輕絶'也！'交不忠'謂絶齊；'期不信'謂張儀稱病不出。此蓋述其事以求神之聽直也。《東君篇》云：'舉長矢兮射天狼。操余弧兮反淪降，援北斗兮酌桂漿。撰余轡兮高馳翔，杳冥冥兮以東行。'其昶案：日冥之時東行而反，則暾將出時之爲西行可知！秦在西也。谷永謂懷王隆祭祀欲以助却秦軍，此章正其祝神却秦之詞。梅曾亮曰：'舉長矢兮射天狼，天狼者，秦之分野。舉長矢而射之，此一發之樂也。'而終於《國殤》者，姚永樸曰：'亦因兵挫於秦，死者衆也。'其昶案：懷王怒而攻秦，大敗於丹陽，斬甲士八萬；乃悉國兵復襲秦，戰於藍田，又大敗。兹祀國殤，且祝其魂魄爲雄，亦欲其助却秦軍也。"然馬其昶謂屈原受懷王命作《九歌》以祀鬼神，邀福却秦是也。而推其時當在《離騷》前，非也！基博案：《史記》屈原本傳載："王怒而疏屈平，屈平疾王聽之不聰也，……故憂愁幽思而作《離騷》。……屈平既絀，其後秦欲伐齊"云云，則是《離騷》之作，明在懷王十六年絕齊和秦之前。此既云作《九歌》爲攻秦大敗祀神邀福，安得在作《離騷》之前乎！惟《國殤篇》有語云："帶長劍兮挾秦弓，首雖離兮心不懲。"此實攻秦大敗祀神邀福之明證；而以作在屈平既絀之後，感慨身世，徵文見意，每多弦外之音。大抵以神之翺遊揚靈，影射秦王之好大喜功，窮大失居；而以己之望幸不來，寓其怨悱之意。此其秖也。

王夫之曰："《九歌》十一篇，前十篇皆有所專祀之神，至《禮魂》則送神之曲，爲前十篇所通用。"而基博按前十篇，分之則各自爲篇，合之亦脈絡貫通。

第一篇《東皇太一》，著眼"樂"字。以"穆將愉兮上皇"起，以"君欣欣兮樂康"結；寫神來之樂。東皇太一，疑亦影射楚懷王。《漢書·郊祀志》云："天神貴者太一，太一佐曰五帝。古者天子以春秋祭太一東南郊。"而秦在西方，楚國東南；西既指秦，則東皇太一，自以影楚王也。東君亦然，雲中君，湘君亦以影楚王。以雲中及湘，皆楚地也。

第二篇《雲中君》，寫神來又去，樂極生悲。曰"浴蘭湯兮沐芳，華采衣兮若英。靈連蜷兮既留，爛昭昭兮未央。蹇將憺兮壽宮，與日月兮齊光"，言神居此自樂也。而"龍駕兮帝服，卿翺遊兮周章。靈皇皇兮既降，猋遠舉兮雲中，覽冀州兮有餘，横四海兮焉窮"六句，則以影楚懷王好大喜功；有漢高祖"安能鬱鬱久居此"意。急轉直下，以"思夫君兮太息，極勞心兮𢥞𢥞"兩句作結；醒出本旨。

第三篇《湘君》，"望夫君兮未來，吹參差兮誰思"，似承第二篇《雲中君》末"思夫君兮太息"兩句，一氣貫注。

第三篇《湘君》，第四篇《湘夫人》，自成結構，若相唱酬。《湘君》爲湘夫人閨怨之意，望幸而不至也。《湘夫人》則湘君慰答之詞，言欲與之合也。十篇之中，獨兩篇咸用"捐余玦兮江中"六句作結，以見章法。《湘夫人篇》"帝子降兮北渚，目眇眇兮愁予"起，承《湘君篇》"揚靈兮未極，女嬋媛兮爲余太息。横流涕兮潺湲，隱思君兮陫側"四句一氣貫注。又曰："朝馳余馬兮江皐，夕濟兮西澨。聞佳人兮召余，將騰駕兮偕逝。"則承《湘君篇》"望夫君兮未來”句而答其意也。《湘君篇》云：“朝騁騖兮江皋，夕弭節兮北渚。鳥次兮屋上，水周兮堂下。”言鳥次屋上，水周堂下，各有所止，而君何爲朝騁夕弭，棲棲不遑！湘夫人閨怨之意也。《湘夫人篇》云：“築室兮水中……建芳馨兮廡門。九嶷繽兮並迎，靈之來兮如雲。”言築室建廡，迎之合並；湘君慰答之詞也。

《大司命》、《小司命》兩篇，自爲開合，又別成一機杼。《大司命篇》於合併之日，而悼暫合之必離；故曰：“將以遺兮離居……願若今兮無虧。固人命兮有當，孰離合兮可爲。”而《少司命》則在離別之後，而追憶新婚之樂；故曰“悲莫悲兮生別離，樂莫樂兮新相知”也。

《東君》、《河伯》兩篇，一往不返，極意形容遨遊娛戲，而出之望斷秋波之閨①人，正言若反也。

《山鬼》者，所歡不至，山鬼來誘，拒山鬼以幽貞，怨公子之忘歸也。全篇分兩截，止截“折芳馨兮遺所思”以上，寫山鬼之來誘；下截“余處幽篁兮終不見天”以下，寫余之拒山鬼也。

（原刊於《國師季刊》第7、8期，1940年7月1日）

① 閨，原作“閏”，形近而誤，今據文意改。

江漢炳靈詩文談

昔張南皮督湖北學政，選多士應試，八股文之有聲有色者，刊行《江漢炳靈集》，詞意鏗訇，余少知讀而愛好之，至今檢而諷誦，如遇故人；然而江漢炳靈，不限舉業；其他詩古文詞，固有爲余肄業及之者。《武漢日報》記者①胡君肇書以主編《文學週刊》，相造索稿。昔余受聘浙江大學，與浙士談浙學。而後違寇入湘，爲湘人言湘學。景仰鄉賢，頗多興起；以見聞近觀感切也。今余舌耕江漢，姑作《江漢炳靈詩文談》，隨所記憶，不暇詮次也！

一

明初文章，自楊士奇以宰輔摹歐陽，典則穩稱，成臺閣體；遞相摹仿，日就庸膚！李夢陽、何景明起而變之；李攀龍、王世貞繼而和之；仿漢摹唐，蔚成風氣；而江漢之間稱盛！余讀近儒監利王柏心《百柱堂全集》，其中序人

① “者”字原脱，今補。

詩文，往往稱引明作者，名字歷歷，可覆按也。其尤著者，如黄岡王廷陳《夢澤集》之駿駕何李，蒲圻魏裳《雲山堂集》之羽翼王李，王世貞《藝苑卮言》皆極稱之！而蒼頭異軍突起以推倒一時豪傑，不得不推公安袁宏道兄弟爲隻眼別具！兄宗道先以萬曆十四年會試第一入翰林，與同館黄輝昌言排斥何李、王李之復古，而於唐稱白居易，於宋推蘇軾，名其齋曰白蘇。至宏道推衍緒論，而益務爲清新輕俊，欲以本色化塗澤，變板重爲輕巧，致天下耳目於一新，而王李之焰文熠，拔幟易幟，目爲公安體。宗道《白蘇齋集》未見；獨宏道有《中郎集》四十卷行世，顧《四庫提要》則詆爲小慧破律，而列之存目。據天門譚元春《鵠灣文草》，中有《袁中郎先生續集序》，稱："往公之哭江進之也，有悔其詩文妙理，生前未商語。後寄黄平倩札，有悔其《瓶花》詩文，俱有痕迹語。夫公之妙於悔，何待公言哉！細心讀《破硯集》，又似悔《瀟碧》矣。細心讀《嵩華遊稿》，又似悔《破硯》矣。今讀公續稿，其文章中卓大而堅實者，又似爲古今人俱下一悔脚也。"則知宏道當日詩文，隨有隨刻，刻不一集；余舊藏其原刻《瓶花齋集》，不過十卷，而《四庫存目》著録四十卷本未見，意必合諸刻爲一編。及民國二十四年，上海世界書局出版《袁中①郎全集》一册，亟購而讀之；乃蘇淵雷所編，不分卷第而分五類。曰文鈔，曰詩集，曰尺牘②，曰隨筆，曰遊記，各自爲卷。其中文鈔，分傳記、序文、碑記、誌銘、疏、廣莊五目③；詩集，分擬古樂府、五言古、七言古、五言排律、五言律上、五言律下、七言律、五言絶、六言絶、七言絶十目。隨筆，分隨筆、瓶史、觴政、暑談、狂言五目；遊記，分遊記、場屋後記、墨畦三目。惟尺牘不別析子目；不知據何本。而遊記一卷，有稱據梨雲館本，有稱據四十卷本，據《錦帆集》；想係參合諸本而取其長也。細籀一過，而知宏道之論詩文，推陳出新，有見地；未可以小慧破律詆之也！

二

宏道論詩論文，具見集中《雪濤閣集序》、《叙小修詩》，及《答丘長孺》、

---

① "中"字原脱，今補。

② "牘"字原脱，今據《袁中郎全集》及下文補。

③ "五目"當作"六目"。

《答張幼于》、《答馮琢庵師》、《答陶石簣》、《與李龍湖》、《答梅客生開府》、《與江進之》、《答徐見可太府》及《與友人論時文》諸札；大抵力湔塗澤，自抒所見，不宗漢唐而宗宋人，不尚學古而尚時宜，寧今寧俗，毋古毋質，謂："文之不能不古而今也，時使之也。古有古之時，今有今之時，襲古人語言之迹而冒以爲古，句比字擬，務爲牽合，棄目前之景，摭腐濫之辭；見《雪濤閣集序》。愈古愈近，愈似愈贗，天地間真文澌滅殆盡！見《與友人論時文》。"文準秦[①]漢矣，秦漢人曷嘗字字學六經？詩準盛唐矣，盛唐人曷嘗句句學漢魏？惟夫代有升降，而法不相沿，各極其變，各窮其趣，所以可貴！故吾謂今，詩又不傳矣；其萬一傳者，或今閭閻婦人孺所唱《劈破詩》、《打草竿》之類，猶是無聞無識真，所作故多真聲；不效顰於漢魏，不學步於盛唐，任性而發，尚能宣吾人之喜怒哀樂，嗜好情欲。"見《叙小修詩》。已爲近日之倡白話文者張目，而成胡適之祖師矣！特尚不欲爲今日之黄茅白葦，而將古人一筆抹殺，以爲詩文當從宋人入手，力崇歐蘇[②]，謂："宋人詩，長於格，短於韻；而其爲文，密於持論而疏於用裁；然其中實有超秦漢而絶盛唐者！夫詩文之道，至晚唐而益小；歐蘇矯之，不得不爲巨濤大海；至其不爲漢唐人，蓋有能之而不爲者！見《答陶石簣》。夫豈不能爲煩，爲亂，爲艱，爲晦；然已簡，安用煩；已整，安用亂；已明，安用晦；已流麗痛快，安用聱牙之語，艱深之辭！見《與江進之》。"近日最得意，無如批點歐蘇二公文集，歐公文之佳，無論；其詩如傾江倒海，直欲伯仲少陵，宇宙間自有此種奇觀！蘇公詩，高古不如老杜，而超脱變怪過之；有天地來一人而已！"見《與李龍湖》。其論窮極流變，而明勢之不得不然，可謂先得我心！及誦其文，隨筆曲注，雖其體格時有卑者；然匠心獨出，疏快中姿媚躍出；而[③]曲細事，自然名雋！尺牘，而稱心而談，俚語雜文，論混儒佛，事雜市井，會心不遠，理趣洋溢，與古而贗，寧我而真！大抵信筆所至，曲暢盡意，其利處在此；其鈍處亦在此！而筆無遁情，語無剩意，言之太盡，不耐咀昧，時有美盡之憂，所以秀而不隱，新而不雋！又顯□而未能旁□，所以肆而不宏，暢而傷絜！卓絶爲巧而未能餘味曲包；聲盡昭晰而未能墨采騰奮；此其蔽也！至其記遊之文，模山範水，

---

① 秦，原作"泰"，今改正。

② "蘇"字原缺，今據下文補。

③ "而"下疑缺一"委"字。

亦時有刻露尖冷，開竟陵鍾譚一派者！

三

綜觀《袁中郎集》，議論則旁通曲暢，叙述則窮態極妍，機趣别饒，頗具東坡之一體；而可惋在碎，不如東坡之篇章完具；又嫌太盡，不如東坡之神韻不匱！詩亦有餘於機趣，不足於鍛煉；亦學東坡而不至之爲害！生平論詩，不崇古而薄今，而亦以東坡爲宗，與論文同一機栔；謂："于鱗李攀龍有遠體，元美王世貞有連韻，然摹擬損其骨！見《答徐見可太府》。夫詩之氣，一代減一代，故古也厚，今也薄。詩之奇之妙之工之無所不極，一代盛一代，故古有不盡之情，今無不寫之景。然則古何必高，今何必卑哉！見《答長孺》。僕嘗謂六朝無詩；陶公有詩趣；謝公有詩料；餘子碌碌，無足觀者！至李杜而詩道始大！韓柳元白歐，詩之聖也。蘇，詩之神也。見《與李龍湖》。"青蓮能虚，工部能實。青蓮惟一於虚，故目前每有遺景。工部惟一於實，故其詩能人而不能天，能大能化而不能神。蘇公之詩，出世入世，粗言細言，總歸玄奥，恍惚變怪，無非情實；蓋其才力既高，而學問識見，又迥出二公之上，故宜卓絶千古！至其遒不如杜，逸不如李，此自氣運使然，非才之過也！"見《答梅客生開府》。則其蘄向可知。特以蘄向東坡，而無東坡之才；及其自爲，融情入景，託物寄興，清脱瀏亮，頗能以本色標新領異；其詩勝者，則出白香山者爲多，而似東坡者轉少。至擬古樂府及五七言古，儘多温潤流麗之詞，發以沈鬱頓挫之筆；七言古間爲李吉[①]之奥麗；五七言律則多宋四靈之清煉；可知其汎濫諸家，取境頗廣！而沈德潛《明詩别裁》，於《袁中郎集》，僅選其七言《感事》一律，謂"入于俳諧"，一筆抹殺！其實俳諧不免；而就全集論，如五言古《餘杭雨》云："無端放隙光，誘我餘杭行！餘杭有何趣，敗寺老和尚！"《天目書所見》云："獨有知見人，不食本分草。其他糞掃堆，秘作無價寶！"又云："演出活法聰，難瞞俊閻老！"《夢中題尊經閣醒後述之博笑》云："富也而可求，執鞭所忻慕！金口親傳宣，語在《述而》篇。師與商孰賢，賜與回孰富？多少窮烏紗，皆被子曰誤！"《石橋巖》云："石門即前閣，

① 李吉，當作"李長吉"。

石橋即後户。兩門去幾何，五五二十五。”《孟生爲尊慈索詩》云：“少年讀孟書，長大更聰明。他日逢滕子，井田行不行?”《湖上别同方子八①賦》云：“天地一排場，誰分旦與丑!”五言絶《嚴陵》云：“或言嚴本莊，蒙②莊之後者?或言漢梅福，君之妻父也?”《别無念》云：“海内交遊多，何人可與語?我欲知姓名，東西南北去!”《同無念過二聖寺》云：“今日無念來，添一故事矣!”《途中口占》云：“駿馬紅絲絡，幞頭金蟒裝。兒童攔路語，我③是賽牛王!”如此之類，語棧而意不斷，故以俳諧爲累!然集中不俳諧而得趣者什九；俳諧而不得趣者什一；正未可以“俳諧”二字一筆抹倒也!

四

公安體之衰，而竟陵體以興。竟陵體者，起於竟陵鍾惺、天門譚元春。鍾惺，字伯敬，竟陵人，萬曆庚戌進士，官至福建提學僉事；而譚元春，字友夏，天門人，天啓丁卯舉人；兩人者，聲應氣求以相左提右挈，而竟陵以成體；特元春稍後起，而惺實爲之倡，遂以竟陵爲揭幟云。

詩至晚明，鍾譚異軍别張；而錢謙益《列朝詩集》、朱彝尊《明詩綜》，皆昌言詆排，竟陵遂爲謗府!顧夷考其實，鍾④譚之詩，蹊徑别開，蕲以⑤幽冷捄⑥何李、王李之絢爛；而爲秀峭以矯公安之容易；詩道窮而必變，亦如肥魚大肉，饜飫之過，而不得不思菜羹也!其詩出入中晚唐郊、島、皮、陸之間，么弦側調，亦有淵源；避熟就生，人自少見多怪耳!要之盛唐李杜，摹擬勢盡；厭故喜新，人情皆然!王士禎《唐賢三昧集》，不取李杜一首；何嘗不與鍾譚所選《唐詩歸》同指；而士禎詩爲秀麗疏朗，鍾譚出以幽深孤峭，皆欲以偏師制勝。或詆鍾譚格局未完，雕鑱愈工，不知真氣彌傷；然士禎縹

① 八，原作“公”，今據《袁中郎全集》改。

② 蒙，原作“夢”，今據《袁中郎全集》改。《史記·老子韓非列傳》載：“莊子者，蒙人也，名周。周嘗爲蒙漆園吏。”

③ 我，《袁中郎全集》明崇禎刊本作“道”。

④ “鍾”字原缺，今據錢基博《中國文學史·近代文學自序》補。

⑤ “以”字原缺，今據錢基博《中國文學史·近代文學自序》補。

⑥ “捄”字原脱，上“鍾譚之詩”之“鍾”字誤移於此，今據錢基博《中國文學史·近代文學自序》改。

渺取神，風華富有，亦病性情不真；而一見詆亡國之文妖，一稱爲盛世之元音；豈非所遭之時有幸不幸耶！昔商務印書館以輯“萬有文庫”，而屬余論次明代文學；余嘗稍引其旨，而未暇論定。

惺有《隱秀軒集》五十二卷。而《四庫提要》著録惺《詩經圖史合考》、《毛詩解》，入《詩》存目；《評左傳》入《春秋》存目；《五經纂注》入《五經總義》存目；《合刻五家言》入雜家存目；《詩歸》、《明詩歸》、《名媛詩歸》、《周文歸》、《宋文歸》，入《總集》存目；而《隱秀軒集》，并不見著録。其實惺著書，頗雜碎不成體；而詩文，則苦心琢鍊，矯然別出於何李、王李及公安三袁之後，而以竟陵開派，結有明一代文章之局，何可不著；豈以其纖仄，而擯不與斯文之列耶？然世稱鍾譚，譚元春名亞於惺，而《嶽歸堂集》、《譚友夏合集》、《譚子詩歸》，并見存目；然《隱秀集》獨遺，意采訪未得也！其集以《千字文》“天地玄黃，宇宙洪荒。日月盈昃，辰宿列張。寒來暑往，秋收冬藏。閏餘成歲，律吕調陽。雲”三十三字編次。月集以上爲詩，盈集以下爲文；其中地集三卷，黃集四卷，宇集二卷，昃集四卷，辰集三卷，列集五卷，往集、藏集及餘集各二卷；以故三十三集得五十二卷。

五

惺之論詩，具見《詩歸》；而集中《陪郎草序》、《與弟佺書》、《與高孩之觀察書》，及《與譚友夏》諸詩，亦足以發；其大指歸於主柔厚而砭豪俊，崇清新而融痕迹，謂：“詩以静好柔厚爲教者也。今以爲氣不豪，語不俊，不可以爲詩。世固有不必豪，不必俊，而能工詩者！豪則喧；俊則薄；喧不如静；薄不如厚。”見《陪郎草序》。“輕詆今人詩，不若細看古人詩；細看古人詩，便不暇詆今人也！”見《與譚友夏書》。“詩合一篇讀之，句句妙矣；總看，有説不出病痛；須細看古人之作；《詩歸》一書，便是師友也；慧處勿纖；幻處勿離；清處勿薄。”見《與弟佺書》。“詩至於厚而無餘事矣；然從古未有無靈心而能爲詩者；厚出於靈，而靈者不能即厚。嘗謂古人詩，有兩派難入手處：有如元氣大化，聲臭已絶；此以平直厚者也；《古詩十九首》、蘇李是也。有如高巖峻壑，岸壁無階；此以險而厚者也；漢郊祀《饒歌》，魏武帝樂府是也。非不靈也，厚之極，靈不足以言之也！”見《與高孩之觀察書》。“曹能始言我輩詩，清新而未免有痕；有痕非他，覺其清新者，是也。痕亦未可强融；惟起急起手時，厚之一字，足以救之。如我輩數年前作詩，同一妙語妙想，當其離心入手，離手入眼時，作而與讀者有所落然於心目，而今反覺味長；有所躍然於心目，而今反覺味盡者；何故？落然者以其深厚；而躍然者以其新奇；深厚者易久；新奇者不易久也；此有痕無痕之原也。”見《與譚友夏書》。“至於痕則未强融；須由清新入厚以救之；豈有舍其清新而自謂無痕者哉！”見《與高孩之觀察書》。及誦其詩，刻意清新，而能出以堅峻。蓋其氣格清迥，意度閑遠，所以承特李之□縟，公安之率易，而獨能自振以別張一軍。綜觀所作，律體不如古體，五言勝於七言，工爲寫景，發以名理，冥搜物象，匠心苦吟，出入郊島以追大小謝，雖波瀾不大，而咀味劇耐；五七言古拘於格窘，有語欲馳，無力能控；非其所長爾！惺未第時，嘗與京山魏象先以諸生入郡試同舍，語次及明詩，謂象先曰：“近日尸祝濟南諸公，親盡且祧，稍能自出語，輒詫奇險，自我作祖，前古所無，而不知三爲中晚唐人道過；由其眼中見大曆前語多，長慶後語少，昧其偶合以爲獨創；然其人實可與言詩！”語見集中《私謚父穆魏長公太易墓志銘》。可以知明詩之絢爛極而轉幽秀，已有先惺而爲之者，而惺特發其指於《詩歸》！

六

《四庫存目》著録《詩歸》五十一卷，《明詩歸》十一卷，及《名媛詩歸》三十六卷。其中《明詩歸》、《名媛詩歸》，皆出好事者依託。《明詩歸》署鍾惺、譚元春編；而録錢秉鐙《南從紀事詩》，首稱“皇帝十四載，仲冬月上弦”，則崇禎十四年辛巳；而惺歿於天啓四年甲子，元春歿於崇禎四年辛未；年月遥隔，尤可徵依託顯然！惟《詩歸》出於惺及元春，而惺爲之主，評選唐人之詩爲《唐詩歸》三十六卷；又評隋以前詩爲《古詩歸》十五卷；合成五十一卷，一時風行，幾於家弦户誦！然顧炎武《日知録》，詆爲不考古而肆臆，小人而無忌憚；則以其選録古詩，以意竄改；實爲才士自用之過！而承王李藻麗喬皇之後，所選唐詩，專取清瘦淡遠一路；其人人傳誦，若李太白之《古風》，杜少陵之《秋興》、《諸將》，概不入選；而以纖仄幽渺爲宗，點逗一二幽雋字句以昭法式。袁宏道兄弟以輕俊矯王李之褥重；而惺與元春，則以幽冷洗王李之絢爛；所謂厭芻豢，思螺蛤也。盛名之致，會當窮變；雖規模不大，而壁壘自樹；要亦秉其夙悟，運以苦思！朱彝尊《詩話》，謂是書乃其鄉人託名。而按之《隱秀軒集》，載惺《詩歸序》，稱："今非無學古者，大要取古人之極膚極狹極熟便於口手者，以爲古人在是。使捷者矯之，必於古人外自爲一人之詩以爲異；要其異又皆同乎古人之險且僻者，否則其俚者也；則何以服學古者之心！無以服其心，而又堅其説以告人曰：'千變萬化，不出古人！'問其所謂古人，則又向之極膚極狹極熟者也！世真不知有古人矣！惺與譚子元春憂之，内省諸心，不敢先有所謂學古不學古者，而第求古人真詩所在；察訪者求者之幾於其幽情單緒[①]，孤行静寄於喧雜之中，而乃以其虚懷定力，獨行冥遊於廖廓之外；一逢一獲；不敢謂吾之説，非即向者'千變萬化，不出古人'之説；而特不敢以膚者狹者熟者塞之也！"又嘗與蔡敬夭書，一再闡明所以，謂："家居與譚生元春深覽古人，得其精神，選定古今詩，曰《詩歸》，稍有評注，計三易稿，最後則惺手抄之。燈燭筆墨之下，雖古人未免聽命，鬼泣於幽；譚郎或不能以其私爲古人請命也！此雖選古人詩，實自著一書，曰《詩歸》，使其耳目志氣歸於此耳；其一片婆心，時下轉語；至直黜楊炯，一字不録；而《滕王閣》、《長安古意》、《帝京篇》、《代悲白頭翁》、初盛應制七言律《大明宫唱和》、李之《清平調》、杜之《秋興》等作，多置孫山外，實有一段極核極平之論，足以服其心。恨《詩砭》一卷未成，不能録與公正之！"則是惺以"詩砭"明"詩歸"所以去取之意；而惺之於《詩歸》，矜詡所見，屢見本集《與蔡敬夫書》；豈鄉人託名之所爲！《題庫存目》[②] 亦不以鄉人託名之説爲然；而不明引本集以折之，乃曰："觀二人所作，其門徑之過如是"，作想當然之詞；意當日未采購得本集，而爲所不見也。譚元春《詩歸序》，亦見元春《鵠灣文草》，明所以與惺任事之指，而言："古人大矣，往印之輒合，遍散之各足。人咸以其所愛之格，所便之調，所易就之字句，得其滯者、熟者、木者、陋者，曰我學古人，自以爲理長味深。夫滯熟木陋，古人以此數者收混沌之氣；今人以此數者喪精神之原；而甚至

① "察訪者求者之幾於其幽情單緒"，《隱秀軒集》（天啓二年本）作"察其幽情單緒"。而下文"一逢一獲"作"訪者之幾於一逢，求者之幸於一獲，八者之欣於一至"。

② 《題庫存目》，當作"《四庫存目》"。

以代所得名之一人，與一時同得名之數人，及人所得名之篇，與篇所得名之句，堅守莊誦，不過曰古今人自有篤論。夫人有孤懷，有孤詣，其名必孤行於古今之間，不肯遍滿寥廓；而世有一二賞心之人，獨爲之咨嗟旁皇者，此詩品也。譬如狼烟之上虚空，裊裊然一綫耳；風摇之，時散時聚，時斷時續；而風定烟接之時，卒以此亂星月而吹四遠。彼號爲大家者，終其身無異詞，終其古無異詞；反以此失獨坐静觀者之心，所失豈但倍也哉！今爲是選，不徇名；凡素所得名之人，與素所得名之詩，或有不能違心而例收者；因而代獲無名之人，人收無名之篇，若今日始新出於紙，而從此誦之，將千萬口！”意與序相發，而要其歸於“代獲無名之人，人收無名之篇”，“孤懷孤詣”，“咨嗟旁皇”，以避熟就生爲生今反古，幽情雋語耳目一新；此所以異軍□□特起，詩壇爲之奪幟也！

七

惺以詩得名，亦以詩得謗；而罕論及其文；其實惺之好學深思，致力於文者不淺！惺輯有《周文歸》、《宋文歸》各二十卷，亦見《四庫存目》；點逗字句，標揭新雋，與論詩同一蹊徑；而《周文歸》删節《三禮》、《爾雅》、《三傳》、《孔子家語》、《國語》、《楚辭》、《逸周書》諸書，撮新標奇，雖識墮小慧，而趣絶恒蹊！又抄裴松之《三國志注》，劉孝標《世説新語注》，酈道元《水經注》，合爲一書，謂：“注之爲言，依於其所注者也；故離乎其所注者而不能爲書。離乎其所注者而猶能爲書，蓋注者之精神，有能自立於所注者之中，而又遊乎其外者也；三注是也。”見集中《三注抄序》。又選蘇東坡文爲一書，謂：“有東坡文而戰國之文可廢！戰國之言，非縱横，則名法；於先王之仁義道德、禮樂刑政無當焉；而其文終古不可廢者，以其雄博高逸之氣，紆回峭拔之情，常存於天地之間也。使戰國人舍其所爲縱横、名、法，而以爲仁義道德，禮樂刑政之言；則其心手不相習，志氣不相隨，必不能如是雄博，如是紆回峭拔，以成其爲戰國之文；故文之存，理之亡也！夫必亡理而後存文；則是理者，詞之祟，而文之賊也；豈有是哉！今且有文如此，能持其雄博高逸之氣，紆回峭拔之情，以出入於仁義道德，禮樂刑政之中，體屢遷而物多姿；則吾必捨戰國之文從之；其惟東坡乎！今之選東坡文者，漫以趣之一字盡之！夫文之於趣，無之而無之者也；譬之人，趣其所以生也，趣死則死。人之能知覺運動以生者，趣所爲也；能知覺運動以生，而爲聖賢，爲豪傑者，非盡趣所爲也；故趣者，止於其足以生而已！今取其止於足以生者，以盡東坡之文；可乎哉！”見《東坡文選序》。袁宏道以趣學東坡之文，尚是人云亦云；而惺則不以趣盡東坡之文，可謂隻眼别具！惺尤誦説黄山谷題跋，摘録其語，謂：“題跋之文，今人但以遊戲小語了之。不知古人文章，無衆寡小大，其精神本領則一！看山谷題跋，其胸中全副本領，全副精神，借一人一事發之；落筆極深極厚極廣，而於所題之一人一事一物，其意義未嘗不合，所以爲妙！”見摘《黄山谷題跋語記》。可以想見功力所注。而誦其文，紆回峭拔，工議論，擅寫景；議論以辨折往復盡意，淵源蘇東坡；寫景以細碎描寫窮妍，脱胎酈道元；然有遒筆而無雄篇，有深論而乏遠韻；詞好盡而格則窘，則才限之也；然惺未嘗不自知，觀其《與譚友夏書》，謂：“奇俊辨博，自是文之一種；以施之書牘、題跋、語林、説部，當是本色；至於鴻裁大篇，深重典雅，又當别論。正恐口頭筆端，機鋒圓熟，漸有千篇一律之意；如子瞻所稱‘斥鹵之地，彌望黄茅白葦’，此患最不易療！又文字一篇中，佳事佳語，必欲一一使盡；亦是一病，不爲大家！”

綜觀惺文，正病千篇一律而好盡爲累；大篇而乏鴻裁，奇俊而不辨博；深重典雅，更非所論；有紆回峭拔之致，無雄博高逸之氣！而題跋之文，寂寥短章，情韻欲流，轉耐咀味！

尺牘爲《中郎集》各體之勝；而題跋則爲《隱秀集》各體之勝，隨事曲注，如不經意；而抒寫抱負，體驗人情，薄物細故之中，無不有至理妙道；惺紀山谷題跋，所謂“胸中全副本領，全副精神，借一人一事發之”者也。至論史之作，借題發揮，上下古今，推本人情，深得《東坡志林》、龍川《酌古》之意，而不爲迂遠難行之論！惺之題跋，妙能窄題寬做；而惺之論史，尤難深人淺語；未説破，則人人意之所無；而一説破，則人人情之所同；如太公、蘇秦、留侯、陸賈、卜式、貨殖諸論，余尤喜誦之！

八

惺之詩文，以孤冷出生新；而性行似之，貞介絶俗，以其不爲一世人所可，而遂爲一世人所奇；動而得謗，名亦隨之！譚元春誌其墓曰："性深静如一泓定水；披其帷，如含冰霜；不與世俗人交接；或時對面同坐起，若無睹者！仕宦邀飲，無酬酢主賓，如不相屬；人以是多忌之！而專積思於書史；齋頭亦致法書名畫，瓶几布設；不數日，閱繙功深，塵堆硯表，卷帙正倒參差；嘗從塵硯中磨墨一方，頭眼入於紙筆，作書生家紙格細字；居官垂老，無一日閒；潛思遐覽，深入超出。及其改官南京時，僦秦淮一水閣，閉門讀史，筆其所見，題曰《史懷》；孤衷静影，秦淮歌管，如不聞睹。每遊人午夜棹回，曲倦酒盡，兩岸寂寂；而猶有一燈熒然，守筆墨不收者；窺窗視之，則嗒然退谷也！"退谷者，惺之别署。然惺之嚴冷絶人事，非不曉世故，乃深曉世故，欲以自全於人外，困心横慮，觀其爲《簡遠堂近詩序》曰："性孑而習昵，則違心；意僻而貌就，則謾世；初偕而中疏，則變素；恒親而時乖，則示隙；違心謾世，薄道也；變素示隙，忌媒也。索居自全，挫名用晦，可以適己，可以行世！"及序《潘無隱集》，則更申言冷之所以，謂："坐通都大邑，聽四方之士來見；見者無人而不妙也；人無言而不妙也；舉士所以求見，與吾所以見之意，俱不出於名；而士或不能盡其才；今之所謂熱者，如是而已！予則不敢；然其迹似欲以①吾之説絀其才，而奪其所以致名之具；士滋不悦！又不能違心以悦人；以故吾於士寧有所不見；見者寧有所不言；甘爲冷，爲不可近而不悔者，不欲逐天下噉名之人，驅而納諸好好佳作之中者也！"與熊極峰書，則尤推論讀書之所以，謂："交情二字，只可於作秀才及退居林下時，以之責人；若仕宦得失之際，賣友求官，此亦理勢之常；一一責而怨之，非惟待人不勝其刻，即居心亦苦矣！士大夫君臣朋友之際，處之未善，大半生於不讀書！弟自《左》、《國》起，迄於宋元，因事立論，名曰《史懷》，取謝康樂懷抱觀古今之意也。"余讀《史懷》，陳古以監今，推本人情，欲寓用於藏；如《論留侯》，謂："一生作用，著著在事外，步步在人先；其學問操縱，全在用人而不自用。"《論陸賈》，謂："買田分金，飲食歌舞，藏身袖手於樂生娱老之中；誅吕安劉，調和將相，蓋諸將相圖功食報之終，乃爲賈奮身揆策之始；意不能無所爲，而又不欲爲諸相之所已爲。其有所不爲也，不獨養其純氣，留其全力以標其獨能而已；抑亦置其身於諸將相之外，

① "以"字原脱，今據《隱秀軒集》補。

使漢不得有所加以爲自全之地。而其起而有爲也，則時必擇其可，功必復其成，深心妙用，不出杯杓筐篚之内，而已默制諸吕之命；布局寬而當機緊，用力輕而取道捷；功歸平、勃，而己不與。”設身處地，意以自況；人以“爲”見作用，而惺欲以“不爲”見作用；避所短而不犯，成其異以出衆；此其所以動而得謗，名亦隨之；高標遠韻，令人可望而不可及；不攖世故，而世故亦莫能攖；以孤冷成自在，雖爲俗人言也！然惺乃以俗人之難爲言而神明之以妙其用；老子曰：“知我者希，則我貴矣！”夫惟爲人嚴冷不喜接俗客，故得謝人事以肆力於文章；亦以爲人孤冷不喜騖聲氣，而獲免黨禍以不及於寵辱！當時以大行擬科，爲東林黨人所擠，志節不舒，而不肯趕熱，署其軒曰“隱秀”，其詩文，其學行，皆主之！而以官爲隱，以讀書爲官；其胸襟近隘，其意念獨深；其人其品，實不可及！而誦其①詩文，於師友骨肉存亡之際，摯情苦語，令人悱惻，則又未可以冷字抹殺！此太史公所以歎“人固不易知，知人亦未易也”！

九

《四庫存目》著録譚元春集兩本：一《嶽歸堂集》十卷，專收詩篇。一《譚友夏合集》二十三卷。余所藏者，爲二十三卷合集本；一卷至五卷，爲嶽歸堂新詩；六卷至十四卷，爲《鵠灣文草》；十五卷至二十三卷，爲嶽歸堂已刻詩選；乃明蘇州張澤合元春詩文而刻；每篇有評，刻意放元春語；序稱：“十年以來，摩挲既久，精神所注，點勘不休；遂覺前日之所解，今日輒不能解；今日之所好，又非往日之所好；青黄屢易，闡别彌遠。私心誦言，冀一語兩語似譚子；使親見譚子，進我於道；而又素恥未同之言，恐爲其所羞拒；讀其書，想見其人，客有自竟陵來者，輒詢其起居何似；欣然以爲樂！”亦可謂好有偏至；尾署“癸酉初秋，古吴張澤題於旨齋”；癸酉爲崇禎六年；張澤行事無可考，而冥心孤往，亦畸人也，然而序謂：“客攜譚子《嶽歸堂新詩》及《鵠灣文草》至，急取②讀之；靈深之氣，響答高廣；質深之云，風發峻

① 其，原與下文“知人亦未易”之“亦”字互易，今據《史記》乙正。
② 取，原作“敢”，形近而誤，今據《譚友夏合集》改。

遠！”翻籀合集，實爲借譽！筆梗而才澀，何來“風發峻遠”！韻木而神索，幾見“響答高廣”！王、李不免枵響，而元春則多啞調！公安不免率語，而元春則更滯機！外静而中躁，句鍊而格傷，好行小慧，不成大器；特以與鍾惺同選《詩歸》，避俗避熟，而值風氣之欲變，遂以齊名而稱鍾譚！其實鍾之用思，深而入幽，而元春則膚；鍾之造語，瘦以出韻，而元春則木；毫厘千里，不可不察！

元春序《詩歸》，有“靈迴朴潤”之語；然而譚何容易！觀元春所作，力湔浮藻非不欲朴；然而槎枒，則未嘗潤！故弄機鋒，似乎能靈；然而晦盲，抑何能迴！特功力雖未至，而議論頗入妙！如《自題簡遠堂詩》曰：“詩文之道，大患有二：朴者無味，靈者有痕。故有志者，常精心於二者之間，而驗其候以爲淺深；必一句之靈，能回一篇之運；一篇之樸，能養一句之神；乃爲善作！古人一語之妙，而常借前後左右寬裕[1]朴拙之氣，使人無可喜而忽喜焉；如心居内，目居外，神光一寸，其餘皆皮肉膚毛也；若滿身皆心，心外皆目，人乃大不祥矣！然前後左右，所以藏此語者，亦必如古人之寬朴！予進而求諸靈者十年，退而求諸朴者七八年，於所謂靈與朴者終不合！”究其不合之所以，正以不免一患，“朴者無味”，“靈而有痕”；自稱“進而求諸靈者十年”，而前後左右，所以藏此一語之靈，未能如古人之[2]寬朴，所以有痕而歉渾！然大篇寬幅儘有，而苦無大力控搏；冗傷絮語，簡無餘韻，所以瘦硬而無神也！至於《奏記蔡清憲公》，謂：“伯敬詩，春所不如；然而有一進步焉！元氣渾沌以上語，正宜厚其氣而泯其迹[3]。‘之’、‘而’、‘於’以諸虚字，還宜用則擇，而多則捨[4]。”其論是矣。然而《元冬》之詩，余正病其氣之孤迴而未厚，其迹之□嶄□未泯！之而於以諸虚字，難視伯敬爲檢擇；而進於元氣渾圇以駕伯敬，則未也！觀其《題伯敬詩集》曰：“人見祇成數卷詩，我見鎔裁成光彩！歲歲顧影步步入，取次觀之淺深在。嶺秀潭空雲未作，静者獨居百花落。有聞無聲肅肅如，惟恬惟澹涵其博！於古不背今不襲，升

① 裕，原作“格”，今據《譚友夏合集》改。

② 之，原作“乙”，形近而誤，今據文意改。

③ “迹”字原闕，今據《譚友夏合集》補。

④ “還宜用則擇而多則捨”，原作“還宜多則擇而用則捨”，“用”與“多”互易，今據《譚友夏合集》改。

沈其外中而立！古人變化真難窮，内有浮談人誤拾！與子勸戒非一端，如子深究者實難！”① 其識議非不超；然元春詩澹而性未恬，語仄而趣不博，神氣索莫，何之談可浮乎！衹緣藴於中不厚，所以形於外者以仄以瘠！然而荒寒蕭瑟，清音獨遠，亦時足以滌塵襟，發遐思！

十

元春之文，亦不出空曠孤迥之一境，而特工於記遊寫景，抑亦有由！觀其刻《水經注批點序》曰：“自《水經》有注，而桑氏書遂真爲經矣！注行而孤吟遥想之夫，若有所恃以自證其山水之好；端坐深讀，若奇卉佳木，森森磕磕，麗我瞻矚；又若塔廟碑版，光我目，蒼我思；有高人真僧，迢迢待我，可舉足提杖而一往也！聞一名家前輩，歲輒一閲，深歎其勤，求其書觀之，筆如槁木，無復冥奧；似爲考核記醜而已！私語亡友鍾子曰：‘如是，則是書亦可不著也！’余之所得於酈注者，自空濛蕭瑟之外，真無一物！而獨喜善長讀萬卷書，行盡天下山水，囚捉幽異，掬弄光彩，歸一緒以力致其空濛蕭瑟之情於世；而世之人，猶執考核記醜以求之，不幸而與類書同功！嗚呼！則是書亦可不著也！”然而吾見今之世，固有稱爲鉅子，學農不能執耒耜，學文又不操毛錐，而欺世盜名，挾桑經酈注，襲鄉先生之唾餘，以自矜考核記醜者，此誠不足當元春一笑！而元春，則以用功酈注者深，所以囚捉幽異，掬弄光彩，記遊寫景以致力於空濛蕭瑟，時得其似。所惜筆如槁木，苦心造語，而才不相副，有雋語而無遒筆，所以幽情秀韻，細碎不成片段！然名章迥句，處處間起；會稽李慈銘蒓客摘録入《越縵堂日記》。

竟陵之起，本以不歉於公安；而元春爲《袁中郎先生續集序》，頗能窮其變以觀其通，究極利病；謂：公安袁述之行其先中郎續集而屬余序。察公之用心，其議不待人發，而其才不難自變；其識已看定天下所必趨之壑，而其力已暗割從來所自快之情！余因思古今真文人，何處不自信，亦何嘗不自悔！當衆波同瀉，萬家一習之時，而我獨有所見；而我獨有所見；雖雄裁辨口摇

① “成數”二字、“肅肅如”、“如子深究者”二“如”字原並闕，今據《嶽歸堂合集》補。

之，不能奪其所信！至於衆爲我轉，我更覺進；舉世方競寫喧傳其文，而真文人靈機自檢，已遁之悔中矣！此不可與鈍根浮器人言也！往公之哭江進之也，有‘悔其詩文妙理，生前未商’語；後《寄黄萍倩札》，有悔其‘《瓶花》詩文，俱有痕迹’語。夫公之妙於悔，何待公言哉！細心讀《破硯集》，又似悔《瀟碧》矣！細心讀《嵩華遊稿》，又似悔《破硯》矣！今察公續稿，其文章中卓大而堅實者，又似爲古今人下一悔脚也！”意有未盡，而答袁述之書，謂：“傳世者之精神，其佳妙者原不能定爲何處，在後人各以心目合之。而若其所不足，人常指爲疵纇者；夫安知後世之傳，不即在此；而又安知古人所以堅取後世名者，不明留此一段以發其所議，而因以傳其佳妙耶！無論古人之深遠[1]，與君家先生之靈奇，必有出於此者；即濟南諸公，自有所以開人之議，與以議而留天下後世之名，夫豈苟也乎哉！此不實致力於文事，不回旋於古今之變；決不知有諛人人益卑，謗佛佛益尊之權理也！”開拓萬古心胸，議論獨抒，可謂發人未發！然而世固有一凡人譽之，則自以爲有餘；一凡人阻之，則自以爲不足者；恨其不聞元春此論也！

袁中郎詩文，一以東坡爲宗；然鍾譚亦不廢東坡，鍾惺既有以《東坡文選》；而元春則選東坡詩而序之，謂：“東坡之詩，則其文之委也；文中所不用者，詩有時乎或用；文中所有餘於味者，或有時不足於詩。蓋嘗爲之説曰：文如萬斛泉，不擇地而出；詩如泉源焉，出擇地矣！文行乎不得不行，止乎不得不止；詩則行之時即止；雖止矣，其行未已也！文了然於心，又了然於手口；詩則了然於心，猶不敢了然於口；了然於口，猶不敢了然於手也！請以是而求東坡之詩文，庶幾焉！”此其論詩與文之别；亦復會心不遠！中郎論東坡詩，能盡其妙；而元春則能發其病；所貴好學深思，心知其意也！

十一

聊城陳子翰先生，名邦屏；讀《江漢炳靈詩文談》，頗不以余爲剌謬，貽書見逮；而以余論列公安。謂宗道《白蘇齋集》未見，乃以在成都所購《袁伯修全集》寄贈；且引“詩書同骨肉”之語，要以必受。余疏嬾多病，杜門

---

① 深遠，原作“深處”，今據《譚友夏合集》及文意改。

罕接，而聲氣之應，北極隴右，南盡粵海，往往文章賞□[1]，不遠千里；而今客授江漢，又得子翰，亦不落莫矣；重負其意，亟盡日之力讀之。其集卷一之六，古今體詩；卷七之八，書閣文；卷九之十，序；卷十一之十二，誌狀；卷十三，祭文；卷十四，遊記；卷十五之十六，箋牘；卷十七之十九，説館；卷二十之二十二，雜説；共二十二卷。《袁中郎集》尚[2]見《四庫存目》；而《袁伯修全集》，則併《存目》不收！集中論文上下兩篇，昌言排何李王李之模擬，而自稱"少時喜讀滄溟、鳳洲二先生集"。所以其文，未能自拔，猶仍王李之庸縟膚濫，罕如東坡之新鮮矯警！《推論謝安矯情》一篇，别有會心，借題發揮，旁證曲喻，極似《東坡志林·論史》；而特以辨折出明快，深切喜往復，詞筆亦復相類。《毛穎》、《陳玄》、《石泓楮》諸傳，本韓愈《毛穎傳》而恢廓之，持抒以明浄，隨物敷形，神情傳合，亦得蘇意。他未能稱也！然宗道之文，未臻東坡之新鮮矯警；而宗道之詩，頗造香山之恬適清曠；特未能如香山之逸趣横生，窮筆勢之所之！又於恬適清曠之中，時露蕭瑟悵惘之意，亟亟顧影；言爲心聲，年不中壽；未能如香山之大年享樂，亦徵之於詩什也！

宗道，字伯修。與弟宏道、中道，咸以文章稱於當世，號"公安三袁"。而宏道最有名，宗道最先起。宏道學問之以禪參儒，文章之以今廢古，途徑别用，不必以詞翰石[3]名理，不必以名理碍性宗；又不必以詞翰名理規規上合乎秦漢唐宋；而獨往獨來，本之性情，情契真，真生新；思瀾言泉，無不淵源宗道。特宗道明而未融，而宏道則力破餘地以推勘盡致，所以宗道難爲兄也！

余讀宗道論文上下，謂：口舌代心，文章又代口舌，展轉隔碍，雖寫得暢顯，已恐不如口舌矣；況能如心之所存乎？故孔子論文，曰："辭達而已！"唐虞三代之文，無不達者；今人讀之，不通曉，輒謂古文奇奧。夫時有古今，語言亦有古今；今人所詫謂奇字奥句，安知非古之街談巷語耶！《方言》謂楚人稱知曰黨，稱慧曰亨，稱跳曰蹴，稱取曰挺。余生長楚地，未聞此言；今

---

① 闕字疑爲"會"。

② "尚"字上原衍一"溟"字，係下文"滄溟、鳳洲"之原闕文"溟"竄入，今删。

③ "石"當作"碍"。

語異古，此亦一證。《史記》五帝三王紀，改古語從今字者甚多：疇改爲誰，俾爲使，格姦爲至姦，厥田、厥賦爲其田、其賦，不可勝記。空同不知，篇篇模擬，摘古字句入己著作！古人之文，專期於達；而今人之文，專期於不達；而又號於人曰：引古詞，傳今事，謂之屬文。然則二典三謨，非天下至文，而前無古人引果何代之詞乎！少時喜讀滄溟、鳳洲二先生集。滄溟《贈王序》，謂："視古修詞，寧失諸理！"夫孔子所云①"辭達"者，正達此理耳！無論典、謨、語、孟；即諸子百氏，誰非談理者？皆理充於腹而文隨之；何所見而賴古人失理耶！鳳洲《贈李序》曰："六經固理藪，已盡，不復措語矣！"滄溟强賴古人無理；而鳳洲則不許今人有理！然其病根，則不在模擬而在無識！使胸中煒有所見，理充詞沛；將墨不暇研，筆不暇揮，兔起鶻落，猶恐或逸；何有閒力暇晷，引用古人詞句耶！誠能從學生理，從理生文；雖驅之使模，不可得矣！

李空同之爲辭必擬於古；而宗道則以辭必達於今，古之擬，則辭不達。李滄溟、王鳳洲以爲文惟修其辭；而宗道則以文必達於理，理之失，則言無本。而要歸於"從學生理，從理生文"。使胸中煒有所見，理充詞沛，將墨不暇研，筆不暇揮，兔起鶻落，猶恐或逸；何有閒力暇晷，引用古人詞句耶！此宗道論文之所以貴達也。古人之文，惟東坡爲能達。而王弇洲晚年乃以學東坡爲宗道所稱；集中《答陶石簣書》，稱："弇洲才却大；晚年撰造，全效坡公！"或詫其説。往年余假唐蔚芝先生所藏《讀書後》八卷，讀一過；其中議論，往往駁難東坡；而往復深切，乃如東坡文字，不復摹秦仿漢，明快且駕宗道而上之。乃知絢爛之極，而歸平淡，殆文境窮變之必然，作者亦不自主也！

十二

余不能飲，而聞善飲者言："酒品，辣爲貴，苦次之，而甜爲下。"詩文亦然。楚辭，文章之祖，然而香草美人，獨多苦語。白香山之詩，歐陽永叔之文，春容恬適，讀之，神愉體輕；可謂甜矣；然其至處，語摯情深，往往

① "云"字原脱，今據《白蘇齋類集》補。

有在悵惘不甘中者；則其耐人咀味，轉不在甜而在苦！嘗有人以交通某總長集見貽。余讀之曰："雖是當行而非出色！詩無茂意，公牘無辣氣。"然而詩文之茂尚有，公牘之辣實罕！曠觀古今，惟韓非之子、太史公之史爲能辣，而其文中又有别。韓非操心慮危之意多，慘礉少恩，辣而意冷。太史公悲天憫人之情深，慷慨傷懷，辣而情熱。繼太史公而有作，宏識孤懷，不害爲韓非之慘礉少恩，而獨出之於太史公之悲天憫人，雄深雅健，辣而情熱者，吾必推明宰相江陵張文忠公居正！

張居正，字叔大，號太岳；嘉靖二十六年進士，累官右春坊右諭德，侍穆宗裕邸講。穆宗即位，入閣參政；受穆宗遺詔輔神宗，爲首相者十年，相業獨隆而受禍獨酷；身死未幾，削官籍産；諸子或死或戍；久而論定，追謚文忠。所著《太岳集》四十六卷，爲其子懋修所編；其門生沈鯉序其首，吕坤書其後，署萬曆壬子，則萬曆四十年也；内奏疏十三卷，書牘十五卷，文集十一卷，詩六卷，《女誡直解》一卷。《四庫全書》收入《存目》，謂："文章本非所長！集中奏疏啓劄最多，皆在廟堂時論事之作，往往縱筆而成，未嘗有所鍛鍊也！"其實詩文有茂意，公牘有辣氣，兼能駢□①；以余所見明人文集，罕有居正之比！居正與太倉王世貞同舉嘉靖二十六年進士。世貞盛揚何、李之波，而爲後七子之首；其持論文必西漢，詩必盛唐。居正早以同年生過從議論，不無沾溉；此詩文之所以有茂意也！今誦其文，看似縱筆而書，而以肅括之筆，抒宏贍之唐，寓偶於奇，從容盛大，似欲追蹤先漢，而不以□人自囿；《承天大志紀贊》，尤以摹班書，轍迹顯然！《存目》乃謂"文章本非所長"，又曰"未嘗有所鍛鍊"，似是而非；抑鍜②亦尋聲逐嚮之談已！詩亦辭氣豪邁而風調清深，渢渢乎盛唐之遺；惟七言不如五言，而古體尤勝律體。五言古如《蒲生野塘中》曰："蒲生野塘中，其葉何離離！秋風不相惜，靡爲泉下泥！四序代炎涼，光景日夕馳。榮悴不自保，倏忽誰能知！愚暗觀目前，達人契真機。履霜知冰凝，見盛恒慮衰。種松勿負垣，植蘭忽當逵！臨市歎黄犬，但爲後世嗤！"《暮宿田家》曰："暝投谷田港，野日沈荒崗。行子昧所之，假息墟里旁。野老喜客到，開門下嚴裝。坐我茅簷下，飯我新炊

① "駢"下疑闕一"偶"字。

② "鍜"字當衍。

粱。兒童四五輩，趨走行壺漿。篙竹有餘粒，旁舍繞叢篁。攘袂再三起，向我誇耕桑。體貌雖村愚，言語多慨慷！世儒貴苛禮，文縟意則涼！太羹不俟和，素質本無章。感此薄流俗，側想歌黃唐！”余尤喜誦之；愛其振采克鮮，自然遒亮，取逕陳子昂、李太白以追魏晉，跌宕昭彰，固不徒膚襲盛唐以驂隨前後七子也！

十三

《太岳集》詩文之有茂意，固未易幾；然而余所拳拳服膺者，尤在《太岳集》之書牘有辣氣！浮議黨論，一掃而空；如《奏穆宗論振紀綱》曰：“近年以來，紀綱不肅；上下姑息，委曲遷就。法之所加，惟在微賤；而强梗者，雖壞法干紀而莫之誰何！禮之所及，惟在朝廷；而爲下者或越理犯分而恬不知畏！人情習玩已久，稍一振之，必曰拂人之情；又詆務爲操切。夫徇情之與順情，名雖同而實則異。振作之與操切，事若近而用則殊。蓋順情者，因人情之所同欲者而施之；《大學》所謂‘民之所好好之，民之所惡惡之’也；若徇情則不顧理之是非，事之可否，而惟人情之是便而已！振作者，謂整齊嚴肅，懸法以示民而使之不敢犯；孔子所謂‘道之以德，齊之以禮’也；若操切則嚴刑峻法，虐使其民而已！故情可順而不可徇，法宜嚴而不宜猛。”《答應天巡撫宋陽山論均糧足民》曰：“賄政之弊易治，姑息之弊難治！何也？政之賄，惟懲貪而已；至於姑息之政，倚法爲私，割上肥己！夫民之亂，咸以貪吏剥[①]下而上不加恤；豪强兼併而民貧失所故也！今爲侵欺隱占者，權豪也，非細民也！而吾法之所施者，奸人也，非良民也！夫吏之被訐也，以虐政毒民；然茹其毒者，恒不能訐吏；而訐吏者，皆武斷鄉曲，素不畏官法者也。盗之起也，以迫於飢寒；然飢寒者，不能爲盗；而爲盗者，皆探丸亡命，喜亂好鬥者也！”《答應天巡撫胡雅齋》曰：“吴中賦役不均，豪右撓法；一旦驟繩以法，人遂不堪！雖然，此吴人之福，而彼不知也！夫富者，怨之府；利者，禍之胎；而人所以能守其富而莫之敢攘者，恃有國家之法故耳！彼不以法自檢，乃怙其富勢而放利以斂怨；則人亦不畏公法而挾怨以逞忿；

① “剥”字原闕，今據《明文在》補。

是人也，在治世，則正法之所不囿；在亂世，則大盜之所先窺；烏能長有其富乎！”《答蘇松巡按曾士楚》曰：“嘉靖間，周如斗巡按蘇松，博流俗之譽，將應征錢糧，概請停免；士民悦之，爲建生祠；奏留再歷，遂超陟[①]蘇松巡撫；至是錢糧征發，經費所繫；不復寬停。吴人大怒，毁其生祠！嚮之頌美，轉而怨懟！蓋驩虞之術易窮，衆庶之情難厭也！人情叵測，衆庶難調；惟一以大公至正行之，乃得無咎無譽耳！”《答憲長周友三論弭盜》曰：“苟子之不欲，雖賞之不竊，此孔子箴魯之失政。若謂徒不欲可以弭之，無是理也。夫人之可以縱情恣意而無不得者，莫逾於爲盜！而秉耒持鋤，力田疾作，束縛以禮法，世之所至苦也；安於其所至苦，無所懼而不爲非者，惟夷、由、曾、史爲然！今不曰‘吾嚴刑明法之可以制欲禁奸也’；而徒以不欲率之，使民皆釋其所樂而從其所至苦，是天下皆夷、由、曾、史而後可也！”《答南司成屠平石論學風》曰：“公好譚理學，雅稱同志！獨僕亦嘗周旋其間，聽其議論；而窺其微處，則皆以聚黨賈譽，行徑捷舉，所稱道德之説，虚而無當；莊子所謂‘其嗌言者若哇’！而其徒侣衆盛，異趨爲事；大者摇撼朝廷，爽亂名實；小者匿蔽醜穢，趨利逃名！”急言竭論，欲以撥亂而反之正；幾乎一鞭一條痕，一摑一掌血，可謂辣手鑄文章；然庸衆喜於委徇，奸宄憚其精覈，召鬧取怒，遂集天下之大謗，而一切不顧。《答南學院李公》曰：“浮言私議，人情不免！雖然，不容何病；不容然後見君子！不穀棄家忘軀，以徇國家之急，議者猶或非之；然不穀持之愈力，少有建立；毁譽關頭，若打不破。天下事無一可爲者！”《答奉常陸五臺》曰：“僕一念爲國家，爲士大夫之心，自省肫或專一；其作用處，或有不合於流俗者！僕嘗有言：‘使吾爲劊子手，吾亦不離法場而證菩提！’”《答吴堯山》曰：“二十年前，曾有一宏願，以其身爲蓐薦，使人寢處其上，溲溺之，垢穢之，吾無間焉！此固吴子所知！有欲割取吾耳鼻，我亦歡喜施與，況詆毁之乎！”其自任以天下之重，誠足使懦夫有立志！顧《存目》謂：“文章本非所長，集中奏疏啓劄，往往縱筆而成；未嘗鍛鍊。”而吾誦其文，肆筆出之，公誠之意，形於文墨；而華實相扶，自然弘壯，無奇譎之詞，無藻繪之色，無柔曼之容，無暴慢之氣；轉非文士之尋章摘句可及；天下文章，孰大乎是！

---

① “陟”字原脱，今據《張太岳先生文集》補。

十四

居正爲治，循名核實，不惟以繩人，而亦以裁己，引繩切墨，曾不少假；大公無我，所以爲難！觀其《上神宗辭恩命疏》曰："臣忝爲大臣，即不能樹德養望，挽回師濟之風；亦宜思砥行矜名，恪守廉隅之節。若靦顏濫冒，不知止足；則瘝素之罪，臣實尸之；貪進之戒，臣先犯之！"《答兩廣總督劉凝齊論嚴取與》曰："不穀當事以來，私宅不見一客，非公事不通私書，門巷闃然，殆如僧舍；雖親戚故舊交際常禮，一切屏絶；此四方之人所共見聞，非矯僞也！屢擬嚴旨獎廉抑貪，欲庶幾以身帥衆，共成羔羊素絲之風，而終不可易！尸苞苴之使，未嘗絶也！鑽刺之門，未嘗堪也！雖殲荼茹菫，徒自苦耳！"此以見政風之不易澄清，仕途之謬爲容悦，殆以自古而然，不惟於今爲甚！然居正風裁甚峻，乃至曾祖之表閭辭、父喪之賻辭；而辭建坊，辭三事詔，無不引繩墨，切事情，明是非，侃侃而談！觀其《答楚按院陳燕野辭表閭》曰："先曾祖平生急難賑乏；使其有知，決不忍困吾鄉中父老[①]以自炫其閭里！今歲楚中重苦墊溺；少省一分，則民受一分之賜；在寒門少此，無損纖毫！"《答荆州道府辭兩院建坊》曰："往者察院建坊，僕[②]屢書止之；今聞汪凌二公又有此舉；使僕疾首蹙額！敝郡連年水患，民不聊生；乃又重之以工役，使萬姓睊睊口詛咒而心咨怨；將使僕爲榮乎？辱乎？若欲給予折價，尤不敢當！家有薄田數畝，足爲俯仰之資；僕又時時以禄入奉老親，擊鮮爲賓客費；家不患貧。而諸公所餽，銖兩皆民膏也！"《答湖廣巡按朱謹吾辭建亭》曰："承示爲不穀作三詔亭以彰天眷；日夜念之，是重困鄉人，益吾不德也！吾平生學在師心；不但一旦之毀譽，不關於慮；即萬世之是非，亦所不計也；況欲侈恩席寵以誇耀流俗乎！露臺，百金之費，中人十家之産；漢文猶且惜之；況千金乎！當此歲飢民貧，一金可活一人，千金可活千人矣；何爲舉千人之命，棄之道旁；爲官使往來遊憩之所乎！且盛衰榮瘁，理之常也！時異勢殊，陵谷遷變，高臺頃，曲池[③]平，雖吾宅第，且不能守；何有於亭！

---

① "困吾鄉中父老"，原作"困吾鄉中"，今據《張太岳先生文集》及文意改。

② "僕"字原脱，今據《张太岳先生文集》補。

③ 池，原作"也"，今據《張太岳先生文集》補。

數十年後，此不過十里鋪前一接官亭耳，烏睹所謂三詔者乎!”《答諸官辭賻餽》曰:“承以孤辭禄守制，特捐俸以助不給。但孤受事以來，四方餽遺，無不力却；然一二相知，尚有量受；今則雖至相知，亦不敢受！孤今日暫留，但以受君父非常之恩，艱巨之託，不得不棄家捐軀以圖報稱；非有利於天下也；故上不受公家之禄，下不通四方賻遺；惟赤條條一身，光净净一心，以理國家之務，而不敢一毫自利；所謂或遠或近，或去或不去，歸潔其身而已！若獨辭上禄以沽名，又受私餽以自潤，内欺其心，外欺其主；孤不敢也!”情論理遣，蓋嚴於取予如此！然神宗疑居正久專政，受餽遺，必多蓄也；及居正死，遣刑部右侍郎邱橓偕錦衣衛指揮籍其家。侍郎於慎行貽橓書曰:“江陵平生以法繩天下，而間結以恩；此其所入有限矣！彼以蓋世之功自豪，而不甘爲污鄙；而以傳世之業期其子，又不使濫有交遊。其所入又有限矣！若欲根究株連，稱塞上命；恐全楚公私，重受其困！江陵太夫人在堂，八十老母；諸子書生，不涉世事；籍没之後必至流離落魄，可爲酸楚!”橓不答，坐居正贜二百萬；盡籍諸子兄弟産，不足載；則掠治諸子，□諷以誣所不悏；且旁摭荆州大姓以爲有寄匿。長子敬修《獄中報橓書》，謂:“先人當國十餘年，賞賚之外無私入，賜第之外無别椽，海内共知，豈公同朝而有不知!”橓掠治益急。敬修自縊；卒不足額，而戍居正之弟居易及敬修諸弟於烟瘴地。至神宗末年，兵敗政弛，國以陵替；而論者追思居正，連章訟言其有十大功於國；不省也！

十五

欲明居正之爲政，必知居正之論治。居正推本歷史，卑宋而尊秦，議論不主故常，以謂:“天下之事，極則必變，變則反始。堯舜以前，其變不可勝窮已！歷夏商至周而靡敝已極，天下日趨於多事。周，王道之窮也；其勢必變而爲秦，舉前代之文制，一切剗除之，而獨持之以法；此反始之會也。然秦不能有，而漢承之！西漢之治，簡嚴近古，實賴秦爲之驅除；而貢薛韋匡之流，乃猶取周文之糟粕，用之於元成衰敝之時；此不達世變者也。歷漢唐至宋而文敝已甚，天下日趨於矯僞。宋，頹靡之極也；其勢必變而爲胡元，取先王之禮制，一舉蕩滅之，而獨治之以簡；此復古之會也。然元不能久，而本朝承之！國家之治，簡嚴質朴，實藉元以爲之驅除；而近時迂腐之流，乃猶祖晚宋之弊習，而妄議我祖宗之所建立；不識治理者也！”又曰：“三代至秦，渾沌之再闢者也；其創制立法，至今守之以爲利；史稱其得聖人之威！使始皇有賢子！守其法而益振之；積至數十年，繼宗世族，芟夷已盡；老師宿儒，聞見悉去；民之復起者，皆改心易慮以聽上之令；即有劉項百輩，何能爲哉！蓋人心久則難變；法之行，不可慮始；即有不便於人者，彼久而習之，長而安焉！惜乎！扶蘇仁懦，胡亥稚蒙，再傳而蹙，此始皇之不幸也！假令扶蘇不死，繼立，必取始皇之法紛更之以復三代之舊；至於國勢微弱，强宗復起，亦必亂亡！高皇帝以神武定天下，其治主於威强；前代煩文苛禮，亂政弊習，删削殆盡；又渾沌之再闢也！建文誤用齊黄諸人，日取高皇帝約束紛更之，亦秦之扶蘇也；建文不早自敗，亦必亡國！”語見文集雜著。其實一張一弛，文武之道；積弛之後，必救以張，政治演變，無往不復；自古而然，於今爲烈！自由之極，而爭民施奪，縱欲長傲，人人自圖私便！平等之極，而群龍無首，莫衷一是，人人予詟莫違！其弊爲散漫，爲頹靡，無力，爲多議論，少成功！而極權政治，乃以集體效能，當王者貴，寖欲與之代興；民主自由云乎哉！使居正生於今日，必且爲之辭曰：“法與美，民治之窮也，頹靡之極也；其勢必變而爲蘇聯，舉民主自由之紛紜搶攘，煩文苛禮，一切剗除之，而獨定之於□，齊之以政；此反始之會也！”然而衆醉獨醒，□無，吾前識！二十年前讀嚴又陵先生《答熊純如書》，謂：“近者俄日革，而造成恐怖，由共和而流爲過激；其宗旨行事，與百年前革命一派絶然不同；其人極偲平等自由之説，以爲明日黄花，過時之物。世界方在法輪大轉之秋，凡古人百年數百年之經過，至今可以十年盡之。蓋時間無異空間。古人行程，數年而後達者，今人可以數日至也。一切學説法理，今日視爲金科玉律，轉眼已爲蘧廬芻狗，成不可重陳之物；如平等、自由、民權諸義，百年以往，真如第二福音；乃至於今，其弊日見；不變計者，且有亂亡之禍！老夫年將七十，暮年觀道，十八九與前不同。獨吾輩託生東方，天賦以國；國者，其尊如君，其親如父；今乃於垂老之日，目擊危亡，挽救無術！又熟知世界大勢，日見半開通少年，於醉夢中求漿乞酒，真使人蘄死不得！所絶對不敢信者，以中國之地形民實，可以共和存立；而求所以出此共和者，又斷然無善術！中國之弱其原因不止一端；觀其大患，在士習凡猥，而上無循名責實之政！齊之强以管仲，秦之起以商鞅，其他若申不害、李悝、吴起，降而諸葛武侯、王景略，唐之姚崇，明之張太岳，凡爲强效，大抵皆任法者也。吾國人學術既不發達，而於公中之財人人皆有巧偷贏奪之私；如是而增國民負擔，誰復甘之！草衣木食，潛謀革命，則痛哭流涕，訾政府爲窮兇極惡；一旦竊柄自雄，則舍容色貨利，别無所營；平日愛國主義，不知何往！以如是之國民，雖爲强者奴隸；豈不幸哉！是故居今日而言救亡，惟申韓庶可用；除却綜名核實，豈有他途可行！”嗚呼！何其言之惘，而與居正如出一吻也！此吾所以撫《太岳集》而低迴往復不能已也！

十六

明之喪也，扶衰起蹶，尚非不治，抑亦有人。江陵張文忠公居正，名相也；江夏熊襄愍公廷弼，名將也。一將一相，皆江漢間氣所鍾，質有其文，而皆不以功名終！居正尸骨未寒，奪官追贓，長子敬修以追贓不足額，自縊死。廷弼傳首九邊，受戮尤慘，長子兆珪亦以懸贓無力繳，自刎死。然居正當國專政，尚得行其所志以延□絶之祚六十年；而廷弼御戎籌邊，並不得展所施，以完明垂破之遼於一日！居正明罰敕法，矯一世之枉，用劫著以勇於敢；而廷弼相敵觀變，制萬全之勝，不用劫著以勇於不敢。廷弼初以遼東經略被劾，回籍聽勘，上疏言：“年來廟堂議論，全不諳軍中情實！前冬去春，敵以冰霜伏，閧然言師老財匱，馬上催戰；及戰敗，始愀然不敢道戰！比見臣收拾纔定，而愀然者又復閧然責戰！竊謂一盤殘局，敗已至此，何可輕下劫著；如臣漸進漸逼之法，雖武侯復起，不易臣言！”

觀其綜事經物，細針密縷；與居正之大刀闊斧，計無反顧者異趣！然成敗異變，功業相反，而不苟徇士大夫之議論，以卒爲士大夫議論所陷，二公者，則殊途而同歸！一時引繩批根以陷二公於大戮者，舞文弄墨，皆人倫冠冕之清流雅望，乃至東林黨人，亦與推刃焉！不知二公陷，即以陷明三百年之宗社，陷世世子孫之謂他人父，爲胡虜臣妾以没世不復；然而意氣所激，門户相軋，欲得甘心！其時御史江秉謙獨極言：“熊廷弼出萬死不顧一生，收拾餘燼，戰守經年，其才識膽略有大過人者；使得安其位，展其雄抱，何至敗壞若此！今逞臆者，寧壞朝廷之封疆，必不肯消胸中之畛域！寧甘心以遼陽與人，心不肯平氣，以議論寬勞臣!”余讀之，每爲雪涕也！然而後之視今，亦猶今之視昔！宋明以來，國已一亡再亡，神明華胄，已一再臣奴於非族；而引繩批根，士大夫之議論，必不肯少衰；徒滋紛紜，何補家國；彼蒼者天，曷其有極！

《熊襄愍公集》十卷，中卷一之二巡按疏，卷三之四前經略疏，卷五後經略疏，卷六揭帖①，卷七書牘；卷八性氣先生傳、東事問答、□傳，卷九雜文，卷十詩，附其子兆珪、兆璧詩文；乃前清嘉慶十八年癸酉，江夏徐文檢署華所輯。先是乾隆朝，四庫全書館開，上諭旨：“勝國去今尤近；至神宗以後諸臣奏疏，内有因遼瀋用兵，涉及本朝，若楊漣、左光斗、熊廷弼諸人，剴切敷陳，殷鑑不遠，尤關係明季之所以亡，與本朝之所以興；觸目驚心！著派諸皇子同總師傅蔡新爲總裁；其皇孫皇曾孫之師傅翰林等，即著爲纂修；校録進呈，候朕親裁。書成即交武英殿刊刻，仍抄入《四庫全書》，將此旨冠於簡端。”而高宗御製《樂善堂文集》有《熊廷弼論》，且謂：“明之曉軍事者，當以熊廷弼爲巨擘！彼其自壞長城，尚得謂之有人心，具天良者乎!”殄瘁之恫，出於見仇！然《熊襄愍公集》，《四庫》不見著録，《存目》亦未收；豈亦如居正《太岳集》之以“集中奏疏啓劄最多，皆廟堂論事，縱筆而成”；而更置之不論不議之列耶！然則文章經國大業之謂何已！及徐文檢搜輯成書，則録高宗纂録《明臣奏疏上諭》及御製《熊廷弼論》，與乾隆四十八年湖廣總督舒常、湖北巡撫姚承烈查明熊廷弼五世孫泗先業儒一疏，加恩以訓導之上諭及《明史·熊廷弼傳》冠簡端□卷目；而搜采《當日科道勘辯》諸疏，《法司讞疏》及《戮後科道閣臣申雪》諸疏，與明清詩文記載議論之涉熊廷弼者，爲卷末以殿集後。張居正精能文事，而下筆若不經意；廷弼則無意作文，而措詞特有獷氣。兩人者文格不同，而同於縱筆而成。特居正宏深肅括，其詞嚴峻；而廷弼蕩決恣肆，其意憤盈。

十七

廷弼起家進士，一按遼東，再任遼東經略。方清人初起，朝議多主急戰，

① 揭帖，原作“揭牘”，涉下文“牘”字而誤，今據《熊襄愍公集》改。

而廷弼獨屢疏言："今人但知立論高奇，取效眉睫；臣之愚見，不爲庸常所忽易，則爲賢知所不屑，而不知事固有不費力而其功大者！夫前日之建人東有朝鮮，北有北關，南有遼開一帶；僅僅東北一條走路；四圍逼仄，無充拓之兵；山地出産，無富餘之糧！使我清河、撫順失事以後，而於兵糧湊集之時，中外當事者不急戰，不催戰；復清撫，守寬奠，而建城設將於柴河、靖安間，悉索重兵，互相犄角，漸逼而轉蹙之；將使兵無日長，糧有日耗，猶可望漸次就範耳！自大軍三路敗没，而始得出入無常，掠盡屯堡，臣大饗士卒，佯示進攻，而畏不敢出！臣督兵馬巡瀋陽奉集，修城以逼；而建人亦懼，悉撤東邊及老寨諸營，并新寨，合力防我，坐以待攻，情見勢絀，而進攻遼陽，已絶口不道矣！誠使將勇且智，兵强且多，自當建大將旗鼓，整衆直前。今兵將既未可以語此，便當尋一用懦、用庸、用弱、用少之法，以使之心有所持，力有所藉。移瀋奉及各路兵馬六七萬人，距撫順五六十里，劄三大營，衛以戰車，環以木城，衹相持而勿與戰；然後别選精騎，分道出寬奠、清河，兩路必無重兵相阻，可以長驅而前，深入繞襲以靡其勢而亂其心。撫順之相持，守其所不能攻；别道之來擣，攻其所不能守；攻守迭用，可坐而困也！年來臺省建議，何嘗有一效！地方事當聽地方官爲之；彼既處凶地，肩重擔，自能區處停妥，幹辦緊急；何用拾帖括語徒亂人意！"朝論譁然！廷弼回籍聽戡，而清人大入，瀋陽、遼陽一時併陷！朝論又譁然，而亟起廷弼，再任經略；然卒不得行其志；身受大戮，而遼東亦亡！夫清之興，由於得遼東；明之亡，由於失遼東；而遼東之得失，係於廷弼一人之用舍！使廷弼柄兵久任用，清人未遽能逞志，清高宗著論所爲歎明人之長城自壞也！

十八

集中卷一之八，皆前後任遼東時之奏疏書牘，事昭而理辨，氣盛而辭斷，經事綜物，文不雕飾。而丁寧周至，忠誠之心，形於文墨！其中《除報羨餘疏》、《議屯田修邊疏》、《申明款議疏》、《敬陳戰守大略疏》及《奉旨交代疏》，邊情敵勢，縷析指陳，委備而出以懇到，可以媲美西漢趙充國《屯田》諸疏；而雄肆之氣，噴薄横出，則又過之！特其壯有骨鯁，不畏强禦，氣流墨中，聲動簡外，殆余所謂書牘有辣氣者；而以薑桂性成，東林黨人，亦不假借；召鬧取怒，遂以殺身；死於封疆失陷，實死於口舌議論！余讀湘陰郭筠仙先生《養知書屋文集》，每論："世之衰也，大抵營私利，負意氣，惟意見之争，而於事理之當否，流弊之終極，竟一無考覽；遇事有涉，陳説紛紜，每覺語言多而情事迂廻！莊生謂'此亦一是非，彼亦一是非'，其實匿情以自圖私便！君子之行道也，必有以振厲天下之人心而使之服，柔和生人之氣使之馴，而後不疑於所行！而自宋以來，盡人能文章，善議論；無論爲君子，爲小人，與其有知無知，皆能用其一隅之見，校論短長，攻剖是非。不能辨也，辨之愈力，攻之愈横！"余未嘗不有慨乎其言！而廷弼性氣峭直，不肯不辨，責任所在，不容不辨！鳴呼！此廷弼之所以不免，而成明之所以亡！鳴呼！議論多而成功少，此宋之所以亡也；覆轍相尋，而明仍焉！國不競亦陵，必由多議論。法人擅議論，而屢覆於德。美人多議論，必不競於蘇；舉棋不定，著著落後，授蘇以隙，已見一端！廷弼疏言："待我議論定，而敵兵已過河矣！"鳴呼！無易由言！

十九

廷弼筆挾風霜，曾不自貸！廣寧一陷而遼東全失，由於巡撫王化貞不受節制而爲清人所乘。廷弼聞警，自將五千騎馳援；而化貞已棄廣寧，與廷弼遇大凌河，大哭曰："幾不得見公！"廷弼笑曰："公欲以六萬衆一舉蕩平，事竟何如?"化貞慙，議守寧遠及前屯。廷弼曰："嘻！毋及！惟護潰民入關耳！"乃以所將五千騎授化貞爲殿，護潰民；而己則先驅抵山海關，下令潰軍暫劄關外，護百姓進畢，方許入關；入關，必先下馬解刀，受約束，方許放進。軍民帖然！既而得旨出關駐中前所。蘇遼總督王象乾固留守關，曰："公一摇足，關必不守！"而化貞願行。廷弼謂化貞曰："吾兩人今日聽逮，爲封疆受法而死；他日人知警畏，尚有死守封疆者；則死猶爲有益！若明知出關之無濟，以圖緩死於一時；到底事壞必死，而又帶去一山海關，致危神京以重其孽，則不如吾兩人者連頸就逮！"先是廷弼上《封疆已失疏》曰："律坐家長：臣雖節制不行，而名位在撫臣上；且宜從首論酬。知責報臣；雖兵馬未預，而恩禮在撫臣上；又宜從首論。祖宗二百餘年之疆土，淪棄於臣等之手；而致陵寢宫禁，皆震驚不得寧。河西數十萬之生靈，播遷於臣等之手；

而使父母妻兒不得保。興言及此，萬死不足贖也！又奚論是非曲直哉！”《貽閣部書》曰：“身爲經略，使國家二百數十年疆土，自吾身而失之；敢不以身爲朝廷受法！況近年邊事國事，只緣人臣規避苟免，不肯受法；所以人人不知驚畏，外務説謊以欺君，内務扶同以悮國，旁務乘機以報忿；不捫良心，不顧國憲，一任仇毒陷害，而卒以淪棄封疆，杌陧宗社！今日之法，請先從弼始！使後來邊臣知畏而不敢輕棄所守；廷臣知畏而不敢横生意見；則山海關其尚有死守之人哉！”及王象乾疏留廷弼守關以繫人心；而廷弼則疏請速逮以正大法，謂：“爲封疆而暫守者，一時之權宜也。爲封疆而任咎者，萬世之正法也；正法一壞，禍不可救！”披肝瀝胆，納身司敗；則是身受顯戮，縛首九邊，天下後世以爲冤，而廷弼固不自以爲冤也！丈夫出身任事，功罪與天下人共見，而爲國受惡，不受人憐；以視專城擁節，受□柄寄，而勝不相讓，敗則相諉者，猥瑣齷齪，真不中作僕已！

二十

集中詩不多，而興之所至，亦見抱負；如《題畫》曰：“一卷石，數莖草。雖不多，勁得好！”《采石磯》曰：“江心一片石，獨拄風濤久！有時觸其怒，能作蛟龍吼！”不減曹公之古直。《園中秋夜感雨霽》曰：“半城紅樹下斜陽，盡入平塘弄晚光。天迥乍晴雲細細，露寒初夜月蒼蒼。遠山恍自空中出，野水偏迎雨後涼。徙倚朱暉看不盡，滿園橘緑與橙黄！”《春雨東園雜咏》曰：“春寒病肺怯登臺，溪午酣吟坐曲隈。避客却愁無客到，望書偏畏有書來。遊鱗渾忘濠梁樂，猥羽空勞鷹隼猜！自是逐臣圖苟活，敢云明主棄不才！”又曰：“人共愁霖倍寂寥，我何索處更逍遥！絶無來往人稀到，小有逢迎鶴見招。魚喜水新争上躍，鳥欺枝軟故低摇。息心聊作青松侶，塞耳那聞小麥謡！”亦有唐音之爾雅，而景中有人，言外寄意，悵惘不甘，耐人咀味！至《初任經略除夕感懷》曰：“孤燈靄中夕，我憂亦何忡！矧兹歲云暮，乃在遼海東！白日沈陰氣，黑水蟄妖□！綿岩冒霜甲，盈野明宵烽！虚薄忝危障，偶與時會逢！覆瀋諒難拾，殘枰詎易工！已視秋鴻没，俄驚歲獵窮！邊郵日告警，禍亂靡所終！如何中朝士，門户紛興戎！豺狼夾輦立，戈矛談笑中！哀哉同室鬥，賈勇爲誰雄！胡不軫國恤，協莽而和衷！念此不能寐，感慨傷心胸！寂歷一開帷，寒星落高墉！看弓泠胡月，聞笳淒代風！展轉亘長夜，放聲欲一恫！豈不飲屠蘇，愁顏寧復紅！豈不薦辛盤，五腸結不通！常恐年歲駛，頹馭罔迴蹤！乘時一投袂，無爲歎征蓬！”《再起經略過恨者關》曰：“兩年關上路，三度病中過。衰爲沙場早，愁緣世網多！逐臣甘糞土，舉國誤風波！涕淚三朝事，馳驅敢息它！”勞臣心事，憂國如見；然而言者諄諄，聽之藐藐！“哀哉同室鬥，賈勇爲誰雄！”“逐臣甘糞土，舉國誤風波！”彼昏不知，誤國自誤，爲敵驅除，天乎人乎！

（原刊於《武漢日報·文學副刊》，1948年10月14日、21日、28日，11月4日、11日、18日、25日，12月2日、9日、16日、23日、30日，1949年1月6日、13日、20日、27日，2月17日、24日，3月3日、10日）

校訂後記

過了大半輩子，偶爾回首，光陰虛度，竟然有二十年的時間都能安於“草根”的日子，只是因爲喜歡“讀書”而已。然好勝之心，争強之意，又總被最近的現實撩撥得欲罷不能，莫非是人一旦進到了所謂的“學術界”，自省之念渐銷，而浮躁之气渐长。或许是吧！冬日長夜，細讀錢基博先生的《後東塾讀書雜志》，突然被其中的一段話吸引：“余性不喜與人近，蟄居一室，世之所謂大人長德，罕晉接焉。自以學問受之父兄，文章出自天成，世不需我，我亦無求也。一編把讀，且以娛戲。書籍不論今古，人物不問新舊；有書則讀，每讀必記；靡日或間，積久成帙；發微抉奥，不屑屑事考證；觀其會通，究其流别，六通四辟，其運無乎不在，由是所見與箋疏瑣碎者殊矣！”① 前半段自陳作者的個性與堅持，後半段谈讀書與治學。半畝方塘，天光雲影，好讀書善思考者，自有會意。

由讀書而想到書籍本身的歷史滄桑，似乎也成了一本令人驚心的書的内容，成了文化史的一章。

---

① 錢基博：《後東塾讀書雜志》，《青鶴》第1卷第4期，1933年1月1日。

記得錢先生在《讀清人集别録》的小序裏，曾有這樣一段擲地有聲的豪言壯語："近人侈言文學史，而於名家集，作深刻之探討者卒鮮！余讀古今人詩文集最夥，何啻數千家；而寫有提要者，且不下五百家。唐以前略盡。嚴可均《全上古三代秦漢三國六朝文》、邑人丁福保《全漢三國晉南北朝詩》及清修《全唐詩》、《全唐文》，通讀一過，人有論評；而於其人之刻有專集者，必取以校勘篇章，著録異同。兒子鍾書能承余學，尤喜蒐羅明清兩朝人集。以章氏文史之義，抉前賢著述之隱。發凡起例，得未曾有。每歎世有知言，異日得余父子日記，取其中之有繫集部者，董理爲篇。乃知余父子集部之學，當繼嘉定錢氏之史學以後先照映；非誇語也！"① 此外，老先生《自傳》中還有一句"集部之學，海内罕對"的自我評定，這大概就是上面这句话最好的注脚了。然而錢氏父子的日記安在？不免又令人高山仰止，望洋興嘆。前輩學人著述的歷史境遇，總讓後學扼腕嘆惜。

作爲《錢基博集》的主編，我在整理錢氏"集部之學"時，所遭遇的尷尬與困惑，是之前遠沒有估計到的。不僅要仔細考察集部、集部之學與文學觀念的歷史聯繫與差異，又要從大量文章和著作當中梳理出關涉"集部"的作品，並對其進行合理的分類與滙編，常常左右爲難，凄凄惶惶，幾不能安枕。毋庸諱言，根植於中國学术傳統的"集部之學"（廣義的文學）與源於西學而建立起來的現代學術學科體系下的"文學"（狹義的文學，或稱"純文學"）之間，存在着巨大的差異和鴻溝，才造成了我們今天對話的艱難和文獻整理工作的困局，而跳出"文學"去談"集部"，或許不失爲理解錢先生"集部之學"的一種思路。

本集迺《錢基博集》"文學研究"部分，全一册，輯入了錢先生所撰涉及集部之學和與文學相關的論文三十八篇，專題十三部（《精忠柏石室文話》、《〈文史通義〉解題及其讀法》、《科舉外史》、《鍾嶸〈詩品〉校讀記》、《後東塾讀書雜志》、《江漢炳靈詩文談》等），約計三十五萬字。

從文體而言，三十八篇論文中絕大多數篇章是針對具體詩文作品的讀書記，可歸入"序跋類"；但也有少數篇章不屬此列，其中既有對具體作家作品的點評與賞析，又有對文體文類的溯源與闡發，可歸入"論辯類"。至於十三

① 錢基博：《中國文學史》，華中師範大學出版社 2011 年，第 773 頁。

部專題論著中，《潛廬讀書日録》、《後東塾讀書雜志》、《後東塾讀書記之又》與《清華園解題記》、《鍾嶸〈詩品〉校讀記》、《〈文史通義〉解題及其讀法》尤見錢基博先生"學而不厭，誨人不倦"的師德精神，他每讀必記，所作皆辨章學術，牖啓途轍，但内容廣涉四部，極不容易劃分，按作者自己的話説，即中間不少文章"古今錯亂，子史不分"①，好在大體可以歸入目録學解題類著述；而《精忠柏石室文話》、《吟餘談屑》、《講筵餘語》、《江漢炳靈詩文談》則屬於傳統詩文評，是錢先生講筵之餘留下的文字，乃先生應答弟子，應機立教，或在堂上，或退課後，事無常準，義取相發。

此外，《文史小言》、《桐城文派論》明顯屬於文學史著範圍。《文史小言》原刊於《約翰聲》第三十五卷第二期（1924年2月1日）、第三十五卷第三期（1924年6月1日）和第三十六卷第一期（1924年11月），是錢先生撰寫《現代中國文學史》的最早雛形。該文中他首次提出了寫作文學史的"三要"：曰事，曰文，曰義，即所謂"事"、"文"、"義"三者兼重，並以人體爲喻説："事"是"史之軀殼"，必敷之以"文"而後史有神彩，樹之以"義"而後史有靈魂。這與西方學術體系中的歷史觀念相比，重視"事"、"文"、"義"三位一體，體現了中國史學傳統的特色。《桐城文派論》是一部長期不被學術界重視，且充滿了諸多謎團的著作，由商務印書館於民國二十九年（1940）九月出版。衆所週知，自民國十六年（1927）開始，錢先生在上海私立光華大學給國文系本科四年級講授"桐城文派"；因此，這部《桐城文派論》其實就是他當年的課程講義。有意思的是，該書正式出版時的作者署名是"梁堃"而非"錢基博"，前既無序，後又無跋，故而著書之緣由，作者之履歷，均無任何蛛絲馬跡可尋繹，多少讓外人莫名其妙。不料該書問世四十五年後，方由錢先生當年的光華學生和親歷者馬厚文先生撰文，揭示了其中的真相："其後先生再開此門課程，備有講稿，書於黑板，有系統、有條理，而門人梁堃記録最爲詳備。不幸梁君病卒，同學將其筆記請先生作函介紹至商務印書館，作爲國學小叢書出版，名《桐城文派論》，其中頗多精到透闢之處，而世人多不知此書之由來，是出於先生之講授，而與《〈古文辭類纂〉解題及其讀法》相爲表裏者也。"②

① 錢基博：《後東塾讀書雜志》，《青鶴》第1卷第4期，1933年1月1日。

② 馬厚文：《從錢子泉先生受業記》，《華中師範大學學報》（錢基博紀念專輯），1987年12月15日。

此次把《桐城文派論》的“著作權”正式交還給錢先生，希望引起研究者的注意。

《科舉外史》是一部研究科舉時代八股文與試帖詩的長篇文章，計有兩萬兩千餘字，迺錢先生任教江蘇省立第三師範學校時的史料學論文範作。此文有兩個本子：一、《無錫新報》本，二、《光華期刊》本；文字大同小異。《無錫新報》本連載於民国十二年（1923）七月一日、八月一日、九月一日、十月一日、十一月一日、十二月一日以及民国十二年（1924）一月一日的《無錫新報・文學月刊》，小標題爲“中國歷史選科史料實地整理示範”，主標題與《光華期刊》本的副标题相同；《光華期刊》本題名“科舉外史”，發表於該刊民国十八年（1929）第四期和第五期。今即以後者爲底本進行整理。需要特別指出的是，作为湖南科技學院中文系本科生畢業論文的寫作材料，該文由我的學生周遊同學初步點校，並完成了相應的學位論文。

本書的資料蒐集工作涉及諸多圖書館和私人藏書家，並得到了學界師友的大力支持和鼓勵，恕我在此不能一一列舉。不過，我要特別感謝錢基博先生哲孫、原南京大學外語系主任錢佼汝教授，自二〇〇七年二月至今，我們之間有過四次會面長談，加上數不清的電話和郵件往還。他不僅耐心解答了我所有的提問，而且把手頭的全部資料和照片毫无保留地提供给我。如果不是錢老師珍藏的八册《潛廬集》，後人何從見識錢子泉先生諸多業已失傳的偉論華章。而且，在我們編輯《錢基博集》的八年間，錢佼汝老師和張淑琴師母的關懷與指點，給了華中師範大學出版社編輯團隊和我個人莫大的鼓舞和信心。在此，我謹代表出版社同仁遙祝二老健康快樂！由於子泉先生涉及集部（文學）的著述數量大，類型複雜，不易釐訂，因此在編輯本書時，我虚心接受了皮明兄善意的建議，改署曰“後東塾讀書雜志”，昭其實也。這樣的結構安排和命名是否合理，惟有期待專家學者批評指正。此外，本人眼界和學養有限，編校錯誤在所難免，亦請讀者諒解。

傅宏星

二〇一四年十一月識於湖南科技學院國學研究所